The PAD Class: New Wisdom of Chinese Education

对分课堂：
中国教育的新智慧

内容简介

对分课堂是复旦大学心理学系张学新教授创立的新型教学模式，理念先进，实用高效，迅速传遍全国，得到一线教师的广泛认可。

本书简述对分课堂的基本操作，随后以全面的理论分析，指出对分课堂整合讲授法和讨论法，系统贯彻四大学习理论和三大教学理论，通过重新定义课堂和师生关系，实现对传统教学的实质性变革。

对分课堂权责对分的核心理念，带来民主对话、自由开放、和谐舒畅、生机勃勃的课堂。对分课堂顺应人性，张扬个性，促进主动学习，培养核心素养和创新能力，为破解"钱学森之问"作出了新的探索。

本书面向关注课堂教学改革的一线教师、教师培训人员、教育教学管理者及所有关心中国教育和中国未来社会发展的读者。

教师反馈

对分课堂能够把"原理"从书本移植到学生的内心深处，促使学生用自己的行为体现对"原理"的理解。同样，对分课堂也激活了我的职业灵感，让我逐渐学会怎样让课程内容比手机更好看，如何让"原理"具有"直入人心的影响力"，让我魂牵梦绕的"内容为王，形式为载体"的理念得以初步实现，使我的职业责任、使命和担当有了"落地"的可能，让我体验到了思政课的魅力，感受到了自己存在的意义和价值。

——上海电机学院马克思主义学院　陈瑞丰

在对分课堂下，教室成为一片生机勃勃的学习土壤。教师洒下知识的阳光雨露，智慧在这里酝酿、发芽。老师要做的，就是培育这片土壤，呵护这些充满希望的萌芽。对分让学习回归培养智慧的本质，让学生获得发展成长的机会。对于我，初登讲台时的那份育人的理想，也通过对分，让"理想的阳光照进了现实"，把对智慧的仰望和热爱，传递给了学生。

——上海宝山区杨行中学　胡真

最重要的是，运用对分课堂以来，学生的成绩在稳步提升。进入高三我们进行了三次模拟考试，我所教的班级语文平均分都是同层次班级的第一名，平均分的提升说明全体学生的注意力已经慢慢转移到了课堂学习中。以前用了很多方法，在成绩面前总是很无奈，所以每次考完试就不太敢关注成绩，用了对分之后，看到学生在课堂上的表现，我开始不再担心成绩。学生的进步给了我更大的动力。当老师12年来被消磨掉的激情似乎一下子又回来了，我从来没有像现在这样欣赏我的学生，也从来没有像现在这样热爱我的职业。对分已经成为我常规的教学模式。

——甘肃省嘉峪关市第一中学　马迎红

编辑的话

2015年8月,我有幸参加了复旦大学对分课堂研讨会,张学新教授关于对分模式的报告使我深受启发,从此便念兹在兹、寤寐思服。两年来,张教授步履所至,必然掀起一股对分新潮,我也密切关注,多获教益。2016年3月,顺应教学改革的时代潮流,"对分课堂教学手册"丛书项目提上日程。对于作为责编的我而言,能够躬逢其盛,参与此间,目睹丛书编者为探索教改新途而付出的诸般辛劳,虽备感惶恐,更属莫大荣誉。在丛书总论付梓之际,真切希望对分课堂模式为我国教育改革作出更大贡献!

科学出版社编辑 乔宇尚

作者简介

张学新　男，河南平顶山人，祖籍河南南阳，中国科学技术大学物理系本科毕业，美国普林斯顿大学心理学博士，耶鲁大学博士后，复旦大学心理系教授、博士生导师，上海市东方学者。

主要学术成果包括：①研究心理学与脑神经科学，发现中文特有脑电波N200，揭示中国文字的独特性；②提出汉字拼义理论，破解汉字拉丁化百年争鸣，高度提升中文的国际地位；③创立"对分课堂"教学新范式，为个性化时代的教育变革开辟新的路径；④根据心理学自适应测试理论，提出开放式"海量高考"的高考改革新思路；⑤指出汉字、中央集权、儒学和统一考试（科举）是中国传统文化的"四大支柱"，改造和巩固这四大支柱，是复兴中华文明的前提和基础；⑥提出"回声论证"理论，指出作为意识体验核心的感受性，是自然科学诠释世界的出发点，具有对科学的超越性，尝试从根本上更正自笛卡尔以来影响深远的身心二元论谬误。

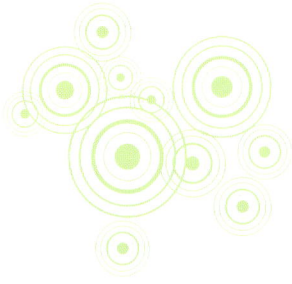

对分课堂通过对教与学核心关系的巧妙调整,使课堂实现"以教为主"向"以学为主"的系统性转变。这一新颖的方法,提高了学生学习的积极性和参与度,减轻了教师的教学负担,为推进课堂教学改革开辟了新的路径。

研究员 博士生导师 课程与教学论著名学者

北京师范大学资深教授　著名心理学家
教育部核心素养框架课题组首席专家

林崇德　倾情推荐

　　"对分课堂"是张学新教授提出的一种新的教学模式,是课堂教学的一项创新工程。"对分课堂教学手册丛书"是教育界的良师益友。对分课堂促进教师更好地改革教育思想、教学内容、教学方法;有利于提高学生乐学善学、批判质疑、勤学反思、实践创新等核心素养。

对分课堂教学手册丛书
丛书主编　张学新

对分课堂
中国教育的新智慧

上海市教育委员会 2014 年上海高校特聘教授（东方学者）岗位计划支持
上海市教育委员会 2016 年高校本科重点教学改革项目（"基于对分课堂新型教学模式的本科教学改革研究"）支持

张学新　著

科学出版社
北　京

内 容 简 介

对分课堂是一种新的教学模式，创立、推行两年来取得了令人满意的教学效果。

本书首先简述对分课堂的基本操作，随后以全面的理论分析，指出对分课堂整合讲授法和讨论法，系统贯彻四大学习理论和三大教学理论，通过重新定义课堂和师生关系，实现了对传统教学的实质性变革。对分课堂权责对分的核心理念，带来了民主对话、自由开放、和谐舒畅、生机勃勃的课堂。对分课堂顺应人性，张扬个性，促进主动学习，培养核心素养和创新能力，为破解"钱学森之问"作出了新的探索。对分课堂带来对教学评估、学术评价、考试模式等重要问题的新观点、新思路，结合体制和文化优势，有可能引发中国教育的巨大变革，为后工业化时代的世界教育发展开辟新的路径。

本书可供关注课堂教学改革的一线教师、教师培训人员、教育教学管理者，以及所有关心中国教育和中国社会未来发展的读者阅读和参考。

图书在版编目（CIP）数据

对分课堂：中国教育的新智慧/张学新著. —北京：科学出版社，2016.12
（对分课堂教学手册丛书）
ISBN 978-7-03-050843-0

Ⅰ.①对… Ⅱ.①张… Ⅲ.①课堂教学-教学研究 Ⅳ.①G424.21

中国版本图书馆 CIP 数据核字（2016）第 289654 号

责任编辑：乔宇尚　高丽丽 / 责任校对：贾伟娟
责任印制：霍　兵 / 封面设计：黄华斌

科学出版社 出版
北京东黄城根北街 16 号
邮政编码：100717
http://www.sciencep.com

三河市春园印刷有限公司印刷
科学出版社发行　各地新华书店经销

*

2016 年 12 月第　一　版　开本：720×1000　1/16
2024 年 12 月第十四次印刷　印张：17 3/4　插页：1
字数：368 000
定价：69.00 元
（如有印装质量问题，我社负责调换）

"对分课堂教学手册"丛书编辑委员会

主　　编　张学新
副 主 编　陈湛妍　王雨晴　董宏革
编写人员　（按姓氏拼音排序）

安桂花	安剑群	鲍丽娟	本志红	蔡秋文
曹浩智	陈慧娟	陈妙玲	陈瑞丰	陈修文
丁丽红	冯　锵	龚　雯	韩宝红	韩秀婷
何　玲	贺　红	胡　真	黄　莺	黄锦标
黄天锦	黄向前	姜梅芳	李　莉	李道琴
梁　琨	刘明花	刘明秋	刘志平	马莉莉
马珊珊	马迎红	闵紫雯	宁建花	孙　帆
孙桂秋	孙欢欢	孙卫红	孙小春	谭永定
田　青	王继红	王建勋	王文娟	王晓玲
王银珠	魏　波	温婷婷	吴金枝	徐含笑
杨　红	杨建新	杨丽萍	杨永华	姚海洪
岳梦琳	岳喜凤	张长君	赵婉莉	郑隆慧
钟　铃	周　瑾			

丛书序

个性化时代中国教育的新探索

一、令人惊喜的新型课堂

"对分课堂"是我提出的一种新的教学模式。形式上，它是把课堂时间一分为二，一半留给教师讲授，一半留给学生进行讨论；实质上，它是在讲授和讨论之间引入一个心理学中的内化环节，使学生对讲授内容吸收之后，有备而来地参与讨论。

这样一个看似简单的设计，却取得了惊人的效果。2014年春，我首次在复旦大学心理系的本科生课程上实践对分课堂，受到学生的欢迎。随后，对分课堂不胫而走，迅速传播到全国大部分省（自治区、直辖市），甚至传到非洲，在对外汉语教学中也取得了显著成效。两年间，借助互联网和使用者的口碑，对分课堂风行全国，在数百所高校的上千门课程中得到应用，覆盖人文、理工、医学等多个领域及外语、音乐、美术、体育等多个学科，被列入教育部和上海市教育委员会教师培训项目，获批上海市本科教学改革重点课题。同时，对分课堂也迅速进入基础教育领域，从小学一年级到高中三年级都涌现出了很多成功的案例，得到众多一线教师、特级教师和校长的高度认可，被誉为"魔力课堂"，被列入上海市教育委员会"十三五"基础教育教师培训的网络课程。另外，各地教师以对分课堂为题，获得140多个教学改革立项，包括36个省级课题，其中31个来自高校，5个来自中小学。

各地学校相继组织关于对分课堂的讲座和培训，总数超过百场，覆盖教师群体上万人。常常是一场讲座下来，教师激情澎湃，学校领导当场认可，随后在全校推广。很多时候，一次课下来，教师立刻感受到对分课堂的好处，一个学期下来，学生的成绩大幅提升。在成绩之外，更重要的是开心的学生、快乐的教师、活泼的课堂氛围、融洽的师生关系和令人满意的教学效果。教学的众多美好的理想在对分课堂上一一成为现实，幸福来得太快，令人不敢相信。运用对分课堂，教材不变、大纲不变、进度不变，不花钱、不买设备，好学、易用，效果常常立竿见影。对分课堂真有这样神奇吗？如果有，该如何操作？对于这些问题，本套丛书尝试给出一些参考性的回答。

二、对分课堂的核心理念

现代教育制度的核心标志是夸美纽斯于1632年建立的班级授课制。班级授课制的基本教学模式是讲授法。讲授法能实现系统、高效的知识传递，迅速培养大量专业性人才，是与工业化时代相适应的教学模式。然而，在讲授法之下，学生只是被动地接受，主动性得不到发挥，能力无法得到提升。在后工业化时代，社会资源十分丰富，个人自由度大幅提升，社会生活的网络关系变得前所未有的复杂，千人一面、缺乏个性的教育，固守传统、不能创新的教育，高高在上、脱离现实的教育，日益受到诟病。这时，全世界的教育都面临着五个重大挑战，即如何促进个性化发展，如何培养社会责任感，如何增强和谐相处能力，如何培养创新能力，如何回应社会高速发展中不断产生的现实需求。

从20世纪初开始，全世界进行了很多教学改革，最为成功的是在美国被广泛实践的合作学习。常见的研讨式教学、问题式教学（problem-based learning，PBL）、案例教学、高效课堂、自主课堂等都是合作学习的变种，其核心特点是通过讨论，提升学生的参与性和主动性。然而，虽经近百年的探索，对合作学习的应用仍然有限，合作学习也没有取代讲授法，主要原因在于讨论式课堂牺牲了系统性的知识学习，讨论的质量和效果常常无法得到保证。

对分课堂通过对内化和吸收过程的强调，实现了讲授法和讨论法两大教学模式的整合：讲授是为了基于独立思考的内化，而内化的成果则通过社会化学习在讨论中得到展示、交流和完善，既保证了知识体系传递的效率，又充分发挥了学生的主动性。

从对分的角度看，讲授法的问题在于过分强调了教师的权威，压抑了学生的个性，而讨论法的问题在于，过分强调学生的权利，造成了教学秩序的混乱。本质上，对分课堂重新分配了教学中的权利与责任，它赋予学生应有的权利，让学生承担应尽的责任，体现了对学生最大的尊重，为课堂营造了一种民主、对话、开放、自由的氛围，也因此使课堂变得和谐、舒畅、充满乐趣、生气勃勃。人类的文明已经进入了一个新时代，对分课堂顺应人性，释放人的潜力，张扬个性，孕育创造，为探索后工业时代的教育范式提供了新思路，有可能会显著促进社会经济文化的发展。

三、理实交融的教学改革

对分课堂看起来简单易行，实际上非常考验教师的能力。有的优秀教师运用对分方法，课堂瞬间焕发光彩，也有很多教师心生羡慕，却不知如何下手。出现这样的情况是十分正常的，因为一种新的教学模式能够最先实践成功的一定是少数教师，与其他教师相比，他们更有思想、热情和勇气。即便是这些教师，由于对分课堂带来教学理念根本性的颠覆，他们在初期也会犯很多错误，如武侠小说中段誉使用的六脉神剑，时灵时不灵，不能充分发挥对分课堂的力量。对分课堂不是一两个环节的改变，而是整个教育、教学理念的全面变革，在简明的操作流程背后，蕴含着极其丰富、深刻的心理学、教育学原理，需要教师慢慢体会。对分课堂的运用是低门槛、无上限的，任何人都可以用，但能否顺利运用或取得较好的效果，要看个人的理解和素养。

作为一个范式，对分课堂在各个学段、学科的运用，需要先锋教师在实践中逐步探索，形成具体的操作细则，再尝试在更广泛的教师群体中运用、验证、完善。2016年春节，我觉得应该汇集前期对分课堂实践的经验，为关注对分课堂的广大教师提供参考。于是，我便邀请一些在对分课堂教学中取得一定实践成效的教师（来自13个省份29所学校的共65位教师），开始编著本套丛书。丛书汇集了集体的智慧，尽可能请多位教师合作，取长补短。第一批计划出版17本，包括总论和16本分册，覆盖11类高校课程和5类中小学课程，分别为"高校思想政治理论课""大学英语""大学心理学""高等数学""医学护理学""高校艺术类课程""研究生公共英语""对外汉语""高校体育类课程""大学生物学""第二外语辅修与专业课程"和基础教育的"高中语文""高中英语""高中数理化""中学地理""初中英语"。总论侧重于理论分析，分册则针对具体学科，详细介绍对分课堂在具体学科中的操作流程和要点，帮助一线教师在自己的教学实践中迅速、成功地运用对分课堂。

在全世界范围内，教育改革成功的案例并不多，其中一个主要原因是教育改革常常从理念出发，而从理念到实践还有很大的距离。对分课堂从可操作的方法出发，确认有效果后再进行推广，基于大量实践进行理论提升，再用理论去指导实践，符合人类认识发展的根本规律。对分在一开始就是一个高度实用的操作流程，注重细节和完整性，先形成一个可用的版本，然后通过大量实践，汇集集体智慧，发现问题、解决问题，在快速迭代中优化流程。对分实践获得的经验不是支离破碎的，而是被整合在一个理论框架之中；这个理论也不是空洞的，而是与教师的教学实践相结合。本套丛书能做到实践与理论的紧密结合，在中国乃至世界的教学类书籍中实属难得。未来我们欢迎更多的一线教师参与进来，使本套丛书覆盖更多科目，不断修订、重版，成为中国教师乃至世界教师的工具书。

对分课堂在教育理念上的一个核心观点是不以成败论学生。学生是否知道了正确答案，并不是最重要的，勇于思考、善于思考才是第一目标。对分课堂是一个重大的教学改革，丛书的作者实践对分，最长的两年半，最短的两个学期，经验不足是难免的，存在疏漏也是难免的，但我们希望读者不要试图从丛书中寻找标准答案。基于不同的理解、不同的场景，不同的分册可能会出现互相对立的答案。丛书不能保证自己的正确性，也不能保证按书里的做法一定能取得好效果。丛书只是反映了作者当前的实践和认识水平，给读者提供一个参考。让对分在自己的课堂上开花结果，读者自己也有一半的责任。同时，睁开眼睛，开动脑筋，展示自己的才能，参与对分的创造，这也是实施对分的本意。

四、集体智慧和群众力量

感谢"对分课堂教学手册丛书"的所有作者，愿意投入巨大的时间和精力分享他们的经验和收获！我代表丛书全体作者，感谢所有勇敢开启对分课堂实践之路的千百位教师！他们对教学的高度热爱，他们非凡的勇气、智慧和行动，使对分课堂能够与具体学科的教学相结合，带来了对分的成长和壮大。感谢所有实践对分课堂的同学们，特别是第一个对分班级——复旦大学心理系本科2013级全体同学！

感谢复旦大学教师发展中心陆昉主任、丁妍副主任，以及范慧慧、曾勇、方雁、李娜老师和中心特邀研究员陈侃老师！感谢教务处徐雷处长、王颖副处长、徐珂副处长、孙燕华老师！感谢《复旦教育论坛》熊庆年主编，上海易班发展中心和杨佳老师，上海市教育委员会高校教师培训项目的领导，华东师范大学EDP中心黄健主任及张斌、刘永老师！感谢他们在对分课堂发展过程中给予的宝贵支持！

感谢众多高校教务部门、教师发展中心和相关领导给予的支持！感谢教育部对口支援计划，让河西学院教师安桂花把对分课堂带回甘肃，在学校、学院领导的支持下在全校推广！感谢河西学院学校和教务处、教师教育学院、外语学院的领导和老师！感谢田家炳基金会及总干事戴大为先生为2015年8月的首届对分课堂全国研讨会提供赞助，并帮助我们把对分课堂推向西部中小学！

感谢岭南师范学院对举办对分课堂华南地区研讨会的支持！感谢河南平顶山学院——我的家乡学校，在全校推广对分，感谢苏晓红副院长，教务处李波处长、史玉珍副处长，计算机学院吕海莲院长和多位领导、老师！

感谢教育部网络培训中心吴勇、刘艳、付舒婷老师，让对分课堂通过网络走到了全国高校教师的身边，通过国培项目走向了云南边远乡村的中小学！感谢江西省高校师资培训中心及周礼芳老师，通过组织的五次讲座，让对分传播到江西省所有的本科高校！

感谢张掖市甘州中学兰小丽、广州新滘中学张春燕、湛江市第八小学苏勤老师，率先把对分课堂成功应用于中小学课程！感谢南通市南通中学陆晓蔚老师，率先把对分课堂和"对分易"平台成功运用于初中体育课！

感谢甘肃省白银市田家炳中学顾克暄校长在全校推广对分教学！感谢兰州田家炳中学教导主任张维民老师组织全校性的教研团队，在所有主科目上开展关于对分课堂的系统性的实证研究！感谢《教育文摘周报》刘军伟编辑帮助我们在中小学推广对分！

感谢师培联盟（北京）教育科技研究院和北京中教国培教育咨询中心组织对分课堂专题培训！感谢上海情绪疗愈学院和张迪薇院长在新型心理健康课程中推广和应用对分课堂！感谢北京三圣学堂马琴老师在传统文化教育中运用对分课堂！

感谢上海电机学院陈瑞丰老师，上海杨行中学胡真老师，上海心理学会基础教育专业委员会主任秦启庚教授，专业委员会对分课堂项目组吴静、仇红老师，滨州职业学院仲广荣、张秀霞老师！

感谢王培雄、王永锋、郑娟、徐霖等组织团队创造了使用便捷、功能强大的"对分易"教学平台，为众多教师的对分教学提供了巨大的便利！

感谢复旦大学参与对分课堂实践的各位老师！感谢心理系博士研究生邓世昌、曹雪敏，以及我的硕士研究生王舒、冯俊栋，博士研究生黄锦标等积极探讨和开展对分教学研究！感谢我的博士研究生徐霄扬、李欣琪和助手张瀛予提供的多方面的有力支持！

感谢复旦大学宽松自由的学术氛围，社会发展与公共政策学院和心理系领导和同事给予的支持！感谢上海市"东方学者"计划在资金上为对分课堂的教学改革实践提供的强有力的支持！本套丛书中高校相关的分册得到我本人主持的2016年上海市教育委员会"高校本科重点教学改革项目"的支持，特此感谢！

感谢科学出版社的领导，其中有我的中国科学技术大学学长、现任中国科技出版传媒股份有限公司（科学出版社）总经理彭斌，教育与心理分社付艳社长和乔宇尚编辑！感谢他们的巨大付出！

感谢无法一一列举的众多在对分课堂实践和推广过程中给予我们巨大帮助的老师、朋友和学生！

最后，仅代表我本人，感谢我的哥哥和弟弟对如何推进对分课堂给出的明智而中肯的建议！感谢我的父母张伯重和秦淑香，他们为我树立了慈悲、理性、热情、勇敢的榜样，让我对公正的社会和美好的教育一直心存向往。

五、中国教育的超越之道

在大众教育上，特别是在基础教育阶段，欧美的教育是很失败的，并不能给我们提供可以仿效的成功案例。过去100年，欧美国家付出了巨大的努力，尝试变革传统教育模式。然而，20世纪二三十年代的进步主义教育运动，六七十年代杜威和布鲁纳领导的课程改革，最近30多年的基础教育改革，全部以失败告终。进入21世纪，全世界都开始强调重视核心素养，然而各个国家目前仅仅是制定了框架，至于如何实施，思路还不明确。

中国教育的根本问题其实是前文提到的全世界教育共同面对的根本问题：如何改变传统的教学模式，有效回应后工业化时代对大众教育对的五大挑战，即促进个性化发展、培养社会责任感、增强和谐相处能力、培养创新能力、回应社会高速发展中不断产生的现实需求。

中国社会主义的政治体制，是保证教育公平和实现大众教育最宝贵的制度优势，中国社会重视教育、刻苦学习的历史传统，是发展大众教育最好的文化背景，中国源于科举制度的以高考为核心的统一考试模式,是世界教育史上的伟大创新,如果能与新技术结合走向新型的"海量高考",将是高质量大众教育的切实保障。一旦中国率先突破400年的传统教学模式,中国的教育完全有可能超越西方,引领世界教育的新潮流。

课程改革、教材改革、教师培训最终都需要与课堂相结合。只有课堂真正改变了,课程、教材和教师方面的变革才能整合起来、落实下去。课堂改革是教育改革的"最后一公里",这是当前世界教育界达成的共识。过去20年最流行的教学改革,如自主课堂、高效课堂、翻转课堂、慕课,都没有给传统课堂带来实质性的变化。

对分课堂能否破解世界性的教育难题,实现课堂的真正变革?对分课堂能否带来中国社会思想夜空的星光灿烂,为民族复兴与大国崛起奠定坚实的基础,为全球化时代的世界教育与社会发展带来新的转机?所有认可和支持对分课堂的"对粉"们,让我们衷心期待,共同努力!

张学新

2016年12月于复旦大学

前　　言

　　我本科学的是物理，毕业后转学心理学，长期从事认知心理学与脑科学的研究，对教育与教学研究并不熟悉。自 2006 年 9 月起，我在香港做大学教师。开始的两年，跟很多新教师一样，我研读教材、用心备课，力求讲得清楚明白、生动有趣，但自我感觉效果一般。其中一个原因是要全英文授课。虽说我从小学就学英语，还在美国留学多年，但英语毕竟不是我的母语，谈谈专业内容还可以，但到了课堂上立刻捉襟见肘。教学需要用通俗的日常语言，横着讲不通竖着讲，竖着讲不通斜着讲，这种生活化的词汇和表达才是英语对外国人来说最难的地方。

　　香港本地很多人从小接受的是英文教育，这方面的能力比内地人好很多。然而，用广东话讲起课来神采飞扬的香港本地教师，当一切换到英文时，课堂立刻沉闷了许多。即便以英语为母语的教师，面对以广东话为母语的香港学生，课堂氛围也不够活跃。究其根本，母语能够迅速引发丰富、深刻的情感体验，而外语很难做到这一点，触及不到心灵，讲课的效果自然不够好。

　　课堂平淡如水，我努力去制造些波澜，但学生不为所动。对于这样的课堂，我看到学生觉得很无趣，自己也觉得很无趣。2008 年 4 月的一天，我突然产生了一个想法：不如我先讲讲，让学生回去看看书，等下次课回到课堂，大家再一起做些讨论？跟学生谈了自己的想法之后，学生说，你现在教得挺好的，不用改。学生不想尝试，但我始终觉得这个方法有一定的道理，只是没有机会推进，一直仅限于一个"隔堂讨论"的简单设想。

　　2013 年年底，我从香港转到复旦大学教书，准备尝试这个设想，并确定了"对分课堂"的名称，意思是教师和学生对半分割课堂时间。第二年春季学期第一次在内地开课，我就在本科生的心理学研究方法课上运用了对分方法。2014 年 2 月 26 日是第一次课，此前两周我把原来的想法细化，对作业布置、讨论组织和成绩考评等做了具体设计。2月27日的课之后,我担心新方法会给学生太大压力,便发邮件说:"大家放松一点读书,不要给自己太大的负担。就是读读两个章节,了解一下内容,吸收一些自己认为有价值的东西,承接老师的课堂讲授,再利用下次的讨论解决疑点、分享心得、加深理解。对分课堂的目的是让大家从死记硬背中解放出来,解除学习焦虑,以更平和的心态去增加自己的知识和技能,提升思考能力。"

这样上了3周,讨论了两次,自我感觉不错。3月12日上第三次课,我带了一副扑克牌到教室。下课前,我给每个学生发一张,无记名投票,愿意继续用对分课堂的画圈,不愿意的打叉,结果学生都很支持。当晚,我给系里的老师发邮件:"今天是'心理实验设计与研究方法'课程采用对分课堂模式教学的第三次课。经过第一次课的讲授,第二、三次课的讨论+讲授,课堂气氛和教学效果都很好。今天下午下课前投票表决是否继续采用对分课堂模式完成全部教学,24名学生全部投了赞成票。这样,我们的新教学法进入正式探索阶段。"对分课堂教学模式持续到期末,我们做了问卷调查,学生对新方法的认可度为86%。这就是对分课堂的由来。

如前所述,对分课堂很快传播起来。从2014年11月在上海财经大学的第一次公开讲座之后,邀约不断,我在全国多所高校和多个会议上先后做了上百场讲座,覆盖教师上万人。很多教师实践成功后尝到了甜头,成为对分课堂的铁杆粉丝,带着极大的热情,自发、主动地宣传、推广对分课堂,令人感动。常常是,经过短短一个学期的对分课堂实践,大学的一位先锋教师会带动一个学院认可对分课堂,中小学的一位先锋教师会带动一个学校认可对分课堂。对分课堂就像蒲公英的种子,吹一口气就飘散开来,迅速生根发芽、开花结果,每个种子都有旺盛的生命力,不断自我繁殖。成功的案例不断传来,两年间,我收获了太多的喜悦与快乐!

其间,我汇集大家的实践成果、经验教训和反思总结,并将其分享、传递给更多的人。在这个过程中,我逐渐从"隔堂讨论"发展出"当堂对分",并提出了有效带动小组讨论的"亮考帮"方法。对分课堂的操作基本定型,更多是探索与具体科目的结合。从开始以为只适用于文科,发展到理、工、农、医;从开始以为只适用于理论性课程,发展到实践类、音体美课程;从开始以为只适用于高校教学,发展到基础教育全学科、全学段覆盖,对分课堂教学模式的爆发式发展远远超出了我最初的想象,也超出了所有人的想象。

在这期间,对分课堂的意义从多个方面更加清晰地显现出来。比如,对分课堂模式在中小学和高校外语、体育和思想政治(思想品德)课上取得了令人惊叹的效果。多年讨厌英语的学生竟然爱上了英语课堂,每天都期待大学英语课快点到来。不爱运动的初中生爱上了体育课,每天回家刻苦锻炼,家长在旁边喜不自禁。下课铃响了,思想政治课的学生恋恋不舍,课后还会以"马克思主义基本原理"为指导,处理与室友、同学甚至恋人之间的关系,并认为"原理"真正是大学里最值得学的课程,比哪一门具体课程都更有用。

对分课堂显示出的巨大潜力给人带来了一种极其强烈的预感:对分课堂在这三类覆盖全体学生的课程上,将引发教学流程、教育理念与教学效果的重大突破。这些课程事关核心素养框架下国际理解、国家认同与珍爱生命的重要维度,对于培养具有开阔的国际化视野、良好的身体素质和具有坚定的马克思主义信仰的全面发展的社会主义接班人,其重要性是不言而喻的。例如,对分课堂在甘肃、云南等教育资源匮乏、教学设施落后的西部边远、乡村地区的中小学和高校、高中职院校迅速获得成功,受到师生的热烈欢迎,意味着这一新型教学模式对国家十分关注的促进教育公平、缩小城乡差距具有不可估量的价值。

众多教师的热情参与、积极实践和高度认可,更重要的是,他们在广泛的学段和学科迅速取得的巨大成功给予我很大的鼓舞,也激发了我进一步的思考。2016年春节,在对分课堂诞生两年的时候,很多教师和我都觉得应该提炼一些材料,给对分课堂实践者一些基本的指导,我开始系统思考对分课堂的理论基础。在写作过程中,我研读了教育学、心理学的相关内容。幸运的是,认知心理学是教育心理学的重要基础,这就使得我能把自己的专业积累与教育教学理论联系起来,给予对分课堂一个相对全面的分析。这个分析的结果,就是呈现在读者面前的这本书。

全书共十一章,第一、二章介绍了对分课堂的时代背景、基本操作和运用要领。

第三章介绍了对分带来的师生角色和教学生态的变化。

第四章系统比较了对分与众多传统教学改革的异同,展示了对分的创新性。

第五章梳理了教育心理学中的四大经典学习理论和教育学中的三大现代教学理论,表明对分课堂系统贯彻了基于这些理论而提炼出的近70个基本教学原则。

第六章从心理学意识研究中最新的"回声论证"理论出发,提出了学习的"唯能力论",把知识、认知能力、技能、态度、情感、价值观等广泛的学习内容统一到了一个普适性的能力范畴下,为从传统的知识教育向能力教育的根本性变革提供了理论依据。在唯能力论的基础上,修改了布鲁姆的经典理论,提出了新的"四层次教育目标分类学",用复制、理解、运用和创造来刻画所有能力类型的发展过程。

第七章指出基础教育领域近20年教育改革实践中倡导的自主学习理念,是一种过于理想化的教育理念,在全世界的教学改革中都没有获得成功。合理的教学,要依据一种新的"渐进自主"理论,让学生在教师的充分引导下,逐步走向自主。

第八章指出要充分发挥对分课堂的潜力,需要在教学内容、教材编制、教学评估、教学与科研平衡等方面进行重大改革。一方面实现高等教育向人才培养主要功能定位的回归,另一方面走出美国基于人海战术的"大众科研"误区,转向真正反映科学精神的"精英科研",通过基于互联网的公开、透明的学术评价机制,促进学术创新和"双一流"建设,实现中国科学的超越性发展。

第九章通过中西比较,指出总体上中国的基础教育在教育民主和能力培养上优于西方,而这一优越性的根源在于中国的政治体制和文化传统。中国教育乃至东亚教育,普遍缺乏创新能力,难以破解"钱学森之问",不是中国独有,而是一个世界性的难题,只不过威权主义色彩浓厚的中国传统文化使得这个问题更为严重而已。对分课堂能够有效培养批判性思维、创造性思维、沟通与合作能力,为如何在实际教学中贯彻核心素养提供了新的思路,对世界范围内的课程改革和教学改革有重要的参考价值。对分课堂带来的教学模式变革也将引发考试模式的变革,使得基于纸笔考试的传统高考走向基于海量题库和计算机、互联网技术的开放性"海量高考"新模式。对分课堂引发了对中国教育的反思,进而引发了对中国文化的反思。

第十章介绍了一个新的观点,把中央集权制、儒学、科举(高考)和汉字定义为中国传统文化的核心标志,认为它们是支撑中国大一统文明的"四大支柱"。大一统文明对应的权威主义和层级社会构架在一定程度上抑制了人性的自由发展与民主、科学精神的成长。从师生关系延展出去,对分课堂的权责对分理念提供了一个妥善处理权威与个人关系的新路径,让精英与民众融汇智慧,成为发展的共同体、命运的共同体,真正实践了群众路线,在现实生活中能够达成更为充分、广泛的民主。

第十一章用 40 句要诀总结了对分课堂的精髓,指出对分课堂不是合作学习,不是自主课堂,不是翻转课堂,也不是慕课,而是融汇数百年教育智慧、蕴含巨大创造的一个新生事物。课堂教学是学校教育的核心,对分课堂的出现重新定义了课堂,也因而重新定义了师生关系等教育过程中的众多维度与范畴。对分课堂在全世界真正突破了大工业生产时代对应的传统教育范式,为迫切呼唤个性化学习和全面发展的后工业化时代提供了一种新的教育范式。

对分课堂的核心理念是权责对分,其意义远远超越了教育,可以提升到哲学的高度。原本拥有更多权力的一方,主动释放权力,与原本相对弱势的另一方平分权力,这体现了儒家思想的"礼让"原则,是人性的至善。"让"每个人做自己的主人,是对自我中心的放弃,是众生平等的民主精神。因为不企图占据他人的生活,反而更能够得到他人的认可。以礼让致和谐,"让"的深处,是中国文化"空"的智慧。

自由是人类社会发展的最高境界,人类不断从必然王国走向自由王国。然而,现代人追求成功常常只是为了免受他人轻视。被外界束缚而违背自己的本心,不是真正的自由。基于对分课堂提出的"安于普通的自由",让每一个人有权利选择普通而不受歧视。当人们能够不屈从于外界的看法而选择自己想要的生活时,其自我会得到充分的舒展,其心灵会获得真正的自由。

我是谁?我想做什么?我要走向何方?要回答这些问题,需要认识自我,而自我的独特性与丰富性主要体现在一个人的心灵上。对分课堂促使整个社会拥抱心理学、学习心理学,掌握心灵运作的规律,深刻理解人性的本质,摆脱被规律支配和奴役的无知,成为自己的主人,迈入自由的王国。说到底,心灵的自由才是人人向往的最高层次的自由。

张学新

2016 年 12 月于复旦大学

目　　录

丛书序　个性化时代中国教育的新探索

前言

第一章　对分课堂的基本内涵 / 1
  第一节　创新时代的课堂困境 / 1
  第二节　对分课堂的基本模式 / 4

第二章　对分课堂的运用要领 / 11
  第一节　对分课堂的操作方法 / 11
  第二节　对分教学的常见问题 / 28

第三章　对分引发的教学变革 / 52
  第一节　教师层面的巨大变革 / 52
  第二节　学生层面的巨大变革 / 61
  第三节　教学生态的巨大变革 / 73

第四章　对分与其他教学方法 / 78
  第一节　合作学习概述与分析 / 78
  第二节　自主课堂概述与分析 / 92
  第三节　案例探究概述与分析 / 104
  第四节　新近模式概述与分析 / 113

第五章　对分课堂的理论基础 / 118
  第一节　学习与教学理论总述 / 118
  第二节　对分课堂的教学原则 / 131
  第三节　对分课堂的教学模式 / 140
  第四节　教学的五大根本论题 / 145

第六章　对分课堂的教学目标 /148
　　第一节　基于行为的能力目标 / 148
　　第二节　教学目标四层次理论 / 159

第七章　对分课堂的教育理念 / 173
　　第一节　走向自我教育的学习 / 173
　　第二节　基于渐进自主的教育 / 179

第八章　对分课堂与高等教育 / 184
　　第一节　对分课堂与高校教学 / 184
　　第二节　对分课堂与高校科研 / 201

第九章　对分课堂与基础教育 / 210
　　第一节　基础教育与核心素养 / 210
　　第二节　教学改革与考试改革 / 215
　　第三节　中西基础教育的比较 / 219

第十章　对分课堂与中国文化 / 228
　　第一节　中国文化的四大支柱 / 228
　　第二节　对分带来的生活民主 / 230
　　第三节　知识分子的自我反思 / 234
　　第四节　人人要懂的心理科学 / 239

第十一章　对分课堂总结与展望 / 242
　　第一节　对分教学的四十要诀 / 242
　　第二节　对分引发的范式变革 / 244
　　第三节　个性发展与"让"的智慧 / 250
　　第四节　简明分层与安于普通 / 254

附录　"对分易"信息化教学平台简介 / 259
索引 / 262
重印说明 / 265

第一章

对分课堂的基本内涵

第一节 创新时代的课堂困境

当今世界科技革命和产业变革发展迅猛，重大的颠覆性创新不断涌现，成为推动社会经济发展和增强国家竞争力的决定性因素。十八届五中全会将创新置于五大发展理念之首，提出创新是引领发展的第一动力。2016年5月20日，中共中央、国务院印发《国家创新驱动发展战略纲要》，提出建设创新型国家的重大目标，把创新摆在国家发展全局的核心位置，把创新确立为中华民族复兴的重大国策。

创新的关键在人才，人才的成长靠教育。从21世纪开始，世界教育的关注点从规模发展转向质量提升。依据学校变革的基本定律，"课堂不变，教师不会变；教师不变，学校不会变"，课堂教学改革成为世界教育改革和中国教育改革的核心。然而，无论在基础教育还是高等教育领域，当今中国学校的课堂教学都不容乐观。

在基础教育方面，在提倡素质教育和推行新课程改革的进程中，中小学教师在近几十年间进行了大量的教学改革，探索出了如自主课堂、高效课堂等新模式。然而，引起关注的只是少数学校，在没有受到关注的大多数学校里，实际上还是传统的灌输式、讲授法。虽然在课堂上很多教师不会一讲到底，会精讲多练、讲练结合，不过这个练的过程依然是在教师限定的框架内进行的，没有改变学生被动学习的本质。

华东师范大学袁振国教授指出，"苏联的著名教育学家凯洛夫的教育学提出了经典的五步教学法：准备上课、复习旧知、讲授新知、巩固新知、布置作业，教师是整个教学活动的主动者、主导者，学生是被动者、接受者。这种模式在中国至今处于支配地位。全国每年不知开设多少公开演示课，那些公开课、演示课，通常都是教师讲得风生水起、幽默生动、收放自如的课，教师俨然是优秀的演员，学生则是醉心的观众。能够有这样的老师、听这样的课，学生当然是开心的，是幸运的，毕竟这样优秀的教师还是少数。但是，就是在这样的课上，学生到底学到了什么呢？他学会发现问题了吗，学会寻找解决问题的办法了吗，学会与他人合作解决问题了吗，学会表达自己的思想、困惑和见解了吗，并通过自我表达增强自信了吗，培养了独立自主的精神和坚持不懈的意志品质了吗？"[①]

由于教师和家长的权威性很强，中小学学生即使不想学习，也必须假装学习，比如，看似认真专注，其实早就心不在焉了。这就是华东师范大学崔允漷教授指出的在课堂上普遍存在的"虚假学习"和"游离学习"，其结果是课堂教学效率低，学习效果差。

高校课堂，缺课率高，学生玩手机、看电脑、不认真听课的情况相当普遍。教师被迫一再降低学业要求，但常常连基本的教学要求都无法达到。大学课堂教学效果不佳的原因，一是在于学生学习动机下降，二是在于部分教师，包括很多青年教师讲课能力不足。这些原因在某种程度上是对社会现状和大环境的反映。比如，社会浮躁，学生学习的功利化倾向严重，高校评估注重科研，教师在教学投入方面缺乏动力，也没有足够的精力。

过去，中国社会结构简单，社会需求相对单一。今天，中国社会发生了剧烈变革，对人才的需求十分多样化，对学生的能力要求很高。大学有些课程的设置脱离了现实，另外，也缺乏良好的通识教育来提升学生的人文修养。学生毕业找不到工作，企业招不到合适的人才，这已经反映出了高校教学存在的一些问题。

大学课堂常常连续上两节或三节，对于在信息碎片化时代长大的学生，长时间保持对课堂的注意力比较困难。因此，有些教师提倡课堂教学要幽默、风趣，富于表演性，但善于表演的教师总是少数，这样的做法对多数教师而言不具有现实意义。此外，网络时代的娱乐资源丰富，教师不可能也没有必要去用娱乐的方式来保证教学质量。事实上，对表演性讲课的高度强调，折射出的是当前课堂教学的枯燥与沉闷。

过去，学生即使不想读书，在课堂上也没有更多的事情可做，无非是打瞌睡、走神，教师的讲课还具有一定的吸引力。但学生课后进网吧、玩游戏其实已经相当普遍了，只是这些都发生在课堂之外，身在校园，很多教师没有直观的感觉，觉得他们还像过去一样教书，而学生看起来还像过去一样在读书。

智能手机的出现，削弱了教师和课堂所剩不多的吸引力，给课堂带来了巨大的冲击。手机里的社交信息与使用者的生活密切相关，手机里的娱乐项目丰富多

---

① 袁振国. 学校教育需要进行一场结构性变革. http://www.360doc.com/content/15/0212/16/16067555_448162585.shtml[2015-03-14].

彩，加上手机携带方便，操作简单快捷，信息的发送、接收和浏览等操作过程都高度碎片化，带来了巨大的灵活性，其吸引力远远超过了教师讲课。如果教师还像过去那样讲课，学生已经很难听进去了。

一旦上课不听，课下学习就更难了。虽然用作业可以强化课后学习，但学生人数众多，有的教师一学期常常要为上百甚至几百名学生上课，作业都批改不过来。学生平时不学习，期末考试时，如果教师严格考核，会出现大面积不及格，这让学校很难处理。无奈之下，不少教师只好降低考试难度，划定考试范围。期末考试的前几周，学生临时抱佛脚，划定的内容在短时间内背诵一下就能过关。这样背下来的东西，考完也就忘掉了。一旦教师这样做，下学期学生会更不爱听课，因为他们知道教师在期末会划范围，如此便形成了恶性循环。在这样的氛围下，严格的教师会被学生认为很苛刻，评教结果不好，这对态度认真的教师打击很大。

高校课堂的困局在于其普遍采用的讲授式的教学模式。传统的讲授式教学方法是由教师主导，完成既定内容的呈示，各种方法的使用都是要引导学生愉快地配合，按教师的思路去思考，课堂上基本没有真正的交流和互动，学生时时、事事要配合教师，处于被动的地位。因此，在被动参与的情况下，学生缺乏学习的主动性和积极性也是很自然的。

过去高校课堂问题不大，因为当时是精英教育，学生的基础、能力、学习动机都非常强，而如今是大众教育。当时学生毕业后工作有保障，学习内容与社会需求高度相关。而如今社会迅速发展，学生在大学里学习的内容难以应对时代的变化。总体来说，社会形态和历史时空发生了重大的变化，过去课堂上一些非常态的红利因素消失，使得讲授式课堂是被动课堂这一核心缺陷彻底地暴露了出来。

针对传统教学的一个改革方向是采用讨论式教学[①]，国外很多著名大学将这种方法视为仅次于课堂讲授的第二大教学手段。讨论式教学以启发式教学思想为基础，通常包括教师讲授、学生讨论和教师总结三个环节。其中，在讨论环节，教师提示、引导学生积极主动地思考问题。在中国，能够实践讨论式教学的常常是少数名校，因为这种方法对各方面的条件要求比较高。一是需要采用小班教学，让学生有实质性参与，按西方标准，班级规模比较理想的是12个人，不适合大班教学，而国内多数班级人数在五六十人到一两百人。二是教师的学科素养和课堂把控能力要比较强。由于讨论具有开放性的特点，如果按学生的思路展开，不免会偏离教学内容，影响学习的系统性。如果教师按教材内容去引导，学生的自主性学习可能会沦为表面现象，实际上还是跟着教师的思路走。国内一般教师缺乏经验和训练，因而对这种课堂很难适应。三是学生要勇于发言，积极参与。国外

---

① Stephen D, Stephen P. 2011. 实用讨论式教学法. 罗静等译. 北京：中国轻工业出版社.

学生从小就一直受到鼓励，敢于发言和提问，而国内学生在这方面则很难做到。在国内，与教师互动的常常是少数好学生，多数学生成了"看客"，最后教师也觉得很累，不得不转回讲授式。

在讨论式课堂中，学生的投入也很大。国外学生每学期选课少，每门课都能有充裕的时间投入，有展示自我和注重表达的文化传统，讨论过程中的自主性较强。中国学生每学期选课多，分配到每门课的时间有限，在课前查找和阅读资料方面会构成较大负担，加上规避冲突、言谈审慎的文化传统，都会影响讨论效果。这就使得讨论式教学局限在学生学习动机普遍较强的课程，如研究生课程，其应用范围极其有限。

第二节 对分课堂的基本模式

总体来说，无论是基础教育还是高等教育，在讲授模式下，教师的课堂讲授和学生的课后学习都是两个分离的过程，师生的交流和互动很少，学生被动地接受，缺乏实质性的参与，主动性不强，难以培养思维能力和探索精神。因此，通过引入讨论，增加互动性和参与度，提升学生的积极性，是正确的课堂教学改革方向。但是教师讲授后，随即让学生针对授课内容展开讨论，这样的"即时讨论"违反了学习过程中基本的心理学规律：学生对刚接触的内容尚未理解，没有时间思考、消化、吸收，不易提出深刻的问题，难以形成新颖的观点和看法，讨论缺乏深度和意义，很难取得良好的效果。缺乏内化和吸收过程，这是当前课堂讨论存在的根本问题。

对分课堂的出发点就是把这样的"即时讨论"改为"延时讨论"，让学生经过独立学习和独立思考，对教师讲授的内容进行一定程度的内化和吸收之后，再展开讨论，从而有效提升了讨论质量，保证了教学效果。

结合传统课堂与讨论式课堂各自的优势，进行取舍折中，提出的"对分课堂"新型教学模式的核心理念是把一半课堂时间分配给教师进行讲授，另一半课堂时间分配给学生以讨论的形式进行交互式学习。类似于传统课堂，对分课堂强调先教后学，即教师讲授在先，学生学习在后。类似于讨论式课堂，对分课堂强调生生、师生互动，鼓励自主性学习。对分课堂的关键创新点在于把讲授和讨论错开，让学生在中间有一定的时间自主安排学习，进行个性化的内化和吸收。对分课堂把教学刻画为在时间上清晰分离的三个过程，分别为讲授（presentation）、内化和吸收（assimilation）、讨论（discussion），也可简称为 PAD 课堂（PAD class）。将内化和吸收过程安排在课后，本堂课讨论上堂课的内容，这是对分教学最核心的特点，称为"隔堂讨论"（图 1-1）。

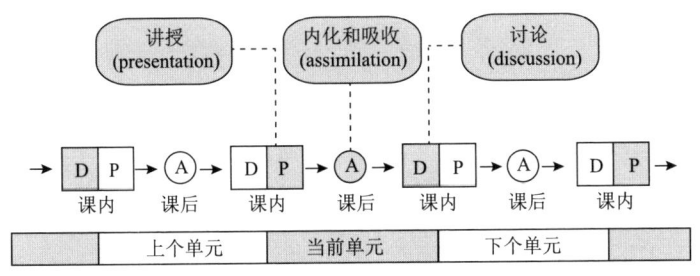

图 1-1　对分课堂"隔堂讨论"的基本流程

以大学的一门典型课程为例，设想某门课程，每周 2 节课，教授 16 周，覆盖教科书 15 个章节的内容，如果整个学期全部实施"隔堂讨论"的对分教学，可以进行如下设计（图 1-2）。

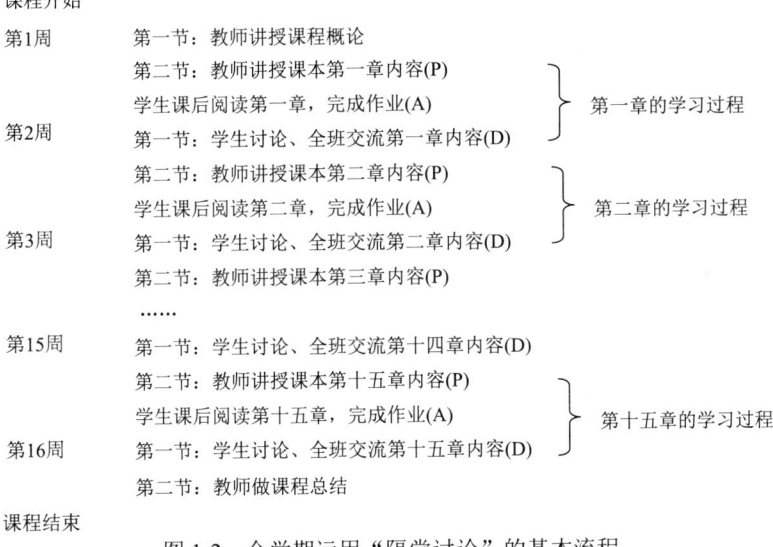

图 1-2　全学期运用"隔堂讨论"的基本流程

在上述设计中，除了第一周之外，每周课堂的前一半时间均用于讨论上一周课堂上教师讲授的内容。除了最后一周外，每周课堂的后一半时间都是用于讲授新内容。这样，除了第一周和最后一周外，其余每周的课堂都是先讨论后讲授，先温故后知新。

对于每一个章节，在讲授环节，教师基本不向学生提问，也不组织讨论，而是通过单向讲授，介绍教学内容的框架、重点和难点，不覆盖细节。在讲授和讨论两个环节之间，学生有一周的时间阅读教材、完成作业，可以根据个人的兴趣、能力、需求，在最适合自己的时间，以最适宜自己的方式方法，深入理解，进行个性化的内化和吸收。内化和吸收要求独立完成，不能与同学或教师进行讨论和交流。讲授和讨论过程也存在学生对知识的内化，不过不够集中和纯粹。内化类似于品味、消化、吸收、反刍、咀嚼，更强调由自我掌控的个体学习。

在讨论环节，教师上课后不做讲授，立刻让学生分组，通常4人一组，进行讨论。讨论主要是针对教师上次课的讲授内容和学生在内化阶段的学习结果进行。然后，学生分享自己的体会、收获和困惑，互相答疑、互相启发、取长补短，把普遍性的问题记录下来。小组讨论后，教师组织全班交流，对小组讨论中存在的疑难问题进行解答，最后进行总结。"对分"这个名称是指每次课的时间被对半分割，一半用于教师讲授，另一半用于吸收和讨论交流。为简洁起见，后文有些地方会用对分指代对分课堂[①]。

中小学的课程安排与大学差别较大，比如，主科语文等，每天都有一节课。不过二者对"隔堂"讨论模式的运用是非常类似的：今天这节课的前半节或前20分钟用于讨论上节课（昨天）后半节讲授的内容，后半节或后20分钟用于讲授新内容，在下节课（明天）的前半节进行讨论。学生在教师讲授后，在相邻两节课间隔的时间内，独立学习课本、完成作业，为下节课的讨论做好准备。在课程时间安排设置比较合理、教师对对分方法掌握较好的情况下，很多课程可以做到时间大致对半分割，但不必拘泥于此。在不少情况下，对这个比例需要灵活调整，如四六分割、三七分割等。

对分课堂的3个阶段可以更细致地分为5个环节，分别为讲授、独立学习、独立做作业、小组讨论和全班交流。隔堂的要求不是绝对的，对于某部分学习内容，如果能够按照这5个环节的顺序去开展教学，而且每个环节都遵循对分课堂的具体要求，就可以认为在实施对分教学。独立学习包含独立做作业，但因为作业在对分课堂中占据着极其重要的地位，所以把做作业单独设为一个环节，加以强调。

这5个环节都是日常教学中的基本元素。由此，很多教师会觉得自己的教学过程中都有，从而认为对分课堂很普通，与自己的教学差别不大，这是一个很大的误解。从孔子、苏格拉底和柏拉图的时代到现在，无数的人从事过或正在从事教学实践，就在今天的中国，教与学仍是上千万教师和数亿学生的日常生活。但在教育中创造新元素是非常困难的事，这也不是对分课堂的贡献所在。当前教育改革需要一场结构性变革或模式变革，同样的碳原子可以组成柔软的石墨，也可以组成坚硬的金刚石，关键在于结构不同。对分课堂就是这样的一种模式变革，通过整合创新，把已有的教学元素重新组合，形成一个新的结构，产生新的力量。例如，将发动机、车胎等散落一地，即便它们都是最好的零件，也很难发挥作用。

---

① 全书中会出现对分、对分课堂、对分课堂教学等表述方式，不进行统一。

因此，对分课堂不是 5 个环节的简单堆积，而是通过严整的结构和严格的要求，把它们有机融合起来。

运用隔堂讨论时，讲授和讨论发生在两堂课上，可称为"隔堂对分"。实施隔堂对分的一个必要条件是，学生在课后或两堂课之间要读书学习、完成作业，但在很多情况下学生做不到这一点。比如，大学里学生对一些课程不重视或其他课程的学业负担比较重，在课后不愿意或没有时间做作业，所有学习都必须在课堂上完成，中小学的副科也存在类似的问题。在这种情况下，可以实施"隔堂对分"的一个简化形式，称为"当堂对分"。当堂对分就是在一堂课或一次课上完整地实施 5 个环节。比如，在一节 45 分钟的课上，教师先讲授 25 分钟，然后给出相关的思考题或习题。学生之间彼此不交流，进行 5 分钟的独立学习和独立思考，写出自己的答案，然后小组讨论 8 分钟，全班交流 7 分钟。

当堂对分的最简单形式是"3 分钟对分"。无论什么科目、哪个年级的学生，在讲授一个知识点后，教师都给其 1 分钟的时间，让学生就一个简单的相关题目独立思考、解答，或不给题目让学生自己思考教师刚才讲授的内容，提炼收获，发现问题，然后给 1 分钟的时间，让每个学生与邻座学生简单讨论，分享刚才思考的结果，最后再用 1 分钟的时间，抽查两位学生，让他们简述刚才讨论的结果，教师随后继续讲授直到下课。

这样，课堂中可以随时拿出 3 分钟的时间，做一个简单的对分互动。如果掌握了方法，很容易扩展到 6 分钟（2+2+2）、15 分钟（5+5+5）或更长的对分。如果当堂对分整体时间短，内化和吸收时间有限，讨论深度相应地也有限，其学习效果虽比不上隔堂讨论，但比纯粹的讲授课堂效果会更好。在当堂对分中，在独立学习阶段，要鼓励学生做"微作业"，就是在书本上勾勾画画或做简单的笔记，把学习、思考中的收获和问题简单记录下来，在随后的讨论过程中可以用作参考。

当堂对分简单明了，可以单独运用。在能够运用隔堂对分的情况下，也可以与隔堂对分联合使用。比如，一门课每周 1 次，4 节课连上，那么可以在后 3 节讲授后布置课后作业，下周第一节课进行讨论。连续 3 节的讲授会使学生比较疲惫，教师可以讲授一节课，中间一节课用当堂对分，最后一节课继续讲授。

这里描述的是对分的基本模式。对分可以整个学期每次课都用，可以在其中几个章节中运用，也可以只运用一次，可以进行隔堂对分、当堂对分或将两者组合使用，形式非常灵活。

对分课堂的基本操作看起来简单朴素，平淡无奇，但却能在基础教育和高等教育的各个学科领域得到迅速而广泛的运用。目前，对分课堂的实践遍及全国，从边远地区的一年级小学生，到发达地区国内名校的优秀本科生、研究生，从一本到二、三本院校都有非常成功的案例。在高等教育的理工农医、人文社科、思想政治、英语、第二外语、体育、美术、音乐等众多科目和理论课、实验课、实训课、实践课等课程中,在中小学的语数外、数理化、政史地,包括体育课等不同科目和新授课、复习课、习题课、实验课等不同课程中,对分都获得了很好的效果。另外,其在班级规模方面没有限制,从十几人的小班到一两百人的大班,甚至在多达800人的新生入学教育课上,都可以运用。

其中的关键原因在于对分课堂好学、好用、见效快。在最快的情况下,一位教师听了40分钟的对分课堂讲座后去上课,讲座下半场还在进行,这位教师已经在自己的课堂上实施了对分。下午了解对分,晚上上课使用,今天了解对分,第二天上课使用的教师,为数更多。教师不需要调整教学内容、教学进度,仅仅改变自己的教学流程,无需经费、设备投入。用少量的内容和时间尝试后,实施效果好,可以继续,效果不好,也可以变回传统教学,风险很小。如果操作得当,当堂就可以获得好的效果,三五次课之后,就能对对分课堂流程有很好的把握。

令人吃惊的是对分课堂在如此广泛的科目中的操作方式非常相似,都遵循5个环节的核心流程,而每个流程的操作原则也大体一致。对分课堂对学生的基础、能力和动机没有要求。出人意料的是,越是基础差、能力低、动机不足的学生,越需要用对分,如果运用适当,会带给教师更大的惊喜。

对分课堂通过提升教与学的效率来提高教学效果,而不是通过增加教师、学生的负担,拼时间、拼投入来实现,可以在多门课程上同时采用,是可持续的教学改革。对分课堂看起来有些像合作学习,但实际上与之差别很大。对分课堂系统地贯彻了丰富、深刻的教育学和心理学原理,其3个阶段和5个环节看似平常,实质上却蕴含着对传统教学一些基本理念和根本原则的颠覆。只有对对分课堂有更为细致的了解之后,才能充分认识它的原创性。第二章将更为细致地介绍对分课堂的操作要领,为一线教师提供细致的"使用说明"。对具体教学不太关注的读者可以跳过第二章,直接了解对分课堂的教学成效和理论基础。

对分课堂被很多教师称为有魔力的课堂:昨天,学生玩手机、睡觉,只有5%的学生抬头听课,多少教师愁眉不展、束手无策;今天,用了对分,种种怪现象瞬间消失,学生活跃,教师开心,气氛热烈,学习效果更好。如果说有魔力,那么这种魔力来自何处?英国科幻作家克拉克提出了克拉克三法则,其中第三条是"大凡足够高深之技术,都与魔法无异"[1]。美国科幻作家尼文提出了尼文法则:"大凡足够高深之魔法,都与技术无异。"[2]两个法则的意思是一样的:好的技术,就像魔法,能把我们带到前所未有的境界。想想飞机、高铁、手机,从古代穿越过来的人都会把它们看作魔法一样。然而,在这些技术的背后,比如,手机简洁易用的界面下面,却蕴含了太多的设计和原理。

---

[1] 克拉克. 克拉克三大定律. http://baike.so.com/doc/2045688-2164553.html[2015-03-12].
[2] 麦克尼克.2013.千万别上魔术的当.周舟译.北京:人民邮电出版社.

另外，可以将对分课堂类比于一种技术，因为它要被数亿师生使用，所以它的界面不能复杂，因为它要在千差万别的教学场景中实现价值，所以它的内涵不能过于简单。实际上，除了第一、二章之外，本书的主要篇幅都是在理论上分析对分课堂的内涵。对分课堂的一个主要特点是低门槛、无上限，好比一个精心设计的登山的梯子，起点设计得很低，让每个教师都可以用，但攀登得越高，越能欣赏到美妙的风景，也越能感受到梯子的力量。如果单看梯子的起点，人们会觉得它平淡无奇，也不能理解如此简单的东西为何能在如此短的时间得到如此广泛的传播与认可。

很多中小学教师和校长非常关心的一个问题是对分课堂会不会影响考试成绩？对分源自大学课堂，一开始很多人包括笔者自己在内，都觉得它是提升学生能力的课堂，可能会与强调知识积累的中考、高考相冲突，因此并没有向中小学推广，仅有个别教师如本丛书"高中语文"分册作者之一的孙欢欢老师和"初中英语"分册的作者胡真老师进行了少量的尝试。2015年9月以后，在田家炳基金会的支持下，笔者为甘肃一些中学教师介绍后，对分在基础教育中迅速发展起来，不到两个学期就取得了令人惊喜的成效。比如，本套丛书中"初中英语"分册的作者胡真老师，"高中语文"分册的孙欢欢、马迎红和闵紫雯老师，"高中英语"分册的董宏革、王建勋、李莉老师，"高中数理化"分册的杨红、王银珠、梁琨老师，广州新滘中学初中思想品德课的张春燕老师，运用对分后都观察到学生的成绩有了显著提升。虽然对分推广的时间还不长，但在中、高考方面也取得了一些令人欣喜的成绩。

比如，甘肃临夏田家炳中学的初中语文老师安得辉2016年6月底告诉我们："运用对分一个学期，所带两个班级的中考成绩在14个普通班中由倒数第一、第二成为正数第一、第二。"

四川资阳市资阳中学的高三物理教师杨红2016年8月初告诉我们："我校26个班参加2016年高考，其中直通班2个，重点班8个，普通班16个。我本人带了3个班，1个重点班，2个普通班。高三整年度两个学期，我在重点班和1个普通班的物理课上采用对分课堂模式，另外一个普通班上采用传统教学模式。物理之外的其他科目没有采用对分教学模式。对分普通班与传统普通班高三入学编班时基础是一样的，但两者的物理高考成绩和总体表现明显不同。对分普通班：60人参考，重点上线30人，重点率为50%，升学率为92%，物理高考平均成绩为82分。传统普通班：68人参考，重点上线20人，重点率为29%，升学率为72%，物理高考平均成绩为77.5分。"

也就是说，两个最初可比的普通班，由同一物理教师授课，2个学期后，采用对分的班级比传统教学的班级物理科目的高考成绩平均分高出4.5分，重点率高出21%，升学率高出20%。

杨红老师还说:"我教的对分重点班,61人参考,重点上线50人,重点率为82%,升学率为100%,物理高考平均成绩为85.2分。其他教师用传统教学模式教授的另外一个重点班,或称传统重点班,物理高考平均成绩为81.5分。这两个重点班高三入学编班时基础是一样的。另外,我校两个直通班的物理高考平均成绩为87分。"

也就是说,两个重点班比较,对分教学使学生的物理高考平均成绩提高了3.7分,用对分的重点班的物理高考成绩逼近了由全校最优秀生源组成的直通班,平均分只相差1.8分。

杨红老师是资阳市物理学科带头人,资阳中学是资阳市最好的中学。对物理学科而言,四川省平均分为52分,资阳中学的学校平均分为67分。在一个基础水平非常高的学校,对分课堂在单一学科中的运用,使普通班和重点班的高考成绩和升学率都有了明显的提升。如果多个学科同时运用对分,就会取得更好的效果。

一些资深的优秀教师敢于在高三课堂大幅度甚至常态性地运用对分,表明他们看到了对分课堂的价值,相信它能对考试成绩的提升有很大作用。究其原因是对分增强了学生学习的积极性和主动性,学生的学习效率大幅度提升,对分不仅提升了学生的思维能力,对纯粹知识和固定题型的记忆,比当前的死记硬背和题海战术更为有效。第三章将会更详细地分析对分课堂能够提升考试成绩的机制。

鉴于考试成绩在当前基础教育中的核心地位,未来笔者计划针对运用对分课堂的中小学教师开展一个大规模的调查,请他们基于自己的个人教学实践和经验,回答如下问题:"您觉得运用对分课堂,是否能提升中考、高考等考试成绩?如果能,原因是什么?如果不能,原因又是什么?"也会同时调查高校教师,以作为参考。如果能够收集到足够多的数据,会考虑以研究报告的方式分享调查结果,供全社会关心教育的人参考,促进人们对对分教学与考试成绩关系的认识。当然,对分课堂并不仅仅着眼于考试成绩,而是期望在能够保证考试成绩的情况下,实现对应试教育的突破,达成更为理想的全面发展的教育教学目标。

第二章

对分课堂的运用要领

第一节 对分课堂的操作方法

下面对对分课堂的各个环节做比较详细的介绍。要特别留意，这些原则有些是比较严格的，有些不是绝对的。笔者会尽可能地把每个原则的依据论述清楚，但在需要的情况下，是可以突破一些原则的限制的。虽然这里是基于个人的教学经验，更多是基于高校教学的背景进行叙述，但其实质和精神是一样的。另外，如果每个环节都能按照这些原则设计，便能够实现十分理想的对分课堂教学。如果在某些条件限制的情况下，无法遵循某些原则，也不要太过担忧，当然相应的教学效果可能会差一些。

教学活动复杂、多样，尤其是对分覆盖广泛的课程类型和学生群体，有很多具体的操作方法在这里无法详细介绍，可以从本套丛书对应或相关科目的分册去了解更多。即便如此，对分课堂仍是一个新事物，还有很多需要教师自己探索的地方，要注意避免机械套用。另外，对分课堂本身就强调弱化传统教学中教师是标准答案提供者的观念，在对分课堂实践方面有一定经验的教师，包括这种方法的创始者，也要牢记这一点：关于对对分课堂的正确知识，最终要来自教师群体的集体智慧，不能把某个人或某些人的看法视为权威。教师在学习对分的时候，要有"一切以我的教学为中心""一切都是我的参考"这样的主人翁心态。

一、课前准备

（一）规划

在课程开始前，希望教师准备一个清晰、完整的教学大纲，列出本课程的时间表、学习目标、各次课的学习内容和活动方式，以及对学生的作业、考勤要求和考核方式。第一次上课时，教师把大纲复印好，发到每个学生的手里。随后，教师再把电子版的大纲通过邮箱或班级聊天群发给学生，最好是放在教学平台网络系统里。在西方高校，教学大纲是教师与学生之间的合同或约定。大纲必须在开学前挂到网上，学生浏览大纲后决定是否选修该教师的课程。学生选课后，没有学生的同意，教师不能在学期中间修改大纲，因为如果修改就意味着教师违约。在这种情况下，如果学生向校方投诉，教师是理亏的。

教学大纲是对学生权利的最基本的尊重，学生可以评估自己在这门课上的投入是多少，收获是什么，有多大可能获得怎样的最终成绩。学生也可以了解到整个学期的学习活动，并能够做好规划。即便是必修课，教师也需要提前为学生提供充足的课程信息。国内不少教师上课根本没有教学大纲，或者虽有但很简略或者学生看不到，或者讲课时不按大纲来，随意变动。比如，对于考核方式，有的教师临近考试时才作出决定，学生整个学期都不知道这门课的通过难度或获得好成绩的难度，因此产生了一定的焦虑。

其实，这不是对分课堂的独特要求，而是良好教学的一般要求。不过，过去的讲授式课堂，教师处于支配地位，学生本质上是被动的，除了考核外，学生也没有特别强的动机去了解教师的教学计划。对分课堂是主动课堂，教学成为教师和学生的共同活动，学生需要清楚地了解自己学习的目标，制订学习规划。如果不知道未来会发生什么、何时发生，就没有办法提前进行规划，也就无法体现学习的主动性。教师准备怎么教，需要学生怎样学，都需要明确地告知学生，以最大限度地保障学生的知情权。因此，忽视教学大纲，就是忽视学生的权益，是教师权力意志的过分膨胀。所以，充分考虑学情并与学生协商后形成良好的教学大纲，体现的是合作教学原则和充分告知原则。教师对教学有很大的权力，但有权也不能任性。

对学生而言，教学中第一重要的元素是教师，第二重要的元素就是教材。教材泛指教师事先准备的一切辅助学生学习的材料，一般是纸质材料，也包括视频、音频等资料。理工科常常配有习题册，这些也都归属于教材。在理想的情况下，这些材料都包含在一本印刷精美的教科书中。在现实情况下，这些材料能汇集起来被装订到一起，或者每次讲课前教师把本次课需要用到的材料复印好发到学生手上。教师应该尽力保证在第一节课开始前，每个学生都有教材，人手一份。学生不仅在听课的时候可能会随时参照教材，更重要的是，他们在课后学习时，一定要有学习的资料。

毫不夸张地说，当代教师的第一责任是精选教材，这甚至比讲授教材更重要。在知识匮乏的时代，知识都在教师的头脑里，教师只能通过讲授把知识传递给学生。但在知识丰富的时代，只是口头讲述而不提供优质的学习材料，就是不负责任的表现了。言语、声音是转瞬即逝的，即便允许录音，课后温习也非常不便，远不如文字材料一目了然。从心理学的角度看，口语是与听觉通道相匹配的，其简明、生动、灵活、情感充沛，可以与神态、表情和身体语言相配合，现场生成，真实亲切，直接传递，冲击力强，易于接受，适合快速理解，现场效果好。但口语表达的内容，其准确性、精确性、逻辑性和系统性都不如书面材料。口语表达的内容，即便转录成文字，也不适合精细研读。另外，口语表达不能过于复杂，原则上要适合表述框架性的、要点性的知识。对分课堂要求教师进行框架性的讲解，不过分关注细节和精确性，是与口语的特点相适应的。听和说是匹配的，读和写也是匹配的。书面材料可以长期积累、精心准备，甚至融汇该领域内众多学者讲课的精华，适合学生慢节奏、个性化地进行细致、深入的研读。

对分课堂的基本目标是把教材教好，教师需要贯彻以教材为中心的原则。有一本合适的教科书，对对分课堂教学来说至关重要。理想的教科书，要内容丰富、有一定难度，适合学生阅读、学习。在教科书不够理想的情况下，可以补充一些阅读材料作为教学内容。如果教材每章后面有一些思考题，对于刚开始运用对分的课程来说是一个额外的优点。这些思考题可以作为学生学习、思考、讨论的引导。国外的很多优秀教材都是问题导向式的，考虑学习者的心理，引导学生一步步走完学习的过程，生动具体、趣味性强，很适合学生课后自己阅读。国内的多数教材仿照苏联的模式，注重体系性、完整性，比较抽象，更多是按知识体系的逻辑结构来组织的，并不符合学生学习时的心理过程。这是目前在国内实施对分的一个限制。有的课程领域缺乏合适的教科书，有的课程领域较新没有教科书，但教师还是要避免干讲，要尽量给学生提供学习材料。本书第八章会介绍一种有效的解决办法，即利用对分的模式来编写教材，称为"对分教材"。对分教材是对传统教材编写理念和方法的一种突破，操作简单而且效果更好。

中小学的课程内容比较固定，如有可能，教师最好多与学生沟通，让学生能大致了解一个学期的规划或提前一到两个星期了解未来的教学计划和学习要求，以做到心中有数。中小学教材由国家制定，精雕细琢，印制精良，教师对教学内容没有选择的余地。当然，教师可以根据实际情况，提供一些补充材料。

在教学周期和教学内容确定之后，教学大纲中一个极其重要的部分就是进行内容切割，确定每一次课的教学活动要完成的内容。其中一个基本原则是不多不少、不轻不重，在数量和难度上对学习内容进行控制，使学生在预定的时间内，能够以合理的投入和负担完成学习。另一个原则是均匀负荷原则，即如果没有其他考虑，应该让每次课的学习负担保持均匀，尽量避免某些星期的课程内容太多、太难，而另外一些星期的课程内容太少、太简单。当教科书更倾向于按照学科的逻辑结构编写的时候，有些章节自然比其他章节更困难。如果拘泥于某个细节，如一周完成一个章节，就会违背均匀负荷的原则。

这些原则看起来很简单，但很容易被中国教师所忽视，当实际的教学活动出现问题的时候，回过头来检查，常常会发现问题的根源是在这里。这些原则也只是看起来简单，其实实际操作起来并不容易，贯彻这些原则需要教师对学科有深厚的积淀和素养，对学情有充分的了解。

（二）学情

教师要尽可能详尽地分析即将面对的学生群体，一个班一个班地分析，如是选修课还是必修课，班级规模，男女比例，学生的社会背景分布，学生的专业分布，是本科班级还是专科班级，是自然班还是选课形成的临时班级，等等。如有可能，要了解学生此前的学习情况，包括学习成绩等。目前，教师开课前得到的都只是一份名单，未来如果有可能的话，学校应该为每个学生建立学习档案，系统收集、组织、存储以上学历信息，供教师随时调取参考。对分教学强调教学是教师与学生的共同事业，不了解自己的合作伙伴，在合作的过程中就容易出差错。

同样，教师也应该给学生提供自己的基本信息，有助于学生了解自己，进而有助于其了解本门课程的其他信息。教师要争取尽早在学生之中寻找自己的同盟军，如课代表等，借助这些学生在学期中间随时了解学生的学习情况。

对分模式鼓励教师建立班级聊天群或利用教学平台，在课后与学生保持联系，了解学情。但教师要注意不要过多组织课后活动，也不要过多参与聊天群交流。教师课后投入过大，过于劳累，不是教学的常态，要尽量避免。课后主要的活动是学生独立学习和独立做作业，教师不要过多地干扰，也要提醒学生不要与其他学生交流。

教师掌握学情后，最重要的是根据学生的学习动机、基础、能力和选课情况，控制学生的学习负担。教师可以询问学生，了解多数学生在本门课上能够投入多少时间，然后根据这个时间来决定教授多少内容，教到什么深度，布置多少作业。不要因为采用对分，而让学生投入太多的时间和精力，以避免学生抱怨，只有这样对分才能成功。一个班的学生有多门课程需要学习，如果每门课程的教师在尝试对分的时候，都注意控制学生的学习负担，那么所有这些课程就可以同时运用对分进行教学。

教师掌握学情后，另外一件重要的事情是决定使用隔堂对分还是当堂对分，或是两者结合。一般情况下，隔堂对分能够给予学生更为充分的个性化学习的空间，效果比当堂对分好。当不具备条件时，或针对局部内容，可以采用当堂对分。在很多情况下，当堂对分更合适。

（三）环境

教师要了解教学活动的环境，例如，教室、实验室等的采光、灯光、音响、桌椅、电脑、投影、黑板、白板等设施。对分教学的规划性和计划性远远超过了传统教学，要尽可能地避免因为设备故障等问题影响教学。如果有可能，可向学校提前争取有活动桌椅的教室，便于分组讨论。另外，需要事先考虑好如何分组，如何让学生调整座位形成分组，如何调整恢复原样。如果采用桌签法，要事先准备好桌签。在讲授环节和全班交流环节，桌椅排列要尽量保证所有学生面向教师听课，在小组讨论环节，要尽量保证组内学生相向而坐，便于面对面交流。

另外，教师要学会运用一个网络教学平台，如"对分易"教学平台（见附录），存储和发布课程资源，完成签到、收发作业、批改作业、发通知、分组等教学工作，以有效减轻教学负担。这里面负担最重的是收发与批改作业。对大学教师而言，对分课堂带来的最大的教学负担就是作业。如果不借助网络教学平台，教师运用对分课堂教学会非常辛苦，可能会导致不愿意尝试对分课堂。此外，对分课堂教学会引入一些新型的作业，如音频、视频作业，没有教学平台，就很难实施。中小学班级人数少，考勤签到问题不大，但如果要布置音频、视频作业，也需要教学平台，要学会运用信息化教学工具，如"对分易"教学平台。

二、课堂讲授

在传统课堂中，教师的讲授事无巨细、全面覆盖，一般认为，教师讲得越系统、越完整、越全面、越深刻、越透彻、越清楚、越详细、越生动、越有趣、越精彩越好。在对分课堂中，这些观念都被颠覆，教师恰恰不需要讲得太系统、太完整、太全面、太深刻、太透彻、太清楚、太详细、太生动、太有趣、太精彩。对分的讲授原则主要是精讲和留白，简称"精讲留白"。

在对分课堂上，针对同样的教学内容，教师只有原来一半的时间进行讲授，不可能细致地覆盖所有内容，也没有时间讲得非常生动、有趣，应该凝练紧凑地做引导性的、框架式的讲授，讲解学习目标、章节内容的逻辑结构，与其他内容的关联和关系，在整个课程中的地位等，由此指导必然是宏观的。对分课堂的精讲就是要在相对宏观的层面上，告诉学生学什么、为何学和如何学。学什么，指的是框架、重点、难点，可以比喻为骨架、脉络与关节。其中，重点、难点与基本概念和原理常常重叠。为何学，要点出内容的意义与价值，包括为其他内容奠定基础，以及现实生活的需要等，以突出其"有用性"。这个"有用性"不纯粹是功利性的，还可以是广义层面上的"营养性"，包括对态度形成、情感培养的价值。如何学，是提供方法、技巧与策略，让学生能够更为有效地完成课后学习。这里包括针对具体章节内容的方法和更为一般通用的方法，让学生能够逐步学会反思和优化自己的学习过程。理想的对分讲授要突出意义、价值，对于知识模块，讲清楚输入、输出，突出其功能，与应用、运用直接关联的功能，常常是意义和价值的明确体现。

明白了学习内容对自己的好处，了解了学习内容的整体图景，知道了自己要达到的具体目标，看到了学习过程的路标与指示，学生的感觉就会与过去迥然不同。同样是讲授，传统课堂上学生是被动灌输，而对分课堂上学生是主动汲取。

留白是我国传统艺术中的一种重要表现手法，被广泛运用于绘画、书法、诗词、戏剧等领域。艺术大师往往都是留白的大师。南宋的《寒江独钓图》只画了一只小舟和一个垂钓的渔翁，没有一丝水却让人感觉满幅画都是水，韵味无穷。对分课堂的讲授要学习留白艺术，画出一棵树的枝干，让学生去添枝加叶，留给学生想象的余地，留出主动探索的空间。学生带着任务去"填空"，可称为"填空式学习"，完成对学习内容的覆盖，达到以无胜有，"无物胜有物""无声胜有声"。如果学生的基础、能力差，留空需要小一点，如果学生的基础、能力强，留空可以大一点。另外，讲授不要太透彻，是要学生自己去深入钻研，教师讲得不要太精彩，是要让学生自己去发现精彩。卖弄学识、炫耀水平，不应该是教师讲授的目标，即便真的需要展示自己的能力，平俗直白也不如含蓄优雅。

在编写教学大纲阶段，教师要对课程内容进行分割，确定章节内容。精讲和留白需要对内容做二次分割，确定章节内容中自己讲什么、留什么，讲多少、留多少。在隔堂对分情况下，对于基础好的学生，教师可以少讲一点，讲到60%，这样，学生可以在课后得到足够的提升。对于基础差的学生，教师可以多讲一点，讲到80%，使学生在课后不会感到过于吃力。在当堂对分情况下，学生内化和吸收的时间有限，教师一般要进行更多的讲授，可能只有其中一部分内容有时间通过讨论来学习。

对分，不是机械地切分，比如，并不是原来20个知识点，用对分就只讲10个。对分教学要勾勒出这20个知识点的组织结构，具体到数量上，可以讲6个，也可以讲16个，要看这些知识点的性质，把学生会碰到很大困难的问题帮他们处理好，将其能理解和看懂的留给他们自己。另外，不需讲得太清楚、透彻，是总体而言的，对于局部内容，如关键概念，学生自己学习、理解会非常困难，教师就必须要讲得清楚、透彻。在这个过程中，要斟酌学情，因为有些知识点对某些学生来说是难点，对其他学生来说可能不是，对一个班级来说是难点，对另外一个班级来说可能不是。

对于不同科目，需要省略哪些细节是不同的。比如，文科中讲一个名人，过去我们会详细介绍其背景、生活逸事等，现在这些都不讲，直接讲其成就、贡献和意义。又如，理工科中讲定理，过去教师完整推演，一步不漏，现在教师只是把定理的核心思想介绍清楚，把前提和结论说明白，把最关键的几步指出来，或者只讲解其中一个步骤，其余的都留给学生课后学习。

在有好教材的情况下，学生上课要带着教材来，教师讲授要围绕教材来讲，教材上有的不要再放到 PPT 上。PPT 要非常简略，上面只写一些关键信息，学生可以当堂记录下来，这样 PPT 也不需要提前或事后发给学生。如果教材非常好，PPT 甚至可以完全不用，而是采用"导读式讲授法"。在这种情况下，学生听课时是不看教师而是看课本，是边听边在书上做笔记。由于不看教师，前排学生也不需要回头，教师可以在整个教室范围内来回走动，让每个学生都能切近聆听教师的声音，感到教师就在自己的身边。一方面，这是对学生更有效的督导，不坐第一排，教师照样可以站到学生的面前。如果教师每次上课都有意地站到最后两排讲，估计"空置的第一排"现象就会消失了。另一方面，这也拉近了师生的距离，过去教师跟后排的学生物理距离比较远，心理距离自然也比较远。

在导读式讲授中，教师一段一段地讲解教材，告诉学生哪些段落有重要信息，哪些段落可以略读，对个别难点展开深入、细致的讲解。这种方法看起来是"照本宣科"，其实是教师在做高水平的导读，把教材上不易表述的关系、价值等剖析出来，把个人精湛的认识、体会等表达出来，是一种十分新颖的讲授方法。如果运用得当，教师会非常轻松，不做一张 PPT，上课时不需要投影，但效率高，效果好，值得推广。

导读式讲授法还可以破解一个教学中的难题，可称为"教科书悖论"。从改革开放到今天，随着对外交流的深入，国内积累、引进了大量境外的优秀教科书，但这反而使得大学教师处于一种尴尬境地：如果一门课程有一本优秀教科书，教师是按书来教，还是不按书来教？优秀教科书中凝聚了资深教师多年的教学经验，超过了对应课程大部分教师的教学水准，仅仅忠实地呈现该教科书的材料，就能基本提供完整、丰富的教学内容，但学生看到教师的精彩讲授都是照本宣科，就会觉得教师个人水平不高。如果不以优秀教科书为主，教师自己准备的材料也未必更好。如果扩展教学内容，会增加学生负担，如果用有趣但非实质性的内容来吸引学生，也会浪费宝贵的教学时间。在导读式讲授法中，教师基于优秀教科书开展引导性的讲授，不需要另外准备新内容，其讲授内容并不是对书本内容的简单重复，学生也不会觉得教师是在照本宣科。

研究生课程的教学涉及领域的最新进展，常常没有教科书，只有论文。一种实践过的较好方法是这样的：教师每次课精选 8 篇相关的论文，自己讲解其中的 6 篇，每篇论文花上 5～7 分钟，把论文的背景、问题、主要方法、结论和创新所在概括性地讲给学生听。因为页数较多，全部复印花费较大，所以不给学生提供纸质材料。在课堂上，教师标示论文的关键段落，并在投影上展示出来，边指点边讲解，学生需要记录自己感兴趣的关键信息，课后会将这些论文的电子版发给学生，有兴趣的学生可以自己打印出来学习。另外 2 篇论文是精选中的精选，教师复印好，上课时每个学生人手一份。教师对这两篇的讲解要稍微细致一些，但依然是按照框架、重点、难点的方式，学生像学习教材一样，边听边在论文上做勾画、做记录。课后学生必须学习这两篇论文，围绕它们写读书笔记等，下次课进行分组讨论。

这样做的好处是：一次课50分钟，能够覆盖8篇论文，给学生一个很宽广的研究背景，但真正精读的内容只有2篇。学习的内容有面有点，有广度有深度，能让学生增长见识，提升能力。当然，这对教师的要求比较高，要求其能用精要的语言，在几分钟内把一篇研究论文的核心价值提炼出来，传递给学生。在论文讲解中，要注意相关性，不要企图覆盖论文全部，而是聚焦在与本次课内容最相关的部分。上面的数字6、2和8，只是一个参考，具体课程可以自行调整数量。

在过去的讲授过程中，教师通过提问等方式进行课堂互动。对分的讲授基本上不鼓励这样的互动了，原因如下：一是这样互动效率很低；二是讲授时间有限；三是互动有专门的时间。如果教师提问，也是装饰性地提问，事实上不需要学生回答，学生没有压力。当然有时在实施部分对分的时候，是传统的讲授法与一定数量对分课堂的结合，在讲授部分，教师可以按照个人习惯的方式进行。

当前的公开课、示范课主要看教师的讲授，没有学生在场都可以。对分课堂的讲授不符合传统对讲授的评价标准。在展示对分的公开课时，可能更方便做当堂对分，隔堂对分横跨两次课，做起来更加困难一些。不过无论是展示当堂对分还是隔堂对分，教师一定要事先把对分的特点给听课者解释清楚，让他们明白对分的流程与理念，了解如何看对分教学中的"门道"，不必拘泥于传统的评价方式。

基础教育中的对分讲授，要依据其教学特点来调整，更多需要参考中小学教师的实践总结，如本套丛书中的高中语文、外语、数理化和初中英语、地理分册。根据现有的实践案例来看，实质上其与大学的对分教学差别不太大。比如，讲练结合中的练，可以归并到当堂对分的独立学习、独立做作业环节，那么其中的讲就与对分的讲授更加类似。当前中小学课堂中可能存在的一个问题是，一节课内环节太多，学生在各个环节切换频繁，看似精彩，但每个环节都浮光掠影，对深入学习不利，对于这一点，未来需要做更多的改变。当然，对于低年级的小学生可以有例外，因为他们的注意力保持时间很短，需要较多的转换。

总之，对分课堂讲授的核心目标是引发学生的学习兴趣，促进学生随后的学习，这是教师是学生学习的引导者和促进者理念的一个集中体现。良好的对分讲授必须根据课程、内容、进度、环境及学生反应的灵活性进行调整，对教师提出了很高的要求，并不容易把握。但这个灵活性是教学艺术性的体现，必须留给教师自己去把握，而不是由对分模式统一规定。期待一个模式能全部代替教师自身的专业素养，是天真的想法。理想的状态是，学生在教师讲授后，想学习，在学习过程中也不觉得特别困难。对分课堂的整个教学流程总是以教师讲授为开端，讲授之前学生不需要做任何准备工作。运用对分课堂，教师一定不要要求学生进行预习。在对常见问题的回答中，会详细剖析预习的问题所在，说明为什么预习是一个数十年来在中国教育界乃至世界教育界误导了无数教师和学生的错误理念，应该尽早予以彻底摒弃。

三、课后学习

　　课后学习的主要内容是读书、复习、独立思考、完成作业，其中的作业是连接讲授与讨论的核心环节，是对分成功的关键。作业是实施对分最重要的抓手，作业的布置十分关键。当堂对分比较特殊，所有环节均在课上完成，在时间不多的情况下，布置的作业可以相对简单，称为"微作业"。比如，出一个问题让学生写一句简单的评语，给一个句子让学生翻译，给一个词让学生找反义词，给一个事件让学生思考并提出看法。如果时间长一些，可以让学生翻译一段话，完成几道习题，做一个小作文等。在隔堂对分中，学生课后有更多的时间学习，作业可以布置得更有深度。作业的目的是引导、督促学生进行课后复习，保证其理解基本内容，为深入、有意义的小组交流和讨论做好铺垫和准备。

　　理想的作业，要满足几个特点：相关性、基本性、挑战性、开放性、选择性、个性化、梯度性。其中，相关性体现为作业与讲授内容直接相关。作业要引导学生温习框架，吃透重难点，学习教师留出的空白，形成较为完整的知识结构。基本性是指作业要包含最基本的内容，对于这部分的要求是每个学生都能够完成。挑战性是指作业要有一定的难度，因为太容易，学习深度不够。开放性是指要避免有固定的答案和确定的解决思路，让学生能有一定的选择空间，体现了选择性。个性化是指能让学生有一定程度的个性化发挥，不同学生的作业各有特色，交流起来趣味性强、效果好、意义大。梯度性是指作业也会体现分层教学，有从低到高的一个梯度。

　　作业的另一个维度是结构化程度。作业形式越明确、要求越具体，结构化程度越高，越能确保对既定内容的覆盖，越开放、越灵活，结构化程度越低，越能为学生提供发挥个性化的空间。当然，教师要根据学生的情况来把握分寸，要理解结构本质上是给学生提供支架，引导学生的课后学习，控制课后学习的难度。其中，半结构化的作业比较切合对分课堂的一般理念，有集中也有发散。在特定情况下，当学生的基础、能力差的时候，作业的结构化程度要高，以结构为支架，引导学生实现有效的填空式学习，当学生的基础、能力好的时候，作业的结构化程度可以低一些，开放性更强一点。

　　传统的作业，是对教师讲授内容的巩固，如果作业学生都做对了，教师会很高兴，认为自己教得不错，学生学得也不错。这样的情况如果发生在对分课堂教学中，教师并不会开心，因为对分作业布置的理念是让多数学生在作业中犯错误，错误的数量不能太多，也不能太少，分寸视具体情况而定。如果学生不犯错误或错误很少，就无法产生足够的问题，在随后的小组讨论中就会无事可做，这说明作业难度太小。如果学生的错误很多，在随后的小组讨论中会有太多的问题需要解决，讨论时间不够，这说明作业的难度太大。作业的原则是让学生在独立学习过程中产生疑惑，随后才有小组讨论有效的解惑，没有疑惑或疑惑太多，都不是理想的状态。学生在学习过程中出现错误是必然的，只有让错误先暴露出来，才能更好地认识错误和更正错误。小组讨论能够有效解惑的一个原因在于：一个人的错误更容易被别人发现而不是被自己发现。

如果作业难易适中、负担适中，每个学生都好上手，都能完成，但不同学生完成的质量会有所不同。有能力、有动机、有兴趣、花更多时间的学生，作业做得更有质量。这样布置作业符合低门槛、无上限的原则。

比如，文科中常用的读书笔记（或称读后感），就很好地体现了这些特点。读书笔记是学生在学习、理解相关内容过程中的助记和概要。①鼓励学生在理解的基础上进一步写出独特的分析、思考和体会。读书笔记的形式可以多样化，不拘一格，比如，用思维导图形式，重质不重量。一些学生习惯拼字数，教师可以明确说明不能超过多少字，鼓励学生提炼内容，而不是简单地把书本上的内容搬到作业里。②鼓励学生写感想，但没有感想也可以摘抄一些重要内容，比较完整地写一份总结，表明其进行了读书和思考。当然，好学生不必拘泥于此，甚至只写感想也可以。

实际上，读后感这种形式的作业适应面很广，连体育课这门在传统中被认为完全是实操性的课程，如瑜伽、健美操等，也都可以要求学生写"学后感"，强调对学习过程的记录与反思，用文字给予表达。

理工科的作业常常是做题。有了对分之后，还是一样地布置习题，但要注意以上的要求，体现出梯度性和选择性。比如，可以布置 6 道习题，其中 2 道基本的、2 道中等难度的和 2 道高难度的，而要求学生选做其中 2 道，难度越高，作业的得分越高。那么基础比较差的学生可能就会选 2 道基本的，能力强的学生会选高难度的，这便体现了因材施教。对于基础差的学生，不用高难度的题目去折磨他们，避免带给他们挫败感，而对于优秀的学生，没有必要用简单的题目去空耗他们的时间，不如多给他们一些自由。

作业的分量和负担要考虑学情，不可过多、过难、过重，否则会出现学生应付、反感、抄袭、不配合等情况。同时，教师也要给学生讲述作业的重要性，告诉他们，平时不学，等于白听课，课后哪怕花几分钟的时间看看书，写几行字，都会有很大的价值。另外，教师要听取学生的反馈，了解他们完成作业的障碍是什么。有时候，教师觉得很简单的作业，但是学生可能没有概念，觉得无从下手，教师解释一下、举个例子，可能会使学生如释重负。作业是否过多、过难，不能由教师判断，而必须由多数学生判断。因此，中小学要注意从过去的"精讲多练"转向"精讲精练"。

有些学生过于关注分数，投入大量时间去完成作业，比如，读书笔记写几千字，或课后做很多拓展阅读，这样的行为是不利于对分实践的。教师一定要提醒学生控制自己的课外学习负担，在适当的努力下，学生如果觉得花在课后学习和作业上的时间太多，要及时向教师反映。教师要提醒学生，全面规划自己的学习，给不同的课程预先分配好学习时间，不能把太多的时间都投入自己喜欢的课程或进行教学改革的课程，不能为某一门课而牺牲其他的课。教师要鼓励学生在学习期间大体按照规划，根据可支配的时间来确定对作业的投入程度。教师要鼓励常态化学习，在合理的范围内勤奋，不要拼时间、拼精力，超出自己的承受能力去苦读书。因为苦读书会打消学生学习的乐趣，使其产生对学习的厌恶，更严重的会导致机械性学习和思维僵化，严重压抑学生的灵活性和创造性。

教师要告诉学生，在对分教学中，作业重质不重量，在作业中抄很多东西给教师看，没有多大意义。教师的批改也不是根据字数的多少进行的，作业中只要表现出基本的认真态度就可以了，随后要把心思放在如何提升作业的质量上，把作业作为自己学习过程的记录，让作业最大程度地发挥总结学习成果、促进思考、引发讨论和促进深入学习的工具的作用。教师要告诉学生，做作业的目的不是要压倒别的学生，分数虽然重要，更重要的是要发挥自己的特色，发展自己的能力。

除了传统形式的作业外，对分作业还包括一个新的部分，称为"亮考帮"。学生在听课、读书、完成常规作业后，要总结出学习过程中自己感受最深、受益最大、最欣赏的内容等，称为"亮闪闪"；要把自己弄懂了但是觉得别人可能存在困惑的地方，用问题的形式表述出来，用来挑战别人，称为"考考你"；要把自己不懂、不会的地方或想要了解的内容，用问题的形式表述出来，在讨论时求助于同学，称为"帮帮我"。

"亮考帮"把学生独立学习的结果分出了三块，即最大的收获、学懂的、不懂的，鼓励学生以问题的形式表述出来，切中"学问"的"问"字。学了就应该有收获，会了就应该能考别人，不会就应该知道如何问别人。"亮考帮"具有普适性，不针对某个学科。"亮考帮"不是传统意义上的作业，而是对学习过程和学习体验的凝练与反思，是随后讨论过程中的素材和关键支架，学生必须完成"亮考帮"。教师还可以进一步规定数量，比如，要求学生必须提交1个"亮闪闪"，3个"考考你"问题，3个"帮帮我"问题。在这里，不交作业要扣分，但教师对"亮考帮"不做批改，因为这里面不涉及对错的问题。

在对分教学下，常规作业的批改也发生了重大变化。比如，一份平时作业，满分是5分，学生如果交了，不管形式怎样、内容多少，都给3分；如果写得认真一些，态度不错，就给 4 分；如果有新意或创意，可以特意标示出来给教师看，教师确认后，哪怕整个作业只有一句话，但确实精彩，也给 5 分。作业不再依照对错去打分，而是根据完成、态度和创新 3 个维度去打分。

这样，教师批改作业的速度会大大加快，常常是整体浏览一下就可以给分了，批改作业的负担显著减轻。教师不再逐个纠正学生作业中的错误，在时间紧迫的时候，也不需要写评语。对于作业中的错误或问题，学生在小组讨论中来发现、纠正和解决，最后解决不了的，再由教师给予解答。在当前教师工作负担较重的情况下，对于作业可能只能浏览一下。未来如能正确调整教师角色，对大多数教师来说，淡化科研角色，强化教学角色，教师会有更多的时间用于教学，而且应该能够做到更加细致地阅读、批改学生作业，更多地关注学生的个性表现。

作业不一定次次有、周周有。有的教师一周 3 次课，间隔时间短，可以每次布置少量作业，讨论时间也相应地要减少，最后一次课跟下周第一次课之间间隔时间较长，可以稍微多布置一些，下周第一次课的讨论时间可以稍微长一些。

如果每周都交作业，教师改不过来，2 周、3 周甚至 4 周交一次作业，可以有效地把工作量减为原来的 1/2、1/3 或 1/4。学生的作业水平大多数是很稳定的，教师一个学期批改 4 次作业，就能相当准确地判断其平时的学习情况。在有课后作业的课堂，可以安排隔堂讨论，没有作业的课堂，可以不用对分，或考虑用当堂对分。

在多数课程，作业是书面形式的。实操、体育课程等有动手或身体练习的部分，可以要求学生录音、录像，将其上交为作业，不能只布置思考题，让学生回去学习，两手空空地来讨论。学生独立学习、思考是一个精神过程，精神是无形的，作业要体现这些精神过程的结果，就一定要物质化、客体化，只有脱离学习主体而存在，便于他人了解，才能为讨论提供坚实的基础。

有的教师一周几个班级都有课，学生总人数达到 200 人，因此，需要有一种简单的方法来处理作业，可以让每个学生准备一个作业本，封面写上课程名称、学期、教师姓名、学生姓名，每页纸上标明页码，不能随便撕掉中间某页而不留痕迹。每次作业都在这个本子上写，写完后，下面画横线表示终止。文字之间尽量不要留大片的空白，如有空白，最后要把空白区域全部画上斜线填满，或单独开辟一个空白区域，标明非作业区，供以后灵活地增加内容。

学生带作业本来上课，同组互相检查，确保符合格式，核查完毕后，教师再抽查几个小组。用这种方式的目的是，避免随后涂改，也就是说，确保作业是上课前完成的，此后没有修改过。如果需要修改，或讨论过程中需要增添内容，要用其他颜色的笔加以区分，或写在预先标明的空白处，不与作业混淆。每次作业都按照这种格式来处理，学期中间收几次，或期末统一收，由教师进行一次性批改。比如，作业总共 12 次，教师可以整体扫一眼，抽其中的 3 次批改，因为学生不知道教师最后要抽哪 3 次，所以每次作业都不能应付。

作业和"亮考帮"一定要在小组讨论前上交。没有作业，教师就不要组织小组讨论。因为对分强调有准备的讨论，没有作业，不能保证学生是有备而来，就不适合组织讨论。在常规作业部分，如读后感，原则上只有教师能看，以便保护隐私，而"亮考帮"部分本身就是为了交流，所以小组或全班学生都可以看到。

更理想的形式是通过网络教学平台来简化作业提交、批改工作，让学生将电子版的作业直接提交，而手写作业通过手机拍照后提交。这样就不用把作业退给学生，只要记录分数就可以了。此外，还可以收发音频、视频类型的作业。与对分课堂配套的有一个简单易用、对师生免费的"对分易"教学平台（www.duifene.com）。这个平台除了可以完成作业收发之外，还可以实现在线批改，具备推送分数和评语到学生的微信等功能，比较方便。"对分易"教学平台有一部分功能是为对分课堂量身定做的，如分组等，但基本功能如上传课件等，是为一般教学设计的，不用对分课堂的教师也可以运用（附录中有更详细的说明）。

学生完成作业后，基本上能够判断自己的作业是哪个档次的，是勉强完成，是认真工整，还是有新意，教师仅仅是最后给个确认而已。这样，学生对作业及时反馈的需求已经不大，这就将教师评价转化成了自我评价。当然，学生更明白做作业不是为了取悦教师，而是帮助自己学习，应该把自己的体会和疑惑记录好，通过小组讨论进行交流，最后再与教师交流。

传统的理念是教师要仔细批改作业、及时反馈。这样一来，教师批改作业很辛苦。在对分模式下，这些理念不再成立，作业批改很轻松，效果反而更好。这听起来似乎难以置信，但事实的确如此。中小学教师作业批改任务繁重，采用对分方法后，有的教师在处理作业上，每天能够节省 1 节半课的时间，工作负担大幅度减轻。教师批改作业的负担小但实际效果更好的根本原因是，在对分模式下，作业的性质发生了根本性的变化，其成为学生自主学习的工具，教师批改作业的意义和价值大大降低。过去，教师批改得仔细，只是说明教师教得很仔细，但学生是否学得很仔细，并不一定能够保证。

四、课堂讨论

（一）小组讨论

在讨论开始阶段，教师可以用 1~2 分钟的时间简要回顾上节课的内容和作业要求，随即开始讨论。讨论分 4 个环节，即小组讨论、教师抽查、自由提问、教师总结，其次序很重要，不能变动。其中，后 3 个环节的总和称为全班交流。小组讨论通常 4 人一组，时间为 5~20 分钟。其要求学生围绕作业特别是"亮考帮"，针对各自的收获、困惑、疑难，互相切磋学习，共同解决问题。教师提示大家要语气温和、互相关爱，不使个别同学游离于小组之外，让每个人都有表达的机会。

小组讨论时，教师巡回督促所有学生认真参与。当个别小组有问题时，可给予一定的帮助，但不要过多涉入，以免影响对全班状态的监控。同时，要倾听学生讨论，了解学生的困惑所在。当学生自主性较强的时候，比如，对于大学生，教师在这个阶段的监督是一种"弱监督"，即如果个别学生实在不愿意参与讨论，教师也没必要过分督促。

讨论可以包含很多形式，如对特定内容的复述、改述、强调、评价、对比等。第一，学生如果不知道如何讨论，可以指导他们从"亮考帮"开始。比如，每个学生先向其他3名组员解释一下自己的"亮闪闪"是什么，为什么自己觉得这个点最精彩，全部讲完后，可以评选出小组的"亮闪闪"，随后与全班交流。第二，学生可以把自己的"考考你"问题抛出来，请其他的学生解答，看他们是不是能解释清楚，也可以把自己的"帮帮我"问题提出来，向其他学生请教。如果一名学生带了3个"考考你"问题、3个"帮帮我"问题，那么4名学生带来的就是24个问题，讨论就有了非常充足的材料和内容，所以，"亮考帮"是非常有效的讨论工具，要善于利用。

小组讨论后可以插入一个跨组讨论，比如，4个小组中每个小组的1号同学形成一个新的小组，2号也形成一个新的小组，16个人形成4个新的小组，每个人代表自己的小组与其他小组的代表进行沟通和交流，扩大生生交流的范围。当然，在时间不够的情况下，一般可以省略跨组讨论。

一些教师听到小组讨论，就以为自己要设计问题，抛给学生，让学生围绕这些问题展开讨论。殊不知，这与对分的基本理念正好是相悖的。对分课堂强调作业与疑难的区分，"问题"一词具有歧义性，对分更倾向于使用作业与疑难进行表述。教师布置给学生的任务，即便是以问题、思考题的形式给出的，也更适合称为作业。学生在完成教师布置的学习任务或完成作业的过程中产生的疑惑、困惑，称为疑难。疑难是来自学生个人的，是学生在自己的学习过程中产生的。小组讨论的核心是共析疑难，互相帮助。对分课堂教学的目标是让学生自己发现自己的疑难，并清晰地表述出来，先通过小组讨论尝试解决，如果解决不了，再通过全班交流来解决。也就是说，在理想情况下，用对分时，教师只是设计作业，通过作业让学生产生疑难，而不是设计问题，供学生讨论。

一些教师听到讨论，就以为要设计非常高大上的题目，让学生发表宏论，这也曲解了对分的本意。教师要做的就是设计合适的作业，从小学一年级到大学四年级，过去该布置怎样的作业，现在还是布置怎样的作业，只是要注意作业的开放性、梯度性等，让学生有机会犯错。小组讨论的过程就是学生互相展示自己的作业成果，分享学习心得，互相解答疑难和困惑的过程。

（二）全班交流

随后进入全班交流。首先是教师抽查，教师随机抽取3~4个小组，每组再随机抽取1名学生，站起来分享小组刚才讨论的精华，或提出尚未解决的问题。让学生面对全班同学，以"我们组"开头，表达小组而不是个人的观点、问题。当然，不预先指定小组代表，强调随机性，使每个学生都有可能被抽到，防止有人懈怠。有时抽查不认真的学生进行警示，有时抽查好学生来带动气氛，有时抽查后进生，给予其表现的机会。

学生提出的问题，可以要求其他组的学生回答，一是可以增加生生互动，二是可以督促全班学生认真聆听。如果问题的代表性不强，可以不回答，课后为该组单独讲解，因此发现共性问题并给予透彻解决是本环节的主要目标。如果不确定是否是共性问题，可以让大家举手表态，如果举手的人很多，即可确认是共性问题，要给予认真对待。另外，大学里的大班大课，教师常常记不住学生姓名，可以让学生每个人制作个性化的姓名桌签，上课时摆放在桌上。因为桌签能强化学生的自我概念，彰显学生的个性，也拉近了师生的心理距离，很有价值（其具体细节可以参考本套丛书的"心理学"分册）。

另外，尽量不要让学生上讲台，一个学生只讲一个问题，讲得不好，及时打断，转换到下一组，以免浪费全班学生的时间。对于学生发言，要尽量鼓励，切勿批评，避免挫伤学生的积极性。除非班规模很小，否则不要每组都发言，抽查时间可以控制在5~10分钟。

然后，教师邀请全班学生自由发言，无论个人还是小组，只要有遗留问题的，都可以提出来，教师给予解答，时间在5分钟左右。最后，教师用几分钟的时间做简单总结，把学生遗漏的、需要深化、提升的问题讲一下，结束整个过程。总体来说，全班交流包括教师抽查、自由提问、教师总结3个步骤。

上述各个阶段的时间分配只是大致的参考，具体要根据课程、内容、学情等灵活调整。一般来说，当内容艰深、刚开始用对分，或学生基础较差时，教师讲授的时间要多一些，讨论时间少一些。而讲试卷或习题课不太一样，可以安排更多的讨论时间，因为内容不需要多讲，更多是要解决疑难。

全班交流阶段的主要特点是：由学生提出问题，由教师作出解答。教师让学生互相解答疑难，只是第二位的，因为学生只需要提问题，在问题质量和表达能力方面，门槛很低，但没有上限。优秀的学生可以用简明的表达，提出十分精彩的问题。因为主要是由教师回答问题，讲解质量有保障，能让全班学生在最大程度上受益。如果对这一点把握不好，会在很大程度上影响对分课堂教学的效果。

特别要注意的是，教师的责任是解答大多数学生的共性问题。教师没有精力也没有能力去发现、解答每个学生的每个问题，对于学生提出的问题，教师要甄别、选择，只处理共性问题，这对保障课堂效率和教学质量至关重要。在讨论过程中，不仅仅要处理问题，还需要对学生提问题的方式进行指点，告诉学生怎样的表达言简意赅、不蔓不枝、一语中的，让学生慢慢提升表达能力。全班交流阶段是一个整合阶段，是对前期学习成果的高度凝练，完成得好，会让学生充分体会到自己学习的价值，站在山顶，回望来路，有强烈的收获感。当然，教师的素质和能力是取得好的效果的重要因素。

全班交流结束，教师可以快速展示一下上次作业中部分学生的优秀作业，给学生提供一个参考，但注意不要公布这些学生的姓名，以免孤立他们。另外，教师不宜展示过多，不宜过分表扬，否则会使多数学生产生心理压力，挫伤其自尊心。如有可能，教师要尽量展示普通、后进学生作业中的局部闪光点，这样会给这些学生和更多类似的学生带来极大的激励。优秀作业展示一定不能在小组讨论前进行，因为多数学生看到优秀作业后会有些气馁，产生技不如人的感觉，不利于随后的讨论，因此，这个次序十分重要。有些教师可能想把所有学生的"亮考帮"等汇集起来，课后发到聊天群里给学生看，这会加重学生的负担，带来不必要的比较，因此要慎重考虑。其总体原则是，不突出少量优秀学生，保护学生的积极性和自尊心。

一般的对分课程，在小组讨论后，不需要再汇总、整理讨论结果，不需要形成小组作业。小组讨论一般每组4人比较合适。人数太少，观点多样性不足，思想碰撞不够；人数太多，每个人的发言机会不够，无法充分表达，讨论难以深入。不过，人数是与准备的程度有关的，讨论前准备不充分，讨论时间比较短，人数也可以适当减少。分组时采取"组内异质，组间同质"的方法，每个小组内部最好男女生搭配、高低搭配，按能力水平采用1∶2∶1的比例，即好学生1名，中等学生2名，差学生1名，各小组之间水平相近，以利于在比较接近的水平上进行全班交流。

第一，分组不可以让学生自己选择组员，避免将同一宿舍的分为一组。当学生自己分组的时候，会出现有些人各组都不愿吸收的情况，这会对学生的自尊心造成极大的打击。教师自己确定分组方案，所有学生必须遵从。如果教师有条件，可以在上课前分组，比如，通过教学平台分组，然后通过微信推送给每名学生。教师可以用投影打出一张教室的空间位置图，标示各组的位置，学生进来后按指定位置就座。效果稍差的是随机分组，即教师让前排学生回头，与后排学生形成小组。如果桌椅固定，椅子靠背较低，前排两名学生可以间隔一个椅子坐下，把中间椅子坐板竖起留出间隙，回头时可以把腿放入间隙，侧向而坐，保持比较舒适的姿势。如果桌椅固定，椅子靠背较高，就不要回头，相邻3个人一组，以中间一人为中心进行讨论。也有一些学生讨论时喜欢站起来，这样即便是桌椅固定，也可以回头。没有实施对分课堂教学时，学生坐得随意、松散，不少学生靠后坐，教室前面有很多空位。在对分课堂上，教师可以要求学生按事先排好的组、编号靠前集中就座，这样整个课堂看起来整整齐齐，士气旺盛，活力十足，促进了有效沟通，同时，也营造了良好的集体学习的氛围。①

第二，分组不可频繁变动，因为如果这样学生每次都需要适应不同的组员。但如果一直固定，可能会使学生产生倦怠感，建议一个学期调整2~3次分组。也有的教师在整个学期中进行更为频繁的换组。如果有跨组讨论，那么整个学期可以保持固定分组，但学生跨组的时候有机会接触其他的同学。

这里介绍的是讨论过程的大体流程和基本技巧。实际上，小组讨论和全班交流是非常复杂的社会互动，内涵极其丰富。心理咨询中的团体心理辅导积累了大量的相关场景下的人际互动模式，可以供教师参考和学习。一般人认为，心理咨询是针对有心理疾病的患者的，其实这是一个很大的误解。无论是个体的还是团体的心理咨询，都可以是非治疗性的，或者说是成长性的，即让有成长需求的人或人群得到更好的发展。团体心理辅导的很多内容可以被吸收到对分课堂中来。比如，如何让学生感觉到被小组团队接受与容纳，产生归属感和安全感，如何通过组员间的交往，增进内省力、自我理解水平和交往能力，如何通过角色转变，看到别人眼中的自我，提高自我表达能力，增加对他人的知觉敏感性，如何尝试建立积极的群体经验，相互关心，团结一致，有共同的利害感，对人与人的关系持有健康的态度。如果教师通过系统学习，能很好地运用这些方法和技术，会大大促进学生心理的健康成长。

五、成绩考核

对分课堂弱化了终结性的考试和大作业、大项目，强调平时学习，而平时学习要落实到多次性的小作业和常规性的小组讨论上。学生一定要课后做作业，到课堂来参与讨论。这对中小学来说不是问题，但是很多大学课程没有作业，学生习惯了，不愿意做作业，也有不少学生逃课。如果有可能，教师应该提高平时成绩的比例，比如，作业占到50%~60%，考勤占到20%。这样，平时成绩可以高达70%~80%，如果学生平时不认真学习，期末考试根本没办法及格。

对分强调平时学习，这样就不能要求学生期末再临时抱佛脚，也无法通过大量的背诵应对考试，对考试的方式要做较大的调整。以第一门对分课程2014年春季学期复旦大学心理系本科"心理实验设计与研究方法"为例，考核分为3部分：10次作业，每次最高5分，以论文的形式展示；每名学生有5分钟时间报告自己阅读的一篇论文，占5分；期末考试占45分，一部分是闭卷考试占25分，另一

---

① 李萍. 2016. "对分课堂"教学模式在新闻采访写作课教学中的运用. 教育现代化, (32): 147-148.

部分是开卷考试占 20 分。闭卷考试公开试题，预先指定 40 个基本概念，考试时从中抽取 12 个。开卷部分由教师灵活出题。学生完成作业，一般可以拿到 40 分，再把 40 个基本概念背熟，期末考试闭卷部分 25 分，一般可以全部得到，做了论文报告，开卷部分即使不做，也可以及格。有动力、有能力的学生，可以在作业上拿到更多分数，再在开卷部分展示自己的优秀水平。闭卷部分，确保了对基本内容的熟练记忆。对于医学类等需要大量背诵的课程而言，可以加大出题范围，做法还是一样的。在论文呈现部分，对小班适用，而对大班而言耗时太久，可以不用。

长春光华学院的教师杜艳飞在纸笔考试中设计了一种一页纸考试的方式，也有助于避免学生考试前的临时抱佛脚现象。学生在考试前可把自己认为重要的知识点进行总结、归纳后，写在一页 A4 纸上，带入考场参考。这样就能避免死记硬背，更注重对整个课程内容进行梳理，找出知识点之间的横向和纵向关系，减轻了复习负担，降低了考试焦虑。

与通常的小组讨论不同，对分课堂对学生在讨论中的表现不打分、不评价，避免学生为了分数去讨论，而是追求学习动机的内在化。小组讨论是自主式的，要培养学生的自我监控能力，有效利用讨论时间。比如，在习题课上，可以让 4 个人先迅速核对所有题目的答案，从大家觉得最难的题目开始讨论，碰到钉子问题，不过于执着，学会放下，在全班交流时再向大家求助。

对分课堂需要教师有权利确定平时作业的占分和考核的方式，这对某些学校对某些课程采用统一考试的情况不适合。中小学的平时作业不计入成绩，期末考试也不是由教师决定的，而是由学校或区里组织的统一考试，这些是当前教学体制下的一些限制。由于这些限制的存在，使得对分不能得到充分的贯彻，发挥其应有的潜力。但这并不意味着不可以用对分课堂，实际上，即便在完全不计算平时成绩，期末考试完全由校方出题的情况下，教师也可以运用当堂对分，这样也会比传统教学取得更好的效果。

第二节　对分教学的常见问题

在对分教学实施中，会碰到各种各样的困难或问题。不少教师听完关于对分的讲座或介绍，看到别人取得的好效果，心动不已，自己尝试，却连连碰壁，就觉得对分不对，不适合自己，从而轻易放弃，甚至声称对分只适用于某类学校、某些学生、某些课程，不能一刀切。对分课堂的适用范围，需要由实践来界定。如果有其他教师在同类学校、同类学生、相同课程上能够成功运用对分，那就说明可能是实践者自己没有用好。对分是对传统教学的重大变革，尝试实践对分时碰到问题，有可能说明这个教育改革已经触及了教师现有的错误观念、理念和行为，需要教师自己作出调整。

"对分课堂说得这么好，为什么我用效果不行？"教师用不好对分课堂，主要原因是对对分课堂存在误解，对操作流程掌握不够准确。一是认为对分课堂很高大上，很神秘。其实对分的操作很平实，与传统教学紧密承接。二是认为对分很简单，只要按流程操作，就应该有效果。其实，教师需要理解流程背后的理念，而且要懂得正确评估对分的效果。对分课堂像一个三轮车，虽然坐对位置，踩好踏板，扶好车把，就能走起来，且安全、好用，但教师掌握以后，可以扔掉一个甚至两个轮子，变成双轮车、独轮车，显示出惊人的技艺。对其运用得好坏，一半在于教师是否能获得足够的相关资料，一半在于教师自身对对分课堂的把握。本套丛书就是希望把先行教师初步的经验总结和整理出来，尽快为尝试进行对分课堂的教师提供参考资料。

这里首先介绍一个基本的规则，用于判断实践对分中遇到的某个特定问题的严重性。如果全班低于10%～20%的学生不能完成教师期望的行为，比如，交作业、认真讨论等，这不是严重的问题，可以初步归结为学生的问题，不是教师的问题，教师不需要太担心，也不要期望一定能解决。教师要避免"完美情结"，不要认为用了对分，就可以把全部学生都教好，这样的期望是极其幼稚而不现实的。如果全班超过20%～30%的学生不能完成教师期望的行为，这是严重问题。严重问题一定不是学生的问题，可能是教师的问题，说明教师对对分操作不当，要从自身找原因。对分的理念是，对分教学中几乎所有的问题都是教师自身的问题。对于个别学生的个别问题，换个角度看，它也常常是教师的问题，主要表现在教师的期望值过高，没有充分考虑学生的基础和学情，给学生设置过高的标准，对学生的宽容度不够等。

对分实践中的一个总的解决问题的原则是不要独自苦思冥想，要学会通过询问学生找到根源所在，切实贯彻以学生为中心的教学理念。为什么学生不做作业，为什么学生不讨论，为什么做作业会出现大面积的抄袭？找几个学生问一问，一般学生都会坦诚地告诉教师的。运用对分课堂教学的过程，就是一个了解学生的过程。教师不能再把自己与学生隔离开来，想方设法来"解决学生的问题"，而是要学会与学生合作，共同解决问题。

其次，教师要联系其他实践对分的教师，外校的可以借助网络，加强交流。自己认为棘手的情况，可能其他教师早就经历过，相互探讨一下，可能就会迎刃而解。毕竟，全国已有成百上千的教师在实践对分，很多普遍性的问题都有答案了。一些教师实践对分课堂，感觉有些内容可以用，有些不可以用，仔细分析后发现，是这些教师对对分课堂的理解和掌握不到位。对分课堂的普适性已经得到相当广泛的验证。在作出对分课堂不可用的判断之前，希望教师多了解一下其他教师在同类课程方面的成功案例，不要轻易给出否定性的判断。

下面对一些常见问题给予解答。对于一些更为细致的问题，可以参考相关科目的丛书分册。如需了解对分课堂的最新进展，可浏览对分课堂官网（www.duifen.org），或关注对分课堂微信公众号（duifenketang），或加入对分课堂教学研讨丙群QQ群（584783111）。

一、适用范围

（一）学生基础差、能力低、动机弱，这样的班级能用对分吗？

对分课堂对学生的基础、能力和学习动机没有特别要求。目前，对分课堂的实践遍及全国各地，从边远地区如云南、甘肃的一年级小学生，到发达地区如上海等地国内名校的优秀本科生、研究生，覆盖基础教育和高等教育的所有学段，从一本到二、三本院校都有非常成功的案例。教师认为自己班级的学生基础差、能力低、学习动机不足，不适合用对分课堂，这是对对分课堂的误解。对于这样的班级，传统教学无法取得好的效果，恰恰需要用对分课堂摆脱困境。不是说等学生基础好了，能力高了，动机强了，才可以考虑用对分课堂，而正是要通过运用对分课堂，让学生重拾学习的主动性，进而使其基础变得更好，能力和动机变得更强。

事实上，教师的第一任务就是引发和强化学生的学习动机，而不是要求学生预先就具有强烈的学习动机。教师不能在没有实施教学之前就要求学生有好的基础和能力。说学生没有动机，所以教不好，是教师在推卸自己的责任，说学生基础薄弱、能力不强，所以教不好，也是教师在推卸自己的责任。教师必须接纳每一个学生，接纳每一个学生的全部现实。从心理学的角度说，接纳他人，是对他人最基本的尊重。指责学生笨，等于在指责他们的父母基因不好，指责学生当前水平差，等于在指责学生以前的教师不好，学生的家庭条件不好，等等，这等于是在抹杀学生的进取心和发展的可能。这里面的很多因素是学生个人无法控制的。教师不接受学生的背后，实质上是在心理上不能接受自己，不能接受和坦然面对自己所处的现实，心理不够平衡，心态不够平和。

有教无类，不论贤愚，学生从当下水平向上提升是教师的本职和天职。教师评价学生进步和自己的教学效果，要看学生的绝对表现，更要看学生的进步。再差的学生，帮他们提升一步，也是教师的成功，而且学生底子越差，教师发挥的作用越大。抱怨学生是教师的认识错误和归因错误，表明教师并未承担应尽的责任，因此，不抱怨学生，是教师的第一素养。

每个学生都有自尊，都希望能得到老师的鼓励，教师不能以单一的标准和一成不变的眼光来否定学生尚未开发的天资，进而使学生因为没能在班级、学校的各种考评中作出贡献而感到愧疚。让学生为自己的天资而感到愧疚，教师应该对此感到难过。因为愧疚是强烈的负性情感，持久的愧疚感会对身心造成巨大的压力。在心理防御的需求下，很多成绩不好的学生不得不进行认知调整，或者认定自己"不是那块料""就是学不好"，形成一个挫败、无能的自我形象，或者认为自己"不是学不会，而是讨厌学习"，甚至形成逆反心理。

在对分课堂的整体设计中，第一个目标就是要增强学生的学习动机。传统讲授式课堂压制了学生的学习积极性，运用对分，就是要变被动学习为主动学习，发挥学生的自主性和能动性，有效提升其学习积极性，进而提高学习效率，优化学习效果。但任何好的教学方法，都只能在学生现有的基础上提升，教师不能抱有不切实际的期望，认为基础差的学生运用对分课堂后能赶上甚至超过基础好的学生。要接受这样的事实：两个班级都用对分课堂，基础差的班级绝对水平还是赶不上基础好的班级，但是相对于传统教学方式，这个班级在自身层面上有很大提升，这就是进步。基础差的班级，如果对分运用得好，带来的绝对提升幅度更大，效果会更明显。但是，学生能力、动机的提升是需要时间的，教师对差的班级要"静待花开"，有更大的耐心。针对这部分学生群体，在对分课堂教学中要特别注重渐进性，要控制难度和学习负荷。

外语教学中有一个"i+1"理论[1]，i表示学生当前的水平，要求教师提供略高于学习者现有水平的语言知识。如果教师给学生提供i+0，内容太容易，如果教师给学生提供i+2，内容太难。无论对成绩好的学生还是后进生，教师讲授的内容都必须是在保证"可理解性"的基础之上更进一步。如果进得太多，只会让学生如听天书，带来挫败感甚至放弃。毫不夸张地说，中国教师作为群体而言，最常见、最严重的问题是，不能准确评估学生的基础，往往仅仅依据自己的期望来设定学习目标，目标常常太高，学生学不会，就抱怨学生懒、笨。其实，不是教师想教会多少学生就能学会多少的，填鸭式教学的最大问题就在于，学习容量过大，学生不仅吸收不了，反而把胃口弄坏了，最终丧失了学习的意愿。

在学生可理解、可接受的范围内进行教学，魏书生老师做得非常出色[2]，他曾举过两个非常生动的例子。

"我二十七年以前，刚到中学，给我两个班。一个班呢，是从全年级组各个班选拔的，都是好学生组成的一个班，我当班主任，教语文课；另一个班呢，也是全年级组各个班选拔出来的，但都是不太听话的，学习比较差的，有的是好打架的，53名同学全是男同胞，没有一个女同学，

---

[1] Krashen S D. 1985. The Input Hypothesis: Issues and Implications. New York: Longman.
[2] 魏书生. 2005. 如何当好班主任. 北京: 北京大学音像出版社, 1-167.

也让我教。我给人家上课，我说：'同学们，咱们得学写作文啦！'"

"我们不会作文！"我说："不会作文不才要学吗？"

"学也学不会！"我说："学也学不会，老师慢慢教。"

"慢慢教也不会！"（笑声）慢慢教也不会？我说："老师领着大家认识社会，体验生活。"我领着大家去祭扫烈士墓，这不是容易感动人的事情吗？回来以后，我问感想如何，学生说："老师，挺受感动的。"我说把这种感觉写出来，就是好文章哎。

"老师，不就写不出来嘛，能写出来还说什么呢。"我说："那这样吧，我把我写的文章慢慢地读给大家听，大家能听写下来，就算好文章，行吗？"

"老师，我们有的字不会写。"你能说"这个笨劲儿，听写还不行？那个班怎么都会，你们怎么不会呢"这样的话吗？废话！如果会，他不就上那个班了嘛！（笑声）不会他才在这个班呢，所以只好跟学生们再商量："同学们，哪个字不会用汉语拼音来代替，还不行吗？"

"我们不会汉语拼音！"我说："那对不起同学们，老师忽视了这点。""真的不会汉语拼音，那怎么办呢？这样吧，哪个字不会咱就画圈儿，行吗？扫墓不会就先写扫圈儿吧。"（笑声）哪个学生好意思说，老师，我不会画圈儿啊？

咱是给人家服务的，不管人家水平多低，咱不都得给人家服务嘛。服务，你就得研究，第一，别难为人家，别说"人家能上去，你怎么上不去？"那三楼，人家一下上去了，你怎么一楼都不上去？他就是上不去嘛！咱就研究他的起点。第二，既然给人家服务，不管人家起点多低，咱都帮着人家，一步一步朝前走，一点一点朝前挪，这才是一个服务者的样子，这样才容易在行动中改变学生。

终于，对好多学生来说，写完了他们有生以来的第一篇作文啊！然后，我再教会学生查字典，教会学生把圈儿变成汉字，于是，一点点儿地学起来。他们觉得老师既不难为他们，又不放纵他们，他们跟老师的关系怎么能不和谐呢？后来呢，我再接班，做什么事，都研究学生的可接受程度。

后来我接一个班，入学第一天，就说："同学们，魏老师的学生每天都要跑步，大家愿意跑吗？""愿意！跑不动！"我说："肯定都能跑动，咱们啊，就跑100米。"100米还分成5个组，一组为男快组，二组为男慢组，三组为女快组，四组为女慢组，五组为走组。（笑声）跑得快的进快组，跑得慢的进慢组，跑不动的进走组。如果有学生说："老师，我走不动"，人家都跑得动，你怎么走不动呢？凡是孩子这么说的，人家肯定有自己的难处，所以咱只能研究这个服务对象，我们要提供什么样的服务，"孩子啊，别着急啊，咱走不动就走不动，咱成立第六组，爬组！"（笑声）。人要在行动中改变自我，改变他人，所以你从服务的角度提问题，干工作特省劲儿。

让学生去学习超出他们的基础和理解能力的内容，是教师犯的一个最低级的错误。这一错误如此常见，一个深层次的原因在于儒家文化"师道尊严"带来的中国教育的严管特色和中国教师的严师情结。严格要求本身并没有错，但严管和严师常常会发展到很严厉的程度：没有表扬和鼓励，板着面孔、高高在上、盛气凌人、态度强硬，动不动就斥责，不给学生好脸色，希望孩子唯唯诺诺，唯命是从，学生有优点、有进步，也吝惜夸奖，搬出"继续努力，好上加好"的训导，还美其名曰"严师出高徒"。

从心理学的角度而言，"严师出高徒"的观点是有问题的。对于少数有能力、有动机的学生而言，教师严厉一些，并不会给他们带来挫败感，因为他们依然能够基本完成教师的要求，取得出色的成就，但这个成就不是严师带来的，更多是这些学生本身的动机和能力带来的。对多数学生来说，其达不到严师的目标，整个学习过程充满自卑、自责与失败，导致其人格扭曲。从现代教育理念来看，无论学生最终的学业成绩如何，这种教育已经失败了。成功的教育会让学生觉得自己很成功，让学生觉得自己很失败的教育，一定是失败的教育。对于严管与严师，如果其结果是让学生觉得自己很失败，那就是教育很大的失误。同样，中国的家庭教育也存在类似的问题。

对分课堂被称为"魔力课堂"，也的确有些教师运用对分取得了令人惊喜的效果，但这些优异的效果跟具体教师的素质、能力和学情都相关，不能作为普遍性的追求。实践对分课堂，教师一定要调整自己的心态，设定合理的目标和期望值。对于同样的班级、同样的课程，初用对分的教学效果会超过用讲授法，或者二者基本持平，甚至稍稍低一点，就算是很成功了，教师应该感到很开心。在这个基础上，逐步提高，一定会越来越好。只要学生在进步，教师就应该满意，不能高高在上，自己给学生设定一个要求，学生达不到，就指责学生，或否定对分理念。如果用了对分，而是以其他教师和班级的效果为标准衡量自己班级的效果，以自己在好班取得的效果去衡量差班，这样的对比不合理，也只能引发失望。

从下面这个例子也可以看到，对分课堂在基础差的班级也是适用的。甘肃嘉峪关一中的高中语文教师马迎红在本学期开学第一天（2016年8月22日）运用了对分，她说：

> 我教的这个班全校入学成绩最低，全班65人，有一半以上中考成绩在500分以下（总分850分），有将近10人成绩是300多分。上课的时

候，基本上就是一问三不知的状态，而且这个班的学生由体育特长生和舞蹈特长生组成，很爱闹，上课爱说话，把这一缺点变成优势的最佳方式就是用对分模式。今天第一天上课，我们学习《沁园春·长沙》，在普通班，这首词词句的意思无需讲解，学生通过注解就可以理解。而在这个班，必须要引导学生用一定的时间来理解字面意思。我先讲解了几个关键的词，让他们学会利用注解，然后让学生自己口头理解，这是独立学习的部分，再让他们分组讨论难理解的句子，讨论的场面很热烈，大部分学生能投入到讨论之中。讨论结束之后，等我问还有哪些不能理解的时候，他们只提出来了一个句子，这很难得。为了验证他们讨论的效果，我分别提问了几名讨论积极的和不爱讨论的学生，讨论积极的学生回答问题准确率高，不爱讨论的学生，也能说出来一点，说是听旁边同学说的。

熟悉了这个流程之后，对于后面问题的解决，学生从容多了，独立学习的时候会保持安静，很多学生都能把自己的想法记下来，讨论的时候拿自己的心得和组员对照，去粗取精。

我觉得，越是基础薄弱的学生，越要用对分的方式，慢慢锻炼他们的表达能力，锻造他们的思维方式，让他们在自学和合作学习中慢慢找到学习的乐趣，获得学习的成就感。

总体来说，用不用对分跟学生的基础无关，对于基础差的学生，多表扬和鼓励，不批评打击，要坚决、勇敢地降低要求，降低难度，这是实践对分课堂的基本前提，是对分成败关键中的关键。另外，要对学生抱有合理的预期，对学生的要求要合情、合理。同时，要贯彻"以学定教"的原则，即按照学生的实际水平确定讲授内容，不拘泥于课本或大纲，走出教师的自我中心，这是对学生真正的尊重，是教学成功的前提。不尊重学生的教学，还没开始就已经失败了。

（二）对分课堂有没有局限性？文科看起来比较合适，理工科或其他学科呢？

在大量的对分探索和实践中，很多教师也在思考对分的适用范围和局限性问题，但到目前为止，还没有发现对分模式存在明显的缺陷和范围限制。在理工农医、人文社科、思想政治、英语、第二外语、体育、美术、音乐等课程上也能成功运用对分，不仅包括理论课，还包括实验课、实践课，在中小学，从语数外、数理化到政史地，甚至连体育课也取得了很好的效果。即便在医学这样需要大量的事实性知识学习、看起来只能死记硬背的课程中，对分也获得了很好的效果。另外，在班级规模方面也没有限制，从十几人的小班到一两百人的大班，甚至在一次性多达 800 人的新生入学教育课上，都可以运用。对中小学同一课程中的不同课型，如新授课、复习课、习题课、实验课，对分也都能运用。出人意料的是，对分在如此广泛的科目中的操作方式非常相似，都遵循 5 个环节的核心流程，而每个流程的操作原则也大体一致。

理工科课程的问题常常有确定的答案，非黑即白。有些理工科教师会觉得对分课堂适合文科的发散性讨论，而对于理工科问题，没有太多内容可讨论。事实上，目前已有大量的理工科课程包括高等数学、材料力学、有机化学、环境工程、计算机编程、数据结构等成功实践了对分课堂，并取得了理想的教学效果。

对分的讨论，重要的不是答案，而是如何得到答案。比如，学生课后做题，不仅仅要把题目解答出来，更重要的是要思考做题的思路，不仅要知道怎样做，而且对为什么这样做也要有清晰的认识。小组讨论时，重要的是互相交流思路和对问题的理解。在中小学，物理、化学、数学都有运用对分的优秀案例，丛书中也有"高中数理化"分册，未来还会出版初中和小学的理科分册。

哈佛大学物理系的马祖尔（Mazur）教授从 20 世纪 90 年代开始进行教学改革，提出了著名的同伴教学法，也是因为认识到美国高校理工科的教学存在根本性错误：学生会解题，但并不能真正理解概念。对于他的方法，本书第四章会有详细的介绍，它与当堂对分有相似的地方，说明理工科课堂上的讨论也是很有价值的。

实际上这里面涉及一个更为深刻的问题，那就是中国缺乏科学传统，我们的教师更多的是从"术"的角度去理解科学，认为教会学生在给定的情况下如何解决问题就是教好了，其实科学更为重要的是"道"，是解决问题背后的思想。深刻理解了科学思想，就能在新异的场景下解决问题，实现创新。但学会了"术"，只会照猫画虎，问题换个形式，学生就困惑不已，手足无措。这也是我们培养不出一流科技人才的一个重要原因。从对分课堂的角度看，国内的理工科教学需要在观念和培养方法上做根本性的调整。不是对分不能够完成理工科的教学目标，而是当前很多理工科教师的教学目标设置本身存在很大的问题。

在常规课程之外，对分课堂还被成功地运用到新生入学教育、"两学一做"党员教育活动、家长会、家庭教育、职业教育、商业培训中，也有一些教师已经在幼儿园教学中尝试了对分方法，取得了初步的效果。

对分课堂在教学中的一个局限性是不太适用于体育、艺术领域中有些一对一课程，即一名教师只教一个学生。这种课程是面向高水平的专业人才培养，学生之间的个体差异很大，比如，一个学生唱歌中存在的问题跟另外一个学生完全不同，教师必须一对一地进行指导。在这种情况下，缺乏建立小组的条件，对分无法运用。不过这种一对一模式属于个别教学，不是现代教育制度的主流，现代教育制度的基本特点是班级授课制。严格来说，这并不是对分课堂的局限性，因为个别教学不属于对分的应用范围。即便如此，个别教学也能吸收对分课堂的一些理念，达到更好的效果。对分讲授中的精讲留白原则，强调教师不要把内容讲全、讲透，而是让学生自己回去有一个思考的过程，带着思考的结果，回到课堂上再与教师讨论，以更好地培养学生的思维能力，发挥学生的主动性和创造性。

（三）实验课、实训课、实操课、体育课、艺术课、美术课等，讲授本来就不多，讨论也没什么用处，主要靠反复训练，对分的价值何在？

讲授，更合适的用语是"呈示"，对应的英文是 presentation。只是大家比较习惯讲授，所以还沿用这个词汇。呈示，意味着并不局限于言语讲授，如钢琴、绘画、体育，教师可能主要的是操作或动作的演示、展示，语言描述并不多。讲授也好，展示、演示也好，从心理学的角度看，都是创设一定的场景，提供一定的刺激，通过学生的感官，让学生对教学内容产生体验。听教师讲是一种言语体验，看教师演示是一种视觉体验，其本质是一样的。从这个角度而言，实验课、体育课、艺术课等的教师引导环节都是一样的，没有本质区别。

在内化和吸收阶段，无论是读文章、写作业，还是弹琴、游泳，都是学生在运用自己的思维能力和身体，产生、品味、组织与学习内容相关的体验，也都是在获得经验。在内化过程中，对分强调对经验的组织、凝练、反思与表达，比如，用思维导图刻画章节的核心内容，用图画展示健美操的动作编排，用文字总结排球的技巧要领，这都超越了传统的实操、体育、美术等课程中单纯的技能和身体训练，突出了思维能力的训练和理性认识的提升。对经验的深刻反思和有效提炼，是思维能力的核心体现，能够促进学生举一反三，融会贯通。

学生在练习动作的时候，要对自己的动作进行深刻的审视、反思和提炼，必须要利用言语和符号，只有利用了言语和符号，才能获得对身体动作的理性认识，而这个理性认识能很好地促进技能的形成和发展。

对分课堂中的讨论的本质是对基于学习过程中的体验而形成的理性认识的言语表达与言语交流。这里的几个关键词是体验、理性、认识和言语。个人的体验和思想是别人无法感知的，需要通过言语、符号、媒介、行为展示出来。很多时候，单靠行为展示并不能充分揭示个人的经验，还需要辅以言语或符号描述。因为言语符号是人类认识能力的高级阶段，是深层次交流的基础。深刻的体验，必须通过言语表达来进行交流。对于有困难、有疑惑的内容，用言语交换意见、化解疑惑，都是讨论。把讨论理解为辩论，理解为空洞的言语游戏，是对讨论的误解，即将讨论狭隘化了。

说体育课只是训练，没什么可讨论的，其实跟说理工科的问题答案唯一，没什么可讨论的一样，是将体育技能化了，是对体育的误解，也贬低了体育科学。

体育与科学、艺术一样，都是蕴含着深刻的理性认识和智力的活动。除了少数力量型为主的项目如举重，高层次的体育活动必然是高层次的智力活动。比如，国外一些优秀的足球运动员之所以优秀，很大程度上是因为他们的头脑非常优秀。认为搞体育就是四肢发达、大脑简单，是对体育和体育精神的误解。对分课堂在体育课中引入书面作业和言语讨论，是对体育课理性内涵的重新发现，有可能会给中国的体育教学和体育教育带来巨大的变革。类似的结论，对实操、实训和艺术类课程也是适用的。

总结起来，无论什么科目，在讲授阶段，学生都是在进行理论学习，即学习前人的经验总结，在内化阶段，学生都是在实践中运用理论，即把理论与具体现实和自身相结合，而在讨论阶段，学生都是在交流对实践过程和结果的理性反思。因此，对分课堂模式下的学习过程，从理论到实践再到更高层次的理论，呈现出螺旋式上升的轨迹，符合人类认识发展的普遍规律。

（四）对分适用于青年教师吗？资深教师呢？对哪类教师价值更大？

对分课堂从2014年9月开始推广到现在已有两年多了，得到了很多教师的认可和成功实践。这里面包括高校里刚入职或教龄只有半年的青年教师、26年教龄的资深教师、省级名师，中小学里4～5年教龄的年轻教师、特级教师、地市级学科带头人和校长。在成百上千的对分教师中，没有看到其对使用者有什么限制。一些高校的研究生在给本科生上课的时候也能成功运用对分。实践对分的门槛很低，任何教师都可以用，唯一需要克服的是"动机壁垒"，即需要教师在自我教学提升上有足够强的动机。当然，任何教师都可以用，并不意味着每位实践者都能获得成功或大家都能取得一样好的效果。有些教师受制于传统的教学观念，对对分课堂存在错误的理解，实施中会出现某些问题。

总体而言，年轻教师倾向于实践得更多，可能是因为他们有更为积极的成长意愿，对新生事物也比较容易接受。一些资深教师可能会觉得自己教学已经不错了，对新事物抱持旁观的态度。但也有很多资深教师一直在做教学探索，对现有的教学模式不满意，了解对分课堂后，觉得其契合自己心目中的理想进而开始运用。由于资深教师学科素养深厚、课堂掌控能力强，如果认可对分的观念，实施起来效果会超过新教师。

年轻教师包括新教师，自身的讲授和课堂组织能力都需要提升，实施对分会困难一些。表面上看，先用传统教学培养起基本能力后，再用对分似乎好一点，其实不然。年轻教师讲授能力不足，要想连续两节课讲得都很精彩并不容易，如果只需要讲一节课，反而更容易讲好。年轻教师组织课堂讨论的经验不足，但对分对课堂讨论有完整、清晰的过程引导，按流程操作，难度并不大，一些基本的互动技巧都设计得比较完善，学习起来并不困难。年轻教师的专业水平其实远远高于学生，他们在呈现内容方面有待提高，但在回答学科问题方面的能力并不弱。对分课堂的全班交流环节，基本上是让教师在回答学生的问题，这对于青年教师来说，比讲授更容易把握。

年轻教师对学生的学习过程把握不足，用传统教学方式与学生沟通效果有限，且不容易获得反馈。而用对分之后，通过作业、小组讨论和全班交流可以得到丰富、准确的反馈，可以更快地调整和改善自己的教学，提升教学水平，减少挫败感，获得快速成长。这些效果已经在很多实践对分的青年教师身上清楚地显现了出来。

也有教师说："对分课堂就是合作学习，对分就是引入讨论和分组学习，商学院的案例教学早就这么做了，我们专业、我自己早就这样做了。对分不过是个新名称而已，实质上没有新东西。"对分课堂有合作学习的元素，但又不是合作学习，后面会对合作学习做系统的理论分析，全面比较对分课堂与合作学习。对分包含讲授、内化、讨论，从单个成分来看，可以说它是讲授法或讨论法或合作学习，但这些成分不能代表这种方法的整体性。

整体上而言，对分是一种全新的原创性的教学模式，不仅是中国教学此前没有的，也是世界教学此前没有的。对对分有更为细致的了解之后，才能充分认识它的原创性。对分课堂的某些环节，在一些教师以往的实践中也有所体现。比如，有的教师让学生回去学习后，再来讨论，类似于隔堂讨论。但对分涉及的远远超过了这一点，它对整个教学流程，从讲授到作业、课堂管理及考核全部重新界定，仅仅根据一个成分去评价它，是片面的、不准确的。

也有教师关注对分课堂是否有足够的科研数据作为支撑。在对分出现后的短短两年时间，中国知网上已经能检索到 130 多篇以对分课堂为主题的学术论文，证明了对分课堂中科学性、有效性的实验证据正在积累之中。不过，相比于更早尝试的翻转课堂等其他教学模式，对分课堂的学术研究还有很大的发展空间。对于一种教学模式，希望通过几篇或几十篇论文就能让人认可其正确性或有效性，是不现实的，翻转课堂没有做到，慕课也没有做到。目前，我们更看重的是一线教师的对分实践，因为我们认为一线教师有能力判断一种教学方法的价值。实践出真知，一种教学方法，无论在学术上有怎样充足的理论论证，如果在实践中不断出问题，大家不愿意用，就说明这种方法还是有问题。相反，能得到广大师生认可、得到广泛实践的方法，其背后应该有科学性和合理性，能够逐渐挖掘出来。更多的实践，也可以尽早积累大量资料，为学术研究奠定更好的基础。对分的推广是遵循自愿原则的，我们只是介绍自己的实践经验和理论认识，不能保证教师用了对分就一定能成功，也不存在不负责任推广的问题，觉得证据不足的教师可以持保留态度，继续观察。

二、教学过程

（一）为什么对分课堂不主张预习？

预习是在教学中得到广泛认可和实践的一种学习方法。对分课堂不鼓励任何形式的预习或自学，而是强调"先教后学"。让学生自己通过预习去学习新内容，从某种程度上而言是一种错误的理念，对于这个错误，可以从多方面加以分析。

现代教育制度起源于夸美纽斯的班级授课制。[①]班级授课制就是把年龄、能力和发展水平相近的学生组织成为一个班级，由教师进行集体讲授，从而最大程度地发挥教师的价值，提高教学效率。之所以把发展能力相近的学生放入一个班级，是为了减少学生间的个体差异。学生群体的个体差异越大，教学难度就越大。所以，班级授课制度的一个基本目标是减少同一班级学生在学习方面的个体差异性。事实上，被编入一个班的学生，存在个体差异也是不可避免的。

在传统教学中，教师要求学生课前预习，但有的学生学习动机强，会预习，有的学生学习动机差、自控能力差，就不会预习或不充分预习，而在预习的学生中，有的基础、能力更强，或有家长监督、辅导，预习效果好，有的基础、能力差，没有家长监督、辅导，预习效果差，这就人为地拉大了学生之间的个体差异。当回到课堂时，教师更难把控讲授的难度和水平。如果在较高的水平上讲授或展开学习，没有预习或预习效果不好的学生听不懂，如果在较低的水平上讲授或展开学习，预习过或预习效果好的学生会觉得浪费时间。如果教师进行分层教学，为不同层次的学生设计不同的内容、做不同的辅导，就需要花费更多的教学时间。所以，预习实际上违背了现代教育制度的根本出发点，增大了个体差异，降低了教学效率。

当前学生学业负担重，学习动力不足，在教师讲授、学校集体学习的良好环境下，都有相当多的学生无法专注学习，更不用说回到家里预习了。即使学生克服困难，进行了预习，也会碰到一些很难处理的问题。学生在预习中碰到难点，会出现心理上的决策困境：如果放弃，预习不能完成；如果继续，可能花一个晚上的时间都无法解决，浪费时间而且会产生挫败感。如果关注学生的学习过程和学习体验，就能看到预习给学生带来了很大的负担和心理困扰。学生提前看了新内容，上课教师再讲授，学生缺乏新鲜感，没有充分发挥用新奇感引发学生求知欲的作用。对于在预习中一知半解的内容，学生上课时以为教师在讲自己看过的，走神不专心，很容易错过重要的内容。

假如全部学生的基础、能力、动力都差不多，都认真预习，在预习中可以培

[①] 夸美纽斯.1999.大学学论.傅仁敢译.北京：人民教育出版社.

养其学习能力，来到课堂上会认真听讲，教师可以有针对性地讲授，不但省力而且效果好。在这种情况下，是不是就应该鼓励预习呢？

实际上，在这种情况下，学生也不需要预习，因为存在更好的方式，那就是复习。举例说明，如今天上课内容为第十章，学生昨天晚上用半个小时学习第十章是预习，如果今晚上用半个小时学习第十章就是复习，二者在时间上投入一样，哪种形式的学习效果会更好呢？毫无疑问，是复习。预习是无指导的学习，而复习是有指导的学习。比如，在厨房，是丢给学生一份菜谱，什么都不说，让他们自己去摸索、尝试做菜，还是先简单演示一下厨具的使用方法，解释一下菜谱的关键注意事项，然后再让他们开始尝试呢？显然是后者。教师讲授后，提供了一个有意义的框架，学生的学习更有方向感，对学习内容比较熟悉，没有因陌生而带来的畏惧感。教师讲了各个部分的主要内容，学生只需要把它们都串起来，难度降低了很多。教师指点之后，学生不会错过重点，碰到难点时，也可以有意识地先判断一下自己是否能够解决，不会在过于难的地方无谓地浪费时间。

优秀的学生的学习能力很强。如果他们预习，的确会使教师的讲授很省力，但这不是预习的好处，恰恰是预习的错误。因为教学不能以教师是否省力作为主要评价标准。教师过分省力就意味着教师的作用和价值没有得到充分的发挥。事实上，对于优秀的学生，教师应该提高讲授内容的难度，把学生带到比一般学生更高的层次，然后让他们发挥自己的聪明才智去独立学习，随后再与同学、教师进行更高水平的交互。美国一流名校哈佛大学、耶鲁大学等的很多课程教学采用的预习模式常常被国内教师视为典范。从对分的角度而言，其虽是世界名校，但这种模式不是最理想的，并不值得推荐。非常优秀的学生需要不一般的教师，其必须有能力在很高的层面上引导学生，也不能用教一般学生的方法。用一般的教师和方法教这些学生，是对他们优秀素质和能力的滥用和浪费。

如果班里有一些学生基础较差，进行课前预习，能够对教师讲授什么有所准备，听课的时候更容易理解，即使在这种情况下，也不应该预习。这些学生听不懂新内容，更多是因为对以前的内容掌握得不够好。他们需要做的，或教师应该帮助他们做的，是课前多复习以前的内容，而不是课前去学习新的内容。比如，在第九章讲授后，这些学生可以多花一些时间进行复习，比基础好的学生花费更多的时间，把第九章掌握得更好一点，这样当讲到第十章的时候，才容易跟上。所以，基础差的学生，更不应该预习，而是要加强复习。

全面的分析表明，预习基本无好处，强调预习可能是教学中的一个重大误区。美国大学的文科课程大量运用预习方法，理工科则较少运用，就是因为理工科的内容比较难，学生预习常常看不懂。类似的情况在中小学也存在，语文、外语等课程进行预习容易，而数学、物理等课程进行预习则比较难，比如，语文课可以让学生读课文，查找关键词汇。类似的，大学的文学课，常常让学生先阅读莎士比亚的戏剧，然后再到课堂听教师讲授。从对分的角度看，分配这样简单的任务让学生预习，其实是在浪费学生的时间。

更好的方式是教师自己先讲课文，但是只讲一个梗概，然后给学生布置更难的任务，让学生课后进行深度学习，这会比预习更有价值和意义。下次课，学生带着自己的理解进行小组讨论和全班交流，能力会提升很多。

预习是能够培养学习能力，但为什么一定要用全新的内容来培养学生的学习能力呢？用爬山来做比喻，可以让学生从山脚开始锻炼攀援能力，也可以先把他们带到半山腰，从更高水平、更难水平开始攀援。有教师的引领，学生在半山腰开始提升，能攀登得更高，成就感会更强，自信心会更大。

（二）讲课时间减少一半，是否能把内容讲清楚，是否能够完成教学进度？

初期实践对分课堂可以把它当作单纯的教学方法的改变。教师原来计划覆盖多少内容，完成怎样的进度，用了对分课堂，还是覆盖那么多内容，完成那样的进度，认为讲授时间短，会讲不清楚、完成不了进度，是很大的误解。在对分课堂中，教师的讲授不需要十分清楚，因为要精讲和留白，有很多内容不会在课堂上详细讲授，但学生在课后会更加认真地学习这些内容。在课堂讲授上没有覆盖的内容，学生会在课后覆盖，也会在讨论环节覆盖。

教师过去所说的完成进度其实是自己把既定的内容全部过一遍，但学生是否学会，教师并不清楚。这样的"完成进度"只是单方面地完成任务，只是把内容灌输给了学生，如果学生没有吸收或吸收得不好，就无法达到教学目标。在这之中，教师也有自欺欺人的嫌疑。很多教师对学生不放心，认为只有自己讲得最清楚、最明白，其实这是在包办学习。当学生的主动性释放出来时，他们自己能够完成很多学习任务，不需要教师保姆式地包揽一切。

开始运用对分时，教师对流程、方法把握得不完善，学生也需要时间去适应，可能会延误一点进度，但随后会很快赶上来。优秀的教师可以超越原有进度，甚至比原来快一倍。原因在于，对分提升了课堂教学的效率。过去的课堂有很多无效学习，学生状态不好，看似讲了很多内容，其实并没有实际的意义。

另外，当前的讲授式教学常常会设定不切实际的教学目标，期望传授很多内容，大大超出了学生能够理解和吸收的水平。在这种情况下，教师一气呵成的流畅讲授，看似完美，以为学生都听懂了，其实不然。用了对分之后，学生如果不懂，会在讨论中显示出来。有些教师会觉得对分不如讲授法有效，其实讲授法实现的内容覆盖常常只是虚假和表面的高效率，而用对分却能看到学生学习的真实效果。比如，教师觉得自己讲得很清楚、很明白，学生也频频点头，但作业中会出现很多错误。这其实说明，教师并没有讲明白，学生也并没有透彻地理解。当出现这种情况时，教师应该调整教学内容，降低难度，减轻负荷，遵循"以学定教"的原则，根据学生能够理解和承受的范围来确定教学内容。

（三）讨论过程效果不好怎么办？讨论时间不够用怎么办？

讨论是对分课堂的最后一个环节，前两个阶段的效果会体现在讨论环节。讨论效果不好，原因可能来自多个方面：一种可能是学生课前准备不足，这可以从作业上看出来。如果学生作业质量不高、错误较多、不认真，或很多学生没有完成作业，说明教师讲授得可能不够清晰，学生课后学习时难度较大，或者布置的作业难度太大、数量太多，或作业形式不够好，或者教师没有给学生充分说明，学生不知道如何去做作业。

另一种可能是学生作业质量不错，但不知道如何讨论。对分课堂的讨论是由学生主导的，教师只是划定范围，不规定如何讨论，把讨论的主导权交给学生。小学低年级教师需要更多的引导，学生开始可能会很不适应，讨论一会儿便没话可说了，这种情况在开始时是正常的。

需要特别强调的是，讨论的基础或者说支架是作业，讨论一定要围绕作业展开。"亮考帮"是对作业的提炼，是为了给学生开展有效的讨论提供支架，要注意充分利用。在"亮考帮"之外，教师也可以给学生提供讨论的问题，如给出思考题等，但这只是一个过渡，最终要达到学生自己彼此提问，组织讨论。

同时，教师要让学生理解课堂讨论的必要性和价值。有些学生会觉得课堂上随意听听或讨论时随意聊聊，课后再认真学习也不迟，这种思路是不正确的。课堂活动是集体活动，是教师和数十名个体克服了种种困难来到一个共同的地点，作出集体承诺，在这段时间内进行学习活动。学校也为这个活动准备了单独的空间，提供了良好的条件，让师生在这个时间段内能够不受任何打扰。所以，每次课堂都是一次小型会议，都是很宝贵和很难得的。课堂时间是黄金，课堂上要做课堂外不能做的事情。在理想情况下，课堂上做的全部事情都是课堂外无法做到或很难做到的事情，这是对课堂时间最高效的利用。

在对分课堂中，每一个章节内容都只有一次课的时间来覆盖。针对这些内容，在教师讲授、学生独立学习之后，大家坐到一起，抱有同样的目标，关注同样的内容，这样的讨论机会是独一无二的。当下次大家再坐到一起的时候，已经是针对下一个主题了。学生需要看到，课堂是非常理想的学习环境，有集体的监督、约束，有教师的支持、辅导，如果在课堂上都不能控制自己好好学习，课后就更难困了。学生形成了对课堂价值的正确认识，就能养成好的学习习惯，进而充分利用课堂，在课上专注学习、认真讨论，把无关的事情放到课后。

教师和学生有时候容易把讨论看得很高大上，觉得讨论应该像法庭辩论一样，或对讨论的效果期望太高，希望学生激情洋溢，精彩纷呈。这样的情况在有些课堂上的确会出现，但不应该作为普遍性的追求，而是要将讨论平俗化，讨论就是多人间的对话和交流，表述对文本的理解和认识，核查、验证彼此的观点和看法，答疑解惑，取长补短，互帮互助。比如，有些内容比较平实，深度不够，在讨论过程中学生可以尝试对书本内容进行再表述，让其他学生审查表述得是否准确、全面，通过交互对文本内容进行学习，就达到目标了。

听课、思考、读书、写作业、讨论就是学生生活的常态性事件，常态性事件不应引发激动的情绪，就像平时吃饭一样，偶尔有不寻常的美味，可能会激动一下，但对于每天都要吃的大米、白面，平和就餐就可以了。学生要上多门课，在一门课上情绪太激动，课后会觉得疲劳，也会影响对其他科目的投入程度。由于学生在传统课堂中的压力太大，刚开始运用对分，其会显露出比较激昂的情绪，对此教师也不必过分控制。但慢慢的，教师要调整课堂节奏，让学生平和地讨论，称为"学术聊天"，这才是对分追求的常态。俗话说，平平淡淡才是真，平和方能持久，常态才不倦怠。有时候，对分课堂中出现热烈的讨论，是因为讨论调动了学生的情感。情感是一把双刃剑，过于强烈，有可能会引发学生间的心理冲突。因此，教师要引导学生学会控制自己，对事不对人，避免情感产生消极作用。

有些教师在看到对分刚开始时热烈的讨论效果，非常欣喜，随后发现学生的讨论变得平淡了，就觉得对分失去作用了。也有教师担心开始用对分学生比较喜欢，随后如后半学期会产生厌烦。学生开学时热情、动机较强，随着时间的推移和疲劳而有所减弱，这是正常现象，是任何一种教学方法都不可避免的。对分课堂的效果是基于与讲授法和其他方法比较而言的，不能认为对分课堂能解决教学中的一切问题。有许多教师用对分，整个学期效果都很好，如果讨论组织得好，学生是不会厌倦的。如果学生的讨论质量出现明显的下降，最大的可能性是学生在讨论中感觉收获不大、浪费时间，这时要主动询问学生，了解情况，分析情况，调整教学。

教师在指导学生选择开展讨论的方式时，不妨站在学生的角度想一想，如果是自己，自己会如何讨论，然后把自己的体会分享给学生。因为教师在学习的过程中也没有经历过对分讨论，可能自己也不知道如何讨论，这个时候需要和学生一起探索。

在探索过程中，为了规避风险，一个很好的策略是讨论时间短一点，讨论内容明确一点，给学生一个练习的机会。这样，学生能够把握住主题，不会过度发散，即使讨论不顺利，损失也不大。每个小组可以指定一名学生，除了参与讨论，还要观察、记录本小组讨论的成效。在全班交流中，可以留出一段时间，让认为讨论效果特别好的小组的记录员站起来分享他们采用的讨论策略，给其他小组示范,让认为讨论效果特别差的小组的记录员站起来反思他们采用的讨论策略,让其他小组接受教训。

另外,要让学生逐渐掌握一些能够促进讨论的表达策略。下面是国外在多年的探索中形成的十大表达策略[①],可以逐步教给所有学生,让他们能够有章有法地组织讨论。

1)释义:对他人的观点进行再表述。
2)确定意义:与他人核实,确认其观点的含义。
3)积极反馈:赞扬他人的有意义的观点。
4)展开:用案例表述他人的观点。
5)加快节奏:通过加快节奏,督促大家更加努力。
6)质疑:有礼貌地表达对他人观点的不同看法。
7)舒缓紧张:调和不同观点的冲突,缓和气氛。
8)巩固:融合不同的观点,展示两者间的内在联系。
9)改变方式:改变发言的组织形式来促进讨论。
10)总结:汇总主要观点。

总之,如果全班多数学生讨论不起来,问题一定在教师身上。教师要特别注意,不要去责备学生,不要认为自己的学生不适合对分。在对分课堂上,通过讨论学习内容是一个目标,通过讨论培养学生讨论的能力,是另外一个丝毫不亚于前者的目标。讨论培养的是思考能力,"如何思考"比"思考什么"更重要。如果因为学生讨论的效果不够好,讨论时的问题很简单,就拒绝给他们讨论的机会,就等于小孩子刚开始学步,蹒跚笨拙,就拒绝让他们走路。讨论的能力只能在讨论过程中慢慢提升,教师切不可用自己的水平去衡量学生。不要看到学生讨论得没有深度,谈不到点子上,便急忙介入引导,这样当下的学习效果是有了,但教师不能永远跟着每个学生。

也存在这样的情况,就是学生在讨论中理解得不够透彻,达成了错误的共识。然而,即使没有讨论,在讲授式课堂上,学生误以为自己的认识是正确的情况也是存在的。因为学习过程中的错误会在未来的学习中暴露出来,所以教师和学生都不要过于担心。另外,教师也没必要期望讨论过程整齐有序。对分的讨论是有约束的发散,发散必然会带来一定程度的混乱,过于混乱不行,但过于整齐也不行。如果讨论过程条理分明,这样的讨论是高度控制的、做作的讨论,不是我们所追求的真实的讨论。从混乱中找出秩序,是力量的表现,而自己获得秩序,更能体会秩序的价值与美。

教师也不要期望每个学生都能有同样的进步,可能有的组做得好一些,有的

[①] 韩寻. 促进讨论的十大表达策略, http://cfd.fudan.edu.cn/yanjiu/jyxzk/752.html[2016-06-01].

组做得差一些，学生间有差异，这是正常的。另外，还会有些学生不在乎、不配合，对此也不用特别担心，一个班难免会有这样的学生。在极端情况下，如有些学校学风不好，一个班40名学生，只有十几个愿意学习，教师可以组织愿意学习的学生分组讨论，不愿意的学生坐在教室后边，可以不参与，这样，这些学生就不会影响愿意参与的学生。随着课程的进展，后面的学生常常会被有趣的讨论所吸引，开始逐渐加入到讨论中来。

有的教师教两个班，一个班讨论很活跃，而另外一个班则比较平淡，这个时候要考虑两个班的学情。如果一个是本科班、一个是专科班，就不能用完全一样的教法。对于基础较差的班级，教师要多教授一些，作业布置要更容易一些、分量要更轻一些，讨论时间可以更短一些。在基础差的班级，学生本身的学习积极性不太高，可能课后不复习，思维能力和表达能力可能差一点，讨论效果也会差一点。不过，讨论反映了学生的真实水平，只要学生喜欢，就可以继续实施对分，以给学生一个逐步提升的机会。

有的教师在小班运用对分觉得不错，在大班觉得效果不够好。传统教学实践表明，对于一种特定的教学方法，小班基本上都会比大班效果好。教师不能用小班的教学效果与大班进行比较，正确的比较方法是，只要大班采用对分比用讲授法效果好，就算成功。因为对分注重小组讨论和全班交流，所以一个初步的判断是中等规模的班级，如30~50人，可能比小班效果更好。当然，班级规模足够大，可以带来多样性，有利于思想碰撞和思维拓展。

在某些情况下，有些小组讨论得不错，而有些小组却很冷清，可能是分组有问题，或是因为把几个后进生分到了一组。这是最不理想的情况，如有可能，还是把后进生分散到各个小组里，让其他组员把他们带动起来。

中小学不少座位是按成绩和进步名次排的，成绩好的、进步快的坐前排，成绩一般、学习积极性不高的坐后排。如有可能，要按科目成绩来分组，实现高低搭配。比如，数学课用对分，根据学生的数学成绩分组，制作分组名单贴在教室，一上数学课，学生拿着数学课本和作业，按名单就座，课后还回到班主任安排的位置上。如有条件，要花一些时间按这些原则分组，能更有效地保证讨论的质量。

运用对分，学生的主动性被调动起来之后，会非常活跃，会提出很多问题，希望教师解答，教师常常会觉得讨论时间不够用，这就需要教师逐步提高课堂掌控能力。理想的对分讨论充实、紧凑，多数学生应该觉得在这个阶段，无论是其他学生讲还是教师讲，讲的内容都很有价值，不松散、不拖沓，时间利用率高。课堂时间是黄金，最需要讲求效率，如果教师做得好，能使对分课堂成为真正的高效课堂。

青年教师由于知识储备不够，有些应该能回答的问题却答不出来，是会有些尴尬的，但要学会放低身段，不摆权威和架子，承认不足，这样反而更容易得到学生的尊敬。当没有给出明确回答的时候，教师可以告诉学生自己会如何去寻找答案，讲明思路往往比直接给出答案更有意义。当然，课后教师要及时补课，通过聊天群或教学平台或在随后的课堂上，回复学生提出的问题。

对分的目的就是激活学生的思维，学生提的问题越有新意、越有创意，说明教学效果越好，教师越应该感到开心。教师不能把自己看作知识的代表，因为教师没有责任也不可能具备回答学生所有问题的能力。教师在回答问题的过程中，要注重培养学生的思维能力和独立解决问题的能力，让学生提出共性的问题，个性的问题自己想办法去解决。同时，也要引导学生学会抓大放小、聚焦重点，在课堂上处理最重要、最迫切的问题。这一方面是在锻炼学生对问题价值的评价和判断能力，另一方面也是在培养学生有序安排学习活动的自我管理能力。

提到小组讨论，有的教师就以为需要学生课后查资料，分组讨论，然后每个小组准备PPT，到课堂上向全班做项目汇报。其实，这些做法都是对分不鼓励的。对分模式主张教师事先准备好学习材料提供给学生，人手一份，尽量避免让学生去查资料，不是不能给学生分配查资料的任务，而是要仔细考虑为何要分配这样的任务。因为查资料需要付出很多时间和精力，有些学生可能找到了，有些学生没有找到，或不同的学生找的资料不一样，由于大家处于不同的水平，因此会影响随后的交流。所以，教师要尽量帮助学生节约时间，减轻学生不必要的负担。

另外，课后学生都有各自的生活安排，很难找到共同的时间进行学习，即使时间合适，也未必有良好的学习环境，更容易受到外界的干扰。在小组活动过程中，有的学生如果迟到、早退或偏离主题，其他学生也没有足够的权威去控制局面，这些都会导致课后的小组活动效率不高。学生常常把教师分配的项目切分为多个部分，每个人独立做一部分，然后拼合起来完成任务。这里面存在的如何公正切分，以及有人不负责任、搭便车等问题，都不好处理。

另外，学生小组课后准备PPT，需要花费大量的时间和精力，而这其实与学习内容关系不大，更多是如何美化PPT。课上汇报的时候，汇报的小组被教师评估，其他的小组没有动力聆听，即便认真聆听，也可能因为对内容不熟悉而收获不大。汇报的小组有机会展示、锻炼自己，但是聆听的多个小组浪费了宝贵的课堂时间，会觉得同样的内容，如果由教师来讲，他们的收获会更大。总之，小组项目有很多缺陷，教学中可以采用，但要慎用，因为对分课堂的基本模式不是小组项目。

（四）在小组讨论中，成绩好的学生觉得被成绩差的学生拖累，怎么办？

以往的合作学习，强调在小组讨论中以优带差，让好学生做"小先生"[①]。很

---

① 程振理. 2015. 陶行知"小先生制"教育思想探究. 江苏教育研究, z4:54-57.

多教师看到对分的小组讨论后，以为对分也鼓励这么做，其实不然。从理念上说，每个学生到学校来学习，是向教师学习的，好同学不是教师，不具备教师的专业素养，没有资格去指导别的学生，也没有义务去帮助差的学生。因此，对于学生之间的讨论，必须定位在互相帮助的层面上，而指定某些学生做"小先生"，实质上是侵犯了这些学生的权益。学生之间本来是平等的，用"小先生"树立一部分学生的优越感，也同时标示了另外一部分学生的低下感，是对后者自尊的伤害。

对分课堂虽然也组织小组讨论，在形式上看似乎一样，但理念却完全不同。

对分通过讨论前的内化和吸收，让差学生有更多的机会弥补差距，更有可能与好学生开展对话。这个内化和吸收的过程，对小组讨论的影响非常大。以4人小组为例，教师给出问题开始讨论，好同学常常先提出解决方案并得到同伴的附和，看起来合作学习很成功，实际上3个同伴没有机会表达自己的想法。如此好学生会洋洋得意，觉得高人一等，而普通学生会自觉无能、心理受挫。如果有独立思考时间，不受他人影响，每个学生都有可能形成自己的观点，即便不对，也反映了自己的思考过程。4种独立观点可能存在冲突，即便讨论后确认了好同学的答案，3个同伴通过交流也对自己的错误有了深刻的认识，得到了真正的成长，好同学也有机会了解新的视角，吸收他人的闪光点。由此，学生互相促进，彼此理解，好同学更谦虚，普通同学也更自信，心理更为积极健康，这才真正体现了合作学习。简单地说，缺乏讨论前的内化和吸收过程，普通学生在讨论中实际上还是处于被动的地位，只是灌输者不是教师而是好学生而已。普通学生的思维没有被激活，还是处于被动接受的角色，与被教师灌输一样，这些学生发展独立思考能力的最宝贵的权利被剥夺了。

对分的分组按1：2：1的原则，好学生可以同两个中等生对话，两个中等生可以互相对话，两个中等生都可以与后进生对话，好学生可以不直接同后进生对话。在与他人对话的过程中，后进生可以聆听并学习。当对话的双方差距不太大的时候，更有可能对双方都有益。稍高的一方不觉得自己在尽义务，稍低的一方也不会感到受羞辱。何况，三个臭皮匠顶个诸葛亮，三个学生的思想汇集，也有可能产生新亮点，超越好学生的水平，进而拓展其视野，弥补其缺陷。

对分强调互为砥砺，通过学生间的思想和观点的碰撞，让思维变得更加敏捷。学生只有学习相同的内容，才能够互相切磋。中等生和后进生其实给好学生提供了难得的磨炼自己的机会：你觉得自己懂了，但是给别人讲不清楚，说明你没有真正理解，或表达能力不够好，等等。给别人解释，不是纯粹地教别人，也不是在浪费时间，而是在帮助自己。

虽然好学生可能整体上比差学生强，但对分通过"亮考帮"这种形式，让差学生也有可能集中力量，比如，通过课后花更多时间或额外查资料，在某个点上深入学习，提出有质量的问题。这些问题，可能教师都未必能回答得出来。这样，差生形成自己的相对优势，看到自己的优点和潜力，能树立自信，另外也有助于打击好学生的傲慢心理。

当然，差学生还有自己的绝对优势，因为智商高的孩子，情商未必高；能读书的孩子，未必懂艺术；能思考的学生，未必善表达；能独学的学生，未必会协调；会学习的孩子，未必性格好。小组讨论是对学生能力的全面展示，包括思维能力、表达能力、知识面、观察能力、自控能力、性格、气质等。差学生的思维导图，美轮美奂，能让好学生眼前一亮，自愧不如。学习好只是一个方面，还要提升对同伴的关爱、领导能力和组织能力等。因此，要让每个学生在自己的长项上找回自信，淡化统一的评价标准，让学生看到他人的闪光点，认识到每个个体只是不同，不应该用好、坏去评价，消除学生之间因为成绩而人为制造的对立和隔阂，增加学生间的互相理解和欣赏，带动大家彼此尊重，互帮互助，团结友爱。由此，后进生在和谐的氛围里，消除了自卑，对好学生真心认可，也更有动力迎头赶上，当超越了单一的成绩评估的时候，合作的有效性和价值就充分展示出来了。

为了避免被拖累，好学生也可以只跟好同学分在一组，但这样的分组，效果反而不如与中等生和后进生的混合分组理想。因为这样的分组，组员间的差异性减少，你会的，我也会，相互之间没什么可谈的。作为一个好学生，是想看到中等生和后进生钦佩的眼神，还是想看到其他好学生不服的目光？红花要绿叶衬托，把所有的红花集中到一起，反而不会觉得有多鲜艳，红花不显得独特，估计自己也不开心。现实生活中，优秀的人（只能说某一方面）常常和普通人在一起工作，当双方都很优秀的时候便会产生冲突。异质分组就是生活的现实，对分课堂的小组讨论已经植入了生活的现实，让优秀者早早开始体会普通人的立场和观点，学会与普通人进行沟通与合作，反思自己的不足与狭隘，理解众人的需求与愿望，欣赏大家的智慧和潜力。这样，当走入社会时，优秀者就不会一意孤行，会把自己的能力与团队的力量凝聚在一起，更容易获得成功，既能实现自己的梦想，又能帮助团队的成员获得更好的生活。

因为对分讨论的理念契合社会现实而具有合理性，所以给好学生讲明白了，他们就不会抗拒和排斥讨论。

在中小学，特别是在临近高考的高三年级，由于成绩单一标准的强大压力，上述原则有可能不太适用。比如，有些学校选定了一些冲击名牌大学的种子学生，一旦分组不慎，就有可能会影响这些学生的成绩。然而，这并不是对分课堂理念和操作模式本身的问题，而是高考评价标准过于单一带来的现实局限性。在这个小范围的不适用，并不意味着在更广阔的范围内不可以运用对分。

（五）学校督导不认可对分怎么办？学校规定的平时成绩所占比例很低，怎么办？

虽然针对对分课堂，在很多高校已经举办了很多讲座和培训，上海市教育委员会也已经把对分课堂列入高校和高职院校新进教师的培训项目，对分课堂也进入了多地的"国培"计划，但对分课堂毕竟是一个新生事物，有很多人还不了解。不过，在初步的推广过程中，对分课堂得到很多教学管理人员，如教学副校长、教务处领导、教师发展中心领导、教学督导和资深教师的高度认可，不少学校全校推广对分，说明很多领导的思想还是非常开放的。

为此，教师要积极与学校教务部门沟通，向他们介绍对分，让他们了解对分，在学校备案后，开展对分实践。当然，也要评估自己的状况和风险。学校更多是希望有经验的教师来尝试，从而有更大的成功概率。如果暂时得不到领导的支持，也不要勉强去做，不建议与现实产生较大的冲突，我们更希望变革是在平和的气氛中进行的。

实际上，很多教师运用对分的时候，也没有事先请示领导，这要归功于对分的一个优点，即渐进性。比如，前面介绍的3分钟对分，简单易用，因为在课堂中引入一定的互动，是任何领导都会鼓励的。因此，教师要在可把握的范围内延长时间，获得更好的效果，系统收集学生的反馈，用课堂录像等方式收集资料，用更多的数据来向领导展示对分的好处，逐步得到其支持。

如果按学校规定，平时成绩只能设定30%，教师可以少做几次对分，比如，做6次对分作业，一次5分。如果学生不愿意做作业，就做当堂对分，不留课后作业。当部分实施对分或只能分配少量时间做对分的时候，教学效果可能会差一些，但这是外在的条件限制所造成的，教师也不必太着急。新生事物都有发展的过程，不能期望事事顺心、一步到位。从领导的角度看，教师尝试新方法，如何能保证是好方法？换个角度看，外在的限制有时候也是好事情，它能让教师更审慎地前行，避免冒进的错误。在限制之下仍然能够成长起来，就如石头下长出来的小草，更加能显示其生命力的旺盛，未来有可能得到更高的钦佩与认可。

三、技术融合

对分课堂是对传统课堂的变革，其基本操作模式不需要使用网络技术。这使得对分不受技术条件的限制，容易推广。但在有技术支撑的情况下，对分课堂完全可以与网络技术相结合，走向教育信息化的道路。线上学习，如慕课等，一个缺点就是互动不足。而对分课堂的优势在于强化了生生互动和师生互动，所以如果把两者结合起来，应该能够扬长避短。2015年春季学期，从推广对分课堂的第二学期开始,上海 3 位高校教师与教育部易班发展中心合作,在 3 门课程上探索了把线上学习与线下实体课堂相结合的混合式对分课堂模式,取得了良好的效果。这 3 门课分别是笔者开设的本科通识课程"汉语、汉字与脑科学"、上海理工大学何玲开设的"研究生英语口语"和上海交通职业技术学院温婷婷开设的"心理成长与生涯发展"①。

依照这种方法,学生每两周进行一次实体课堂的共同学习。教师在实体课堂进行讲授之后的第一周内,学生需要阅读课本、观看视频,独立进行课后学习,完成个人作业,包括个人的"亮考帮"。第二周并不回到课堂,而是通过互联网与小组其他成员进行网上交流,形成小组的学习成果,特别是形成小组的"亮考帮"。第三周教师与学生再次回到实体课堂,每个学生与来自另外 3 个小组的学生形成一个新的小组,代表本小组与其他小组的代表进行跨组交流,最后,教师通过全班交流,进行总结提升。隔周上课的目的是给予学生更多的课后学习时间,通过一周的个人学习和一周的小组学习深化对学习内容的理解,为随后的面对面交流做更深刻的铺垫。实践结果表明,混合对分法融合线下与线上学习,有效发挥了网络的技术优势,也能克服其互动体验不足的缺陷,进一步强化了对分课堂教学的效果。

在 2015 年举行的第 30 届"清华教育信息化论坛"上,全国教师教育信息化专家委员会主任、北京师范大学教授何克抗在发表主旨报告时说②:

> 人类社会自 20 世纪 90 年代初逐渐进入信息时代以来,以多媒体计算机与网络通信为标志的信息技术日益广泛地应用于人们的工作、学习与生活的方方面面,并在经济、军事、医疗等领域显著地提高了生产力,因而在这些领域产生了重大的革命性影响。但令人遗憾的是,信息技术在教育领域的应用却成效不显,对教育生产力的提升,信息技术似乎成了可有可无、锦上添花的东西,而非必不可少的东西,更谈不上对教育发展产生革命性影响。著名的"乔布斯之问",提出的就是这个问题。
>
> 其实,无论以美国为代表的发达国家,还是以中国为代表的发展中国家,教育信息化的工作都可谓轰轰烈烈,都先后经历了基础设施建设阶段和强调教学应用阶段,并都在巨额投入之下建成了一定的信息化教育环境。各国下如此大气力,一个最主要的原因就是希望通过教育信息化实现教育质量的提升。

---

① 朱晓芳. 五位教授共上一门课 消灭上课"低头族". http://news.sina.com.cn/c/2015-04-22/023031744451.shtml [2015-05-10].

② 王庆环. "乔布斯之问"问出什么教育问题. http://news.gmw.cn/2015-12/08/content_18018271.htm [2015-01-08].

然而自 2006 年开始，对教育信息化的反思开始在欧美国家兴起，直到 2009 年美国教育部对 2.1 万名中学生抽样调查的结果实实在在地给"提升质量"这一愿景泼了一盆冷水。调查显示，当时美国中学生在阅读、数学、科学上的能力与 30 年前即个人计算机进入家庭和学校的时候，并没有明显的差异。这一调查结果无疑是爆炸性的，因为它用实证告诉大家，教育信息化大投入却没有大产出。

为什么教育信息化的实际效果与期望值之间存在这么大的落差呢？这其实也是"乔布斯之问"的核心。如果看看美国围绕这一问题进行的反思与探索，我们会发现，问题的产生不在于技术不够完备、信息化不够彻底，而是与信息化过程相伴的主流教育思想出了问题。

在西方，自 20 世纪 90 年代以来，西方激进建构主义的代表人物乔纳森等人一直坚持"发挥教师主导作用将会束缚、限制学生自主学习"的观点，从而使"以学生为中心"成为主流教育思想。在这一思想下，信息技术与学科教学融合的过程中完全不讲教师的主导作用，只是单方面强调学生的自主学习与自主建构，即只关注学生的"学"，不关注教师的"教"。

这种对教师主导作用和正确教学理念的完全抛弃，直到上述调查结果出台后才真正得到人们的重视，美国也由此爆发了"建构主义教学：成功还是失败"大辩论，辩论的结果揭示出"以学生为中心"教育思想的"学习理论基础"具有局限性。与此同时，最早发现这类问题与缺陷的学术机构"全美教师教育学院协会"下决心予以纠正，于 2008 年年底编辑出版了一本在美国几乎是每一位教师都必须认真学习的培训手册《整合技术的学科教学知识：教育者手册》（Technological Pedagogical and Content Knowledge，TPACK for Educators），强调教师在教育教学中必须发挥关键性的主导作用，表明"以学生为中心"教育思想缺乏正确的"教学理论基础"的支持，使得"以学生为中心"教育思想的统治地位发生了根本性动摇。

鉴于以上的历史背景，对分课堂重视对技术的运用，但希望有效界定技术在教学中的地位和角色。按照对分的观点，对学生而言，教学中第一重要的因素是教师，第二是教材和必要的教学设备（如篮球和场地），第三是学习同伴，第四才是图书馆、视频、网络等其他因素。所以，在教学中运用技术，要注意与前 3 个基本元素的有效结合，成为强化前三者的功能倍增器。如第七章所描述的，对分课堂的根本目标也是在于首先调整教学理念，在"以学生为中心"和"以教师为中心"两个理念中取得恰当的平衡。

第三章

对分引发的教学变革

第一节　教师层面的巨大变革

一、教学负担

在传统模式下，高校教师常常要连续授课 2～3 节，负责所有讲课内容的组织、呈示、解释、总结，常常要制作大量幻灯片，备课工作量大。在课堂上，教师希望自始至终都能吸引学生的注意力，但其实在这么长的时间保持对教师单一的注意力非常困难。因此，教师不得不运用各种手段，引入娱乐性的元素，比如，讲笑话、逸事，分享人生经历，播放视频、动画，在材料中努力发掘出趣味性的元素，这对教师的能力提出了很高的要求。关键是这些能力与教师的本职训练并没有明确的关联，都是在学习内容之外设法去吸引学生，不是教师应该擅长的。课堂表演成分太多，使得课堂的严肃性和学术性越来越低，教师不时变身为千方百计博学生一笑的娱乐者，使得学生越发对教师缺乏尊重。

在对分课堂中，授课时间减少一半，教师只需把握知识系统的主干，讲授学习内容的重点、难点，把简单但枯燥、单调、不适合讲解的内容留给学生自己阅读，备课量减少。如此，教师在课上不但保护了嗓子，而且课前制作幻灯片的数量大幅度减少，在有优秀教科书的情况下，甚至可以做到完全不准备幻灯片，备课负担大幅度降低。无论班级规模大小，分组数量多少，分组讨论时，教师都只需在各组间巡回，督促学生进行与课程相关的讨论，并不需要介入讨论，当教师的学科修养达到了一定水平之后，学生的问题基本在其掌握之中，互动讨论这个环节更像是在陪着学生做游戏，负担不重，反而常常能从不同班级、不同个性的学生中看到很多意外的精彩，从而消解了课堂的单调性。

授课时间短降低了对学生长时间集中注意力的要求，教师很少会担心吸引眼球的"表演能力"不够，而更加关注核心知识的传递。对教师来说，事无巨细、流水账式的讲授，不管学生是不是能听得懂，其实更容易操作；能在短时间内讲出精华所在又能让学生理解就困难多了。授课时间短，教师讲的都是干货，都是最重要、最有价值的部分，是学生课后有效学习必须知道的，而且是讲脉络和框架，几分钟可能跨越了很多内容，学生稍不留神，就跟不上教师的思路了。在这段时间内，教师再去讲笑话、长时间放电影，学生反而会产生反感。因为他们需要得到充足的指导，否则课后他们的学习就会有很多困难。

过去，教师把最精彩的过程悉数展示，但学生常常欣赏不了，不知道好在哪里，因为他们没有经历探究疑难的过程，不知道获得这个精妙的结果的艰难。在对分教学中，在学生看书、思考、讨论之后，还无法解决的问题，常常是因为卡在某个关键点上，教师一点就透，会让学生恍然大悟、豁然开朗，学生对教师的能力和水平会更加钦佩。在教师的收入和实质性的社会地位并不是很高的情况下，教师职业的幸福感主要就是能帮助学生成长。教师在课堂上感受到了自己对学生的价值，而且这种价值是自己智慧的体现，符合教师的职业定位，这就有效提升了教师的职业幸福感，也在极大程度上减轻了教师的职业倦怠。教师职业幸福感的提升，增强了教师的职业稳定性，对保持和提升学校的教学质量都很有意义。

课后教师批改作业并给予反馈是增加了教师的工作量，但如果认识到平时学习是学生有效学习的必要过程，对教学过程也极有价值，即使辛苦，教师也应该去做。事实上，对分的批改作业方法从根本上改变了数百年来教学中的传统做法，已经使教师批改作业不再成为痛苦，而是变成一种快乐。只是由于现在教师在其他方面有很多不合理的负担，挤压了教师这一本职工作。教师通过对全班学生作业的简单浏览，就能了解到学生的问题所在，而这些问题也有不少反映了教师讲授或教学组织存在的问题。批改作业不仅仅是给学生反馈，更多的是给自己反馈。如果在作业中发现越来越多的个性化的表述和精彩的创意，而这些都是在自己的启迪之下产生的，这对教师来说也是莫大的喜悦与激励。

在对分课堂中，教师先讲解每一章节的新内容，发挥教师的指导作用，为学生进一步的学习提供了基础，对于重点、难点采用讲授方法，在根本意义上保留了传统教学的精华，保证了知识传递的准确性、有效性，这是对教师传统地位的尊重和强化。

目前，学校对教师进行绩效考核，由于教学效果不好评估，常常是以授课时间为标准，谁工作时间长，谁的贡献就大，这是衡量体力劳动的方法，是对教师职业的曲解。也有的学校看教师准备了多少PPT，写了多少教案，发了多少教学论文，这些都是有问题的评价方式。对此，本书第七章会详细论述。教师的职业本质是智慧点化，重质不重量。用了对分之后，教师减少了机械性的劳作时间。

比如，把课本上的内容放到PPT上，为PPT做精致的排版，学生自己能看懂的，熟练背诵，到课堂上讲出来，仔细分析一下，这些都是对教师时间的浪费，因为它们都不是真正高水平的脑力劳动。

另外，教师生活中有各类比赛、检查、工作汇报、教案书写，这类活动的目的是提高教师的水平，动机都很好，然而实际操作起来，效果并不好。比如，强调教师每节课都要写详细的教案，这类似于要求外交部长出国前，要把预备说的每句话都先写出来，是非常形式主义的做法。另外，还有学校是用公开课来引导教师的教学，然而，很多公开课都是表演性的，甚至有些事先多次排练，学生都知道什么时候该说什么、做什么，用这样的教学去提升教师的教学水平，只是缘木求鱼。这些方法的核心，都是提升教师的动机，让教师更加努力，然而并没有实质性地提升教师的教学水平，因为它实际上并没有改变教师的教学方法。

落后的教学模式给教师带来了沉重的工作负担。由于在传统的教学模式下，学生没有主动性，教师拖着学生走，学生跟不上，会消极反抗，教师身心疲惫。教师是脑力劳动者，实际上常常在拼体力。采用对分后，教学模式会走入正轨，教师的教学行为形成一个更加程式化的平稳运作过程，情感和心态会得到很大的改善。在课程总量和授课内容显著降低之后，大学教师的教学压力可以大幅降低，能够更有效地提升教学质量。总体而言，当前的教师群体工作节奏过快，带来了很多浮躁与不安，严重影响了其身心健康。而施加在教师身上的压力，最终都要传导给学生。因为育人是慢工夫，而对分课堂能更好地帮助教师过上"慢生活"，以平静的心态做到"润物细无声"。

降低教师的工作负担会让人产生一些担忧，以为这是让教师偷懒。其实，这是一种误解。因为负担永远不是好事情，负担是一种消极的心理感受，负担重不等于贡献大。实际上，当从事自己喜欢的活动时，时间长也不觉得累。用对分之后，教师要进行更多的思考，要妥善规划内容，组织教学，了解学情，收集反馈，其实花的时间未必少。但因为这些活动是教师擅长做的，也是教师应该做的，所以教师觉得这些有意义、有价值，就不会觉得这是负担。当然，对分是一种新方法，学习使用这种新方法一开始必然要付出很多，但一旦熟悉了，工作负担会大大减轻。我们不能拿第一个月实践对分的时间投入与已经实践了三年的讲授法的时间投入去比较，回想一下，在开始用讲授法的第一个月，教师也要投入很大的力气。

二、专业能力

照本宣科，只会拼体力但不愿动脑的教师，不能很好地运用对分课堂。如果这些教师抱怨对分，一点也不奇怪，出于不愿动脑来反对对分，只能说明这些教师根本不适合教师这个岗位。中国的教育质量需要大幅度提升，这是社会的共识，而决定教育质量的关键在于教师的水平，这也是社会的共识。所以，希望教师可以保持在当前水平不变而使得教学质量有所提高，是不现实的幻想。

最初一批接受、运用对分课堂并取得基本效果的教师都是教师队伍中的精英。这些教师有对教学的高度热爱，有对当前教学缺陷的清醒认识，有接受新观念的开放心态，有敢于探索并付诸行动的勇气。他们的综合素质远远超出了教师群体的平均值，但他们的能力被传统的教学模式限制住了。当采用对分之后，他们的能力得到了充分的发挥，教学获得了优异的效果。然而，由于对分涉及对传统教学的深刻变革，即便是这一批优秀教师，在实践对分的过程中，也出现了不少问题，是对分促使他们进行深刻的反思，看到了自己过去教学中的严重不足，有些教师看到自己过去虽然非常认真负责，但实际的效果却是"毁人不倦"，有些教师感到对不起学生而羞愧万分。

运用对分的第一批教师已经迅速成长起来。青年教师弯道超车，在教学效果上迅速超越不用对分的资深教师，而资深教师用对分后，在教学上实现了多年期盼的突破。资深教师本来已经对教学倦怠，准备过两年就退休了，是对分又唤起了他们的教学热情。有位特级教师说，本来这个学期没有课，了解了对分后，跃跃欲试，忍不住借别人的班级来实践对分。对分点燃了优秀教师心中的激情，让他们释放了自己的潜力，感受到了自己的价值与力量，这对提升教育质量的意义是不言而喻的。可想而知，更多的普通教师，如果运用对分，会有更大的提升空间。

真正的教育改革，一定要带动教师能力的提升，而不能改变教师的教育改革，没有长久的生命力。

当然，不是所有的教师都适合教师岗位或都能达到教师的基本要求，受限于传统的教学模式，会出现"地板效应"，即合格教师与不合格教师的教学效果都不太好，拉不开距离。对分模式为教师能力上升拓展了空间，使优秀教师可以脱颖而出，增加了对教师能力和素养的区分度。对分不是单一的讲授，而需要教师在教材选择、内容分割、学情评估、精讲留白、作业布置、讨论组织、答疑总结等多个维度展示自己的能力，才能取得良好的效果。这其实大大提升了对教师的素质要求，不同能力的教师在应对挑战的时候，自然会显现出差距，滥竽充数的教师就很难再蒙混过关了。大多数教师也会很快达成共识，即教师工作的本质是脑力劳动，而满堂灌是最不动脑子的教学方法，是根本不合格的教学，教师自己不动脑子，也不可能教出会动脑子的学生。

总体来说，由于对分通过模式变革解放了课堂，让学生的潜力和活力发挥出来，一般教师只要基本操作正确，都会比讲授法效果好，这就满足了变革的基本要求。但是，优秀教师的教学效果更好，使教师之间会拉开更大距离，这一点是毋庸置疑的。只有拉开距离，才能使优秀者得到激励，使后进者得到督促。

当前教师也接受了很多培训，在职培训是中国教育的一个特色和优点，但需要认真评估培训效果，要考虑培训带来的工作负担与受益的匹配性。很多资深的学者自己不懂教学，背一些条条框框来指导一线教师，理论非常高大上，但一到具体操作就哑口无言，说不归自己管，让教师自己去琢磨，给教师带来了很多困惑。专家培训者过于理论化，落不到实处，没有认识到仅仅给出理论是不够的，一线教师需要的是从理论到实践的转化。因此，使重大理论与实际相联系，是非常伟大也是非常艰巨的任务。比如，中国共产党的一个巨大成就是成功地把马克思主义原理与中国革命的具体实践相结合。教育理论联系教学实际也是如此，这个工作应该由专业的学者完成。专家自己都无法完成转化，而让一线教师去转化，等于把全世界都在探索的教学难题交给了普通教师，自己讲完理论就算完成任务，这是非常不应该的。

在中国教育界，一句人们耳熟能详的名言是"教学有法，教无定法"。但仔细思考，会发现这句话有误导人的成分，因为它强调的是教无定法。中国哲学的一个基本思想是讲究无法胜有法，强调融会贯通之后的随机应变与灵活变通。这样的思想本没有错，但问题是它描述的是炉火纯青之后的阶段，并不适合青年教师。对于青年教师而言，这句名言实际传达的观点是，教学是一门艺术，怎样都行，无论用什么方法，只要你教好了就行，这样的观点对青年教师来说是不负责任的。青年教师正是因为教不好，才来学习请教，而这个观点却告诉他们，"你教好了，你的方法就是对的"。

这样的观点也体现了不太科学的思维模式。科学就是强调在确定的情景下，存在确定的客观规律，也有确定的处理方法。动不动就把教学归结为艺术，其实是对教学过程科学性的忽视和贬低。对分课堂中有很多原则，比如，先教后学、先做作业后讨论、先小组讨论再全班交流，都体现出了深刻的心理学规律，即便是资深教师，也是不能轻易违背的，违背了也是要以牺牲教学效果为代价的。中国人推崇《易经》中所说的变动不居，固然有其玄妙超越的一面，但也是缺乏科学精神的表现，因为科学就是要捕捉、发现、刻画和利用变化中的不变性。因此，不注重方法学，不善于把灵动的智慧固化为制度、程序和方法，不知道这些才是超越个人、更具长远价值的财富，是我们民族文化的一个重大缺陷。

作为一个普通职业，教师的教学如果走上正轨，是不需要反复做大的调整的。比如，中国跟邻国的边界确定后，不需要每年把界碑翻起来再安置一遍。因此，好的培训更应该是分科目、分层次的，注重实操，而不是从理念到思想，从思想到理论，从理论到观点，从观点再回到思想这样绕圈子。

也有一些学校让一线资深的优秀教师去培训其他教师，但很多优秀教师的教学方法呈现出个性化、碎片化的特点，很难学习。一些教学名师经过几十年的磨砺之后，在教学方面达到了很高的水平，但与青年教师的当前需求根本无法接轨。青年教师连几百米的小山还没有爬上去，教他们如何攀登珠峰，没有太大意义。教育界缺乏能够提供给初级教师的方法性的东西，而对分提供的正是这个极度缺失的框架和方法，它是每位教师都可以立刻操作运用的，而且能够逐步提升，顺利过渡到对分教学的高级阶段。

对分能使得教师教学能力迅速提升的一个主要原因是形成了高质、高效的闭环教学。信息论、控制论的一个核心概念是反馈，没有反馈就没有控制。过去教师满堂灌，根本不清楚学生到底学得怎样。现在教师从作业、"亮考帮"、小组讨论、全班交流各个环节，全面、准确、及时地了解到学生的学习情况，而这些情况反映了教师讲授和教学安排的合理性，教师可以每周根据上周的教学情况，或每天根据昨天的教学进行调整和改进。教师尝试改进教学，进行一定的改变之后，如果能很快看到对学生产生的影响，就能更好地激发教师的教育改革热情。过去，很多教师兢兢业业，但大部分情况下都是在琢磨自己该怎么教，怎么设计教案，怎么运用多媒体等，说的都是以学生为中心，但做的却是以教师为中心。在对分带来的闭环教学中，教师由关注自己如何教真正转向了关注学生如何学，是教学理念的根本性转型。

目前，中小学教师主要根据学生作业答案的正确性来判断学生是否掌握了内容，这样基于学习结果的判断耗时耗力，也非常不可靠。答案正确，并不意味着学生真正懂了，而答案错误，也可能是学生懂了基本原理，但由于粗心弄错了细节。在对分课堂中，教师通过学生在小组讨论和全班交流中的表达，可以更为清楚地了解学生的思路和对学习内容的掌握程度，从而迅速进行有针对性的纠正与指导，使教学效率大大提升。

对分通过释放学生的活力，来"倒逼"教师提高水平。你可以不思进取，但对于学生提出的基本问题应该能够回答。如果有进取心，学生的问题就是专门为你提出来的，而且就是关于上次讲课内容的，针对性极强。这样的反馈非常有价值，使很多想提高教学水平而不知从何做起的教师有了明确的方向，让教师"借力"学生，提升自己。此外，对分把教学活动分成了多个环节，教师可以进行过程性诊断，知道问题出现在哪个环节。比如，如果学生作业普遍做得不好，问题肯定出在此前的讲授和作业的布置上。

在对分教学中，教师会感受到自己被学生推着前进和提升，而教师的水平得到提升之后，能给予学生更好的引导，会让学生释放更大的活力，对教师产生更大的推动作用，这就把年轻学生的活力与成熟教师的智慧融合起来，形成了一个良性循环。对于我们平常说的教学相长，出现了一个新的理解，那就是教师教会学生如何学习，学生教会教师如何教学。相比学生在学科上带给教师的新知识、新视角、新思路等收获，让教师理解学生、懂得如何去教学是学生带给教师的更大、更根本的收获。这一点对成长中的青年教师尤其重要，对他们而言，是学生而不是其他教师，是他们学会教学的最好的"老师"。

过去，教师来自不同学科，很难交流也很少交流，做不到跨学科交流，知识面非常窄，让这样的教师去培养学生跨学科、跨界，也只能是一种幻想。一些在全校范围推广对分的学校，在实践过程中发现，教师之间自发、自愿地出现强烈的交流愿望和热烈的互动，这是教务部门、教师发展中心、教师培训部门特别希望看到的好动向。原因在于，过去大家都用讲授法，非常单一，如何讲授，更多取决于自己的学科内容，而对分课堂让不同学科的教师有了共同的语言，如何做到精讲、如何布置作业、如何组织讨论、如何了解学情、如何批改作业、如何处理提问，出现了一系列普遍性的问题。在数千人的对分教师QQ群里，小学教师与大学教师一起兴高采烈地分享教学经验，这在过去是根本不可想象的事情。

这说明，对分触及了教学的根本，无论小学的教学活动还是大学的教学活动，都可以从这个深层的基础上生发出来。

师师互动，与对分中非常关键的生生互动一样，激发了教师的动力，使他们能够超越自我，也像学生一样开始学会运用知识，开启了创造性教学的道路。

对分课堂不仅释放了学生的活力，也释放了教师的活力，让他们产生了自己从来没有意识到的激情、智慧和力量。这其中的一个表现就是，全国各地的几十位教师能通过网络合作，在短短几个月的时间完成这样一套对分丛书。比如，"大学英语"分册涉及4所学校的20位教师，"心理学"分册涉及6所学校的6位教师，还有三本分册是一个人完成的，"对外汉语"分册的张长君老师实践对分不到两个学期，"研究生公共英语"分册的何玲是教龄刚刚满两年的青年教师，"初中英语"分册的胡真老师，教龄也不过5年。可以相信，如果中国教师的潜力发挥出来，将是难以想象的。

单个教师是有专业的，但学生同时选修不同课程，会把其他学科的概念、现象、问题、事例带到课堂，不同的学生甚至来自不同的学科和专业，知识背景和思维特点差异巨大，这一方面促进了学生之间的跨学科交流，另一方面也促使教师在更为宏大的学科背景上认识自己的专业，促使教师在跨学科方面有所发展，从另外一个维度上体现了教学相长。

总体来说，在对分课堂中，教师的角色从知识的灌输者，转变为学生学习的引导者，教学过程中的机械性成分降低，劳作负担降低，指导性成分提升。教师减少了不必要的体力劳作，不做无谓的表演，改掉了无价值的作业方法，也不那么辛苦了。教师用自己的智慧启迪、点化学生的智慧，得到学生的欣赏，对学生更加理解和关爱，而学生对教师也更感激，师生关系融洽，工作富有创造性，更有意义、更有价值，更切合脑力劳动者的职业定位，提升了职业幸福感，减少了职业倦怠。对分促进了教师对自己工作的反思和与同行的交流，能够迅速提升其专业能力和素养，有效应对工作需求。由此，教师提高了工作效率，能更好地将工作与生活分开，保证工作之外的生活，对家人、子女能更负责，从而提升了生活质量。

三、自我解放

对分要把好处落到学生身上，但对教师而言，最重要的是要把好处落到自己身上，使自己受益。为什么单单靠民间力量推广，对分就得到这么多教师的认可和实践？很重要的原因在于我们强调要保障教师的利益。

传统社会祭拜"天地君亲师"，教师被视为人们行为和道德的模范，"是阳光下最有价值的职业"，对社会负有极其伟大的责任。在长期的熏陶中，教师也对自己定位过高。其实，现代社会，人人平等，各种职业也是平等的，没有理由认为卖水果不如教学有价值。由此，教师应该走下神坛，回归到一个普通的职业定位，认识到自己的能力和责任都是有限的。教师只要遵循职业道德，不需要也不可能去做别人的榜样。同时，教师与学生的关系也应该从人伦关系转变为职业关系。因为教师被全社会颂扬为道德模范，道德的基本含义是为公益而付出，所以教师辛苦、低酬劳是应该的，但这个颂扬是口头的，实际上由于经济地位不高，社会上很多人还是看不起教师这个职业。

社会没有权利要求教师超越普通人的权利去承担义务，教师本人也不应该把自己看得很高大。因为这种高大会转换成在学生面前的权威感，这种权威背后的支撑理念是，我要对你负责任，我必须纠正你的错误，我必须把你教好。现代神经科学和脑科学研究发现，在学生的成长和发展中，基因要起一半以上的作用，而环境的作用在一半以下。教师只是孩子成长环境中的一部分，能起的作用比一半还要少。因此，有些家长对教师的各种指责是不公正的，如果较真的话，教师也可以指责家长，为何不把自己的基因弄好？教育是一件困难的事情，至少是师生双方的事情，不是凭借教师的单方面努力就能确保成功的。

社会把教育的主要责任加到教师身上，实际上这个责任是教师承担不了的。但好教师会将这种社会期望内化，教不好学生会带来很大的良心责备和内疚感。当一个人的自我形象比较高大的时候，对自己的期望也更高，但是当环境、能力不足，或形象本身含有虚幻的、不切实际成分的时候，会有很大的压力。

社会对教师的定位是园丁和灵魂工程师，对教师的理想是春蚕和蜡烛。园丁辛勤浇灌，但首先要了解学生是否喜欢，因为学生是动物，不是植物，是主动地去成长，而不是被动地接受养育。灵魂工程师意味着让心灵像器物一样依照标准的流程，接受机器的打磨、加工。在新时代，这两个说法已经很难讲通了。那么，春蚕和蜡烛呢？司马迁在《史记》中写道："天下熙熙皆为利来，天下攘攘皆为利往。夫千乘之王，万家之侯，百室之君，尚犹患贫，而况匹夫……亲朋道义因财失，父子情怀为利休。"①

然而，教师不是千乘之王、万家之侯、百室之君，也不是富商大贾，教师自古就是"穷书生"。公元前99年，汉军讨伐匈奴，李陵孤军深入，五千人被匈奴八万骑兵围困，苦战八昼夜，弹尽粮绝，被俘后投降。司马迁因为为李陵辩护，被判死刑。根据当时的法律，可以拿出五十万钱免死或受腐刑，而司马迁家境清贫，拿不出钱赎罪，只好受腐刑。这就是穷书生的无奈，千古巨匠也难逃脱。

教师是匹夫，是普通人，跟所有普通人一样，希望在剧烈的社会竞争中谋求一份安稳的生活。在商品社会和经济社会，社会对普通人价值和贡献的衡量，一个主要的标准是经济地位，教师不应该也不可能脱离这个社会大背景。普通人不会因为进入教师这个职业，就自动具有崇高的理想、伟大的人格和牺牲自己、成就他人的道德。拿春蚕与蜡烛来要求数以千万计的教师群体，是用圣贤的标准要求普通人。做不到的事情，硬要去做，一是制造了表里不一，二是强化了鲁迅先生所批判的"精神胜利法"，三是带来了很多痛苦。很多教师为达不到理想的高度而自责，羞于为自己的利益而主张，很多因为心理压力大而抑郁。

教师与任何职业一样，是与社会互利互惠的，没有理由超出社会给予自己的报酬而做免费的贡献。在自愿的情况下，为了别人的利益而燃烧自己是没有问题的，但如果教师竭尽全力为学生和学校付出，没有余力照顾家人，也是一种失职，并不可取。

然而，在这种情况下，更为失败的是教师对自己的失职，是对自己权益和个体生命价值的忽视，本质上而言这是缺乏主体性的表现。主体和客体是一对哲学范畴，前者是实践活动和认识活动的发动者和承担者，而后者是主体实践活动和认识活动的对象。在"我"与他人的关系中，"我"居于中心地位，"我"是主体。主体性是主体应该拥有和展示出来的与其主体地位相符合的一些属性和特点，如自主性、主动性、能动性、目的性等。当"我"因为种种原因受制于别人的意志，或不能自觉、理性地认识和思考自己的存在，或不能控制自己的思想或行为时，"我"就没有真正意义上的主体性了。

启蒙时代以后，新的世界体系的生成也催生了"现代性"这个至关重要的概念。②基于理性、科学、自由的精神，现代性推进了民族国家和高效率的社会组织机制的形成，在经济大发展的带动下，走进现代化。主体性是现代性的根基，关系到人在现代社会最根本的生存方式，体现为人的真正价值是以人本身为目的的

---

① 司马迁. 2013. 史记. 北京：中华书局.
② Habermas Jurgen. 1997. 现代性的地平线：哈贝马斯访谈录. 李安东等译. 上海：上海人民出版社.

价值。

简单地说，有主体性的人是有自我的人，而缺乏主体性的人是缺乏自我的人。一个没有自我而且也不知道自己没有自我的教师，怎么能把自我的理念传递给学生？一个自我权益受侵犯而不能自主的教师，会质疑社会的公平性，带着这样的情绪，怎么能真心真意地向学生传递公平的理念呢？一个照顾不好自己、不懂得维护个人利益、不重视自己人生价值的教师，又怎么能教出能照顾自己、懂得维护个人利益、重视自己人生价值的学生呢？

教师采用对分模式，为了学生不假，但首先是为了自己，是为了降低自己的劳动负荷，提高自己的工作产出，让自己的收益与投入更加匹配。对分课堂带来的首先是中国教师主体性与自我观念的苏醒、确立和明晰化，使教师走下"诲人不倦"的神坛。从最根本的意义上，这是中国教师群体的一次自我解放。

第二节　学生层面的巨大变革

一、学习动机

传统课堂与当前的考试制度配套，是面向精英的课堂。教师常常以优秀学生作为典范，鼓励其他学生向他们看齐。在讲授过程中，教师提出问题，让学生举手回答，举手的常常是精英学生，然而对精英学生的每一次表扬，都是在贬低其他学生。这个课堂，是多数学生不断受批评、自信不断被挫败、自尊不断被打击，反复确认自己落后者身份的课堂。这样的课堂，是多数学生成为少数优秀者陪衬的课堂。在这样的课堂中，多数学生得不到关注和尊重，在心底里不喜欢，是自然而然的事情，因为这个课堂实质上不是为他们而设的课堂。

这样的课堂由教师一手把控，何时做什么，如何做，得出什么样的结果才算标准答案，才能得到嘉奖，都是教师规定好的。学生像泥塑一样，任人摆布，而且要配合教师改变形状，变成教师心目中的好孩子、好学生。然而，即使所有的学生都付出了全部的努力，但在选拔性的考试里，永远是少数人能获得成功，多数人还是失败者。

在这个课堂上，教师展示出博学与精彩，学生要做的就是鼓掌叫好，满怀崇拜，然后尽力去模仿教师。在教师职业水平的标准下，学生的模仿，哪怕是优秀学生的模仿，也是笨拙、低级的。教师树立了一个权威与高大的目标，不断提醒学生："像我这样去思考，像我这样去解题。"如此，无论好学生还是差学生，在教师面前都很渺小，没有地位。

对分课堂改变了这个局面，教师呈示框架和脉络，把具体问题留给学生，让学生去发现自己的精彩。教师在完成了引导之后，退回台下，看学生登台表演。什么特别有意思，怎样表达观点和想法，都可以按自己的方式，学生有了发挥的余地，有了探索的空间。由此，学生不再是机械地完成教师的任务，而是对自己的学习有了一定的掌控权。教师仅仅是确定了基本的任务，而这个基本的任务是低门槛的，多数学生付出合理的努力，都能通过。由此，怎样学、学到什么程度都是学生自己的选择。

在这种模式下，学生不再向教师的唯一的标准答案看齐，而教师现在更关注学生的思路。学生之间不再是你好我差的竞争关系，而是要发挥各自的特色。对分课堂特别关注学生自身的需求，不追求优秀，允许学生在课上做普通学生，允许学生把时间投入到对自己而言更有价值的事情上，学生得到充分的尊重。过去教师批改判分，非常精细，为什么给 80 分而不是 85 分，很难说清。对分课堂把评估公开化了，标准简单、合理、透明，也变得更加客观化了，学生学会按照客观标准去进行自我评价，心服口服。教师遵循先教后学的原则，使学生得到清晰的指导，教师通过具体、细致的作业设计，低门槛、无上限，让每个学生都能完成作业，从学习中获得成功感。学生虽然有自由，但在教师的指导和辅导下，散而不乱。

实施对分课堂教学之后，教师才真正地看到了自己过去的四个错误：为难、错怪、低估、压抑学生。教师自己专业知识积累丰厚，精心备课，呈示精彩内容，但当看到学生不为所动，提不出问题时，便以为学生懒、不动脑子、没有能力。虽然自己是有备而来，但却让学生即席发言，其实这是在为难学生。采用对分课堂，会让学生有时间思考及内化和吸收，并与同伴讨论，学生有备而来，能够提出高质量的问题，发表深刻的观点，学生展示出来的活力和上进心让人惊喜和震撼，让教师看到自己过去低估了学生的能力，对他们有太多的偏见和误解。教师认识到，过去课堂的沉闷、单调、一潭死水，根本上是因为自己压抑了学生的活力。学生从压抑、被动、单一、枯燥的课堂走进开放、主动、丰富、自由的课堂，其心中的喜悦是可想而知的。

过去的课堂，学生整节课看着前排学生的后脑勺，远远地面对着教师一个人的面孔，疏远而隔膜。在对分课堂讨论中，学生回过头来，看到的是几个同龄人鲜活的面孔，每个面孔都会因为自己的言语、动作而发生有趣的变化，特别是同伴明亮、生动的眼睛，更是蕴含了丰富的信息。眼睛是心灵的窗口，眼睛与眼睛的交流，是心灵与心灵的互动。物理距离常常决定了心理距离，设想两个好朋友聊天，始终保持 2 米以上的距离，这样的交流很难让人觉得尽兴和深入。另外，社会心理学显示，信息的有效性常常不在于信息的内容，而在于信息的传递方式。对分小组是一个亲密的小社群，场景中蕴含着大量动态的社会性刺激。在这个场景中进行的学习信息的交流，从情感、心理等多方面发挥作用，能给学生更深刻的印象，更深刻地触动学生的情感和内心。

为什么在一般的讨论式课堂上，学生不敢发言，而在对分课堂上，学生就很勇敢呢？因为对分课堂的讨论过程有非常充分的心理学方面的考虑。教师讲授时不提问，学生没有压力，可以安心、认真听课。独立学习时，教师只给目标，不规定具体方式，学生得到尊重，感到自由、放松。内化是消化过程，完成自我建构更需要放松和个性化，因此全班无需同步。因为有明确的目标，要在随后的小组讨论中表达观点，所以学生也不会懈怠。

小组讨论的过程也很灵活，能够适应不同学生的不同状态。如果大家都很努力，某一名学生表现不好，就会感觉有压力。学生的表现要与其他成员对比，这就引入了竞争因素，但这种竞争是潜在的，没有谁输谁赢的说法。虽然没有人会批评你，但多次准备不足、发言很少，表现不好，在同伴面前没面子，自己心里是知道的。教师抽查时，学生要代表小组发言，通常压力会很大，面对全班同学，会有群体压力，代表小组，会有组内责任。青春期的学生对父母、教师可能会很叛逆，但非常渴望得到同伴的认可，所以，抽查其实给了学生很强的督促。

学生以"我们组认为"为开头表述，清楚地表达了小组的观点，会得到组内成员的认可，但如果观点有明显错误或特别精彩，可能会受到他人嘲笑或被指责爱出风头。这时，学生可以把错误或成绩推到小组的头上，轻松地把个人责任转换为小组的集体责任。在中庸社会，一怕出头，二怕出丑，对分抽查时的做法，避免了这两种情况，学生不用担心，因此会更勇于发言。对分是一种新的模式，但不需要把偏含蓄的中国人变成偏开朗的美国人，而是更加适合中国人的民族文化和心理特点。[①]

对分抽查的另外一个功能是心理学中所说的"破冰"。在群体活动中，第一个站起来发言的人，需要打破局面，压力是非常大的，所以比作"破冰"。对分通过教师来主导"破冰"：学生被抽查到，不得不站起来，看似被动，其实不需要承担主动"破冰"的心理压力。通过几次抽查，活跃了气氛，打破了僵局，会有更多的学生跃跃欲试，为随后的自由发言奠定了基础。如果学生的积极性不高，教师控场能力不强，可以多抽查几次，辅以讲解，这样即便在随后自由提问阶段，没有人提问，整个流程也不会让人觉得有缺陷。

学生发言，自然有好有差，教师对好学生的精彩发言，稍加表扬即可，要更多指出可以提高的地方，让好学生戒骄戒躁，但也不宜一次指出太多，以免打击其积极性，可以在私下场合再单独对好学生给予更多鼓励。而对于差学生的发言，要尽量突出其亮点，提升其自信，这样课堂会更多地向多数学生倾斜。在抽查前，

[①] 杨中芳. 2009. 如何理解中国人. 重庆：重庆大学出版社.

学生有内化，又有小组讨论，有一定的准备，被抽中了也只需要提出问题，不需要解答问题，压力不大。在教师的鼓励下，学生会越来越敢于提问。但是，能提问是最低门槛，而提问的质量是无上限的。对分课堂关注的是问题质量的提升，这就彻底摆脱了对标准答案的重视，从对固定知识的学习转换到了对灵活能力的培养。

在传统课堂上，教师提问，学生回答，体现的是教师考查学生，教师成了督查学生学习的"坏人"，师生本质上是对立关系。在对分课堂上，全班交流的核心是让学生提问题，学生问的都是自己想知道的问题，从形式上看，其带有学生考老师的味道，但在这种形式下，教师成了帮助学生学习的"好人"。学生提问题，教师回答不好，是教师的失职，而学生提不出好问题，是学生的责任，也是学生的损失。

可见，全班交流过程的操作，看似简单，其实蕴含了很多心理学的原理和规律，使教师容易实施，学生容易适应，还能取得很好的效果。

另外，对分课堂是一个没有批评的课堂。教师确定好课堂的基本任务和流程，在讲授、独立学习、讨论和交流过程中，对学生没有批评。其中最大的批评，就是当学生发言讲得不好时，为节省时间，教师可以打断学生，让学生坐下来。甚至如果学生被抽查到了，但拒绝站起来发言，教师也不需要批评，事实上，这样的事情很少会发生。因为在发言门槛如此低的情况下，如果学生拒绝发言，会自己觉得理亏，很难面对自己，在全班面前也丢不起这个人。如果学生对这些都感到无所谓，其实教师也就不用强求学生有什么改变了。

没有批评的课堂是没有抱怨、没有嘲笑的课堂，是教师对学生充分"赏识"的课堂。在赏识的背后，有对差异的接纳，有对失败的宽容，有深刻的信任与爱。美国心理学家之父詹姆士说："人性最深层的需要就是渴望别人的赞赏。"教育家第多斯惠说："教育的本质不在于传授知识的过程，而在于唤醒、激励和鼓舞。"[①]教师的赏识，特别是对后进学生的赏识，是对学生最大的激励，是学生成长的巨大动力。赏识不是对学生取得好结果的表扬，而是要针对过程和态度，表达对学生独特性和努力的发现与肯定，以及对未来的期望。"肯定"给予学生自信和动力，"期望"则为学生指明了发展的方向。

在传统课堂，班级上偶尔会有逆反的学生，部分原因是教师的要求压抑了某个学生的个性，学生的行为有一定的合理性，得到部分其他学生私下的同情和支持，给学生增加了一些英雄主义的色彩。教师遇到逆反的学生会觉得是学生在挑战自己而给予打压，事后或虽后悔但不好认错，或采取心理防御，把责任推给学生，从而制造了与学生之间的矛盾。同样，类似的逆反也常常会发生在亲子之间。

---

① 黄秒青. 2015. 实施赏识教育的做法. 广西教育, (1): 68.

对分课堂则用学生认可的、公开的规则管理课堂，限制了教师运用权力的任意性，不批评学生，避免师生之间的情感对立，个别学生违反规则，不但不会得到同情，更可能会在群体的压力下回归正常。

对分课堂强化了教师的支撑作用，因为有教师高水平的讲授，对内容的精致切割，对作业的细致设计，对小组讨论的巧妙引导，对全班交流的总结提升，所以学生的学习质量得到了保证。只有学生有收获，才能坚定他们对这种教学方式的支持。

处于成长、发育期的学生，活泼好动，让他们两只手背在身后，一天几节课规规矩矩，这是违反其天性的。在对分课堂中，讲授的时候让学生专注，讨论的时候让学生放松，符合古语所说的"一张一弛，文武之道"。学生听课的时候，想着随后讨论就可以放松了，保持安静也不会那么困难。而在互动讨论的活动之后，也自然想要回归安静的课堂。这样的节奏，切合了学生的生理和心理特点，让学生觉得课堂是舒适的课堂，从而也更愿意学习。

在对分课堂的理念下，教学的第一目标不是让学生学多少、学多好，而是要激发学生的学习积极性，让他们爱学习。即使学得再多、再好，如果最终的结果是学生厌恶学习，也是教师最大的失败。学识渊博的教师、能镇住学生的教师，以及让学生五体投地的教师等，都是第二层面的教师，而让学生爱上学习的教师才是最好的教师。对分课堂就是要制造一个良性循环，使学生越学越开心、越有成就感，而开心和成就感又进一步强化了学生的学习欲望。基于心理学的原则和规律，对分课堂设计了一套完整、易用的教学流程和教学方法，让教师能够有效激发学生主动学习的热情。这是对分课堂带给学生最重要和最深刻的变革。

二、学习方式

对分课堂为学生带来的第二个巨大变革是学习方式的转变。

（一）转向过程性学习

学生在教师讲授后需要完成内化，并以作业的形式体现自己的学习成果，看起来是增加了学习负担，其实是过程性学习希望达到的理想状态。传统课堂中普遍出现的学生考前高度紧张、临时抱佛脚的现象，其实是教学失败的一个标志。对分课堂主张把有效学习应该付出的努力分散到整个学期，在临考前，学生只需要把一些需要背诵的基本概念复习一下即可，更为深层的学习已经有效地体现在学期中间的过程中。一周内经过教师讲授、课后复习、分组讨论三次学习同一内容符合记忆规律，可以有效减缓遗忘的速度。

对分课堂淡化结果，而强调过程，认为学习的精彩主要来自学习的过程。当然，强调过程并不意味着不能有结论或结论一定含糊不清，这反映了思维的动态发展性。对此，恩格斯有十分精辟的论述，他指出，"我们最需要的不是空泛的结论，而是研究。结论要是没有使它得以成为结论的发展过程，就毫无价值……结论若本身固定不变，若不再成为继续发展的前提，就比无用更糟糕。但是，结论在一定时期也应当具有一定的形式，应当在自己的发展过程中从模棱两可的不确定性形成明确的思想"[①]。

在传统课堂中，学生通过少量的几次评估，如期中、期末考试或学期论文获得分数。分数高低受到考题内容和临场发挥的影响，偶然性大，评价准确度低，考试更多侧重于死记硬背，对学生的独立思考能力考查不够。另外，其考试形式统一，没有考虑不同学生的不同需求。比如，在一个班级里，并不是每个学生都想获得好成绩，有些学生自知能力不够，有些学生不喜欢课程，只要求一个及格分。如果能对不同需求做不同处理，避免被迫性学习，便能减少学生不必要的焦虑。

在对分课堂中，每次作业后教师都有评分和反馈，学生能够根据自己的表现确定未来的投入，教师通过作业上的多次交互，对学生的水平也有客观、稳定、公正的评估。学生也更喜欢这样的评估方式，分数更多反映了学生在平时学习过程中的投入和学习质量，由此，无论好学生还是差学生考前都不会焦虑。通过几次作业，能够稳定地看到多数学生的学习表现，一般来说，表现好的学生此后会一直表现较好，表现差的学生此后会一直表现较差。

对分课堂每个环节都目的明确、任务明确、规范性强，学生知道什么时候该做什么事，容易形成良好的学习习惯。一种好习惯往往会引发一系列的好习惯，比如，刷牙，如果早晚都要刷牙，那么已经到了水边，何不顺手把手、脸洗一洗？习与性成，性格决定命运，由此可见，对习惯的重要性是无论如何强调都不过分的。

（二）转向个性化学习

学生在课堂讲授后，对章节内容形成了基本框架，也理解了重点、难点，在此基础上学生在课后阅读、学习书中的其他内容，并同讲授内容整合起来，降低了课下的学习难度。在这个吸收过程中，不同学生的学习能力、速度、方法各不相同，如何学习、怎样学习、学到什么程度，学生可以自己安排，自我控制感强。在碰到疑点时，可以记录下来，随后讨论时有机会向同学和教师询问。没有时间或能力不足的学生，可以只覆盖课本的基本内容，完成一份综述性的读书笔记，有时间、有能力的学生，可以超越课本，阅读更多材料，完成一份反映深入思考过程的读书笔记。对分课堂用"输出"倒逼"输入"，学生需要带着课下学习的

---

① 马克思, 恩格斯. 2002. 马克思恩格斯全集. 北京: 人民出版社.

成果来参加随后一周的讨论，朋辈压力会使他们在课余学习时更有动力、更认真。作业要计分，优秀的作业会在全班展示，这都会促使学生更主动地把自己的学习成果外化为高质量的作业。如此，在课程教学过程中出现良性循环，学生的作业越来越好，得到点评和表扬的作业也越来越多。

学生能够有自主发挥的余地，发挥的过程和结果自然张扬了个性。因为顺应自己的个性而行动，本身就是一种快乐。成都武侯实验中学校长李镇西说："阅读，就是让思想自由自在地飞翔；写作，就是让心泉自然而然地流淌。"①在多数课程中，对分课后学习的主要活动就是阅读与写作，能这样飞翔与流淌，学生自然是快乐的。不过，纯粹按个性发挥，是无能的表现，在有限制的情况下发挥，在限制中找到自由、体现个性，才是创造的最高境界。过去教师为了阐明原理，精心设计案例，但学生觉得没意思。现在是讲完原理，让学生自己寻找案例，学生找到的案例会更切合自己的趣味，对学习更有价值，不同学生的案例各有千秋，无需分出高低、上下。

与个性化学习相关的一个问题是分层教学，分层教学是一个教学难题。对分课堂在作业和讨论环节可以实现以个体或小组为单位进行学习，能更好地针对学生的不同水平开展教学活动，更好地实现分层教学，这也使得对分在混龄教学中具有更大的优势。比如，一个年龄段学生讨论的时候，教师可以给另外一个年龄段的学生进行讲授。依据国家目前推行的城乡义务教育一体化的发展思路，未来可能会有更多的乡村小学需要混龄教学，对分在这方面有可能会发挥一定的作用。

（三）转向问题化学习

对分注重问题的提出，但反对乱提问题。从整个对分流程来看，实际上学生一直不能向教师提问，直到最后的全班交流环节。这样设计，是有意要逼他们先开动脑子，提出高质量的问题。上课不认真听，问的问题是教师讲过的，课后不仔细读书、深入思考，问的问题是书上有答案的，或简单思考能解决的，小组讨论不积极参与，问的问题是同伴可以解决的，这样产生的问题都不是好问题，也不应该被鼓励。

对分鼓励学生发展忍耐力，先思考，后提问。走入现实生活，避免肤浅问题，能提出有深度、高质量问题的人，一定更能得到单位和企业的欢迎。反思美国教育，其鼓励学生随时随地提问题，实际上浪费了课堂时间，打乱了教学流程，给教师讲授制造了噪声，干扰了全班学生的思路。而对分课堂是让"先思考，后提问"成为一个人人都应该重视的黄金法则，实现了对西方教育理念的突破与超越。

学生有问题或困惑，教师并不立刻给予回答，这样的"延时解惑"，也得到

---

① 庞国权. 2011. 论特级教师李镇西的写作教学原则. 语文学刊, (12): 157-158.

了一些新近研究的支持,如"有效失败"(productive failure)、"合意困难"(desirable difficulties)和"僵局驱动式学习"(impasse driven learning)。[①]这些研究都主张,让学生先在具有一定挑战性的任务中体验坚持、努力、焦虑、受挫与失败,然后再提供指导,这与孔子的"不愤不启、不悱不发"有共通之处。当学生经过冥思苦想而无法破解,或有所体会但不能清晰表达的时候,教师再去启发、提点、解答。这时,学生对教师的指导理解得更透彻,吸收更有效,更能促进其对方法和策略的学习,从而培养学生的高级思维能力。如果学生自己通过克服阻力和挑战而破解难题,那就能收获更为宝贵的成就感。

对分课堂主张学生提问。与教师给学生提出的问题相比,学生自己提出的是"原生态"的问题,真实、自然,是从学生的知识构架出发,由学生发起,反映了学生真正的困惑,带着学生个性化的视角和特色,学生也有动力去找寻答案。教师为学生准备的题目,即便是精心设计的,也未必能针对学生的需求,其价值和效果远远不如学生自己的提问。

知识源于解决现实问题过程中的提升和总结。在"亮考帮"环节,如果学生提不出"考考你"问题,不能把知识还原为问题,说明他们没有与现实生活接轨,没有真正理解知识的价值和意义。如果学生提不出"帮帮我"的问题,说明他们没有把自己放到真实的现实场景中去。知道得越多,越无知,如果学习新知识之后,不能与现实相结合,不能提出新的问题,说明学生并没有学到有用的知识。对分课堂通过问题化学习,更好地促进了学以致用。中国古语说"万般皆下品,唯有读书高",将读书过分崇高化,与社会实践脱节,导致了"书到用时方恨少""百无一用是书生"的可悲现象。读书不应该高不可攀,而应该为"万般"服务,像水一样,滋润社会的方方面面,只有这样才能真正体现知识的价值,才能使教育成为社会发展的不竭动力。

(四)转向合作性学习

过去的教学虽然是集体性的班级授课制,但更多的是各人学各人的,相互之间的沟通很少。对分将合作作为整个学习过程中的一个关键环节,使合作学习常规化,学生不再"独学而无友,孤陋而寡闻"。对于学生,尤其是青春期的学生而言,同伴的教育效果常常会优于教师,因为同伴之间会形成社会压力,迫使个体在思想和行为方面与群体保持一致。

美国心理学家哈里斯提出的"群体社会化理论"的一个基本观点是儿童在家庭环境内的行为和在家庭外的行为是分开的两个行为体系。随着儿童年纪的增长,

---

① 胡立如, 张宝辉. 2016. 翻转课堂与翻转学习: 剖析"翻转"的有效性. 远程教育杂志, (4): 52-58.

儿童喜欢家庭外的行为系统超过了家庭内的行为系统。①对儿童个性产生长远影响的是他们与同伴共享的环境，同伴群体是儿童社会化的重要环境。依照该理论，与缺失父母相比，缺失同伴对孩子的影响更大。苏联教育家马卡连柯也提出过"平行教育原则"，强调教师工作的重点不是放在个人的改造上，而是放在整个班集体的建设上，用集体的力量来改造个体。对分课堂重视良好班级文化的形成，这样的文化会对学生产生巨大而积极的推动作用。

从认知心理学的角度而言，在基于同样内容的小组讨论过程中，学生的个人表达和互相提问，提供了很多记忆线索，能够有效引发学生对学习内容和相关知识的提取，相比于个人独学，其学习过程质量更高，效率更高。

（五）转向策略性学习

对分课堂通过强调学生对学习过程的自我反思和在合作学习过程中的互相借鉴，让学生更清楚地判断自己的知识范围及对其掌握的程度，了解自己的学习过程和学习方法的特点，提升自我觉察、自我规划、自我监控等元认知能力，形成更好的学习策略，提升学习能力，变得更加善于学习。因此，对分课堂是让学生学会学习的课堂，真正体现了"授人以渔"。

过程性学习使学习常态化，让学生形成良好的习惯，个性化学习让学生发挥自己的特点，问题化学习让学生成为学习的主导者，学习过程体现了实质性的探索性和研究性。对分课堂带来的学习方式的全面转变，使学习呈现出明显的自主学习、探究学习和合作学习的特点。

三、学习效果

对分课堂设计严谨，环环相扣，层次递进。例如，学生不听课就去看书，没有深度，看了书没有做作业，得不到巩固，个人吸收后没有小组的互相检测，不能发现自己的错误和问题，而小组讨论后解决不了的问题，必然需要教师提供高水平的指导。其流程涵盖了学习中不可或缺的环节和元素，体现了不能违背的学习规律。因为不可或缺，不可违背，这样的教与学就是有价值的。对分把讲授和答疑这样共性的环节放到课堂内，把内化和吸收这样个性化的过程放到课堂外，用小组讨论实现个性问题向共性问题的转换。此外，对共性的重视就是对规模化的重视，体现了基于规模性的现代教育制度的核心本质，抓住了课堂教学的根本，也因而实现了班级授课制着力追求的效率目标。

学习的核心过程是内化和吸收，不同的学生有不同的内化方式、速率和效果，

---

① 郭培芳.1998. 群体社会化理论评述. 山东师范大学学报（人文社会科学版），(5)：59-62.

所以内化过程在理想情况下应该是个性化的，不应该去讲求效率，不会规定多长时间内必须完成。从这个角度看，传统教学所说的"高效课堂"，生硬地要求所有学生都要在课堂上完成理解、吸收和内化，本质上违背了学习的规律，得到的只能是形式上的高效率和实质上的低效率。

在对分课堂模式下，学生有强烈的学习动机、良好的学习方法，教和学都更有效率，也一定能带来更好的学习效果。

在推进素质教育的过程中，有些人声称，素质教育与成绩提升并不冲突，但多数的实践证明两者是冲突的。一般的素质教育是增加其他内容，在学习总时间不变的情况下，自然稀释了对原有内容的投入，在考试仍然基于原有学习内容的情况下，必然会带来考试成绩的下降。对分课堂并没有增加新的内容，特别是中小学，完全不改变原有的教学内容和考试方式，而是在教学过程中，增强学习动机，改善学习方法，提高学习效率，在使教师和学生比过去更轻松、更开心的同时，也能使考试成绩显著提升。

对分课堂能够确保常规的教学效果和提升考试成绩，这就使得它能在当前的高等教育和基础教育领域中得到迅速的流传和推广。但从根本的层面上而言，对分课堂通过转变学习方式，带给学生的远远超越了那些传统标准涵盖的范围。

比如，学生走向问题化学习，有助于对其质疑精神的培养。过去，教师讲得很细致全面，为了完成进度和课堂秩序，很难在课堂上容纳或容忍学生的挑战。学生忙于接受，没有时间思考，对基本概念不清楚，也很难提出有意义的问题。即便偶尔有个别好的问题，由于课堂时间紧迫，教师也无法组织充分的互动，无法有效解决问题，另外，挑战也常常会带给教师心理上的冲击，这都使得质疑和挑战权威成为一句空话。

在对分讲授时，要缩减内容，聚焦重点，教师提供的框架是学科精华，学生基本上不太可能提出特别严厉的挑战。但在细节方面，教师不讲，让学生自己看，遇到不理解的或认为错误的地方，可以先在学生之间展开论辩。这样的平等挑战很容易启动，挑战成功或失败也不会给学生带来太大的心理压力。一旦几位学生达成共识，都认为文本中存在问题或错误，就可以集体向教师汇报。因为这个点教师没有讲过，即便学生指出这里有错误，也不是教师的错误。教师现在不是学生挑战的对象，而是与学生一起发现文本错误、挑战文本的合作者。

师生之间如果没有对立和心理冲突，就可以鼓励和允许非常强劲的挑战。挑战权威不再是人对人的挑战，而变成了学生与教师一起挑战现有的学科知识，即"对事不对人"，从而回归到了科学探索的本质。教师不把自己视为学科的权威代表和真理的裁判者，心态更加谦虚、平和，课堂更为民主。过去讲课，更多是让学生吸收教科书中的内容，没有多少时间深入思考。现在，一本教科书得到几十人、上百人甚至上千人的全面、细致的审读和辩论，多少会有错误和缺陷暴露出来。因此，发现了教科书中的问题，能够超越资深的学者，甚至会给学术界带来新的灵感，这对学生的质疑态度和创新精神会是一种巨大的鼓舞。

在一些对分实践中，教师会觉得学生提的问题质量不高，学生也觉得自己提不出有意义的问题，其实这并不值得担心。牛顿提出了"苹果为什么会落地"的问题，发现了万有引力，爱因斯坦提出了"跟着光线一起飞，会看到什么"的问题，引出了相对论，这些都是非常普通的问题。由此可见，能够提出问题，是极其宝贵的才能，是批判性思维能力强的表现。比如，批判性思维方面的一本经典著作，叫《学会提问》[①]，可见提问能力对批判性思维的重要性。美国高校多年来引以为傲的就是他们培养了学生的批判性思维能力。《教师博览（文摘版）》2015年第5期有文章介绍，以色列当今文坛最杰出的作家奥兹说："以色列强大的秘密就是怀疑和辩论。"学生围绕问题进行学习，就是在锻炼质疑能力和辩论能力。

过去中国人不鼓励挑战权威，批判性思维能力不强，这是我们民族文化的缺陷。教师和学生在对分课堂上有机会提问的时候，会发现自己的提问水平不高，这是很自然的事情。正因为我们的提问水平不高，才更加需要展开讨论，才更需要鼓励提问，提升水平。另外，"批判性思维"这个名称的翻译不太准确，有误导性，它不是批倒、驳倒别人的意思，而是指基于一定标准的辨识和辨析，现在很多人改用了"辨析性思维"这个名称。人类的好思维有两个大范畴，一个是理性思维，另一个是创造性思维。批判性思维基本对应其中的理性思维，指有标准、有理据的、符合逻辑的思维。我们有理由认为，理性思维缺失导致的思辨能力不足，使中国人的思维倾向于表面化、片面化、简单化和情绪化，出现了严重的"思维危机"，对国家和民族产生了巨大的不良影响。[②]

讲授法强调学生要配合教师，而东方文化下的女性群体更倾向于服从、听话、安静、守纪律、忍耐力强，更容易获得好成绩，在考试中占据优势。比如，近年来，高校女生比例持续增高，一些学校出现了"男孩危机"[③]。传统教学实际上不合理地抑制了男性群体的发展，是一种新型的性别歧视，也在一定程度上削弱了整个民族的批判性思维能力。

在当前的知识体系中运用批判性思维，会揭示其缺陷、问题和不足。这些学生自己发现的问题，也会引发他们解决问题的强烈动机。人在紧张、有威胁的场景，会把自己封闭起来，放松之后，才能流露出真我。一个人感觉越安全，就越有可能勇敢地去探索新事物。对分课堂以宽松、安全的氛围，给学生更多自由探索的空间，让他们不仅仅提出问题，而且尝试运用个性化的解决方法。各种奇思

---

① Neilbrowne, Keeley S M. 2013. 学会提问. 吴礼敬译. 北京：机械工业出版社.
② 宋怀常. 2010. 中国人的思维危机. 天津：天津人民出版社.
③ 孙云晓，李文道，赵霞. 2010. 拯救男孩. 北京：作家出版社；陈来秀. 2013. 挑战男孩危机：小学男生教育实践. 南京：江苏科学技术出版社.

妙想时时涌现，在课堂讨论中碰撞融合，不断出现创造的萌芽。也许在未来，真正能够作出重大创造的只是少数人，但在这样鼓励创造、尝试创造的过程中培养的是全体学生对创造的欣赏、支持与宽容的意识和心态，最终会形成鼓励创造、敢于创造的社会文化环境。由此，创新者也能学会接受群众多方面的评估和理性的挑剔，变得更为务实，使创意与现实相结合。对分课堂是开放的课堂，其开放的内容、开放的形式一定能带来开放的心灵和思想。

美国作家艾伦·加纳说："思想的火花在人们深入对话的时候才迸发出来。这种创意什么时候出现是完全无法预测的，因为你根本不知道这样闲聊的两个人是否会产生创造性的思维，但你能够创造出一个让这种创意更易于形成的环境和空间。"[1]显然，在实体空间中的近距离接触和深入交流有助于产生沟通的灵感，带来创新性的思维。对分课堂提供了一种高度鼓励创造性思考的交流模式，这也是为什么运用对分的很多教师发现，班级里突然间冒出一批优秀学生，其新颖、独特又有创意的精彩表现让人惊喜不已。

新媒体时代的人们面临着信息超载和知识碎片化等大问题，前者需要人们具备强化主动搜索能力和更深刻地理解知识间关联性的能力，而后者以被动灌输的方式，恰恰在削弱人们的主动搜索能力，破坏人们知识结构的整体性。从根本上说，碎片化学习降低了教育最重视的独立思考能力，因为有价值的独立思考来自深度思考，需要凝神细思。

在这个变动不居的时代，凝神专注是一种宝贵的能力。对分课堂强调一个人要安静、深入、系统地思考，让学生整合思维，形成有序的知识结构，规避碎片化时代的误区。静思也能让学生定期远离喧闹的世界，更清楚地认识世界，理解自己，发现自己，品味"少就是多"，聚焦于对自己最有价值的事情，从而让生活更有意义。

对分课堂中，学生要聆听教师的讲授，认真阅读教材，完成书面作业，在小组讨论中交流表达，这就全面锻炼了学生的听、说、读、写能力。写作是思维的升华，无论怎样强调也不过分。听、说、读、写是国民的基本文化素质，人们一般把它们归结为纯粹的语文能力，其实不然。比如，在艺术课上善于听、说、读、写的人，到了化学课上则未必能做到如此。听、说、读、写有通用性，但也有领域性，需要与专业知识相结合。我们的理工科学生只会解题，不能够听明白别人的需求，不能准确说出或写出自己的设计，这都是很可悲的事情。对分课堂在理工科领域的全面贯彻，能有效促成文理融合，对创新能力的培养十分重要。对分课堂能让学生在每一门专业课程上锻炼听、说、读、写能力，极大地扩展了这些基本能力的发展空间，对学生的全面发展会产生极其深远的影响。

---

[1] 艾伦.1899.谈话的力量.林华译.北京：中国水利水电出版社.

当听、说、读、写能力与专业知识学习相结合之后，对分课堂实质上是把每一节专业课转变成了专业教育与通识教育融合的课堂。今天受到广泛关注的通识教育，源自第二次世界大战期间的哈佛大学校长科南特。他认为，大学教育应该是"通识教育"与专业教育的结合，大学教育既不是专业化、职业化的训练，也不应仅仅局限为传统高等级教育中的"博雅教育"或"自由教育"（liberal education）。

1945年的《哈佛通识教育红皮书》认为，在现代社会，每个人都必须掌握一定专业领域的技能，为避免人类个体之间及群体间的专业隔阂，需要通过通识教育培养学生的批判意识，以便在任何领域都能具备基础的辨识能力，包括有效的思考能力、交流思想的能力、作出恰当判断的能力、辨别价值的能力。[①]哈佛大学设计了与专业教育并行的通识教育课程体系，一直延续到现在。如今，哈佛大学本科生毕业仍需选修约7门通识教育课程。在国内，北京大学、复旦大学等也逐步建立起了类似哈佛大学通识教育的跨学科选修课体系。

对分课堂可能会引发通识教育的另外一种模式，即不通过另外设立通识课程去完成通识教育，而是把通识教育贯穿到专业教育之中去。从心理学的角度看，这样的模式有其合理之处。

一方面，通识教育企图培养的通用能力本身就是一个有问题的概念。所谓通用就是跟具体的知识领域关系不大。心理学中一个广为人知的通用能力是智商，但智商概念在当代心理学研究中受到很多批判，被认为过于狭窄，根本无法全面反映人的能力。事实是，能力和知识领域是密切关联的，例如，一个人在绘画艺术领域中能够进行有效的独立思考和交流，但换到工程领域，这些能力可能都无法得到展现。也就是说，通过某些通识课程来训练通用能力，本身就是有局限性的。

另一方面，传统的专业教育过于强调知识学习，缺乏对能力的培养。在对分教学模式下，即便针对专业内容，学生通过独立思考、小组讨论，也一样能够培养思辨能力、交流能力、价值判断能力，提升其社会责任感。因此，专业教育和通识教育并不是对立的，之所以被误认为是对立的，是因为传统的专业教育是有缺陷的。

因此，只要保证学生学习的内容有广泛的领域代表性，包含人类知识体系的主要学科，对分课堂就能在很大程度上实现通识教育的目标。

第三节 教学生态的巨大变革

一、权责对分

在传统教学中，教师苦口婆心、辛辛苦苦，但由于教学模式的限制，更多扮

[①] 哈佛委员会. 2010. 哈佛通识教育红皮书. 李曼丽译. 北京：北京大学出版社.

演的是一个权威者的角色。学生不想学，教师逼他们学，教师成了不受欢迎的角色，学生在心里并不真的爱教师。因此，教师权利过大，却无法有效运用，因此负担很大。比如，让一位校长为每一位教师规划他们的生活，就知道这位校长有多累了。人是最复杂的动物，需求多样、多变，没有任何人能比自己更清楚自己的需求。学生的需求只有学生知道，因此要留给学生一定的自主权。

在对分课堂的讲授阶段，讲什么、怎么讲，由教师决定，这是教师的权利，在独立学习和独立做作业阶段，给出基本目标，如何学、学到什么程度，由学生决定，更多体现的是学生个体的权利，小组讨论，如何讨论、讨论什么问题，由小组的 4 名学生共同决定，体现的是集体的权利，全班抽查是教师的权力，而自由提问是学生的权利，最终的总结又是教师的权利。这样，教师和学生分割了教学过程的控制权，实现了权利的对分。教师释放权利，权威色彩已被大大淡化，变为"弱权威"，学生的自主性大大提升。学生经过听课、独立学习、小组讨论后，如果仍然存在困惑，最后会从教师那里得到满意的答案，教师在学生心目中自然树立了权威的地位。这样的权威来自于教师的学识和品格（贤能），可称为"贤本权威"，不同于教师过去凭借管理者和控制者的地位或基于权力而形成的"权本权威"，"权本权威"强力压服，"贤本权威"令人心服，师生间的人际关系发生了根本性的变化。

过去的课堂展现的是教师一个人的精彩。教师内心常常为自己声情并茂的表演而赞叹、自我欣赏、自我沉醉。如今的对分课堂更多是让学生展示精彩。学生在交流和讨论的时候，教师不干预，更多的是倾听，因此，学生获得了尊重，教师也走近了学生，能够近距离观察、接触、了解学生。在全班交流环节，教师更多是围绕学生的问题展开讨论，即使是指出学生的不足，也是在顺应学生的需求开展教学，是解除学生自己的困惑，而不是让学生跟着自己的思路走，这实质上是对学生的尊重。

对一个人最大的尊重是让这个人能够行使其应有的权利。呼吁尊重学生，无论喊多少口号都是空的，给学生应有的权利才是对学生真正的尊重。对分课堂不诉诸道德，而是让关心学生、理解学生、体贴学生、尊重学生的行为成为教师工作的必然流程和自然要求，通过改变教师的行为，进一步带动教师观念和心态的改变，培育他们发自内心的对学生的爱。

学生有了自己的权利，感受到教师的尊重与爱，自然会十分开心。虽然平时学习负荷增加了，但他们知道这是实现有效学习必须要付出的。如果学生实在不愿意学习，教师也不要勉强，也不会在课堂上公开批评学生。因为权利和责任是相关的，学生不学习或不认真学习，要承担相应的后果和责任。有些优秀高校教师数十年如一日地在课余时间辅导学生，周末准时上微博给学生答疑，其精神值得敬佩，但行为却未必可取。因为学生觉得周末可以找教师弥补，所以可能就会在课上偷懒甚至逃课。在此，学生错误行为的后果，实际上是由教师承担了。

在传统社会中，教师的地位非常高。对分让教师走下神坛，主动释放不该拥有的权利，解放了学生，也解放了自己。教师也因而卸下不该承担的责任，不再像"保姆"一样对学生大包大揽，让学生承担其应该承担的责任。如果有少量的如10%左右的学生出于各种原因，不认真参与，导致学习失败，教师的合理努力没有效果，也无需自责，因为教师本来就没有能力也没有责任保证每个学生的学习结果。学习的最终结果要由教师和学生共同负责。教师负责选择材料，负责讲解框架，学生对独立学习负责，小组对合作学习负责，教师对最后的答疑和提升负责。对分课堂在时间上是对讲授与讨论的分割，实质上是师生之间权力和责任的分割，分享权力，共担责任，这就是对分课堂的核心理念，即"权责对分"。

然而，在对分课堂教学中，教师并不需要过度地颂扬学生。过去教师表扬学生，是为了激发学生的学习动机，如今学生的动机主要是由同伴激发、由自我激发，教师只要进行适度表扬就可以了。当人人都能发问，以及讨论成为常态的时候，学生也不需要教师事事对其进行表扬，特别是在高年级，学生逐渐具备了自我评价的能力，学会了自己欣赏自己、自己鼓励自己。

为何对分是对半分割而不是其他比例？其实，对分是一个概念性和理念性的表达。在幼儿园和小学，教师要掌握更多的权力，而到大学和研究生阶段，会给予学生更多权利。在同样的年级和课程中，也要根据学生的具体情况，做一个恰当的权力分割，比例应是灵活的。

因此，教师成为学生学习的引导者、促进者、组织者和支持者，在很大程度上不再是学生学习的评价者和监督者；教师和学生是合作者，不再存在根本的对立，课堂变得更加民主和平等。

二、生机盎然

传统课堂是单向传播，没有真正的交互，也就没有合理的师生关系，而对分课堂带给了师生真正的互动。对分模式本身激发了学生学习的积极性，促进了学生学习方法的改进，为教师节省了大量的时间，教师在学习内容上更多是引导性的。教师把课堂的一半时间留给学生，自己退到台下，让学生站在舞台的中央，这样教师会有更多的机会观察学生、了解学生，能更好地做到因材施教。在传统课堂中，教师是教学过程唯一的、全面的责任人，作为一个单一化的主体，其面临着巨大压力。在对分课堂，师生是共同的主体，压力、焦虑都大大降低，教师与学生成为共同事业的合作者，教师与学生的关系非常融洽，彼此对教学过程都有更为积极的体验。对小学生而言，教师像是一个牧羊人，在一片小小的草地上，精心地看护着愉快嬉戏的羊群；对中学生而言，教师像是一个牧马人，让马驹在宽阔的牧场上尽情奔驰；对大学生而言，教师更像是一个导游，让游客更为自由地感受到了广阔自然的奥秘与奇美。

对分课堂增加了学生与学生之间的人际互动。在传统课堂，学生基本独自学习，交互有限，在大学，学生上了一个学期的课，很多学生彼此也只是认得面孔而已。虽然课外的社团活动等对人际活动有一定的价值，但时间有限，接触的学生范围也有限。对分把合作与交流列入常规的学习流程，使学生有很多时间要互相倾听，自我表达。同时，小组活动增强了很多学生的集体归属感，消除了孤独感，增加了学生间的友谊。有的学生有心理健康问题，但在与别人的交谈中，可以通过释放压力而得以缓解。同时，独生子女也获得了更多机会锻炼自己的人际交往能力。

在个人成长和个性发展过程中，自我的发展和形成是最为关键的一个维度。社会心理学表明，只有在良好的、充分的人际互动中，通过社会比较过程，才能形成健康、清晰、完整的自我。通过交往，学生之间相互了解和相互理解，每个人都在学习如何与不同背景、不同个性的人打交道，自我发现，正确认识自己的优势、劣势和特点，构建一个更为符合现实情况的自我形象，树立适宜的自信心和自尊心。在交流中，学生也能更早、更具体、更深入地了解和理解异性的情感、行为特点、思维方式和表达方式，避免性别歧视，这对未来的两性交流和婚姻、家庭都会产生十分积极的影响。

学生进入社会后，存在两种人际交往类型：一是生活性质的；二是工作性质的，两种交往，差别很大。在生活中，我们会更多选择与自己投缘的人交往，但工作中却可能经常要与不投缘甚至不喜欢的人一起工作。生活中的互动更多是娱乐，而工作中的互动更多是责任，涉及的内容更具专业性。传统的学校教育对这两种交往能力都没有提供有效的培养。学校内的社团活动等有一定的价值，但对多数学生来说，时间有限，深度和经验也有限。社团活动基于兴趣，更多体现的是生活性互动，与学习内容的关系不大。生活性互动在课后，如家庭生活中可以弥补，而工作性互动则显得不足，这就使得学生走入社会后，在工作中会发生很多人际冲突，导致社会常常指责学校没有教会学生怎么做人。

在对分模式下，学生在课堂有大量时间探讨专业性的内容，类似于未来工作，彼此做专业性的沟通与交流，学会区分自我与工作。在此，尊重、关爱、礼貌、平和、和谐、合作、共赢、集体、个人、克制、偏见、歧视等，都不再是抽象、遥远而空洞的概念和原则，而是发生在自己身边和自己身上的生动、具体的事件，能带给自己清晰、鲜活而深刻的体验。由此，学生对他人和自己的心理活动及人性有了更为深刻的认识，学校教育真正为他们的未来职业发展奠定了良好的基础。

在互动中，学生看到不同生活背景、不同阶层、不同专业等的同学在态度、情感和价值判断上的差异甚至冲突，能充分理解社群生活的多样性，进而提升自己的包容能力。与知识和能力一样，真正的态度和价值观也需要一个发展的过程。在尝试错误的过程中，在与他人的对比和碰撞过程中，在事后的独自反思过程中，学生形成了合理的态度，培育了美好的情感，构建了符合文明发展的价值观。这个建构的过程不是机械的灌输，而是与正在学习的内容和身边的事物紧密相连的。这样的学习生动、有趣，在学校之外难以找寻，使学生对学校生活更加珍惜。学生投入很多时间学习，但并不觉得是沉重的负担，因为这样的学习带来了快乐而美好的体验，富有价值，充满意义。

中国社会的文化传统对教育极其重视。在传统教学模式下，孩子厌学，家长着急，与教师一起逼迫学生学习，越压越厌学，恶化了亲子关系，制造了巨大的社会矛盾。对分课堂实施后，孩子喜欢读书，学习效果好，家长会更加开心、放心，家长与学校的关系更好，家庭也更加暖意融融。

对分课堂建立了一种新的课堂文化，在师生之间和学生之间建立起一种民主、科学、开放、自由、平等、对话、协商的合作与伙伴关系。对分课堂是教学过程的巨大变革，也是师生关系、生生关系乃至亲子关系的巨大变革，最终会带来整个教学生态的巨大变革。在学校里，教师笑容满面、和蔼可亲，学生个性迥异、活泼有趣。在课堂上，有全神贯注的聆听，有轻松愉快的探讨，需要用心、努力，但不再沉闷、压抑，学生爱学习、会学习、学得好，青春洋溢，生气勃勃，个性舒展，健康成长。

第四章

对分与其他教学方法

近 100 年间,人们逐渐认识到基于讲授法的传统教学模式存在各种问题,在世界范围内探索和发展了众多的新型教学方法,其中主要包括合作学习、自主课堂、案例教学法、PBL 教学法、研讨式教学法、探究式教学、发现式教学、翻转课堂与慕课。为简洁起见,笔者把 PBL 教学法归入案例教学法,把研讨式、发现式学习归入探究式学习。在名称上,存在一个较为细微的区分,有些方法强调教师的教授方法(teaching method),如案例教学法,有些方法强调学生的学习方法(learning method),如合作学习,还有些方法强调教学活动的组织形式,如翻转课堂。本章将这些主要方法逐个与对分课堂进行对比,在对分课堂的新视角下,揭示这些方法存在的根本性问题,以便更为深入地阐述对分课堂如何吸收与继承了这些方法的精华,并通过创新而实现了对它们的超越。

第一节 合作学习概述与分析

一、主要类型

合作学习是目前世界上许多国家普遍采用的一种富有创意的教学理论与方法,由于实效显著,被人们誉为近几十年来最重要和最成功的教学改革。

在 18 世纪的英国,兰喀斯特和贝尔就开始探索合作性学习小组。1806 年,兰喀斯特在纽约开办学校,将合作学习的思想带到了美国。1875—1880 年,美国教育家帕克在马萨诸塞州昆西市任督学时,强调发展儿童个性,他认为学校要以儿童而不是课程为中心,在教育理论、课程与方法方面进行了许多改革,形成了"昆西教育革新运动",成为美国进步教育运动的倡导人之一。帕克强调儿童应该通过相互交往来更好地学习，其倡导的合作学习法在美国国内引起了广泛关注，主导了19世纪末至20世纪初的美国教育。教育家杜威是另一位重要的合作学习倡导者，他继承和发展了帕克的思想和主张。杜威提出，学生应该在实践中学习，在相互作用中学习，只有这样他们的智力才能得到提升。在他创立的著名的"做中学"教学法中，合作学习是一个重要的组成部分。

现在普遍谈论的现代意义上的合作学习始于20世纪60年代末的美国，它的产生有深刻的历史背景。1957年，苏联成功地发射了人类历史上第一颗人造卫星，对美国造成了很大震动，美国社会出现了批判传统教学，要求大面积提高教育质量的呼声。1958年，美国国会通过了《国防教育法》，规定国家拨出巨款发展科学教育。在以后的十几年里，美国相继进行了一系列的教育改革。由此，合作学习兴起后得到迅速发展，现已在美国、日本、澳大利亚及欧洲等国家和地区很多高等教育和基础教育的教学中得到广泛应用。从20世纪60年代末到70年代中期，对合作学习的研究更多是在理论层面，形成了如"小组调查法""游戏竞赛法""切块拼接法"等一些基本方法。20世纪70年代晚期，斯莱文提出"学生小组成就区分法"，凯根发展出"协同合作法"，艾洛森发展出"拼图法"，苏联的阿莫纳什维利等提出了"合作教育学"理论。到20世纪80年代中期，合作学习发展成为一种成熟、主流、系统性的教学理论和教学策略体系。

20世纪80年代末，合作学习被引入我国基础教育领域，早期的尝试包括杭州大学教育系的合作学习小组教学实验，20世纪90年代中期山东教育科学研究所开展的"合作教学研究与实验"等。在国家推行新课程改革之后，合作学习得到更多重视和推广，成为新课程改革方案中强调的三种学习方式之一。2001年，国务院颁发《关于基础教育改革与发展的决定》，首次提及合作学习："鼓励合作学习，促进学生之间的相互交流、共同发展，促进师生教学相长。"[1] 2001年，教育部颁发《基础教育课程改革纲要（试行）》，明确要求："改变课程实施过于强调接受学习、死记硬背、机械训练的现状，倡导学生主动参与、乐于探究、勤于动手，培养学生收集和处理信息的能力、获取新知识的能力、分析和解决问题的能力，以及交流与合作的能力。"[2]

不同的研究者对合作学习的定义常常有很大的区别。美国约翰·霍普金斯大学的斯莱文是合作学习的主要代表人物之一，他认为，"合作学习是指使学生在小组中从事学习活动，并依据他们整个小组的成绩获取奖励或认可的课堂教学技术"。以色列特拉维夫大学的沙伦认为，"合作学习是组织和促进课堂教学的一系列方法的总称。学生之间在学习过程中的合作是所有这些方法的基本特征。在

---

[1] 袁振国. 2001. 国务院关于基础教育改革与发展的决定. 中国教育政策评论，(1): 380-393.
[2] 基础教育课程改革纲要（试行）. http://www.edu.cn/20010926/3002911.shtml[2014-01-03].

课堂上，同伴之间的合作是通过组织学生在小组活动中实现的，小组通常由3～5人组成。小组充当社会组织单位，学生们在这里通过同伴的相互作用和交流展开学习，同样也通过个人研究进行学习"。美国明尼苏达大学合作学习中心的约翰逊兄弟认为，"合作学习就是在教学上运用小组，使学生共同活动以最大程度地促进他们自己以及他人的学习"。美国肯塔基大学的嘎斯基认为，"合作学习是一种教学形式，它要求学生在一些由 2～6 人组成的异质小组中一起从事学习活动，共同完成教师分配的学习任务。在每个小组中学生们通常从事于各种需要合作和互助的小组学习活动"。曾任国际教育合作研究会主席的戴维森认为，合作学习的定义应当包括以下 7 个要点：小组共同完成、讨论、解决难题；小组成员面对面地交流；在小组中形成合作学习的氛围；个人责任感；混合编组；直接教授合作技巧；有组织地相互依赖。

同时，我国也形成了一些对合作学习的代表性观点。山东省教育科学研究所王坦认为，"合作学习是一种旨在促进学生在异质小组中相互合作，达成共同的学习目标，并以小组的总体成绩为奖励依据的教学策略体系"。教育学者王红宇认为，"所谓合作学习，就是指课堂教学以小组学习为主要组织形式，根据一定的合作性程序和方法促使学生在异质小组中共同学习、从而利用合作性人际交往促成学生认知、情感的教学策略体系"。①

综合以上定义可以认为，合作学习就是由教师分配学习任务和控制教学进程，以小组合作为基本形式，以团体的成绩为评价标准，通过课堂互动中同伴的互助配合，共同达成教学目标的教学活动。合作学习的方法很多，依据不同的统计方法，有几十种甚至上百种。在这里，我们根据国内学者的总结，介绍其中最重要的 6 个大类，包含 12 种具体方法。②

（一）学生团队学习法

第一个主要类别是学生团队学习法，包括学习小组成就区分法、小组游戏竞赛法、拼图法、小组辅助教学法和合作统整读写法。

1）学习小组成就区分法（student's team achievement division，STAD）。由斯莱文于 1978 年开发，是学生团队学习法中的代表性方法。一般分为 5 个环节：①全班授课，教师介绍教材内容；②教师进行异质分组，学生在小组中互相帮助，一起学习或完成任务；③学生独立完成测验；④教师根据学生测验成绩计算小组总分；⑤对总分较高的小组给予奖励。STAD 体现了学生团队学习法中关键的三个合作原则，即小组奖励、个人责任、成功机会人人均等。小组总分是每个组员

---

① 王坦. 2001. 合作学习——原理与对策. 北京：学苑出版社.
② 伍新春，管琳. 2010. 合作学习与课堂教学. 北京：人民教育出版社.

分数的总和，这就创造了所有组员互相依赖的场景，每个人都有责任为小组做贡献，不仅要自己学好，而且要在合作中帮助其他成员共同提高。STAD 的一个创意是评分方法的独特设计，即根据学生的进步幅度来评分。这样不管学生原来的水平如何，只要努力取得进步，每个人都可以为小组作出显著的贡献，体现了成功机会人人平等的原则。如果依照绝对成绩计算，后进学生的贡献比不上优秀学生，会打击后进生的积极性。

2）小组游戏竞赛法（team game tournament，TGT）。由德弗里斯和爱德华兹于 1980 年创立。TGT 包含与 STAD 一样的 5 个环节，只是其中的第三个环节由测验改为了小组竞赛。完成合作学习之后，不同小组中水平相近的人被组织到一起进行竞赛（每组内排序，如 A、B、C、D，各自的 A 相互竞赛等），根据比赛名次计算其对原来小组的贡献分数。这个方法的好处是，每个学生不论基础如何，都是与自己水平相近的人比赛，都能为自己的小组贡献分数。这个设计，类似于 STAD 的按进步幅度评分，也是为了贯彻成功机会人人平等的原则。TGT 进一步强化了小组之间的竞争。

3）拼图法，由阿伦森及其同事于 1978 年设计。即把全班分为若干小组，每组学习相同的内容，但每组内的学生对内容进行分割，一人学习一部分。独立学习后，学生与其他组负责相同内容的学生讨论（跨组合作），讨论完之后回到本组，报告自己负责的内容，与其他组员合作完成对全部内容的学习（组内合作），然后进行类似于 STAD 的测验和小组奖励。在拼图法中，每个学生负责一部分内容，通过跨组合作，成为该部分的"专家"或"小老师"，向其他组员讲授，这是拼图法的主要特色。拼图法的缺点在于，对学习任务进行分割后，每个组员负责一部分内容，虽然他可以通过跨组合作成为"小老师"，但是其余组员对他负责的内容比较陌生，在他进行讲授的时候，很难产生共鸣。

4）小组辅助教学法（team assisted instruction，TAI）。是斯莱文于 1985 年为三到六年级的数学课程设计的。其具体程序如下：教师事先准备对教学内容的说明，上课后根据说明让学生自己学习，如果不会，随时可以向小组成员或教师请教。如果发现共性问题，教师可以随时中断合作，做全班讲解。完成对教学内容的基本学习后，每个人做教师为其准备的练习题，中间可以得到同组成员的帮助和评估。完成练习题后，学生独立完成一个自我检查性测试，如果测试不通过，则重新学习或练习，随后再次进行自我检查性测试（用另外一套题目）。自我检查通过后，合作学习阶段就完成了。最后，类似于 STAD，学生独立进行正式测验，教师评分后计算小组总分，然后进行奖励。与 STAD 或 TGT 相比，在 TAI 方法中，教师的讲授部分以答疑、辅导的形式并入了合作过程。合作过程中运用了布鲁姆的掌握学习方法，每个学生自定步调，反复学习直到学会，并在这个过程中互相帮助。特别需要强调的是，根据学生的水平，每个学生完成的练习题和测试的内容和难度都是不一样的，如果用同样难度的材料，差学生可能一直无法通过，而好学生可能很快通过后便无事可做。这对教师的能力要求较高，教师的工作量也较大。

5) 合作统整读写法（co-operative integrated reading and composition，CIRC）。是针对中小学语文教学设计的。即教师在课堂上讲授课文，引导全班做适当的讨论，然后将学生分成小组，根据教师发的任务单，完成一系列练习，如朗读新词、查字典找词义、写生字、复述故事等，每完成一项都需要同伴检查。课后，学生需要完成一定的作业，如写作、阅读、写读后感，这些作业都要跟小组成员分享、讨论。每个单元结束时进行一次测验，教师统合学生各项任务的成绩评分，计算小组分数，进行奖励。CIRC 的主要环节与 STAD 等类似，它的优点是考虑了语文学科的特点，结合了课上和课后情况，对合作过程中的活动有具体、明确的安排。

总体来说，在过程环节上，学生团队学习法是合作学习与传统教学的融合，其核心是用小组的操练和练习，取代传统的个体化的操练和练习。在激励上，其通过小组奖励、个人责任、成功机会人人均等三个合作原则来促进合作行为，同时，小组奖励的关键又在于通过小组间的竞争来促进小组内的合作。

（二）小组调查法

第二个主要类别是小组调查法（group investigation，GI），由沙兰及其同事于 1976 年开发，包括 6 个环节，具体如下。

1) 一开始，教师介绍研究主题，呈示一部分基本资料，让学生提出自己感兴趣、希望进一步探究的问题，然后，把大家的问题进行归类，确定几个分主题，一个小组负责一个分主题，完成问题界定。同时，每个学生根据自己的兴趣，选择一个分主题，每个小组 4~5 人。

2) 各个小组的成员通过协商，为本组分主题设计研究方案，确立目标，明确思路，进行角色分工，分配各自的任务。

3) 学生通过查找资料，通过大量的小组内互动，一起分析、讨论、评价，实施研究方案，完成小组研究。

4) 每个小组整理结果，准备汇报内容。各组相互协调，确定汇报的顺序、时间，确保内容对其他小组有价值，并且要避免重复。

5) 各个小组分别报告，其他小组作为听众、倾听、提问、讨论，做记录，填写评价表。

6) 教师根据学生的过程性报告和最终报告，全面评估各个小组的学习成果，并给予反馈。各个小组也鼓励进行反思，写出反思报告。

可以看到，GI 与传统的教学法有很大区别，即更注重自主性，学生自己选择感兴趣的课题，进行大量的小组合作和互动，学习进行科学研究的方法，更强调合作，不看重小组间的竞争。

（三）共同学习法

第三个主要类别是共同学习法（learning together，LT），又称为"学习圈"，由约翰逊兄弟于 1975 年开发，是目前使用最为广泛的合作学习方法之一，原则上适应从幼儿园到大学的各个年级。LT 包括 18 个环节，总结为课前准备、课堂组织、合作学习、反思总结 4 个大的阶段。

1. 课前准备

本阶段包括 5 个环节，具体如下。

1）确定教学目标。教师用规范、具体、确切的语言来表述希望学生达到的学业目标和社会技能目标。

2）确定小组规模。规模越小越好，通常安排 2~4 人为一组。

3）进行异质分组。同一小组的成员在几个关键因素上有所不同，如成绩、性格、学习风格、文化背景等。

4）安排小组空间。方便组内交流，避免组间干扰。

5）准备教学材料。利用材料促进学生互赖（互相依赖）。教师只给每个小组一份材料，督促大家一起学习，或给每个学生不同的材料，鼓励大家分享材料。

2. 课堂组织

本阶段包括 7 个环节，具体如下。

1）分配角色。根据任务和学生特点分配角色，明确个人责任，促进学生间的积极互赖。

2）解释学习任务。进行简短的全班教学，解释关键概念、原理和策略等，向学生说明需要完成的任务和计划达到的目标。

3）建立积极的目标互赖。解释如何考核小组是否达到目标，比如，要呈现共同作品或每人参加测试计入小组总分等。

4）建立个人责任。运用一定的策略，设定一定的规则，进一步督促每个组员都参与到合作中来，比如，根据个体回答问题时的表现为小组打分。

5）建立组间合作。鼓励已经完成任务的小组去帮助其他的小组。

6）解释成功标准。指出将以什么方式来评定学生和小组的表现，比如，根据学生的进步情况，或设计客观的参考标准，只要达到标准的，都算成功。

7）将期望学生表现出的行为具体化。教师明确表述在社会技能方面的教学目标，让学生知道教师希望怎样的行为和不希望怎样的行为，如"小组成员按顺序发言""不要在教室里走来走去"等。

3. 合作学习

学生开始合作学习，教师要走下讲台，进行以下3项任务：①监控学生的行为；②提供协助，指导小组运用合作技能，必要的时候介入讨论，甚至暂停合作；③向全班做简短的讲解或演示。这3项任务不分先后，相互融合，算作3个环节。

4. 反思总结

本阶段包括3个环节，具体如下。

1）学习总结。合作学习结束后，学生自己总结所学知识，教师通过提问、提示、答疑、补充等形式给予帮助。

2）评价学习情况。教师根据考核方法和成功标准检查学生的学习情况。

3）评估小组合作情况。小组对学习任务的完成情况和小组合作的组织情况进行反思。学生可以自己评估，也可以由教师和学生共同评估。教师要利用观察和记录，对于做得好的地方加以肯定，对于做得不好的地方指出问题所在，提出改进方法。

相比其他方法，LT最完整地包含了合作学习的要素，为合作学习方法提供了优秀的参照模板。然而，LT步骤众多，对于各个步骤如何操作，缺乏标准的模式，教师要根据教学目标和班级情况具体问题具体处理，做更多的自行设计。可惜的是，LT对如何进行合作学习这个关键阶段缺乏详细的规定。LT更像一个半开放性的框架，可以嵌入很多其他方法，如引入小组调查法或拼图法。LT重视社会技能的培养，不强调小组间的竞争，认为合作比竞争更有意义，这也是它与其他合作学习方法的显著区别。

（四）结构法

第四个主要类别是结构法，由美国的卡根于20世纪70年代创立。卡根比较关注不同种族的融合，发现通过"异质分组"的合作学习后，不同种族背景的学生成为好朋友，因此他对这个分组原则非常重视。结构法的思路是把课堂活动按一定的方式组织起来，形成一个清晰、明确的操作流程，以有效地实现教学目标。一个课堂可以包含多个结构，教师可以将多种结构灵活组合，更为方便地实施合作学习。下面介绍3个结构，分别为"三步采访法""一人留，两人走"和"独思－同议－共享"。

1）在"三步采访法"结构中，教师先准备一个主题，如"你的职业理想是什么"，然后安排两个同学A、B一组，形成一个小组，两个小组形成一个大组，包括A、B、C、D四名同学。第一步，让每个小组的A对B进行采访，询问对方如何回答这个问题，并做记录；第二步，让 B 对 A 进行同样的采访；第三步，让大组的每个人逐次向其他 3 人介绍自己采访的结果。这个结构包含 3 个环节，每个环节都有明确的活动元素，构成了清晰的操作流程。从这个结构中可以看到 4 个原则。第一个环节中全班一半学生都在进行采访或回答，参与度非常高，这是卡根提出的"同时性互动"原则。对比之下，"教师提问一个学生，该学生回答，全班聆听"的活动就是"继时性互动"，多数学生无法积极参与。在 3 个环节中，每个学生轮流担任所有角色，都是平等的，体现了平等参与的原则。当 A 采访时，需要 B 作为被采访对象，双方要互相支持，体现了互赖原则。每个学生采访时都要认真收集和组织信息，随后向小组汇报，与大家分享，体现了个人责任的原则。

2）在"一人留，两人走"结构中，3 人一组，先进行组内讨论，然后安排一个人留下来做讲解员，另外两人到其他两个组去参观。重新组合后，每个讲解员向参观者介绍本组的讨论结果，参观者观摩学习并提出建议，帮助讲解员改进。参观者随后回到本组，介绍收获，而讲解员则介绍与参观者的交流。接着开始新一轮活动，由另外一个人留下做讲解，其他两个人去参观。如此 3 轮下来，每个学生都轮流承担了相同的角色，完成了类似的任务。这个结构也体现了同时性互动、平等参与、个人责任和社会互赖的原则，是一种展示小组成果的独特方法。

3）在"独思—同议—共享"结构中，教师先设计好计划讨论的话题，让学生两两一组，两组对坐，然后抛出话题，让每个学生单独思考。在过了规定的思考时间之后，配对的两个学生交换意见，努力达成一致结论。教师在全班范围内随机提问学生，学生要用两个人讨论的结果来回答。教师也可以让对坐的两个组互派代表，向对方讲解他们的讨论结果。"独思—同议—共享"结构也可以变化成"独写—同议—共享"结构等，其衍生性很强。

（五）同伴辅导法

第五个主要类别是同伴辅导法（peer tutoring，PT）。它通常是指让两名学生分别扮演辅导者和被辅导者的不同角色，被辅导者在辅导者的支持、帮助、促进下，经由学习获取知识和能力。辅导者一般更有能力和权威，被辅导者能力较低或知识较少，比如，高年级的优秀学生辅导低年级的学生。不过，现在一些其他的 PT 模式也受到关注，比如，同等水平的学生之间的互相辅导，或由高年级的困难学生辅导低年级的学生等，也发现有一定的效果。下面用两种在世界范围内运用较多的具体方法来说明同伴辅导法，包括配对阅读（paired reading）和全班同伴辅导法（class-wide peer tutoring，CWPT）。

在配对阅读中，教师选取一篇或一段难度较大的文本，让 A 学生带着 B 学生朗读，读到简单的部分，A 可以停下来，让 B 自己尝试。如果 B 在中间出现了错误，A 给予提示并期待 B 自我纠正。如果 B 无法自我纠正，A 进行纠正。如果 B 有些地方表现出色，A 可以给予鼓励。在全班同伴辅导法中，教师先进行全班教学，然后让学生分组，利用教师提供的练习题卡片，其中一个学生提出问题，另外一个学生回答，回答正确就鼓励加分，并进入下一题，回答错误，提问者给出示范或正确答案，并进行纠正，如此完成一定数量的练习题目后，双方互换角色，进行下一轮的一对一辅导。教师对所有小组进行监控，并在最后进行评测。

（六）同伴教学法

与合作学习密切相关的一种教学方法是同伴教学法（peer instruction，PI），由美国哈佛大学物理学教授马祖尔于 1991 年创立。2014 年 7 月，因创立 PI 教学法，对高等物理教育研究作出突出贡献，马祖尔获得首届全球高等教育 Minerva 奖。该奖项是为在高等教育领域作出卓越贡献的学者设立的，每年在全世界范围选出一位获奖者，并颁发 50 万美元奖金。马祖尔与国内高校有一定合作，也曾于 2014 年在北京和上海举办过同伴学习法的工作坊，他的 PI 教学法专著也有中文版。①

马祖尔自 1984 年起在哈佛大学担任基础物理教学工作，在多年的教学实践中，他发现有不少学生能够很好地完成教师布置的习题，但是仔细追究，发现这些学生对习题中涉及的基本概念和原理并不清楚。他意识到，学生可能是机械地记忆、模仿教师的解题步骤去解题，但对其中的内涵缺乏深入的理解。随后，他发展了同伴教学法，尝试应对这个问题。

典型的同伴教学法包括以下步骤：①教师讲授，完成某个知识点后停顿下来，给学生提出一个概念性问题；②学生用 2~3 分钟的时间独立思考这个问题，不与别人讨论，并使用表决器匿名提交答案；③学生分小组，每组 3~4 人，核对答案，讨论问题，争取达成共识；④在小组讨论后，学生再次利用表决器独立回答问题；⑤最后由教师组织全班学生进行讨论，小组分享和解释自己的答案，教师根据需要补充解释或是拓展延伸。

这里面的核心发现是，全班学生第二次回答问题的正确率比第一次显著提高。马祖尔指出，在这两次测试之间，教师没有进行任何讲授，因而学生学习效果的提升一定是来源于同伴讨论。在小组讨论中，学生为了表明自己的正确性，必须向同伴解释自己的思考、推理与问题求解的过程，小组内通过辩论及互相指导，帮助那些一开始没有弄懂的同伴理清了问题，有效加深了学生对学习内容的理解。与向教师请教相比，学生往往更乐于从同伴那里获得指导。同伴学习法的重要支撑是教师阶段性地向学生提出精心设计的概念性问题，这些问题涉及对基本概念

---

① 埃里克·马祖尔. 2011. 同伴教学法. 朱敏等译. 北京：机械工业出版社.

和原理的理解，但并不需要复杂的计算。

同伴教学法简单却能够有效地增强学生的参与性。已有研究发现，它能够促进概念理解，提升问题解决能力，促进知识的长时记忆，提高学生的课堂满意度等。

在理论上，马祖尔指出，传统教学只重视"知识传递"，但忽略了"内化吸收"。同伴教学中的学习者在解释或表述中，实现了对概念和原理的更为深刻的内化，学习到的知识能够保留更长的时间。虽然课堂上教师仅仅给予学生几分钟的时间，但学生已经有机会进行独立思考。另外，马祖尔还强调了概念的重要性。国内的很多理科教师通常觉得，学生学会解题就是完成学习任务了。但马祖尔指出，会解题常常是行为上的现象，并不意味着真正理解。虽然这两个观点并不深奥，但用一种教学方法把它们明确体现出来，并用实证的科学研究加以证明，其贡献是很大的。在全部的课堂教学时间中，通常有 1/3 的时间采用同伴学习，用于处理教师准备的概念性问题。马祖尔要求理工科学生像文科学生一样要进行一定程度的预习，这样在课堂上可以有更多的时间进行讨论。因为这一点，同伴学习法也被一些人认为是翻转课堂的早期版本。

国内合作学习的一个具体实践是张素兰、李景龙等倡导的合学教学。[1]合学教学法提倡"先学后导"，教师在课堂上讲得很少，主要是让学生自学，强调问题引领，通过预先设置的有价值、有层次、有梯度的问题，来激活思维，引领思维，实现课堂环境下的交流和讨论。在合学教学模式下，全班学生被分为若干小组，通常 2 人一组，小组再合成大组，小组长之上有大组长，大组长之上有"学科带头人"。其以问题来引领自学与合作，学生在自学中不明白的问题通过小组来解决，小组不能解决的问题再由大组来解决，只有大组解决不了的问题才由教师来解决。在此，教师更多是组织、引导学生学习，调动了学生的学习积极性，并激发了其学习的动力。

二、理念分析

根据以上对常见的、主要的合作学习方法的介绍，可以看到合作学习的内涵非常丰富，从形式上而言，只要有学生之间的互相合作，都算合作学习，但不同方法不仅其操作流程差别很大，而且背后的理念、理论和原则也有很大区别。根据合作学习的一般定义，对分课堂中的小组讨论部分也利用了小组合作学习，所以从表面看，对分课堂应该被归入合作学习，然而实际情况并非如此，对分课堂与现有的合作学习存在根本性的不同。

---

[1] 张素兰, 李景龙. 2012. 合学教育——突破合作学习的 5 大瓶颈. 天津: 天津教育出版社.

学生团队学习法将传统教学的独学环节取消，变成了合学环节，在教师讲授后立刻开展小组合作学习。这种缺失独立学习的教学模式是对分课堂所反对的。对分课堂不仅强调合作学习，还强调独立学习，特别强调在独立学习基础上的合作学习。从这个角度看，学生团队学习法存在根本性的缺陷，因为它缺失了对分课堂最为强调的内化过程。学生团队学习法强调小组评价和小组间的竞争，这也与对分课堂的原则是相反的。对分强调调动学生学习的内在动机，淡化外在奖励，小组讨论后与全班同学分享成果、共析疑难，不进行小组评分和全班排名，更不组织竞赛，鼓励合作而不鼓励竞争。

小组调查法类似于项目式学习，与传统教学的区别很大，教师、学生在时间、精力上的投入都很大，过程不易监控，结果也不易评价，这都在很大程度上限制了它的应用范围。与之相比，对分课堂面向所有科目、各个年级，适用范围要广泛得多。

共同学习法总结了很多实施合作学习中的原则和策略，比如，重视对社会技能的培养，提倡精心准备，注重事后反思，体系完整，很有价值。共同学习法包括课前准备、课堂组织、合作学习、反思总结四大阶段，但它对关键的第三个阶段，即合作学习阶段说明不多、规范不够，更多的是一个框架。在这个阶段，它只是要求教师监控学生的行为，提供协助，指导小组运用合作技能，适时介入讨论或做简短的全班教学，并没有确定学生的行为。与之相比，对分模式下的合作流程十分明确、具体，通过作业和"亮考帮"，为合作学习提供了良好的支架，学生以自己的提问来引导小组内的合作学习，随后通过同样的方式引导全班同学的交流和讨论。与学生成就区分法类似，共同学习法是在教师说明学习任务后，立刻开始合作学习，没有给予学生独立学习、独立思考的机会，忽视了内化和吸收这个关键过程。

与大多数教学法一样，对分针对班级教学，不太适合与同伴辅导中配对阅读等两人合作类的方法进行比较，更适合与全班同伴辅导法进行比较。同伴辅导中的小组主要是一对一的两人互动，而对分课堂的小组主要是4人左右，更能体现出多人之间丰富、复杂的社会性交流，自然也能带来对社会性技能更多的关注和培养。同伴辅导中如果要贯彻平等参与原则，那么A辅导了B之后，B也要反过来辅导A，这样就需要设计两套可比的任务，不但过于机械，而且增加了教学难度。本质上，同伴辅导更适宜定位为卡根所说的一种结构，是一种可用于合作学习过程的比较具体的活动设计。

结构法对异质分组的强调很有价值，这一点被充分吸收到了对分课堂的分组规则中，并体现在对分课堂强调的社会建构过程中：在背景、性别、能力、个性等维度上，不同的人在一起，更容易出现多样性的观点和立场，引发有效的思维碰撞，带来认知和态度的改变，增进学生之间的互相理解和人际融合。

卡根提出，结构设计要遵循小巧精致、操作性强、可以灵活组合的原则。这些原则是结构的优点，但也导致每个结构只针对教学的一个组成部分，整个教学过程缺乏一个全局性的模式。对分的着眼点不仅仅是合作学习，而且要为整个教学过程提供一个普遍性的模式。对分课堂的做法是，先根据一些根本性、整体性的原则确定宏观的过程框架，如讲授—内化—讨论，再确定各个环节的具体操作。从这个角度看，对分的立意与结构法是相反的。

卡根总结的同时性互动和平等参与原则，表述清晰，捕捉到了合作学习的两个精华之处。同时性互动原则触及到了课堂教学的一个关键目标，即学习效率，同时能够增强学生的参与意愿，增加学生的参与行为。平等参与尊重所有学生，实现了程序性的公平、公正，也会达到类似的效果。然而，形式上的公平并不总是必要的，比如，"三步访谈法""一人留，两人走"都是优秀的设计，但使用时比较浪费时间。面对一群基础、能力、个性各异的学生，学习过程不能像切豆腐一样整整齐齐。比如，教师觉得应该为每个学生提供做讲解员的机会，但不是每个学生都希望做讲解员。再如，一个学生可能对本课程的学习需求不高，只希望低度参与，或是一个学生的讲解能力较低，非得让他去其他组讲解，会给他带来羞辱，从而伤害其自尊。

所以，对于平等参与原则不应该机械地去理解，更应该体现为实质上每个学生都有平等的机会，但学生有一定的可以选择不要这个机会的自由。比如，在对分课堂的小组讨论中，并不要求每个学生必须发言。全班交流的时候，虽然每个学生都可能被抽到，抽到后必须发言，但这个要求是比较低的：学生如果在小组讨论中能做到基本程度的倾听，表述出小组的某一个观点或提出一个问题，是不会太困难的。在自由发言的时候，每个人都有机会，但要尊重学生，让学生可以根据自己的学习需求、能力、基础，以及对内容的认识深度，来决定是否发言。对分对平等参与原则的把握更加深刻，并不拘泥于形式，更符合心理学的规律，更加人性化。

拼图法和"一个留，两个走"类似，都是促进组间交流的好办法。如果时间充裕，对分在小组内部讨论之后，也鼓励做组间交流，如每组4个人按事先分配的号码1、2、3、4，与其他组对应号码的学生重新形成小组，每个人都代表原来的小组与其他小组的代表分享学习成果，可以进一步扩大交流的范围，让学生吸收更多的群体智慧。

结构法中的"独思—同议—共享"方法，与对分课堂的当堂对分模式比较相似，但这个相似更多是形式上的，因为它并没有充分认识和强调独立思考过程的重要性，也没有采取足够的措施来保证该过程的有效性。另外，即便认为"独思—同议—共享"方法等同于当堂对分，当堂对分也只是对分课堂的一个简单模式，其内涵和价值都无法与对分的核心模式——隔堂对分相比。另外，对分课堂的很多重要原则，比如，作业设置等，都无法在当堂对分中充分体现。

同样，同伴学习法与对分的关系也是类似的。从发展过程来看，对分课堂最先提出的是基于隔堂讨论的隔堂对分，更多强调课后的内化。为了应对一些特殊情况，比如，课后无法布置作业等，才把隔堂对分大幅度简化，形成了当堂对分的方法。即便是这个简化的方法，与"独思—同议—共享"方法或同伴学习法还是有很大的差别。比如，在同伴学习法中，教师在小组讨论前抛出的概念性问题是预先设计好的，而对分课堂期望的是由学生提出问题。在同伴学习法中，需要设计良好的问题，有效引发全班学生的有效思考。例如，马祖尔的书有200多页，其中170页左右都是他多年教学积累形成的概念性问题。这就对教师提出了很高的要求，也在很大程度上限制了同伴学习法的推广。虽然经历了将近30年的时间，同伴学习法基本保持其最初的形式，但更多局限于物理学教学，而且实施的学校范围也有限。

合学教学强调问题和小组讨论，与对分的理念是一致的，但在其他几个主要方面，存在显著的不同。

1）合学教学要求学生依据教师提供的引导性问题进行预习和自学，就不懂的问题通过合作学习解决，学生先学，而教师没有"先教"的角色，只有"后导"的角色。而对分强调先教后学，认为教师的讲授角色是必不可少的，不主张预习和自学。

2）合学强调小组规模最小化，通常为两个人，而且考虑到青春期学生的情感特点，要求小组成员最好为同性。对分课堂通常希望4人一个小组，以增加学生观点、思路的多样性，更有利于制造认知冲突，形成思维碰撞。对处于青春期的学生而言，4人一组，可以尽量包含两个男生和两个女生，让异性在群体活动中互动交往，避免了尴尬，又能促进对异性思维和行为模式的认识。

3）合学教学中设定的小组长、大组长和"学科带头人"，需要成绩较好或能力较强，能解决前一个阶段的合学不能解决的问题，这就在学生之间制造了高低级别。对分课堂认为，这样的做法虽然在国内的合作学习实践中很普遍，但在理念上并不妥当。无论成绩好坏、能力高低，学生彼此间是平等的。一个学生没有责任也没有权威，事实上也没有足够的能力去指导其他的学生。在学生群体中，树立少数学生高人一等的优越感，是对其他学生自尊的伤害。对分课堂的小组讨论是平等交流，绝对不是"好帮差"的概念，对分课堂则反对"小先生"的说法和做法。对分课堂的小组讨论如果设立组长，也是由组内成员轮流担任，与个人的能力、成绩等因素无关。

此外，对分课堂与合作学习还有几个更为根本性的区别。

1）对分模式中的讨论是延时讨论，而合作学习中的讨论主体上是即时讨论。在隔堂对分中，小组讨论的内容不是本次课学习的内容，学生提前经过了课前的内化、吸收和包括"亮考帮"在内的作业训练，有充分的准备。在当堂对分中，教师讲授后也给学生明确的独立思考、独立做作业的时间，完成基本的内化和吸收。

2）合作学习的一个理论基础是社会互赖，目标是形成小组凝聚力，提升合作意愿，思路虽好，但实现互赖的理念和方法存在问题。促进互赖的一种基本做法是进行分工，但分工有很多弊端：①教师分配学习内容时，不容易使每个人的工作量或学习内容的价值具有可比性，很难保证平等参与。如果任务难度不同，学生有可能会将成绩不好归因于教师的不公正。以小组总分来评价和奖励，很难应对的是搭便车问题，例如，有学生不参与或贡献小，但存心利用其他同学的学习成果得分。优秀学生或更努力的学生会觉得受到后进学生或懒惰学生的拖累。②每个人学习的内容不同，思想交流和碰撞的效果也会大打折扣。

对分强调所有学生独立学习同样的内容，然后基于这个共同内容展开讨论，在学习和讨论中，每个学生的角色是相同的，这就更好地贯彻了平等原则。对分取消了小组评价，每个人的成绩取决于自己的个人努力，彻底消除了"搭便车"现象。由于不评价小组，去除了竞争，各个小组不需要考虑因与其他小组比较而丢脸，能在更为安全的氛围下学习。另外，合作学习中主要是依靠教师奖励、组间竞争来促进合作行为。对分不借用竞争，而是让学生自我评价，调动学生的内在动力，这是两者在学习动机方面根本性的理念区别。合作学习依赖教师来评估学生的表现，自然会给教师带来较大的工作量和压力。对分通过学生讨论中的交流和讨论后的展示，用同伴压力和同伴认可来激励学生，教师的责任和压力在很大程度上被分散给了全部学生。

3）合作学习和对分课堂都有讨论，但所讨论问题的来源有很大区别。合作学习一般是教师给出问题，引导学生围绕问题进行讨论。"独思—共议—分享"方法的独思过程，更多是按照教师布置的非常具体的任务来展开思考。中小学生特别是低年级学生，或更高年级但基础较弱的学生，对于新授课内容可能不容易提出好的问题，因此，教师用预先准备的问题来引领、激发学生的思考，产生疑惑随后去解决，是正确的思路。但在对分教学中，希望要从教师提问，逐步、尽早地过渡到学生提问。学生的问题来自个人思考，能更有针对性地帮助学生增进理解，还可以锻炼学生发现和表达问题的能力，让他们学会自学，这是更为先进的教学理念。在对分教学中，教师只是精讲，留给学生探索的空间，学生基于自己认为有价值的部分进行思考，自主性强。在这个方面，对分课堂比合作学习更为尊重学生。

4）合作学习法强调与传统切割，采取两个主要路径：①如小组调查法，将传统教学模式完全改变，但投入大、运用范围有限，成为叫好不叫座的"阳春白雪"；②如小组成就区分法，是把传统的个体学习环节变为合作学习环节。然而，其在摆脱独学的过程中也丢失了独学的价值，在强调学生做主人的过程中却忽视了教师的作用。

合作学习虽然发展了将近一个世纪,但并没有取代讲授法,其在世界范围内的运用也是有限的,在中国的推广更为困难。这就说明,虽然它反映了一定的教育教学规律,能够克服讲授法的一些问题,但自身也存在很大的缺陷,比如,对竞争原则的强调、对外部奖励的依赖。此外,合作学习内部也缺乏自洽性,不同方法在理念上也存在冲突。

总体来说,对分课堂的小组讨论环节是小组合作学习,但其流程和规则与以往的小组合作学习存在很大区别。另外,小组讨论只是对分课堂教学 5 个环节中的一环,对分课堂对讲授、作业、讨论、管理、评价等理念和设计的重视,都超出了合作学习。

合作学习的众多方法主要遵循的还是讲授法的基本流程,更多关注的是合作环节的技巧和策略,因而在更大程度上成为讲授法的一个附属成分,在教学的很多方面,特别是学生的动机并没有发生根本性的变化。合作学习并没有构成完整的模式,因为其教学方法的改变是局部的,对学生的影响也是短暂而有限的。

自夸美纽斯 1632 年发表《大教学论》开创现代教育学之后,讲授法主导了世界教学近 400 年,而合作学习是过去近一个世纪最重要、最成功的教学改革。[①]对分课堂吸收了讲授法与合作学习的精髓,将两者有机融合,创造了一种新的教学模式,在讲授的支撑下,合作具备了坚实的基础,在合作的背景下,讲授发生了本质的变化。说对分是讲授法或合作学习都是片面的,因为对分课堂是一个完整的新的教学模式,给传统教学带来了整体性、全局性的改变,也引发了学生学习模式的真正改变,其影响和意义将是极其深远的。

第二节　自主课堂概述与分析

一、典型案例

基于自主学习的课堂或自主课堂是我国基础教育领域 30 多年教学改革的一个主要探索方向,成果也最为丰厚。从 20 世纪 90 年代起,经过大量实践,形成了六步教学法、尝试教学法、洋思模式、杜郎口模式、昌乐二中模式、东庐中学模式、兖州一中模式等众多教育改革典型。下面将简单介绍这些典型案例,然后分析自主课堂的共同特点。

---

① 王坦. 2001. 合作学习——原理与策略. 北京: 学苑出版社.

（一）六步教学法

1978—1984 年，我国当代著名教育家魏书生在辽宁盘锦市的初中语文教学实践中，形成了六步教学法，其基本步骤如下。

1）定向。由教师确定本节课的教学重点，也是学习的目标，写在黑板上，有时候学生也可以提出重点。

2）自学。学生根据学习目标，用适合自己的方式去深入学习内容，探求答案。

3）讨论。将自学解决不了的疑难问题记下来，前后左右 4 人一组共同探讨。

4）答疑。对于分组讨论仍未解决的问题，提交全班同学解答，仍然解答不了的，由教师解答。若问题具有普遍性，教师可以直接回答，以节省课堂时间。

5）自测。学生自我检测，可以是学生自己出题，自己解答，或一名学生出题，大家解答，或每组出一道题，其他组抢答。

6）自结。学生自己总结，例如，回忆学习重点、学习的主要环节，反思自己掌握的情况等。

六步教学法渗透了对学生自主学习能力的培养。教师在定向中引导学生去掌握学习目标，在自学中鼓励学生开动脑筋、提出问题，在讨论中推动学生与学生间的思想碰撞，在答疑中让学生认识自己的不足，在自测中一反常规地让学生自己出题测验，在自结中让学生反思自己的学习过程与学习策略。魏书生主张少讲多读，督促教师珍惜讲课时间，分清主次，确保学生的有效学习，强调要引导学生认识自学能力的重要性，使之成为学生的内在要求。[①]

（二）尝试教学法

20 世纪 50 年代后期，邱学华在上海华东师范大学任教时，在小学开展教学实验，主要是让学生先做题，然后教师再讲解，这是尝试教学的雏形。20 世纪 80 年代，他在常州师范学校正式启动教学实验，1982 年发表论文《尝试教学法的理论与实践》，引起了广泛关注。在长达半个世纪的实践与研究中，邱学华发展出了完整的"尝试教学法"，主要思路是让学生先去尝试解决与学习内容相关的问题，再听教师讲解点评，进行正误对比。[②]这种方法的核心理念是"先试后导、先练后讲"，其基本操作包括 7 步，具体如下。

1）准备练习。学生对相关的基础知识进行准备练习，为学生解决尝试问题奠定基础。

2）出示尝试问题。教师根据教学目标和要求，提出尝试问题，激发学生尝试

---

① 魏书生. 1993. 初中生科学学习方法. 沈阳：辽沈书社.
② 邱学华. 2012. 尝试教育研究. 北京：北京师范大学出版社.

的兴趣,激发学生积极思考的动机,引导学生进行尝试。

3) 自学课本。出示尝试问题后,学生产生了好奇心和解决问题的愿望,教师此时引导学生自学课本,为自己解决尝试问题汇集信息。自学过程中遇到困难时,可以提问,同桌也可以讨论。通过自学课本,大部分学生对解答尝试问题有了思路。

4) 尝试练习。这一步是学生尝试活动的主要部分。教师要放手让学生自己尝试解决问题,并在巡视过程中了解学生进展,注意对学困生进行个别辅导。当学生遇到困难时,可以再次阅读课本,或与同学讨论。

5) 学生讨论。学生根据自己尝试的结果,在小组内进行合作与交流,进行自我评价和互相评价,对尝试中出现的不同答案展开讨论,阐述各自的道理。

6) 教师讲解。教师针对学生感到困难的地方及教材的重点和难点进行讲解,对学生的尝试结果进行评价、总结,确保学生系统地掌握知识。

7) 第二次尝试练习。用一个相关联的新问题让学生再次尝试解决,让优等生提升迁移能力,给后进生巩固的机会。

以上 7 步是尝试教学的主要过程。一堂完整的课在尝试教学之前会有导入新课、出示目标等环节,在之后会有课堂作业、达标检测或课堂小结等环节。

(三)洋思模式[①]

洋思中学是江苏泰州的一所初中,从 20 世纪 80 年代末开始探索教学改革,形成了"先学后教,当堂训练"的教学模式。"先学"是指"自学",学生按教师的要求在一上课就通过独立与合作的方式学习课本知识。实际上,自学在上课前已经发生了,学生在周末要用一定时间预习下周的教学内容,初步找出疑难问题。"后教"是教师根据学生在自学中暴露出来的问题,进行有针对性的教学活动,纠正、补充学生的学习成果,并给予深化和提升。当堂训练让学生通过紧张的口头或书面练习来巩固基础知识和基本技能,并通过精心选择的练习题,如一题多解等提升学生发现问题、分析问题和解决问题的能力。每节课 45 分钟,"先学"和"后教"控制在 30 分钟以内,其中教师单向讲授的时间控制在 15 分钟以内,而"当堂训练"不少于 15 分钟。

洋思模式包括 6 个主要环节,具体如下。

1) 提出课堂教学目标(约 1 分钟)。

2) 指导学生自学(约 2 分钟)。设计问题,提出自学的要求,对自学方式给予指导。

3) 学生自学(5~8 分钟)。学生自学,教师巡视、督查,对中、差生给予指导。

[①] 秦培元. 2012. 洋思高效课堂. 南京:南京大学出版社.

4）自学检测（约 15 分钟）。给出自学检测题，让中、差学生解答，中等生、尖子生逐步更正，以发现学生自学后存在的疑难问题。

5）引导讨论，指导运用（8~10 分钟）。引导学生讨论、互相更正，对学生不会的地方予以点拨，使学生深化对所学知识的理解，形成对规律、方法和理论的认识，培养其运用知识分析和解决问题的能力。

6）当堂训练（不少于 15 分钟）。布置课堂作业，课堂作业一般低起点、多层次，有必做题、选做题、思考题，对不同水平学生提出不同要求，学生独立完成作业，批改部分作业，下课时教师带走作业。

（四）杜郎口模式[①]

山东省聊城市杜郎口中学从 1997 年开始尝试"0+45"模式，即教师完全不讲，整节课 45 分钟都交给学生自主学习。随后过渡到"10+35"模式，即教师最多讲 10 分钟，35 分钟交给学生，最后，于 2005 年形成了"三三六"自主学习模式。"三三六"自主学习模式是指立体式、大容量、快节奏 3 个特点，预习、展示、反馈 3 大模块，课堂展示 6 个环节：预习交流、明确目标、分组合作、展现提升、穿插巩固、达标测评。

立体式是指从个人、小组、全班不同的层次和角度展开思考与交流，大容量是对教材进行拓展、演绎、提升，通过辩论、小品、歌曲、绘画等多种形式展示，快节奏是指活动安排紧凑、高效。

预习模块即预习课。教师首先分发预习学案，给学生 5~7 分钟的时间阅读文本，形式可以多样，比如，独立阅读、配对比赛、小组讨论、板书交流、上网搜索资料等。小组长带领组员梳理内容，探讨疑难问题，教师在一旁协助，用时大约 5 分钟。接着教师用大约 3 分钟的时间分配学习任务，随后 15 分钟，各个小组按照分配的任务对文本进行分析、讲解，其他学生点评。在下面的 5~7 分钟进行预习反馈，学生尝试解决一些典型题目，教师给予反馈，对个人、小组进行评比。最后，学生自由发言，总结收获、发表见解，师生互动，教师为下一节课做铺垫。

展示模块即展示课，用于展示预习课的成果，主要是预习中出现的疑难问题，有价值、有代表性的问题，一般包括 6 个环节，具体如下。

1）预习交流（1~2 分钟）。学生交流预习情况，巩固基本知识，明确本节课的学习目标。

2）确立目标（1 分钟）。教师描述本节课的目标和重难点，侧重于规律、方法、技能、技巧。

3）分组合作（6~8 分钟）。教师将问题分给 6 个组，再由各组组长组织成

[①] 崔其升，邱学华，谢金国. 2010. 崔其升与杜郎口经验. 北京：首都师范大学出版社.

员分工合作，一般利用黑板，由中下等学生做讲解、分析，由优生点评、拓展，根据各组的表现评分，表扬先进。

4）展示提升（20分钟）。顺序展示小组合作成果，由一个小组对题目进行讲解、分析，其他学生进行点评，关注关键点、易错点、规律或拓展变化等，以加深对问题的理解，根据各组的表现计分，表扬先进。

5）穿插巩固（3分钟）。学生对本组未展示的题目做探讨，由小组长对差生进行辅导。

6）达标测评（5分钟）。由学生总结收获，或教师设置问题进行抽测，并给予反馈。

反馈模块即反馈课，教师对展示课中暴露出的问题或重难点问题做更多的讲解，通过查缺补漏，反思总结，促进提高，促优补差。

（五）昌乐二中模式

山东省潍坊市昌乐二中从2005年开始探索教学改革模式，逐步形成了"271高效课堂教学模式"。其主要的改革思路是把课堂还给学生，让学生掌握学习的自主权，主要的表现形式是小组讨论学习。"271"的含义是课堂时间的20%留给学生自学，70%用于讨论学习，10%由教师讲授，也就是把45分钟分解为"10+30+5"。相应地，在学习内容中，20%由学生通过自学掌握，70%基于讨论获得，10%来自教师讲授。

1）教师事先准备导学案，提前发给学生。学生多数住校，每天晚上有4节晚自习，前3节完成三科的导学案，均为对次日课程的预习，最后一节课自主学习。第二天，学生课前上交完成的导学案，教师批改导学案后开始上课。在课堂上，新授课实行"10+30+5"的时间分配，分别对应于预习、互动、测评。

2）课堂前段10分钟，进行组间交流，小组派代表提出预习过程中出现的疑点或问题，教师给予鼓励性评价。课堂中段30分钟，教师根据新课内容，针对各小组的问题进行点拨、引导、分析、讲解，中间尽可能引发互动，调动学生参与的积极性。课堂后段5分钟，学生整理学习内容，如有需要再提问，教师酌情解答，或请学生回答，评选优秀小组和个人，布置作业，发布下次课的导学案。课后学生梳理知识，在组内进行交流汇总，形成小组报告，交给教师批阅或进行小组间交流、评价，完成教师针对重难点的少量的精选习题，进行强化训练，依据导学案预习下一节课的内容。

（六）东庐中学模式

江苏溧水县东庐中学的教学模式以"讲学稿"和"教学合一"为核心特色。

即教师通过集体备课，学科带头人把关定稿，汇集经验智慧，形成讲学稿。讲学稿是集教案、学案、作业、测试和复习资料于一体的师生共用的教学文本，是教师集体备课的结晶，讲学稿要在上课前一天发给学生。学生根据讲学稿的内容认真进行课本预习。所有学生必须独立解决讲学稿中的基础题目，学有余力的学生可以做提高题。在预习过程中，把碰到的疑难问题标记下来，带着问题进课堂。课堂上学生展示讲学稿的完成情况，通过生生互动、师生互动，集思广益，教师纠正错误、解疑释难、归纳规律，学生完成讲学稿的全部内容。

讲学稿包括4个板块，即学习目标、学习重难点、学法指导、学习过程。其中，学法指导是对学生如何学习文本给出一些方法性的指导。学习过程包括课前预习、课堂学习和拓展延伸。课前预习是为了引导学生自学，布置的任务可以是查字典、查资料学习字词，了解作者及创作背景，阅读课文等。同时，还要留出空白，鼓励学生积累语言知识，写下自学中发现的问题。学生上课前上交讲学稿，教师检查，并根据学生预习情况，调整随后的教学活动。课堂学习是让学生在课堂上展开研讨、解决问题，达成学习目标。教师会根据文章内容和学生情况，精心设计问题，促进学生对课文的整体感知和合作探究。在拓展延伸部分，讲学稿中包含当堂练习，如一些与课文有联系的拓展阅读题，引导学生用学到的方法自主解决问题，提高学习能力。在当堂练习之后，学生上交讲学稿，教师检查学生的完成情况。学生课后在讲学稿相关栏目或空白处填写学习心得，更正、完善学习记录，并把讲学稿留存作为复习资料。这样，所有教学和学习活动都围绕讲课稿展开，不再另外安排作业。

（七）兖州一中模式

山东省兖州一中的课堂教学模式称为"循环大课堂模式"，也叫"三步六段"模式，即"一课分两段"（35+10），"三步为一课"（课前—课中—课后），"六段"指课中6个环节：重申目标、学情调查、问题注意、精讲点拨、当堂检测、小结作业。"35+10"就是35分钟展示加10分钟预习。展示的内容是上节课10分钟加课下预习的成果，预习的内容是下节课将要展示的内容。

各任课教师根据学生的成绩、能力、性格特点等，把全班学生均衡分成若干个学习小组，每组6～8人。教师通过集体备课，形成完善、统一的导学案。导学案是课堂教学的总抓手，统领教学的各个环节，是保障教学效果的关键要素。课堂前35分钟按"六段式"进行教学，后10分钟指导学生预习下一课。

前段包括：①重申学习目标，学生简略地回顾已预习过的导学案。②教师用提问、竞答、查看、问卷等形式了解学生的预习情况，学生把预习中发现的问题、疑惑提出来。③教师对问题进行归纳汇总。④教师将问题分配给各个小组，让各组轮流利用黑板或投影等方式展示。在展示过程中，主讲小组组内的学生互相合作，其他学生聆听、补充、质疑，教师进行精讲、点拨，以调动、激励学生，围绕学习目标进行学习效果的检测。⑤组内学生互评，教师对各组成绩汇总比较，并给出评价。⑥学生对本课内容进行梳理和总结，更正、补充、完善导学案，下课时交给教师带走批改。

后段是预习下一课内容的阶段，即教师把下一课的导学案发下去，简述主要内容，提出学习目标和预习方法。所有学生都对整体内容进行简短的预习，下课前教师再给各小组分工，课下各小组进行有侧重的预习。除了预习外，课后学生还要对课堂的学习活动进行回顾，处理仍然存在的问题，做好总结、积累、纠错等工作。

全国各地还有很多基于这些案例发展而来的方法，在具体操作上各有特色，但基本理念和思路是类似的。自主课堂也常常被称为"高效课堂"，更为强调实施自主学习之后带来的课堂效率的提升。

自主课堂能够在一些学校取得优异效果，在教育界产生重大影响，原因是多方面的。比如，用程式化的操作，更好地贯彻了现代教学的一些重要理念，如学生开始时有明确的学习目标，结束时有对学习成果的测试，有目标、有过程、有反馈，形成了闭环学习。强调自我反思和总结，促进了学生元认知的发展。教师通过导学案、讲学稿和问题引领等，为学生的学习过程提供了丰富的支架。更为重要的是，充分运用了小组讨论、成果展示、全班讨论等合作学习的基本方法。

在当前的考试制度下，对所有的考试科目来说，大量的练习都是不可缺少的。传统教学先讲后练，但是课堂时间有限，需要布置繁重的作业去强化学习效果。然而，结果会适得其反，即作业过多，时间不够，学生的自控能力差，往往在疲惫和被迫的状态下草草做完，交差了事，不但没有巩固学习内容，反而对学习产生了反感与厌恶。自主课堂由于减少了课堂讲授，学生在课前的预习中完成作业，在课堂上能有机会展示、讨论作业，会产生更好的学习效果。

自主课堂所有措施的核心都是对预习和自学的强调，可以总结为"先学后教"。传统的教学是"先教后学"或"先讲后练"，教师讲，学生听，教师问，学生答，教师出题，学生做题，学生处于被动的地位。自主课堂反其道而行之，实施"先学后教"或"先练后讲"，试图使学生处于主动地位。

邱学华说"五四运动"时期就开始反对注入式教学方法，近百年来虽经历了许多教学改革，但都是在"先讲后练"的模式下兜圈子，未能触动其根本。从"先讲后练"变为"先练后讲"，一步走对，全盘皆活，能引发课堂教学的根本变化，如促成教师的角色转换，保证学生的主体地位。邱学华的思路，代表了自主课堂的根本思路，由重视教转向重视学，把课堂还给学生，由以教师为主导转向以学生为主导。

二、理念分析

然而，自主课堂实践中会遇到很多问题，主要表现是可推广性不强。自主课堂的一些典型学校受到社会的巨大关注，全国众多学校前来学习，然而数十年过去了，自主课堂并没有得到大范围的普及。其中一个原因可能是学习者没有领悟典型学校的精神和根本理念。但尝试自主课堂的很多学校在观念、师资、资源等方面都很优秀，没有理由认为他们不能领会自主课堂的精髓。少数学校不能推广，问题不大，大面积的学校不能运用，就说明这种模式存在根本性的缺陷。科学的根本要求是可复制性，不可复制就说明模式本身的科学性有问题，存在局限性。具体分析，这些局限性体现在以下几个方面。

自主课堂更适合于学生基础较差、考试压力较小的学校。实施自主课堂是一种教学模式的重大转变，是长期投资，学校要作出全面的配套支持，教师、学生都需要适应，初期会导致成绩的降低，很多学校承担不了这个风险。学生基础较差的学校，本来没有更好的选择，教师讲学生也不听，不如让学生站起来讲，背水一战，反而还有生机。早期探索自主课堂的学校，主要是初中，因为他们距离高考有更长的时间，更有可能承受风险。较好的学校，尤其是面临高考压力的高中，如果校长没有坚定的信念和强力的推动，一般很难实施。自主课堂给教师带来了很大的工作负担，要设计导学案，根据学生的预习情况进行二次备课，时间和精力投入很大。学生基础差的学校或民办学校，教师话语权不大，行政上强力推动，可以实现，在发达地区的好学校，特别是公立学校，很难要求教师超负荷工作。

相对于传统讲授法，好学生有了更大的自由度，能发挥自己的主动性，带来考试成绩的提升，但差学生的动机、能力、学习方法都较差。如果教师去顾及他们，会带来很大的工作负担；如果不顾及他们，教学效果会比讲授法更差。如果仅仅看好学生的成绩，比如，一些学校一本、二本上线率的提升，自主课堂是有效的；但如果看全体学生，会存在两极分化现象，有可能会牺牲后进生，严重背离教育公平的初衷。

自主课堂操作过于程式化，强调当堂练习，要求所有学生步调一致地在课堂上完成学习任务，自学的内容和当堂的作业都只能设置得比较简单。学生自学以后的检测，常常就是模仿例题。这种方法对基本内容的学习，对死记硬背式的问题，或许有效，一旦涉及更为灵活、难度更大的内容，这样的程式便很难执行下去，效果也不好。

相对于纯讲授的课堂，如果能系统地贯彻自主课堂中比较完善的做法，对于学生基础比较差的学校而言，是可以显著提升成绩的，但这样的提升是有限度的。

当一所学校运用自主课堂获得一定成功后，它会吸引更多的教师和学生，而当教师水平较高、学生基础也不错的时候，自主课堂与好的讲授式课堂相比并不具备优势。其中的根本原因在于，自主课堂过于强调学生自主，不合理地贬低了教师的作用。学生愿意学习并具备一定的基本学习能力之后，仅仅靠他们的自主学习，上升空间是有限的。且不论学生的全面发展，即使单纯关注成绩的进一步提升，也需要教师的有效引导，也需要回归传统的讲授式课堂。所以，仅就成绩而言，在办学条件可比的情况下，一般来说，自主课堂本质上是不可能超过讲授式课堂的。除了学生基础较差的学校外，对多数学校而言，自主课堂实施困难，即便实施了成绩也并不会更好，这是自主课堂在中小学教学实践中难以成功推广的根本原因。

在众多的自主课堂模式中，虽然尝试教学法起源最早，但实际推广范围却最广，很大程度上是因为它不是典型的自主学习。学生在教师清晰限定的框架中尝试，不强调学生一定要得出正确的答案，学生的自主性其实并不强。尝试学习操作简单、容易实施，是因为它只改变了传统教学的一个环节，而且占用的课堂时间也不多，在方法和理念上并没有给传统课堂带来很大的冲击，这也意味着它不太可能给传统教学带来根本性的变化。

自主课堂推广性不强，更为根本的缺陷在于其核心理念，即自主课堂对自学也就是预习的强调。前文详细论述了预习是一种存在某种错误的教学理念，弊端远远大于好处，在很大程度上误导了广大师生。

在更深的层面，自主课堂的核心问题在于其前提假设的错误性。自主是自我驱动的学习，要求学生在目标、内容、形式、策略和评价等多方面作出自己的判断和选择。以目标而言，就如一个单元和一个课时的学习，其目标都从属于更大的学科教学目标。如何确定这些目标，需要依靠掌握教育教学理论、专业素养深厚的教师。从过程而言，会带来教学活动的多样性，这种多样性是班级授课制根本无法满足的。从策略而言，学生缺乏足够的知识和经验，在有限的认知能力发展水平下，很难根据具体任务和情景运用适当的学习策略。从评价而言，其希望学生能自我监控、自我评价，但学生恰恰控制不了自己，无法准确地评价自己。从自主的含义看，我们的学生不仅不能自主，而且差得很远。自主课堂只是听起来是学生自主，实质上还是教师在做主。

教师掌控课堂的关键方式是导学案。有些地方不叫导学案，称为任务单，其实只是名称不同，实质是一样的，都是由教师精心准备的，引导学生预习、自学的方案。理想的导学案，指出了明确的学习目标，提供了评估学习效果的测试，更重要的是组织了一系列的题目或学习任务，让学生去完成。

另外，导学案很难设计。很多学校强调集体备课，共同制定学案，足以说明其困难程度和耗费精力之巨大。设计导学案的困难在于，它是供学生在预习时使用的。预习时，学生对新内容缺乏了解，导学案必须从简单的层面开始。教师都明白，要想做到一个题目能对多数学生都有启发意义，是很困难的。对于新内容，教师设计一个学习过程的固定框架，让所有学生都遵循这个流程来学习，这就从根本上违反了建构主义的学习原则。学生学习、理解的过程是各自不同的。在正常情况下，大家的思路是不一样的。在学习过程中，学生想问的问题，导学案上没有，导学案上有的，学生不理解，也不明白对自己有什么价值，这样，用导学案就等于是削足适履。

同时，要控制课后负担，导学案内容不能太多、太难，学习内容中的一些疑难部分没有机会体现出来。如果学生前边卡住了，就没有机会去遇到更复杂或更难的问题。学生只是机械地按教师的指点去走通学案，更多是去看从书上找的材料能否回答问题、完成任务。在自主课堂上，实际上强调的还是知识的习得，学生运用的还是教师所讲的步骤和方法，在教师给定的题目中反复模仿和操练，以期得到正确的答案。导学案实际上是书面灌输，即把所有学生的思想都导向教师预定的框架，学生的预习过程本质上也是被动的，这与自主学习的根本精神是南辕北辙的。

自主课堂的另外一个亮点是课堂讨论和成果展示。但是，教育学与心理学的基本规律告诉我们，讨论和展示都需要建立在预习形成的坚实基础之上。如果预习过程没有实现高质量的学习，那么随后的讨论和展示，都会像流沙上的房屋，无法充分发挥合作学习的作用，甚至常常会演变为空洞的、形式化的表演，不具备可持续性。

万事开头难。对于新内容，学生最需要的不是完成一堆别人规定的任务，而是听教师讲解，对于这个讲解，最好的形式是真人面授。教师即使把自己讲授时说的话全部转换成文字给学生看，或把自己讲授的过程录制成视频给学生看，也达不到真人面授的效果。面授的效果是文字或者视频无法相比的。学生与几十名同伴坐在教室里，面对一名教师所带来的现场感和价值感，是文字和视频无法达到的。教师的表情、语调、语气，是文字很难表达的，也很难体现在导学案中。

在真人教授的时候，教师可以与学生互动，随时判断学生的理解情况，重新表述，加快进度，灵活调整。教师可以观察并引导学生的注意。同样的指导如果写成文字让学生阅读，缺乏现实情境，就很难达到同样的效果。教学中的情况千变万化，对此每名教师都知道。这些变化反映了学生学习过程的变化，很难总结出一般性的规律，也很难反映到导学案里。如强调这个知识点是另外一个知识点的一部分，教师只要做一个手势就可以了，但要形成文字，可能写很多也不一定能说清楚。导学案想引导学生，但与真人面授相比，它是非常低效的引导方法。"师傅领进门"，本该由教师亲自完成的最重要的引领过程，却弃而不用，借助书面文字完成引导，存在方向性的问题。

在对分课堂中，教师是面对全体学生讲授，以最有效的方式完成对全部学生的引导。教师不需要准备导学案，只是基于课本来完成对框架和重难点的讲授。这样的引导是框架性的，是所有学生都要关注和学习的基本内容，对于这些基本的内容，所有的学生都应该达到类似的理解。这样，讲授就不需要过分关注学生的个体差异，比较容易实施。而在课后，要通过布置作业，留出开放的空间，让学生根据自己的情况去完成知识体系的建构，并根据自己的能力完成不同难度层次的作业，以充分发挥其个性。在独立学习的过程中，鼓励学生发现问题，提出问题，并把问题带到课堂与同伴进行深入讨论。

导学案这个名称最早是由杜郎口中学提出的。毫不夸张地说，导学案引领了自主课堂的发展，是自主学习的关键支撑。2012 年《中国教师报》第 450 期刊登了《杜郎口中学：取消导学案》一文，指出："10 月 25 日，在杜郎口中学第二个十年发展战略研讨会上，崔其升校长做出惊人之举，全校取消导学案。"崔其升的原话可能更有助于我们理解取消导学案的原因：

> 导学案……无疑比教师满堂灌、一言堂、学生被动听讲前进了一大步。可是如果从学生素质方面考虑，过度依赖导学案有可能会阻碍学生一系列能力的提升，如自主能力、质疑能力、联想能力、探索能力、辨析能力、创新能力、观察能力、判断能力、独立思考能力、自我突破能力等。
>
> 导学案虽有一定益处，但如果认为它应该贯穿整个教学过程，并且长期使用，那么，这种认识就是有局限性的，还没有深入到教育的本质。拥有导学案是取消导学案的基础，导学案充其量只是学生学习过程中的指路标，是在学生缺少学习能力、学习愿望、学习需求时提供的样板，但是不应该长期存在。
>
> 如果长期使用导学案，学生学习的依赖性过强，就不可能在学生的心灵里生发出进取、向上、踊跃攀登的强烈愿望。教师原来的"满堂灌"方式虽然改变了一副模样，但是学生仍然是应付的无奈之举，没有真正解决从"要我学"到"我要学"的蜕变转身……也正因为如此，导学案被认为是学生形成自主能力前的一项预备、一根拐杖。一旦形成学生的自主学习能力，那么它就完成了使命。
>
> （导学案）这是一种临时性的辅助，绝不是教学中的必备，否则，只是教师"教"模式的微小进步，还没有改变教师主持课堂的本质，对学生的独立自主、潜能挖掘、性格健全没有益处。
>
> 没有导学案，学生会编写导学案，或根本不用导学案。学生通过学习的权利、学习的自主、学习的方法、学习的规律，逐渐提高自我的素

质与能力。当学生对学习拥有强烈的渴望时，适合学生自己的学习方式才是最好的学习。学校不应该让导学案成为学生学习的枷锁。[1]

虽然这里面对取消导学案后的教学是如何组织的，与引入导学案之前有何区别，并没有介绍，但其中的一些观点，比如，导学案"只是教师'教'模式的微小进步，还没有改变教师主持课堂的本质，对学生的独立自主、潜能挖掘、性格健全没有益处"等这些说法，实际上确认了导学案深层次的缺陷，表明它并没有真正带来人们期望的自主学习。

导学案、任务单的实践者，基于布鲁姆的掌握学习理念[2]，认为自己在贯彻个性化学习的理念。其实，对于掌握学习本质上是应该加以批判的，因为它与个性化学习背道而驰，与应试教育反倒是一脉相承。一节课讲完，一部分学生学会了，另外的学生离目标还有差距，如果这个差距不消除，下次课会更跟不上。不同的学生掌握同样的学习内容需要的时间是不一样的。掌握学习强调给一些学生更多的时间去弥补差距，在每次课让所有人都能达到目标。

我们要看到，掌握学习处理的是个体差异问题，而不是个性化学习问题。考虑学生的个体差异是合理的，但认为只要给学生些时间去弥补差异，就是个性化学习，是十分片面的。其原因在于，掌握学习认为所有学生都需要达到一个确定的目标，一节课的学习可以用一个统一的标准去测验、去评估，这是对学习非常机械的错误看法。学习包含基本知识与基本技能的掌握，但远远超过这些，还有过程、思维方法、情感、价值等，后者很难在短时间的纸笔考试中显现出来。把学习等同于基本知识和技能的掌握，并把基于纸笔考试对这些内容的评估认为是评价学习的唯一指标，是应试教育的核心，也是应试教育最大的错误。

最可悲的是，中国学校的考试有明确的大纲，有固定的内容。比如，很多学校在高三已经不再学习新内容，而是全力备战高考，每个学生都有充足的时间去学习固定的内容。这必然会导致心理测量学中所说的"天花板效应"，即大家对基本内容都已经掌握得很好了，很难分出高低，只能比速度、熟练性、稳定性、比应对刁钻古怪的题目的技巧。如果真吃苦，能学到有价值的东西，也算有收获，但速度、熟练、稳定和刁钻古怪，根本不是生活的常态。更重要的是，脑科学告诉我们，确定的刺激带来的是机械的反应，不确定的刺激带来的才是灵活的思维。多少年轻学生灿烂、美丽、一生只有一次的宝贵的青春就这样浪费在枯燥、单调而无用的操练上。中国教师到英国"支教"，学生考试成绩显著高于英国教师执教的班级，但多数家长还是赞扬英国教师的执教方法。

从单个学生的角度讲，比别人更勤奋、更努力，进入名校，可以获得更好的

---

[1] 崔其升. 2012. 杜郎口中学：取消导学案. 云南教育(中学教师), (1): 4-5.
[2] 郑建. 1990. 浅谈布鲁姆掌握学习理论. 外国教育研究, 27-30.

人生发展。从一个国家的角度讲，无论采用怎样的考试制度，最终进入名校的都是那一小部分学生。从一个民族的角度讲，重要的不是谁进入名校，而是亿万中小学生在12年的基础教育中，在学习有益的内容，在培养有用的能力，能得到健康的成长。在基本知识和技能的学习结果上，所有学生都应该是一样的，但即便达到这样理想的结果，学生的学习路径和形成的知识表征也应该是个性化的，而超出这些基本学习结果之后的发展，需要更为丰富的个性化。应试教育只抓住了最基本的学习内容，抹杀了这些内容背后的个性化，捡了芝麻，丢了西瓜。这样的教育只能培养出千篇一律、缺乏个性、无力创新的学生，只能成为个性化发展最大的障碍。这样看来，基于掌握学习的导学案和任务单，即使能在一定情况下使学生取得好的考试成绩，也不值得羡慕，因为它本质上还是在走应试教育的老路。

总之，自主课堂是当代我国基础教育领域最有影响的改革探索，在新课程改革的背景下，促使我国教师群体观念实现了从"以教为中心"向"以学为中心"的转变，具有重要的历史意义。然而，作为其核心要素的预习和导学案存在根本性的问题，与教育教学的基本规律和原理相悖，这都限制了自主课堂的发展和推广。对分课堂否定了"先学后教"、预习自学和导学案的思路，以"先教后学"充分体现教师的作用和价值，用个性化的内化和吸收为合作讨论奠定基础，更合理地发挥了学生的自主性，成效显著，因而得到迅速而广泛的推广。

第三节 案例探究概述与分析

一、主要类型

（一）案例教学法[①]

案例教学法（case-based teaching）是把现实生活中的真实情景典型化处理后形成案例，让学生通过独立研究和相互讨论，完成对既定教学内容的学习。案例教学法起源于20世纪20年代的哈佛商学院。教师采用来自于商业管理的真实情境或事件作为案例，引导学生参与课堂讨论，获得良好效果。随后，这种方法也被推广到哈佛医学院和世界很多高校。

案例教学法包括4个主要的步骤，具体如下。

1）学员自行准备。教师提前1~2周把案例材料发给学生。学生阅读案例材

---

① 张民杰. 2006. 案例教学法：理论与实务. 北京：九州出版社.

料，查阅资料，搜集信息，积极思索，形成对案例问题原因的分析和解决方案。

2）小组讨论。教师根据年龄、职位、工作经历等因素，将学生进行异质分组，每组 3~4 人，各小组自己组织讨论。

3）集中讨论。各小组派出代表，展示对案例的分析和处理意见，接受并回复其他小组成员的提问。教师也可以聚焦几个要点，组织大家进行重点讨论。

4）总结阶段。集中讨论完成后，学生自己进行思考和总结，从而对案例及其中的问题有更深刻的认识。

案例教学法通过真实性的案例能很好地解决理论与实际脱节的矛盾，促进理论联系实际。在解决案例的过程中，学生需要运用所学的知识体系，从不同的立场和角度看问题，有助于提高分析问题和解决问题的能力。

案例教学法的最大特点是它的真实性。案例与对应的理论知识要有直接的联系，有典型性，要来源于现实生活，不可虚构。另外，可以适当运用文学手法，如场景描写、心理刻画、人物对白等，展示具体细节，使人产生身临其境之感。学生觉得案例真实可信，更容易认真去分析、思考和讨论。案例应该有冲突，但没有明确的处理办法和结论，给学生提供开放性的探讨空间。情景、结果越复杂，案例的价值越大。

案例教学法中的案例是其核心优势所在，也是其根本困难所在。对于真实、典型、生动、具体、复杂、开放的案例，采集和编制都非常困难。形成一个好的案例，常常需要两三个月的时间。另外，对这个学生群体适合的案例，可能并不适合另外一个群体。案例库的建设、维护和更新，是阻碍案例教学推广和普及的一个主要原因。

案例教学法本质上是创设一个两难情境，没有特定的、唯一的解决方案，对学生的分析能力和问题解决能力要求较高。其讨论过程存在很大的不确定性，耗时较长，教师在现场要能流畅地引导讨论方向，难度较大。另外，学习案例教学法也需要进行较多的培训。

案例教学法实质上与研讨式教学、发现式教学类似，都是提供一个问题场景，让学生去解决，只是案例涉及的是真实、复杂、开放性的问题。在基础教育和本科基础课程的教学中，学习内容未必和现实生活有特别紧密的关联，很难形成类似的案例。所以，案例教学法主要被应用于大学高年级或硕士阶段，特别是偏应用性的课程，如商科、法学和医学。比如，理论物理，即便是研究生的课程，也很难适用于案例教学法。此外，即便是一些大学的应用性课程，也不是一定需要采用案例教学法。美国有些著名商学院的高级课程全部采用案例教学法，而另外一些著名商学院则完全不用。

（二）PBL 教学法[①]

以问题为基础的学习（problem-based learning，PBL），是由美国神经病学教授 Barrows 于 1969 年在加拿大麦克马斯特大学医学院首创，是当前国际上一种较为流行的教学方法。20 世纪 80 年代后期，PBL 教学法在北美发展很快，到 1991 年，传播到美国 70%的医学院。比如，哈佛大学医学院已全部应用 PBL 教学法。自 20 世纪 90 年代后，PBL 教学法传播到欧洲的医学院。香港大学医学院于 1997 年后也引入了 PBL 教学法。国内一些高校，如复旦大学医学院的 PBL 教学也很有成效。

传统的医学教育模式是以授课为基础的学习（lecture-based learning，LBL）。与 LBL 不同，PBL 教学法通过设计真实性任务，让学习者置身于复杂、有意义的问题情景中，通过自主探究和合作来解决问题，获得问题背后的科学知识，培养学生解决问题和自主学习的能力。

PBL 教学法的基本要素包括以下几个方面。

1）以问题为载体，使学生在解决问题的过程中学到必要的知识，并在获得知识的同时，提高解决问题的能力。

2）问题必须是学生未来工作可能遇到的真实、非结构化、非良性（没有固定的解决方法和过程）的问题。

3）注重小组合作和自主学习，发展其社会交往能力和协作技巧。

4）以学生为主体，教师是指导者。

5）问题完成后进行自我评价和小组评价。

教师课前要根据学习内容编写病例，结合病例提出问题，课前一周发给学生。学生要预习教材、查找资料、思考问题，课下进行分组讨论。课上教师提出问题，学生以小组为单位来回答，其他同学或教师进行补充，最后教师做总结。

在 PBL 教学中，学生需要结合病例和教师的问题查阅大量文献资料，并积极进行小组讨论，形成解决方案，课前准备花费的时间和精力远远多于普通的课堂学习。教师要熟练掌握专业与课程内容，具备良好的课堂组织和管理能力。PBL 教学采用多种评估方式，包括笔试、操作测试、同伴评估、自我评估、教师（导师）评估、口头陈述、书面报告等，评估难度很大。PBL 教学要求有大量的小教室供学生做分组活动，有充足的参考资料给每组学生使用，甚至要求给每个小组都配备一位指导者。

与 PBL 非常相关的一种教学方法是基于项目的学习（project-based learning）。PBL 与基于项目的学习理念相同、本质一致，但界限不明显。一个项目活动的设

---

① 郭汉民. 2008. 走向创新教育："研讨式五步教学法"的推广与应用研究. 长沙：湖南师范大学出版社.

计常常需要围绕某个问题的解决而展开，而很多问题研究也是以项目活动的形式实施的。对于这两者，不需要特意区分，可以统一在一种共同模式下，称为"基于任务的学习"或"任务驱动的学习"。不过，基于项目的学习要求学生在解决问题后，形成一个具体的作品，有一定的社会效应和经济效益。而 PBL 更多是对复杂现实生活的一种模拟，不需要体现为一个作品。任务驱动的学习包含的范围很广，因为任务的概念可大可小，比如，朗读 30 个单词，或者设计一栋建筑，都可称作一项任务。基于任务、项目、问题的学习的本质都是反对传统的知识传授模式，不鼓励被动接受，而主张学生通过完成任务、做项目或解决问题来学习知识和培养能力。

PBL 教学法与案例教学有很高的相关度。案例教学中的案例代表一种实际情境，往往包含着多个疑难问题。从这个角度而言，案例教学的过程中需要 PBL 教学法。如果把整个案例看作一个问题，案例教学又成为 PBL 教学法的一个特例。

总体来说，虽然这些教学方法各有侧重，但其实质是非常类似的，都可以看作是合作学习中小组调查法的一个变形。当教师给学生的课题是一个任务、项目、问题或案例的时候，这个活动分别成为任务驱动的、基于项目的、基于问题的或案例的学习。在日常的教学实践中，一般情况下，教师不必过于在意名称的区分，只需更多关注具体的操作方法即可。

（三）研讨式教学法[①]

Seminar 可译作研讨会、讨论班、思明纳，是当今欧美大学中十分流行的一种教学形式，主要用于研究生课程中，在本科教学中也有一定的实践，这里称其为研讨式教学。18 世纪教育家佛兰克在师范学校中最早尝试，德国学者格斯纳于 1737 年在德国哥廷根大学首次把它引入大学教学中。

研讨式教学由教师创设问题情境，学生查找资料，通过实践探索、讨论交流得出结论，解决问题。这种模式能为学生提供思考和讨论问题的机会，在开放的、探索性的学习过程中，促使学生围绕主题搜索、选择、加工知识，应用知识解决问题，有助于学生综合素质和能力的提高。

1997 年，湖南师范大学郭汉民教授在国内对研讨式教学进行了系统的探索，形成了"研讨式五步教学法"，其主要环节具体如下。

1）指导选题。教师用两三周的时间先讲导论，使学生对该课程的线索有所了解，再以两位思想家作为示范。然后，将全部学生分成若干小组，每组分别讨论一个时期具有代表性的几位思想家，指导学生分别选择一位作为研讨对象，告知学生查找资料的方法和要求。

[①] 布鲁纳.1982.教育过程.邵瑞珍译.北京：文化教育出版社.

2）独立探索。学生按教师传授的方法独立自主地去查找索引，阅读资料，撰写 4000 字左右的讲稿，要求写出该思想家的生平概况、主要思想及其历史地位。

3）小组交流。学生在小组内将独立探索的知识和心得以讲课、评课的形式进行交流，展开讨论。然后，每个小组推选几位学生在班上集中讲课。

4）大班讲评。由各小组推选的学生用数周时间在全班登台讲述，每人讲 35 分钟左右，然后师生一起评议，教师进行阶段综述。

5）总结提高。每位学生根据切身体会写一篇关于评、学、议、教的文章，总结经验，改进教学。

研讨式教学中包含了讨论法。合作学习中运用了很多讨论的方法，包括小组内部的讨论、小组间的讨论和全班讨论。讨论法更多是强调课堂讨论的过程，比如，在教师提出问题并提供相关的学习资料后，学生展开讨论。在讨论之外，研讨式教学还强调研究，注重让学生通过检索文献、阅读资料、撰写文稿、宣讲展示的全过程学习如何做学问。

（四）探究式教学法

探究式学习（inquiry learning），又称发现式学习或发现学习，是杜威最早提出并在教学中使用的。他认为，科学教育不仅仅是学习知识，更重要的是学习科学研究的过程或方法。在探究式教学中，教师提供一些事例和问题，让学生自己通过阅读、思考、观察、实验和讨论交流等途径独立探究，自行发现并掌握相应的概念和原理。探究式学习一般是在课堂上或有限的时间内进行，探究发现的内容往往是数学定理等相关问题。其基本程序一般为：创设发现问题的情境—建立解决问题的假说—对假说进行验证—得出符合科学的结论。学生在教师的指导下，通过自觉、主动的探索，研究事物的属性，发现事物发展的起因和事物内部的联系，掌握认识和解决问题的方法和步骤。

与探究式学习属于同类别，但更具开放性的是研究性学习。探究式学习虽强调学生的主动性，但学生仍然在教师精心设计的活动中进行探索，教师选定课题，结果是可以预知的。教师控制整个学习过程，既重视过程也重视结果，并决定如何评价学习成绩。在研究性学习中，学生自主确定研究专题，以个人或小组合作的方式进行活动。教师对学习过程、结果无法事先预料，也很难操纵过程。研究性学习更注重学习过程，希望学生模仿科学家的研究过程，学习科学研究的思维方式、方法。在研究性学习中，教师是平等的参与者，提供建议和指导，学习成绩主要是基于学生的自我评价和相互评价得出的。

探究式学习法的突出代表是美国著名心理学家布鲁纳。布鲁纳 1916 年生于纽约，1965 年担任美国心理学会主席，2016 年 6 月因病在纽约家中去世，享年 100

岁。布鲁纳认为，学习知识的最佳方式是发现学习，而发现的内涵十分宽泛，"不论是在校儿童凭自己的力量所作的发现，还是科学家努力于日趋尖端的研究领域所作出的发现，按其实质来说，都不过是把现象重新组织和转化，使人能超越现象再进行组合，从而获得新的领悟而已"[①]。比如，学龄前儿童通过对具体事物归类而认识概念的一般属性，就是一个发现过程。布鲁纳认为，发现的过程需要独立思考，并分析事物的属性和联系，找到规律和原理，其中的复杂性、探索性能够激发和培养学生的主动精神，让学生获得发现的经验和方法。

20世纪50年代末，苏联科技的出色表现在美国引发了一场关于教育的大讨论，杜威的实用主义教育思想受到质疑。1958年，美国国会通过了《国民教育法》，强调在中小学加强数学、自然科学、外国语的教学。次年，在伍兹霍尔召开的会议，邀集了35位科学家（包括11位诺贝尔奖获得者和一批学者）参加，开启了美国20世纪60年代基础教育的课程改革运动。布鲁纳担任大会主席，并作总结发言。他会后出版的《教育过程》一书，被誉为"划时代的著作""有史以来教育方面最重要最有影响的一本书"。[②]布鲁纳也因此成为美国课程改革运动的领军人物，闻名于世。然而，经过十多年的实验，这场声势浩大的改革却暴露出了许多问题，以对提高教育质量"毫无作用"的惨败局面而告终。[③]

除了教材难度太高、忽视学生的个别差异等因素之外，布鲁纳提倡的发现式学习也是这场改革失败的一个重要原因。因为科学研究是产生知识的过程，而学习教育是学习知识的过程，这两者是不能等同的。其要求学生模仿科学家一样去发现，夸大了学生的能力，脱离了现实。

二、理念分析

对分强调对知识的运用，也鼓励使用案例来学习基本原理。不过，对分对案例教学法的一些基本理念持有不同的看法。案例教学法强调真实、典型、复杂与相关，按照对分课堂的思路，这些都不需要过分要求：案例可以不够真实甚至完全虚构，可以不够复杂，也可以只在一定程度上反映对应的理论内容或与理论内容只有部分相关。对案例做很多要求，目的都是促进学生的认真参与和深刻思考。真实的案例确实有助于学生认真投入，但对不真实的案例，学生未必不认真、不投入。爱因斯坦跟着光线一起飞的思想实验，在现实生活中根本无法实现，但照样引发了他的深入思考，使他提出了相对论。

[①] 赵德肃. 2008. 布鲁纳"发现学习"对素质教育的启示. 贵州教育学院学报,19(5).
[②] 塞米. 2012. 问题导向学习(PBL)指南. 王维民译. 北京：北京大学医学出版社.
[③] 布鲁纳. 1982. 教育过程. 邵瑞珍译. 北京：文化教育出版社.

对分建议用以一系列不完美的子案例（小案例），来代替案例教学法要求的较为完美的复杂案例，把原来一个复杂的案例用若干个层次递进的子案例来替代。对分课堂不主张预习，对分思路下的案例教学的新流程是：教师先在课堂上把所有的子案例精讲一遍，指出每个案例里面学生要关注的地方，然后让学生回去独立思考，完成对这些子案例的分析，提出解决方案。不过，学生不需要对每个子案例都平均用力，只需要针对每个子案例的关注点来思考、分析，提出相应的解决方案就可以了。回到课堂上，按对分课堂教学的流程，先是小组讨论，然后再进行全班交流。

每个子案例不需要完美，只要它有一个点能与理论内容高度相关，能够引发深入的思考就可以，其他方面的要求可以降低。这个理念被称为"三苹果原则"，即找一个色泽、形状、口感都好且又红、又圆、又甜的完美苹果不容易，而找三个不完美的苹果，一个只要色泽好（红），一个只要形状好（圆），一个只要口感好（甜），就容易多了。这样，寻找子案例的难度大大降低，教师也更容易用子案例的灵活组合来构造适合学生群体的教学内容。这样经过对分改造后的案例教学法，会更易实施、推广，也会更有效果。

PBL教学法类似于案例教学法，强调问题的真实性、复杂性，还希望问题能够系统覆盖需要学习的知识。这都对问题库的构建提出了很大挑战，成为PBL教学法推广和普及的一个主要障碍。PBL教学法通过典型问题去覆盖知识，类似于后面分析的范例教学法，存在本质困难，因为体系性的知识很难用若干个范例或问题去完整表述。因此，PBL教学法更多适用于高年级的应用性课程，而不适合基础课程。真实的问题往往复杂，而复杂问题的解决有更大的不确定性。学生存在个体差异，如果在复杂问题上出现错误，会有各种各样的原因，教师的纠错和指导会更为困难。

类似于案例教学，PBL教学法强调真实问题，也是希望尽可能让教学场景更像真实工作场景，以便未来学生在工作中可以实现有效的迁移。但实践上，模拟真实工作场景的必要性是值得斟酌的。实际工作是复杂多变的，在课堂上去模拟很费力。比如，医生在独立诊治之前是有实习阶段的，在这个阶段体验真实工作场景更为方便。因此，学校还是应该让学生在更为抽象的层面理解基本概念、基本原理和基本操作。此外，在实际工作场景的学习与学校的学习是有很大差别的，现实场景讲求效率，没有时间让人做仔细的反思，学校学习有一定的闲暇，学生的心态相对悠闲，可以有更多的试错机会，错了也不需要承担现实性的后果，教师和学生之间没有利益冲突，教师的唯一目标是为了学生的学习。也就是说，学校学习是要发挥自己的优势，过分追求模拟工作场景，有可能会费力不讨好。

教师和学生在PBL教学中都投入了巨大的精力，无疑比传统的讲授法效果更好，但考虑到投入成本后，对PBL教学法的性价比则需要重新思考。当然，讲授法在能力培养方面有缺陷，为了实现能力培养，在没有更好选择的时候，即使投入巨大，也是必要的。

对分课堂有可能提供了一种新的选择，引发了对 PBL 教学法的调整。类似于对案例法的改造，对分课堂建议用一系列不完美的子问题来代替 PBL 教学法要求的较为完美的复杂问题，具体流程与基于对分的案例教学是不一样的。

在研讨式教学中，学生进行的是研究活动，而研究是开放性的，开放性意味着不确定性。各个小组如何解决问题，是否能解决问题，以及小组内各个成员参与的程度如何，这些都带来了评价方面的困难。另外，研讨式教学打破了以讲授为主的班级授课模式，而是代之以个人自学为主，小组切磋交流，然后由学生在全班轮流汇报学习成果，在教学组织上增加了难度。小班问题不大，如果是大班就需要分小组，为每个小组提供教室和设施，要求教师或助教有很大投入，同时，学生自己的课后投入也是巨大的。探索意味着常常会有错误和浪费，如果教师给予较多的监控，有可能保证多数学生都有一定的收获，如果教师投入不够，可能有相当学生获益不足，导致学习失败。另外一个问题与教材有关，即如果不用教材，需要教师准备很多资料，学生也需要查找很多资料，时间投入很大，而且很难控制最后学习的内容，而如果使用教材，又很难体现出探索性和开放性。

对于研究生课程，这些问题都不重要。研究生是小班教学，学生的能力、动机很强，学生的背景比较均衡，教师在自己最熟悉的领域指导学生，相对较为容易；研究生本来就是以研究为职业目标的，愿意投入时间和精力提升自己的研究能力；研究生学习的常常是学科前沿进展，本来就没有现成的教材。本科生情况则有很大不同，本科阶段大班更多，学生的基础、能力、动机参差不齐，课程未必是教师的专长领域，很多学生也不需要培养深厚的研究能力。所以，即使在欧美，研讨式课堂在本科课程中的运用也非常有限。欧美大学的课程有很多讨论，但如果要达到全面、深度研讨的地步，也是不太现实的。

对分不强调小班教学，主张基于教材内容，在教师的指导下做有限的内容发散，控制学生自我拓展的范围，不能偏离教材太多。在课外，对多数学生不主张做过多的资料查阅和自主探索，减轻了学生的学习负担，但又给少数的优秀学生或有需求的学生足够的开放空间。这些理念都使得它更适合于本科和本科以下的基础教育，更容易在能力培养之外，兼顾系统性的知识学习。

对于研究生群体，对分其实包含了研讨式教学，而且修正了研讨式教学中的一个理念问题，那就是对研究的过度注重。即便对于研究生群体，教学毕竟不是研究，不能只顾深度，要有一定的广度，以开阔学生的视野。对于研究生群体，对分课堂仍然强调教师的作用，教师要给予学生更多的支撑，比如，准备充分的材料，减少学生个人查阅资料的投入，给学生更为明确的引导和限制，不能任由学生发散。因为如果发散后教师指导不够，学生只能不了了之。

依据对分的理念，教师要更为严格地遵循先个人独立思考，随后小组讨论，最后再全班讨论的流程，以提升教学效率，避免常规讨论法中的即时讨论。对分也注重学生的科研能力，但不认为这种能力需要全部在一门课中培养。教师不应该对自己课程的价值抱有过高的期望，期望不切现实，就不容易实现，进而容易产生挫败感。即便最终得以实现，也需要过高的投入，常常是以牺牲其他课程为代价的。学生在一门课上学得好，但其能力可能过于专门化，未必能迁移，获得了深度，却牺牲了广度。这样的牺牲是否值得，是需要认真考虑的。

发现是非常困难的事情，其实它并不是社会多数人生活的常态，多数人也不需要过高的发现能力。在现实中，为了发现，人们需要聚焦到非常狭窄的问题空间去深入探究，但学校的学生并不需要这么专门的知识。重要的是，必须考虑个体差异，一堂课或在规定的时间内，可能只有部分学生能完成发现过程，而另外的学生就不能完成，这会给教学组织带来极大困难。

在很多情况下，发现法既无必要，又不可能。一个人完全靠自我发现学习一切东西是对人类知识积累的浪费。发现法的运用范围有限，不能用于大班教学，只适合自然科学的某些知识的教学，真正能够运用发现法学习的只有极少数学生。发现式学习的主要问题是，它忽视了教师系统讲授的价值，浪费时间，效率低下，没有充分发挥集体教学的优势。

发现法的缺点并不会制约它的局部运用。在师生比例较高、教学资源丰富而时间压力不大的情况下，尝试发现法能像研讨式教学一样有效培养学生的学习能力，不过如前所述，其会在知识广度上有所损失，需要权衡利弊。

发现式教学其实有两个精华：①主张学习内容具有一定的挑战性，激发学生的学习热情；②提供给学生开放的探索空间，激发学生的求知欲。但对这两点都不能过分强调，因为挑战性太强或探索空间太大，学生不能获得确定的成果，会导致挫败感。关键在于，教师要给予足够的指导：①要对过难的问题做一定的讲解，降低难度；②要限定问题空间，减少学生探索的盲目性；③不能期望学生一定能够发现。探索的目的是让学生认识到自己的困惑所在，能发现规律固然有价值，即使不能发现规律，但在探索的过程中通过与同学的交流和讨论认识到自己的问题所在，纠正错误，理清思路，也是很大的收获。教师不要过分看重结果，应该在学生学习的早期提供引导，在中间阶段给予支持，在最后给予提点，以促进学生的学习，帮助学生获得成果。

对分课堂则纠正了发现式或研究性学习对发现或研究的过分强调，主张"有指导下的发现"和"适度的探究"，在讲授中避免覆盖，注意留白，以悬念和不确定性引发探究，让学生能够在探索中展示一定的创造性，是对讲授法和探究法合理的折中与权衡。

第四节 新近模式概述与分析

一、慕课与翻转课堂

（一）慕课

"慕课"（massive open online course，MOOC）指大规模的开放性在线课程。大规模指学生人数众多，每门课程可多达数万人到十几万人，开放性指对公众开放，只要愿意学习的人都可以参与，在线指授课资源、学生学习、教师答疑、辅导、测评、考试都可以在线化。慕课与翻转课堂一起，是过去十年中最受关注的两种教学模式。

慕课的概念最早可以追溯到1962年美国发明家 Engelbart 提出的一项研究计划。其计划中有一个设想，即把个人计算机与计算机网络结合起来，形成一种大规模的、世界性的信息分享。2007年，美国犹他州立大学的 Wiley 教授开设了一门网络开放课程，允许世界各地的用户分享课程资源，并参与该课程。2008年，加拿大学者 Cormier 和 Alexander 最先提出慕课概念，随后被 Siemens 与 Downes 用于其开设的"连通注意与连通知识"课程。这门课程有来自一所高校的25位大学生付费使用，还有2300多位来自世界各地的学生免费在线参与。

进入2011年，在斯坦福大学等美国名校的推动下，慕课得到迅速发展。作为慕课三大平台之一的 Coursera，吸引了全球81所高校或机构加盟，共享386门课程，注册学生超过400万人。2012年被媒体称为"慕课元年"，慕课也被誉为"印刷术发明以来教育最大的革新"。随着慕课在全球高等教育界引发热潮，国内北京大学、清华大学、复旦大学等知名高校也相继加入。同时，慕课也很快进入了国内基础教育领域。2013年8月，华东师范大学国际慕课研究中心联合国内20余所优质高中正式成立了C20慕课联盟，随后扩大到初中、小学。有学者认为，慕课在全国中小学已成为一股不可逆转的潮流，是继个别教学、班级授课制以来教育界最重要的革命。[①]

与视频公开课相比，慕课的根本改变在于视频课程被切割成10分钟甚至更短的微视频，视频结束时，会出现检测与反馈，测试学生的学习效果。学生在网络平台上可以随时提问，由教师或其他学生提供解答。

[①] 陈玉琨，田爱丽. 2014. 慕课与翻转课堂讨论. 上海:华东师范大学出版社；李晓明. 2015. 慕课. 北京: 高等教育出版社.

在实践中，多方面的因素影响了慕课的发展。比如，慕课缺乏有效的学分和证书认证体系，还面临着辍学率高、在线学习效果不佳等问题。在美国，2013年慕课就开始降温，在国内，2013—2014年慕课非常热，到2015年、2016年进入了一个低谷期。因此，对于慕课的未来走向，还需要进一步观察。

（二）翻转课堂

翻转课堂是一种新兴的教学模式，即学生在课前通过观看视频学习新内容，回到课堂上在教师的辅导下参与讨论，实现对学习内容的深入理解。学生观看的视频常常被称为"微视频"。理论上，微视频与学习单、学生的学习活动流程等结合起来，构成了一个完整的"微课程"，或称"微课"。但在实践中，对微课与微视频的区分并不清晰。

翻转课堂有三个起源，具体如下。

2000年，美国 Lage 等在迈阿密大学讲授"经济学入门"课程时，最早采用了翻转教学的形式，即学生课下利用互联网和多媒体观看讲解视频，在课堂上以小组的形式完成作业。2000年，Baker 在第11届大学教学国际会议上发表论文，正式提出了"翻转课堂"的概念。

2007年，美国科罗拉多州两位高中化学教师伯尔曼和萨姆斯开始使用软件录制讲课时的幻灯片和讲解的声音。他们把录制的视频上传到网络，为由于打工或其他原因无法到课堂听课的学生补课。经过进一步的改进，他们逐渐形成了以学生在家观看视频，教师在课堂上进行辅导，或对困难学生提供帮助的模式。后来，他们推动这个模式在美国中小学得到更多的应用，使得翻转课堂的理念和模式在美国逐渐流行起来。伯尔曼和萨姆斯曾相继获得"数学和科学教学卓越总统奖"[①]。

可汗是从孟加拉国到美国的移民，在美国麻省理工学院获得数学计算机科学学位。2004年，可汗通过聊天软件、互动写字板和电话帮助其七年级的表妹学习数学。后来，其他亲朋好友也来求助，他就开始用业余时间制作不到10分钟的短视频，放到 YouTube 网站，帮助更多的人解决数学问题。由于短视频受到热烈欢迎，可汗于2007年成立了非营利性的"可汗学院"，在网站上用视频讲解不同科目的内容，并提供其他学习辅导工具。2009年，可汗辞掉工作，全职从事相关课程的录制。可汗学院得到盖茨基金会等各界的赞助，被誉为"互联网时代的教育革命"[②]。

20世纪50年代，世界上很多国家包括中国都进行了广播电视教育的大量尝

---

① 乔纳森·伯格曼，亚伦·萨姆. 2015. 翻转课堂与慕课教学：一场正在到来的教育变革. 宋伟译. 北京：中国青年出版社.
② 可汗. 2014. 翻转课堂的可汗学院：互联时代的教育革命. 刘婧译. 杭州：浙江人民出版社.

试,类似于翻转课堂。翻转课堂的视频有独特的地方,更加吸引学生。首先是视频短小精悍,只有几分钟到十几分钟的时间,针对特定问题,在电脑上播放时可以暂停、回放等,方便学习;其次是教师常常不出现在视频里,视频内容聚焦在学习内容上。

在当前的具体实践中,翻转课堂的一般环节是:学生课前自学教学视频并完成课前练习题—教师根据学生课前测试的情况,在课堂引导学生分组或全班探讨疑难问题—学生最后展示学习成果—教师做总结。

二、理念分析

慕课运用互联网构造虚拟课堂,让一名教师面对来自不同地方的成千上万的学生。传统实体课堂局限于一个教室,能容纳数十名最多能容纳数百名的学生,其授课的规模性和开放性根本无法与慕课相比。在这种大规模的授课模式下,授课教师基本上无法与学生交互,即使配备大量辅助教师,在师生交互上也无法优于实体课堂,而生生交互更多局限于网络空间,效果更差。因此,学生群体的大规模性,对生生交互而言是一个负面因素。

好教师虽然很重要,但如果学生拖延或者不学,教学效果也不会令人满意。在传统课堂上,当学生规模达到一定程度时,即使讲授者是名师,授课效果也会下降。虚拟课堂规模更大,同样的问题会更严重。学生单人在网上完成学习,往往要利用业余时间,在起初的新鲜、兴奋之后,遇到困难或事务繁忙时,就会拖延。

慕课可以把过去在数十所大学由数百位教师讲授的课程,由一位名师或明星教师来完成。慕课的核心理念,是通过规模化提高知识传授效率,这对降低高等教育的费用,有着十分积极的意义。但该理念的前提假设是,名师通过视频教学,在教学效果上能够达到甚至超越一般教师的真人教学。显然,这个假设是有前提条件和适用范围的。其除了要求学生具有更强的主动性外,类似于翻转课堂中大量学生观看同一视频的情况,慕课要求学生间的差异不能太大。大学生经历了高考选拔,同质性比中小学学生强,这就表明慕课在大学更容易推广,但进入中小学会比较困难。此外,有证据显示,注重一般性知识传授的课程,如量大面广的内容,或者科技前沿的内容,可能更适合慕课的形式。

不过,即使慕课能够在很大程度上解决一般性知识传授的问题,也无法涵盖人才培养的全部环节。从更深刻的教育理念的角度看,数万到数十万的学生接受同一位名师的"灌输",会不会导致群体思维的单一化、模式化,损害学生的多样化发展,这是一个值得思考的问题。总体来说,慕课关注大规模、开放性的虚拟课堂,而对分课堂关注小规模、封闭性的实体课堂,慕课强调知识传授,而对分课堂强调交互学习与内化和吸收,两者是互补而不是对立的关系。

发展慕课的一个重要目的是增进教育公平。比如，希望通过网络把优秀教师的授课视频传到西部，让西部学生能听到高水平的课程。但这里存在的问题是，视频能否取代真人授课？也有的人设想用名师视频加上当地教师做辅导或助教，让名师来完成讲授环节，而让当地教师来完成讨论和交流环节。这也存在一些逻辑上的问题，比如，组织有深度的交流和讨论其实比讲授更为困难。慕课可能更应该被用于对教师进行培训，提升当地教师的教学水平。

在传统课堂上，教师在课堂上完成知识传递，学生在课后完成内化和吸收。由于课后缺乏教师和同学的支持，学生在内化和吸收阶段常常会感到挫败，而翻转课堂重构了这个学习过程。学生通过学习视频，在课前完成信息传递，而在课堂通过做作业来完成内化和吸收。在做作业的过程中，学生可以得到教师和同伴的帮助，增强了师生交流和生生互动。比如，教师在巡视过程中，可以对个别学生进行辅导，而在教师与个别同学对话时，其他学生可以形成合作小组，互相帮助。改进后的翻转课堂可以给不同的学生提供不同的视频，允许他们按照自己的进度安排学习，完成不同的作业，使得学习更具个性化。

翻转课堂与对分课堂的区别表现在以下方面：①在课堂组织方面，对分课堂的一半是讲授，一半是交互式学习，而翻转课堂全部是交互式学习；②在知识传递方面，对分课堂缩减但保留了教师的讲授过程，而翻转课堂用视频观看完全取代了讲授过程。通过强化课下学生的独立学习，在课堂时间引入交互式学习，增加师生互动、生生互动，打破单纯灌输的传统授课模式，是翻转课堂和对分课堂共同的优点。

翻转课堂的最初定位是补课，对无法按时上课的学生帮助很大。但在多数学生应该也能够按时上课的情况下，其优势并不明显。翻转课堂让学生在家自主观看视频，对学生的自控能力和学习主动性要求较高，对好学生更适合一些，可以让家长督促学生，但这实质上是把教师和学校的责任推卸给了家长，有一定的局限性。

翻转课堂的一个核心要素是高质量的教学视频。制作少量视频供大群体使用，可以控制成本，但大群体必然会产生个体差异，视频再优秀也很难应对巨大的差异性。这样一来，翻转课堂在视频制作上就存在一个两难境地：考虑学生的差异性，成本太高；不考虑学生的差异性，效果不好。随着时间的推移，可能在全国范围内积累了大量视频，每位教师都能找到适合自己班级、课程、章节的视频。但不同来源、不同风格视频的混搭，会使教学过程缺乏一致性和连贯性，给学生带来很多困惑，效果未必会好。另外，教师通过大量观看他人视频，从中筛选合适的优秀视频给学生看，从效果上未必胜过通过观摩少量名师视频，学到精髓，提升自己的教学水平。在教师具有一定水平之后，真人面对面讲授的灵活性、可控性、及时性、低成本是视频所无法比拟的。翻转课堂取消了真人讲授，这些优点也都不复存在,而对分课堂部分地保留了真人讲授,也就保留了这些优点。

在对讲授和内化的理解上,对分课堂与翻转课堂不太相同。翻转课堂倡导把知识传授放在课后,通过视频替代教师讲授,而在课堂上通过作业和讨论完成知识内化。对分课堂认为,视频无法全面取代真人讲授,教学包含人与人丰富的心理互动,而人与视频不存在人际关系。对分模式保留了教师的课堂讲授,但大幅度缩减讲授时间,提倡引导性讲授,更加突出讲授法的精髓,留出内容让学生独立学习,给予学生发挥自我能动性的空间。对分课堂认为内化和吸收本质上是个体行为,应该让每个学生按自己的节奏和方式在安静的环境中去独立完成。内化应该明确地体现个性化学习,而不应该让所有学生步调一致地去完成。在理想情况下,内化应该放到课后进行,因为讨论等集体活动并不是实现内化的适宜场景。

如果忽略掉技术层面的因素,翻转课堂与自主课堂是类似的,也是主张先学后教,而对分课堂则主张先教后学,两者在这一根本教学理念上是对立的。

第五章

对分课堂的理论基础

第一节 学习与教学理论总述

要从理论上充分阐述对分课堂,首先需要系统地回顾和分析以往的主要教学理论。教学的核心目的是让学习发生。什么是学习?学习的过程是怎样的?这些都是心理学研究的课题。教学理论的基础在于心理学的学习理论。从20世纪20年代到70年代,主要发展出了4种学习理论,分别是行为主义、认知主义、建构主义和人本主义。第二次世界大战以后,世界范围内的教育改革形成了3个最有影响的现代教学理论,分别为发展性教学、结构主义教学(或发现式教学)和范例教学。

以下的分析遵循一个新的思路,即对于每个理论,不详尽描述其时代背景、发展历程、代表人物、历史局限性等,而是力求抽取出该理论的代表性观点和核心原理,同时,这些观点和原理对于当今教学应该有较大价值。通过关注该理论对教学的启示,希望能帮助普通教师把这些原理与自己的教学实践更为具体、明确地结合起来,而不必回到原有的历史和学术背景中去。[1]

一、学习理论

(一)行为主义

最早对学习理论进行研究的是行为主义,始于20世纪20年代初,主要以桑代克的联结主义学习论、巴甫洛夫的条件反射论和斯金纳的操作学习论为代表。

---

[1] 安妮塔·伍尔福克. 2012. 伍尔福克教育心理学(原书第11版). 伍新春译. 北京: 中国人民大学出版社.

1879年，冯特在德国莱比锡大学成立世界上第一个心理学实验室，标志着心理学作为一门独立科学的诞生。当时主要的研究方法是内省法，也称自我观察法，通常要求被试（研究者的观察对象）把自己的心理活动报告出来，并从中得出一定的结论。这种方法的主观性太强，常常会得出互相矛盾的结果。

20世纪初在美国诞生的行为主义，带来了一场心理学的革命，统治美国心理学30多年，对美国和世界的心理学都产生了深远的影响。行为主义主张心理学不应研究不可捉摸的意识活动，而应去研究看得见、摸得着或可以实际观察和测量的客观现象，即人的行为，比如，肌肉的收缩和腺体的分泌。对行为的注重是行为主义的核心理念。

行为主义认为，教育是为了培养社会需要的人，而教学的目的就是要改变学习者的行为。学习的本质是在外界刺激和行为反应之间形成联结，而教学就是帮助个体形成这种联结，形成相应的行为习惯和技能。我们称其为学习的行为原则。

另外，如果对学习者的反应进行强化（比如，正强化，给予奖励；负强化，撤除惩罚），能增加该行为出现的概率，而如果进行惩罚（比如，正惩罚，增加痛苦；负惩罚，剥夺休息），能降低该行为出现的概率。教学中通过这两类反馈来改变学习者的行为，我们称之为基于奖惩的反馈原则。

对于一个学会了的刺激-反应之间的联结（如作为某个题目类型的刺激与作为这类题目解决过程的反应），使用的次数越多，会变得越强，反之则越弱，会带来遗忘，我们称之为机械训练原则。

在学习过程中，学习者先随机作出某种行为，然后根据奖惩反馈，调整该行为的频率。通过随机、机械、无思考的尝试和犯错后形成刺激-反应联结的过程，可以用尝试错误原则来描述。

在学习效果的评估方面，行为主义强调测试的精确性、具体性和客观性。比如，以学生记住多少材料或者是否掌握某种技能为标准，注重标准化测试，只看结果，不管过程，我们称之为客观测试原则。

在教学过程中，由简单到复杂，分步骤呈现信息，通过奖惩反馈让学生掌握一个步骤后再进行到下一个步骤，我们称之为操作性程序原则。这个过程也体现了由简单到复杂、由个别到一般、由具体到抽象的原则，可称为递进原则。

学习开始前，行为主义注重让学生做一些基本准备。没有准备好，会影响学习效果，而如果准备了却没有进行教学，也会影响以后的学习效果，我们称之为学习准备原则。

行为主义认为教材是学习过程的关键刺激，学习的重点在于如何呈现教材，一切教学活动都要从教材开始，以教材结束，我们称之为教材中心原则。

教师是教学过程的实施者和全权控制者，而学生是被动的服从者，这里体现了绝对的教师中心原则。

早期行为主义的学习观强调奖惩,晚期行为主义的班杜拉提出的"观察学习理论",则突破了这个框架。在 1961 年的一个实验里,他发现儿童看到成人击打一个充气娃娃后,也学着成人的动作击打充气娃娃,说明儿童可以通过观察成人榜样的行为而习得新行为,而这个学习过程与奖惩无关,我们称之为观察学习原则。

行为主义给心理学带来了巨大的发展,但因其对内在心理结构和过程的忽视,也存在着很大的缺陷。20 世纪 50 年代兴起了认知革命,到 20 世纪 80 年代,认知主义在心理学大多数领域都取代了行为主义成为主流。认知也可以称为认识,主要关注人在认识外界事物时进行的信息加工过程,包括感觉、知觉、记忆、概念形成、思维、想象、言语、判断和智力等,不再局限于外在行为。认知主义认为,人脑包括很多信息加工模块,互相影响、互相作用,可以完成无数的复杂行为。

(二)认知主义

德国的格式塔心理学是认知主义的一个早期源流。1915 年前后,克勒以黑猩猩为研究对象进行了大量实验。他把黑猩猩安置在各种不同的情境中,观察它们如何解决问题,取得食物。他发现,当食物放在动物前肢够不到的地方时,黑猩猩会用棒或其他东西把食物拨过来,当食物被吊在天棚上时,黑猩猩会把墙角的木箱子搬过来用作垫脚台,还会把几只箱子叠在一起增加高度。

重要的是,动物在初次尝试不成功后并没有盲目地尝试、犯错,而是坐下来观察情景,然后突然显露出领悟了的样子,并迅速采取正确的行动,顺利解决了问题。这表明,动物在观察过程中,在内心构建了一个组织结构,准确反映了情境中物体间的关系,根据这个结构的引导,迅速克服障碍,获得食物。据此,克勒提出了顿悟学习原则,认为动物能在很短的时间内领悟到刺激和反应之间的结构关系,表现出完全不同于尝试错误的学习方式。这就突破了行为主义认为只有外在行为才是学习关键元素的理论框架,引发了对学习过程中动物内在心理活动的研究。

20 世纪 40 年代前后,美国心理学家托尔曼研究了白鼠的迷宫行为。他把白鼠放在迷宫里,让它们在没有任何奖励或惩罚的情况下,自由活动一段时间。随后,他发现白鼠能够从起点很快跑到放有食物的终点,而且如果通往终点的一条道路被堵住了,动物会迅速切换到另外一条道路。看起来,动物学到了迷宫的空间结构,脑子里有一幅迷宫的地图,被称为认知地图。这些研究表明,外在的奖惩并不是学习产生的必要因素,没有奖惩也会出现学习,但结果可以不表现出来,托尔曼称之为"潜在学习"。这也是一个非常重要的原则。

托尔曼认为，白鼠在走迷宫时，根据对情景的感知，受到它们头脑中认知地图的引导，或者说地图带来了一种预期。比如，走第一条道路能最快达到终点，但如果走到一半，发现道路堵塞，这个预期跟实际的结果不吻合，就提供了一个信号，让动物更正自己的行为，下一次避开第一条道路，直接走另一条。动物走第一条道路的时候，不同于随意、盲目的尝试，而是有目的的探索行为。这里体现的可称为探索学习原则。如果走第一条道路顺利抵达，预期得到证实，这种证实是一种强化，就是所谓的内在强化。所以，探索学习本身是内部驱动的，自我预期是学习的反馈信号，而不依赖于外界的奖惩。

认知地图体现了认知结构原理，也就是说，在潜在学习过程中，白鼠形成了迷宫空间构型的内在信息表征，这个表征描述了迷宫内多个地点和路径之间的相互关系，正像一幅地图一样，是一种结构性的表征。这个原理对认知主义是核心的，而对行为主义则是根本性的颠覆。

瑞士的皮亚杰是发展心理学的开创者，他用图式这个非常重要的概念，把认知结构的观点更为清晰地表达出来。皮亚杰认为，儿童通过与周围环境的相互作用，使自身的认知结构得到发展。如果个体能把外界刺激所提供的信息整合到自己原有的认知图式中，这个过程叫作同化。如果原有的图式无法整合新信息，儿童的认知结构就会出现不平衡，会经过重组与改造而发生改变，实现新的平衡，这个过程称为顺应。

儿童的认知结构就是通过同化与顺应过程逐步建构起来的，在"平衡—不平衡—新的平衡"的过程中不断丰富、提高和发展。同化与顺应中包含了认知冲突原则的萌芽，即认知结构中的冲突能促进发展。图式能够包含由概念组成的更为复杂的结构，比感知觉和空间位置信息更为抽象，深化了对认知结构的理解。此外，皮亚杰的认知发展理论的一个核心是认知发展原则，即儿童在不同的发展阶段能够掌握的知识结构是不同的。

认知主义的代表性人物是布鲁纳，他提出的学习理论是认知发现理论。该理论认为学习是学习者主动地把学科基本结构转化、形成认知结构的过程。学科的基本结构是指学科的基本概念、基本原理及学习该学科的基本态度和方法。学科结构超越了事实和技巧的堆积，是各部分有机联系的整体。理解学科的基本结构有助于理解和记忆学科具体知识，更有利于学习的迁移和应用。教科书的地位非常重要，因为需要通过教科书把学科的基本结构展示出来。

认知结构被认为是学习者头脑里的知识结构，是学习者全部观念或某一知识领域内观念的内容和组织，是人关于现实世界的内在的编码系统。学习过程就是通过分类、组织和编码，把同类的事物联系起来，形成一定的结构。克勒与托尔曼的学习理论是以动物学习研究为基础的，是知觉水平上的认知，而布鲁纳的理论是以人类学习研究为基础的，涉及抽象思维水平上的认知。认知发现理论强调刺激与反应之间的联系是以意识为中介的，使新材料或新经验和旧材料或旧经验结为一体，强调了认知过程的重要性，使认知结构原则得到清晰、完整、系统的表述，使认知主义的学习论在学习理论的研究中开始占据主导地位。

布鲁纳的认知主义强调发现学习。发现学习是指学生在学习情境中通过自己的探索来获得问题的答案，希望学生能像科学家一样去作出假设，通过推测、判断解决问题，发现知识。发现原则本质上是符合归纳原理的，即从个别、少量事例中推导、发现一般性的规律和原理，因此可以表述为归纳学习原则。

认知发现理论内涵丰富，除了发现学习原则外，还体现了很多新的原则。①主动学习原则，即理想的学习过程应该是学习者主动启动的；②认为学习是由一系列过程组成的，不仅要注重学习结果，更要关注学习过程，可称为过程性原则；③强调学生的独立思考，即独立思考原则；④关注新知识与旧知识的融合及联结，可称为新旧联结原则。认知结构强调信息的组织、提取，而不只是存储，这个可称为信息组织原则，是认知结构原则的一个自然推论。

互相联系、有组织的知识更容易理解和记忆，包括保持和提取，这其实反映了心理学记忆研究中的精细加工原则。该原则表明，学习者如果对学习材料进行某种形式的认识重组或深度加工，比如，向他人解释材料，信息在记忆中会更好地得到保持，并与记忆中已有的信息相联系。好的教学应该给学生一个探索情境，而不是直接传授现成的知识，这可称为情境性原则。如同科学研究，探索发现过程中未必是遵循规定好的步骤进行严格的、细致的分析和逻辑推理，常常会在自己的知识经验的基础上有感悟性的、跳跃性的想法、观点、判断，这个可称为直觉思维原则。

强调内部动机、鼓励超越外部奖惩、从学习探索活动本身得到快乐和满足是内在动机原则。由于目标是使学科的基本结构转变为学生头脑中的认知结构，教学必须更重视学生的作用，这就引出了学生中心原则。不同年龄阶段的学生有不同的特点，如何根据他们的特点，以及其观察和理解事物的方式去展示、教授学科结构，这就将皮亚杰的认知发展原则进一步深化了。强调主动发现、独立思考过程，强调联系、组织、结构等，这些在更高的层面上，是强调思维的培养，可以提炼出一个思维能力原则。

对新旧知识关系最清楚的论述来自于奥苏贝尔。基于新旧学习材料之间的内在逻辑关系，他区分了机械学习与有意义学习。机械学习通过人为规定，把新旧知识联系起来，这样的联系是表面性的，学生并不理解两者间的真正关系。有意义学习应该在新观念与学生认知结构中的原有观念之间建立非人为的实质性联系，新观念被同化到原有的系统中，在学习者头脑中形成有意义的表征。这可称为意义学习原则。

虽然奥苏贝尔也提到了发现学习，但是其关于学习的观点恰好与布鲁纳的发现法相反。他认为学习应该主要通过接受而发生，教师经过仔细考虑，以有组织的、有序列的完整的形式，呈现最有用的材料。学生只需要把教学内容结合进自己的认知结构之内，以备将来使用。教师组织得越好，越有意义，学生学得越好，越能明白其意义。他将这种方法叫作"讲解教学"，非常接近传统的教学方法。从奥苏贝尔的观点中，可以归纳出一个接受学习原则和一个系统讲解原则。虽然是接受式教学，但奥苏贝尔的讲解式教学也特别强调互动，希望通过督促学生反应，保持注意。此外，其希望教师大量利用例证凸显意义学习。

与发现学习遵循归纳原则恰恰相反，奥苏贝尔主张学习是演绎过程，即从对一般的理解到对特殊的理解，他的"先行组织者"设计也集中体现了这一点。"先行组织者"是在学习之前以通俗易懂的语言呈现的一些引导性材料，比如，学习内容的属性、类别知识，或可以与学习内容形成比较的知识，让学习者能更有效地联系原有知识与学习内容，为新的学习提供观念上的固定点。这种设计，可称为先行组织者原则。该原则除体现了演绎学习原则外，还体现了新旧联系原则和认知结构原则。奥苏贝尔很有价值的一个观点是，接受学习未必是机械的，而发现学习也未必是有意义的。讲解得法，学生仍然可以学到意义，而记住一些"发现的步骤"，撞到一些结论，但并不理解自己在做什么、为什么这样做，并没有做到有意义学习。

加涅用计算机信息加工过程类比人类的学习。学习者接受外界刺激，进行编码并储存在记忆中，随后参与决策与外在行为。从信息感知到注意选择，到语义编码、核查、反应等阶段，都融合了反馈及强化过程。学习内容体现为外部输入刺激的结构与形式，学习效果取决于学习内容是否与学习者以前习得的知识技能、动机和学习能力相适合，可以称为教与学的匹配原则。

认知主义者虽主要分析认知过程，但布鲁纳对情绪因素已有所提及，而奥苏贝尔对动机因素也开始关注。奥苏贝尔认为学校情境下的动机有3种类型，分别为认知驱动力、自我提高驱动力和附属驱动力。认知驱动力表现为认识和理解外界事物的愿望，获得和掌握知识的需要，也就是人们常说的好奇心、求知欲。

人类的好奇心和求知欲是天生的，所以认知驱动力是一种普遍存在的、稳定的动机，它指向学习活动本身，完成学习活动就能带来求知欲的满足。学习的结果就是学习的目标，好奇不是为了别人，就是自己觉得有意思、想知道。不假外求的认知驱动力是内部动机。自我提高驱动力表现为提升自己的能力来赢得一定的社会地位，获得别人的尊重。由于地位、自尊都涉及与他人的比较和外界的评价，通过学习达到提升能力的结果只能是手段，最终的目标是地位和尊重，这样的驱动力是一种外部动机。附属驱动力表现为获得如教师、家长或集体的赞许或认可的需要。相对于自我提高驱动力，这种动机更为表层化和短期化，更多依赖于外界的反馈，是更为清楚的外部动机。

相对于求知和好奇，自我提高的动机更依赖于外界标准，在严格的学术意义上可以归类到外部动机，但从普通人对心理行为进行分析、理解的角度而言，这样的动机其实是根源于内部的。比如，一个学生立志成为业界最优秀的设计师，这不单纯是对知识和能力的追求，也涉及对地位的追求。这一志向可能驱动了这个学生随后数十年的职业发展。从普通人的角度看，这个动机已经是高度内化的了，所以在教学中可以视为内在动机。从奥苏贝尔的理论中可以提取出3个与学习动机有关的原则，即求知动机原则、内部动机原则和外部动机原则。

与动机密切相关的是班杜拉提出的自我效能感的概念。自我效能感反映了一个人对自己能否成功执行某种特定行为，能否有效地应对某个问题情景的判断和信念。如果某个人对自己能完成20个引体向上很有把握，那就表明其对这个任务的自我效能感很高。如果某个人觉得数学老师讲得没有问题，但估计自己不太能听得懂，这就表明其对数学学习的自我效能感较低。

自我效能感与自信都是一种自我感觉，二者有联系，但也有很大的区别。从心理学的角度看，自信是指个体对自己较为全面的评估，属于一种比较稳定的人格特点，而自我效能感可以随不同的任务、时间、地点而变化。同一个人，可能对体育学习的自我效能感很高，但对数学学习的自我效能感很低，可能今天对考试取得好成绩比较有把握，但明天就觉得不那么有把握，或可能对英语四级考试取得好成绩有把握，但对英语六级考试没有把握。通俗点说，自我效能感是一个人在某种特定情景下，对自己能否实现某个特定目标的信心。自我效能感越强，就越敢于采取行动去实现这个目标，也会选择较高的目标，在实施行动的过程中也会敢于承担风险，愿意付出更多坚持和努力，更有毅力，更不会轻易放弃。自我效能感越弱，就越容易认为自己缺乏应对能力，更倾向于回避问题，遇到挫折时也更容易产生焦虑和悲观情绪，容易放弃。由此可见，自我效能感影响着个体的行为。如果我们能够增强一个人对某项学习任务的自我效能感，就能增加此人执行和完成这项任务的动机，这可以总结为自我效能感原则。

（三）建构主义

建构一词对应的英文是construct，动词形式表示建造、构造、创立，名称形式表示结构、构想，大意是说通过某种活动，经过一个过程产生一个有结构的事物。皮亚杰是认知主义的早期代表，但其理论中也体现了建构主义的思想。皮亚杰认为，儿童通过与周围环境的交互逐步获得关于外部世界的知识，发展了自身的认知结构。其理论中的同化与顺应概念，都体现了结构的变化过程。

美国的科尔伯格是皮亚杰理论的重要继承和发展者，不过他关注德育，创建了当代最有影响的学校道德教育学派。科尔伯格批判了品德教育、"理想特质"

等灌输性德育仅注重背记道德信条、脱离社会生活的缺陷。他提出的"道德认知发展论"有两个核心观点：一是认为道德教育同理智教育一样，是基于认知的，目的是激发儿童就道德问题和道德决策进行积极思考。二是认为道德教育的目标是阶段性的道德发展。道德判断是一种认知结构体，是人们处理道德问题的观点和策略，类似于皮亚杰的图式，其发展过程也是遵循同化和顺应两种方式进行的。

在同化过程中，主体组织和吸收外界客体经验，不断"建造"有关客体的结构，获得对客体的认知。当现有图式无法同化新事物或解决新的道德问题时，会发生顺应过程，主体会改变自己的内在结构，"建造"新的结构，形成新的图式。从同化到顺应再到同化，机体与外界由平衡走向不平衡再获得新的平衡，循环往复，逐步建构，个体的道德结构在新经验的作用下得到扩充和重构。科尔伯格也非常重视以道德两难问题（如偷药救人）来激发道德认知冲突，让学生通过分析、判断和选择，实现道德认知结构的重组和构建。

基于皮亚杰思想的建构主义关注个体，可以总结为个体建构原则。建构主义的另外一个主要方面以苏联的维果斯基为代表，可称为社会建构。维果斯基强调认知过程中的学习者总是处于一定的社会文化历史背景，个人的高级心理机能发展受到社会活动与社会交往的强烈影响。建构主义学习理论认为，单纯讲授不是学习，学习是在一定的情境中，在他人的帮助下，通过人际协作而实现的意义建构过程，其中包含"情境""协作""会话"和"意义建构"4大要素。

意义建构作为整个学习过程的最终目标，是帮助学生形成有意义的认知结构，反映事物的性质、规律及事物之间的内在联系。有能力记忆和背诵教师的讲授内容是远远不够的，学习者要有发展组织经验、发现结构、形成结构的能力。因此，将当前的学习内容与已知的事物相联系，并对这种联系加以认真思考，是意义建构的关键。

教师应该创建适宜的情境，有利于学生通过协作实现意义建构。协作过程中的一个关键环节是会话，通过会话过程中的交流、讨论，每个学习者的思维成果（智慧）都能为整个学习群体所共享，更有效地完成高质量的意义建构，这就深刻地体现了社会建构原则。

社会建构带来了一种全新的知识观，即知识是人们对客观世界的解释、假设或假说，不再是绝对客观的存在。在具体的问题解决中，常常需要对原有知识进行加工和改造。独立学习或群体交流过程，都有可能修正已有知识，生成新知识。同样的讲授内容，不同的学习者基于不同的个人经验会建构出不同的认知结构，实现个性化的理解。教师不应该视自己为知识权威的象征，而应该重视学生对知识的理解，鼓励他们发展独特的解释和观点，从这里面可以总结出知识生成性原则和个性化建构原则。

意义建构是一个主动过程，建构主义要求发挥学生的主动性去探索和发现，这里体现了学生为中心原则和主动学习原则。建构主义认为，教师不是知识的传授者与灌输者，而是教学过程的组织者、指导者、意义建构的促进者。教师需要激发学生的学习兴趣，通过教材和媒体等创设情境，提示新旧知识之间的联系，引导学生展开探索和协作。从这里面可以总结出几个原则，包括学习促进者原则、情境性原则、社会化交互原则。

建构主义有丰富的理念和观点，但缺乏具体的教学方法，常常显得比较空泛。一般提到的主要有支架式教学（scaffolding instruction）、锚定式教学（anchored instruction）和随机进入教学（random access instruction）。

支架式教学借用建筑行业的"脚手架"概念，主张在学生的学习过程中，教师提供必要的支撑供学生利用来完成学习任务，而一旦学生达到了较高的水平，就可以舍弃这个脚手架。比如，教师把复杂的问题分解为若干个小问题，让学生先解决容易的，然后逐步过渡到更困难的，到最后能够解决整个问题，这就是支架式教学的一个典型案例。学生一旦掌握了方法，未来再解决类似的问题时，并不需要经历这样的分步程序，可以直接解决整个问题。支架式教学强调学生的知识建构需要教师的辅助，其理论依据是维果斯基的"最近发展区"理论。维果斯基把儿童现有的发展水平和其潜在的发展水平之间的区域称为"最近发展区"。儿童很难从当前水平一下跳到潜在发展水平，所以教师需要提供台阶，让学生分步走，逐渐提升，最终达到期望的水平。在教师之外，同伴也常常能够提供支架。维果斯基认为，如果围绕"最近发展区"进行教学，儿童的发展会更有成果，在成人的帮助下，更容易吸收单靠自己无法吸收的东西。"最近发展区"理论认为，儿童的发展主要是通过与他人的社会交往而获得的，这体现了社会建构主义的核心思想。

从最近发展区（支架）原则可以引申出以下观点，即教学应当重视学生的现有水平，以现有水平作为出发点，引导新知识的生长。教学内容的水平要位于最近发展区内，不能低于学生的现有发展水平，导致低效教学；也不能超出学生的潜在发展水平，否则即使教师提供了支架，学生也无法达到目标。这一点对有效教学非常重要，这里用水平适宜原则来表述。

建构主义主张学生到现实世界的真实环境中去感受、去体验，通过获取直接经验来学习。锚定式教学希望以真实事例或问题为基础，这样的事例或问题被形象地比喻为"锚"。当锚被抛到水里后，整个教学内容和教学进程就像轮船的运动一样，围绕着锚的位置展开。锚定式教学也可称为"实例式教学"或"基于问题的教学"或"情境性教学"。

由于知识体系的复杂性，建构主义提出了随机进入教学，针对同样的教学内容，让学习者沿着不同的路径，以不同的方式多次进入，获得对事物更为全面和深入的理解，完成多种形式的知识建构，这里可以提炼出多重建构原则。

（四）人本主义

人本主义是20世纪50—60年代兴起的心理学流派，被称为心理学中的"第三势力"，它与之前心理学的两大传统流派有很大不同。在人本主义之前，弗洛伊德的精神分析理论认为，人主要受性本能和攻击本能的控制，行为主义理论把人与动物等同，只是对外界环境的刺激作出反应。人本主义认为人不是动物，不能把自己的行为都归因于本能或环境，人有自由意志，有能力决定自己的目的和行动方向，应该对自己的行为负责任。正是因为人有选择的自由，所以人要选择有意义、有价值的生活。

马斯洛是人本主义最杰出的代表，曾担任美国心理学会会长，被誉为"人本主义心理学之父"。他提出的需求层次理论，是人本主义心理学的基本理论之一，该理论将人类需求从低到高分为5个层次，分别为生理需求、安全需求、社交需求、尊重需求和自我实现需求。当人的低层次需求得到满足后，会进而追求更高层次的需求。人本主义关注人的需求，对应到学生群体，这5个层次中的每一个，都可以表述为一个学习过程中的原则。比如，生理需求可以提炼为舒适原则，即在学习过程中身体保持良好状态。安全需求体现了安全原则，即在学习过程中不受威胁。社交需求体现了归属原则和信任原则，能够满足人的社会性要求。尊重需求体现了自尊原则，个体希望获得他人的尊重和赞赏。自我实现需求体现了成就原则，个体希望能够取得一定的成功或好结果，确认或证明自我的价值。

不过更为纯粹的自我实现，并非一般意义上的成功，还包括对某事物全神贯注、忘我投入的一种状态和体验。此时的个体不做作，并回归到儿童般的自然、天真与单纯，充分释放了潜能。在学习中，如果充分发挥自己的聪明才智，努力做好自己想做的事情，就可以视为是一种很有意义的自我实现。

人本主义心理学家中对教育影响最大的是罗杰斯，他基于自己在心理咨询实践中贯彻的"以来访者为中心"的原则，提出了以学习者为中心的学习理论，对现代西方教育产生了重大的影响。罗杰斯认为，学生学习是为了满足实现自我的需要，即帮助学生实现自我，因而也应当成为教学的唯一目标。教师必须尊重学习者，必须重视学习者的意愿、情感、需要和价值观（学生需求原则、尊重学生原则、情感价值原则），必须相信学习者能够教育自己（自我教育原则）、发展潜能，并最终达到实现自我的目的。因此，教师要创造良好的环境与和谐融洽的人际关系，调动学生的内在动机（内在动机原则），发展学生的个性，帮助学生发挥潜能和创造性。

对于教学过程，罗杰斯强调了自由发展原则，认为学生在安全的气氛中，应该也能够自主发动学习，自由选择学习内容，主张培养学生敢于涉猎未知的、不确定的领域，并且自己作出抉择的勇气。罗杰斯让学习者自己评价自己，认为只有学习者自己决定评价的准则、学习目的及达到目的的程度并担负起责任，才是真正的学习，这可以提炼为自我评价原则。

与学习动机相关的一个领域是归因研究。归因是一种普遍的心理现象，是指人们从可能导致行为发生的各种因素中认定行为原因的过程。比如，某学生考试失败，就认为考试题目太难，或自己学习成绩差，贪玩不努力，这都反映了归因过程。美国心理学家海德最早对归因进行了研究，他认为人类有理解和控制周围世界的需要，归因体现了人类企图理解和预测他人和自己行为的需求。[1]

归因有内归因和外归因之分。内归因是行为者内在的原因，如人格、情绪、意志等，外归因是产生行为的环境因素，如工作设施、任务难度、机遇等。归因还有稳定归因与不稳定归因之分。稳定归因是导致行为的因素相对稳定，如能力、气质、工作难度等。非稳定归因是相对易变的因素，如情绪、机遇等。如果学习者把考试成绩的好坏归因于个人努力，未来就更可能会继续努力，如果归因于自己缺乏相关的能力，则可能会放弃学习。因此，教师要充分考虑学生的归因过程，从而更好地激发学生的学习动机，强化其学习行为，这方面可以表达为合理归因原则。

二、教学理论

（一）发展性教学理论

发展性教学理论是苏联著名心理学家和教学专家赞可夫[2]经过 20 年的持续研究于 1975 年总结形成的，其核心思想是促进学生的一般发展，即不仅包括智力，而且包括情感、意志品质、性格等。在学习内容上，赞可夫强调超越掌握知识，充分发展能力。在教师角色上，赞可夫主张教师应该积极主动地促进学生的发展，走在学生的前面引导其发展。基于长期广泛的教学实验，赞可夫提出了 5 条教学原则。

1）以高难度进行教学。教学要有一定的难度，稍高于学生的现有水平，带有一定的挑战性，要能够激发学生应对挑战的动力，使学生体会到克服困难后的满足和喜悦，时时感到在学习新东西，满足学生的求知欲。高难度并不是越难越好，而是要注意掌握难度的分寸。

2）以高速度进行教学的原则。教学进度太慢，大量、单调的重复讲授和练习，会阻碍学生的发展，所以要加快教学速度，扩充知识广度，从广度中求深度。高速度也不是越快越好，引导者必须确定学生已经真正理解后，才可以继续进行新的引导。

3）理论知识起指导作用。我们不能低估学生理解和掌握抽象概念的能力，理论学习能使知识结构化、整体化，能使学生理解事物内在的联系，把握一般规律，

---

[1] 刘永芳. 2010. 归因理论及其应用(修订版). 上海：上海教育出版社.
[2] 赞科夫. 1999. 和教师的谈话. 杜殿坤译. 北京：教育科学出版社.

实现知识迁移，进而调动其思维的积极性。

4）使学生理解学习过程。学生不仅要理解知识本身，也要理解知识是怎样学到的。其要求学生理解知识的网络关系，寻找掌握知识的途径，反思产生错误的原因，学会更正错误的方法，学会学习。

5）使全体学生都得到发展。在每个班级的学生中，有好、中、差3种类型。赞可夫认为，差生发展水平低，学习兴趣和信心弱，思维能力差，给差生补课，让他们反复做机械的练习，只会进一步削弱其学习兴趣和自信。因此，在教学中，要采用多种方法和手段，面向全体学生，特别注意要促进差生的发展。

赞可夫的高难度、高速度原则可以归结为挑战性原则，即学习的内容和进度要让学生觉得有一定的挑战性。其对理论知识的强调，与认知结构原则是类似的。让学生理解学习过程，从现代心理学观点来看，是需要发展学生的元认知能力，这个可以提炼为发展元认知原则。另外，关注差生，也体现了面向全体学生原则。

（二）结构主义教学理论

结构主义教学理论集中反映在美国心理学家布鲁纳于1959年完成的《教育过程》一书中。在这部划时代的著作中，布鲁纳阐明了结构主义教学论的实质，认为学习是建立认知结构，即掌握学科的基本结构及学科研究的基本态度和方法。布鲁纳是认知主义的代表，对于其基本思想，在前面的认知主义学习理论中已有介绍。布鲁纳认为，掌握学科结构的最好方法是发现法。所以，结构主义教学理论也被称为发现式教学理论。

发现教学法也叫探究法或假设法。按照这种方法，教师不是将学习的内容直接提供给学生，而是向学生提供一种问题情境，让学生积极思考，自觉、主动地探索科学知识和解决问题的方法及步骤，通过探究，发现起因、联系和规律，形成自己的概念。"差的老师奉送真理，好的老师引导学生发现真理。"众所周知的古希腊哲学家苏格拉底的"产婆术"教学法，是发现教学法最早的思想渊源。作为整体，发现教学法可以提炼出一个发现学习原则。在更细节的层面，发现教学法认为直觉思维是发现的前奏，探索中的错误也能促进学习，要充分利用错误来促进学习。这两点可以分别提炼为直觉思维原则和利用错误原则。

（三）范例教学理论[①]

范例教学理论是20世纪50年代在德国兴起的。第二次世界大战后，德国为适应社会发展，不断补充、增加教材内容，然而大量灌输压抑了学生学习的主动性

---

① 章泽渊. 1989. 范例教学的基本做法. 湖南教育，(z1): 75.

和创造精神。精简教材，从日常生活和教材中选择典型案例展开教学，提高教学效率，培养学生的自学能力，成为德国教学改革的核心思路。瓦根舍因于 1950 年在物理和数学教学中提出的"范例教学原理"，是最早的范例教学理论。1957—1958 年，克拉夫基等出版了关于范例教学的本质及其教学意义的理论著作。

范例是指典型事例。范例教学法主张重构教学内容，选择学科中最典型的材料，汇集、交融各科知识，学生通过对典型材料的探究、思考，形成整体的认识结构，从而达到把握其他各种材料的目的。通过个别范例来掌握一般的原理和方法，使学生从个别到一般，举一反三，理解普遍性的规律性知识，培养学生独立的判断能力和创造能力。范例教学往往会打破学科体系，用课题来代替传统的教材，一首诗、一个化学实验都可能构成一个课题。

范例教学最基本的三条原则是基本性、基础性和范例性。基本性原则强调教学内容应选择一门学科最基本的知识，如基本概念、基本原理、基本规律等，来反映学科的基本结构。基础性原则指教学要从学生的基础出发，适应学生的知识水平和智力发展水平。范例性原则指教给学生的知识必须是精选的，能起到范例作用，有助于学生迁移和应用。基础性原则实质上强调的是教学内容切合学生的实际水平，也就是水平适宜原则。

范例教学于 20 世纪 50 年代风靡世界，但自 20 世纪 60 年代以来，并没有达到预期的效果，也没有对世界范围内的教学实践产生较大的影响。究其根本原因，虽然范例教学强调解决问题与系统学习的统一，但实质上与结构主义教学存在冲突。系统性讲授，内容太多，也不能有效培养学生解决实际问题的能力。范例教学法希望能迅速抓住主要内容，还要具有实用性。但问题在于，学科结构并不规整，概念间的关系非常复杂，科学理论不是几个范例所能概括的。有时候，直接的知识表述就足够清楚了，利用范例反而多费周折。对于范例，在心理学中有过类似的研究，名为原型，曾经也被寄予很大希望，认为能够揭示人类知识结构的根本规律，但后来发现其局限性很大。将典型案例用在某些专门领域可能效果不错，但越到基础领域，效果会越差。基本概念、基本理论，之所以基本，就是因为它们的支撑面非常广，不可能通过少数案例得到充分表达。

范例教学希望学生举一反三，遵循的是从个别、类再到普遍规律的认识程序，属于归纳逻辑的范畴，但归纳逻辑不是学生掌握知识的唯一途径，教学常常可以先讲授一般规律，再介绍具体事例，遵循演绎逻辑的思路。范例教学的问题和困难主要在于教材编排，不容易使范例与学科的知识体系有机衔接。总体来说，范例或范例的集合常常不能刻画复杂的学科结构，也无法有效表述很多规律、关系或理论。范例有一定的价值，但不能替代体系性的学习。

从中文名称上看，范例（exemplar）教学与案例（case）教学容易混淆。范例教学针对的是基础课程的教学，强调基础性，范例可大可小，而案例教学更多是针对学生学完基础课程后即将进入工作岗位时要学习的高级课程，案例需要来自真实情景，具有一定的复杂性，但不一定需要有确定的解决方案。

第二节　对分课堂的教学原则

把以上分析中提炼的原则分别归入目标与动机、教学内容、学习过程、方法与策略和学业评价 5 个类别，汇总后总数为 63 个。另外有两个原则，即教师中心原则和学生中心原则，表达的是更为宏观的理论取向，后面单独讨论。

1）目标动机方面的原则具体如下：面向全体学生原则、学生需求原则、尊重学生原则、自我教育原则、成就原则、内部动机原则、外部动机原则、主动学习原则、求知动机原则、舒适原则、安全原则、归属原则、信任原则、自尊原则、合理归因原则、自我效能感原则。

2）教学内容方面的原则具体如下：认知结构原则、情感价值原则、意义学习原则、基本性原则、思维能力原则、发展元认知原则、教与学的匹配原则、认知发展原则、水平适宜原则、挑战性原则、教材中心原则、知识生成性原则。

3）学习过程方面的原则具体如下：过程性原则、学习促进者原则、自由发展原则、个体建构原则、个性化建构原则、独立思考原则、社会化交互原则、社会建构原则、认知冲突原则、多重建构原则。

4）方法策略方面的原则具体如下：接受学习原则、系统讲解原则、情境性原则、范例性原则、递进原则、最近发展区（支架）原则、操作性程序原则、探索发现学习原则、观察学习原则、归纳学习原则、直觉思维原则、顿悟学习原则、尝试错误原则、利用错误原则、新旧联结原则、精细加工原则、信息组织原则、先行组织者原则、机械训练原则、学习准备原则。

5）学业评价方面的原则具体如下：行为原则、基于奖惩的反馈原则、客观测试原则、自我评价原则、潜在学习原则。

下面详细阐述基于四大学习理论和三大教学理论的这些主要原则，如何在对分课堂的教学模式下得以贯彻和体现。有些原则的思路是相互冲突的，比如，接受学习和发现学习，不过这并不意味着一个是对的，另一个是错的，只能说明两者适合不同的情景，只要留意其适用的范围即可。

一、目标与动机

理想的教学要面向所有学生，不能只关注学生群体的一部分。分班授课制中出现好、中、差学生是自然规律，不可避免，教师不能期望把所有学生都提升到同样的水平，但应该尽可能地照顾到各个层次的学生。对分课堂讲授部分侧重于所有学生都要掌握的基本框架、重点和难点，作业部分具有开放性，让每个学生都能有发挥的空间，都能在自己现有水平的基础上得以提升。小组讨论会弱化竞争，可以常规性地抽点中等或后进学生代表小组发言，给他们展示自我的机会。以往课堂讨论常常由优秀学生包办，严重挫伤了多数学生的积极性。在对分课堂上，教师对优秀学生并不给予特别的关注，但在课外作业和拓展学习中给他们更大的自由度去施展才华，鼓励他们在学习内容之外提升沟通能力、表达能力和领导能力等综合素质。这些都体现了面向全体学生的原则。

理想的教学从根本上而言是为了满足学生全面发展的需求，因此，应该尊重每个学生自己的需要，尽可能培养学生自我教育的能力。对分课堂的作业有清晰的分层，学生可以在完成基本内容的前提下，根据自己的需要决定投入程度，按适合的方式学习，体现了学生需求原则。小组讨论时，学生可以根据自己的情况，决定在多大程度上参与讨论，可以很积极，也可以不发言只倾听。讨论的控制权交给小组所有学生，教师不做过多干涉。这两个环节都给予了学生很大的自主权，体现了尊重学生的原则。读后感、"亮考帮"的设计都注重培养学生的反思能力和提出问题的能力。在此，学生能够认识到自己哪些知识掌握了和哪些知识没有掌握，而且能用清晰的问题体现出来，以更好地改进自己的学习。在小组讨论中，学生不仅分享学习成果，而且分享思考过程、学习策略，以人为鉴、互相学习，从别人身上学到好的学习方法，学会学习，提升了自我教育的能力。

理想的教学要调动学生的内在动机，让学生自发学习、主动学习，而动机方面最高的层次是成就动机。对分课堂的学业评价主要基于作业、签到等平时表现，辅以少量的终结性考试评估。教师让学生在作业中记录自己学习、思考的过程，并带到小组讨论中进行交流、展示，小组讨论的结果还有机会向全班展示，由此，学生可以获得同伴的认可，自己也能从别人的反馈中感受到进步，个人学习和小组活动中专注投入的状态是很纯粹的求知体验，学生更能感受到学习的乐趣，这些都反映了自我实现，体现了成就原则。

教师对作业和小组讨论只做基本要求，学生对作业的投入和对讨论的参与由自己决定，不是为了获得奖赏或避免惩罚，更多是出自内在动机，是主动行为。学生本身的动机水平不一，即使是优秀的学生，也不是时时都有强烈的动机，也会受到其他事物的干扰。重视内在动机，并不意味着忽视外在动机，教师在全班交流时表扬学生的发言，展示优秀的作业，是用长者的认可来引发外部动机，有的课程分配总成绩的60%给平时作业，20%给签到，便是用奖惩来引发学生的外部动机。

在小组讨论中，教师期望能有活动桌椅，让几位同学相向而坐，身体放松、舒适，形成一个亲密的小团体。这样学生会有明确的群体归属感，不会感觉孤单，讨论过程不受他人或教师的过多干涉，提出的观点和看法即使有问题，小组内也会包容，全班交流不会被教师批评，平时认真完成教师的基本要求，即可确保成绩及格，同时，学习过程中的安全感很强。教师释放权力，在独立学习和小组讨论阶段给予学生充分的信任，符合信任原则。在小组讨论和全班交流环节，主要是基于学生有得到同伴认可和尊重的强烈动机，来带动他们课后认真读书、做作业，课上积极参与讨论，这里面体现的是自尊原则。在对分作业基本部分会有意设置很低的门槛，每个学生付出基本努力即可完成。在这种情况下，如果学生没有交作业，很难把这个行为归因为外在因素（如作业难度大、没有时间做作业等），而只能归因为内在因素，如自己不够努力。在小组讨论中，别的同学有很多内容可以谈，而同样的课程、同样的讲授、同样的学习周期，自己却无话可说，也使得学生很难把自己的低水平表现归因于外界因素。这就会促使学生更多地反思自己，付出更多努力或改善自己的学习策略。对分课堂对教师的责任和学生的责任进行了明确区分，有助于学生对自己的学习行为（无论是成功还是失败）作出合理、正确的归因，引发积极和适当的调整。

虽然作业门槛低，但有开放的提升空间，这实际上是在控制学习内容的难度，使得每个学生都能找到适合自己水平的内容，这就使学生觉得自己能够完成学习任务，对学习更有信心，从而提升他们的自我效能感。在小组讨论中，通过展示和表达，好学生强化了对自我能力的信心，后进学生通过参与和模仿，也能不断提高，达到自己过去做不到的水平，同样也能增强信心，提升自我效能感。

二、教学内容

在教学内容方面，基本的目标是学习学科的体系结构，结合细节性的知识，对学科获得完整的认识。对分课堂要求讲授在先，强调发挥教师的引导作用，是因为对于学科的结构，学生很难自我发现，而教师讲解能更有效、更清楚地展示这个结构，让学生有一个高起点，在一个良好的基础上进行更为深入的学习，切合了认知结构原则。

除了知识之外，理想的教学还要培养情感、价值观。对分课堂希望学生在独立学习的过程中，能够对学习的内容有切实的体会和体验，并把这些用语言表达出来，做好与同伴交流的准备。"亮考帮"中的"亮闪闪"不仅强调重要的知识点，更强调对学生有价值的、让学生感触最深的知识点，包含了情感性因素。学生在课堂上交流的不仅仅是知识，而且有对知识的判断、体会和感受，以及对知识价值的判断。小组合作鼓励倾听、关爱、理解、包容、合作、共赢都超越了单纯的知识学习，走向了人格成长。

无论是知识、情感还是价值观的目标，都不希望学生进行简单的背诵，更希望是有意义的学习。对分课堂鼓励学生用如思维导图等多种方式展示知识之间的关联，讨论时更多分享思考的依据和原因，这都体现了在理解和意义层面的学习。对分课堂重视案例使用，"亮考帮"都是在运用知识，在运用过程中解决了问题，创造了新思路，也能更为清楚地显示所学内容的意义。

现代社会发展迅速，学科繁多，每个学科知识的积累都很深厚，知识更新速度很快，然而学习时间却有限，这就要求教师能够提炼学科的基本概念、基本原理和核心内容。对分课堂的讲授环节要求精讲，确保了基本性原则，而把细节部分留给学生把握，不同的学生可能会关注不同的方面，让丰富的知识分散到全班，在群体层面实现了知识的有效传承。

对思维能力的重视是现代教学理论的共同目标。对分课堂让学生整理自己思考的成果，随后在小组讨论中进行高强度、高频度的思维碰撞，能够有效培养其逻辑思维能力和条理化的表达能力，培养以质疑能力为核心的批判性思维能力。对分课堂鼓励独特、有新意的思考，给学生自由探索的空间，有助于培养学生的创造性思维，这些都体现了思维能力原则。

思维能力的一个特殊类别是元认知能力。对分课堂鼓励学生分享自己的思考过程、解题方法和学习策略，带动其他学生反思整个学习过程，并与其他学生和教师进行对比，从而迅速发展自己的元认知能力，进而变得更加善于学习。

教学内容的选择要与学生的知识和能力水平相匹配，要与学生的学习方式和学习策略相匹配。学习内容要根据学生的认知发展水平而设，要充分考虑学生的年龄和发展程度，不能低于学生的现有水平，也不能高于学生的最近发展区，而是要保持在一个适宜的水平，并且对学生而言要具有一定的挑战性。这些都是有效教学的基本要求，但在现实教学实践中，如果教师主要采用讲授法，常常会难以判断是否遵循了这些原则。在对分课堂教学中，教师可以通过查看每周作业、倾听小组讨论和学生提问等方式获得较为迅捷、全面、准确的反馈，了解学生的吸收、理解程度，判断自己的讲授内容、方式，作业的数量、难度是否达到了这些要求。

以教材为中心是传统教学理论的观点，认知主义强调教材要包含学科结构，讲授的主要目的是覆盖教材内容，形成关于学科知识的认知结构，这样的课堂常常有预设的教学内容。生成性教学指课堂中通过师生和生生互动交流，在发现和探究的过程中，产生一些新的知识，或一些原有知识的新表述。也就是说，有些问题、思路、观点、看法和知识是在课堂过程中当场产生的，不是教师预先规划的。

显然，没有预设的课堂过于发散，很难保证完成基本教学内容，但学习内容完全事先规定，没有为学生提供探索的空间，也会缺乏弹性，过于死板，灵活性不足。

对分教学的讲授部分，期望教师为全班学生提供一个预设的基本框架，包含了基本概念、原理和体系结构等内容，让学生课后进行个性化的吸收、表达，最后再通过小组和全班互动进行交流。在思想碰撞过程中，常常会产生一些意想不到的新内容。这样，对分课堂就把两个原则融合起来，既有教师给予学生的充分指导，又让学生的主动性、探索性和创造性得到合理的发挥。

三、学习过程

过程性原则强调教师不仅要关注学生学习的最终结果，还要关注学生达成学习目标的中间过程。在学生的学习过程中，教师的一个重要角色是学习过程的促进者，即通过教师的督促作用，让学习更容易、更有效率、效果更好、质量更高。对分课堂把每个特定内容的学习划分为讲授、独立学习、独立做作业、小组讨论和全班交流，已经清楚地体现了过程性原则。学生通过听课获得基本认识，然后通过独立学习和做作业进一步深化认识，再通过小组讨论和全班交流提升认识，每个过程都有明确的任务和目标，学生更容易掌控自己的学习，教师更容易监控学生的学习。除了讲授部分主要由教师规划之外，学生有较大的自由空间安排自己的学习，吻合了自由发展原则。对分课堂在学习过程方面最为突出的特色是，贯彻了建构主义的原则。教师讲授并不穷尽所有内容，而是给学生充足的空间去填充内容，构造自己的认知结构，在这种个人建构的过程中，鼓励独立思考，展示个性，实现个性化的建构。在个人建构完成之后，学生再带着作为内在建构的外化体现的作业与小组、全班和教师进行社会化的交流互动，对知识进行更大范围的社会建构。在这个互动过程中，鼓励观点碰撞，创造包含认知冲突的真实情景，让学生在理解冲突、解决冲突的过程中更正、丰富、深化自己的认识。

建构主义提出的随机进入方法是让学习者从多个角度完成知识建构，理念虽好，但在实践中不易控制。因为教师设定的进入路径，未必能被学生认可，而学生自己想尝试的进入路径，又未必是教师设定的。每个学生都要进行多次建构，精力、时间投入太大，也常常超出了学生的能力。毕竟，一个人仅靠自己对一个问题形成多个视角，并不容易。对分课堂让学生比较彼此的个人建构，在互相观摩和借鉴中，引导学生转换视角，认识和理解别人的建构，并能在其中分析、解决问题。这样，对分课堂通过深入的独立学习基础上的良好的社会交互，有机整合了个人建构与社会建构，用现实可行的方式，更合理、有效地实现了多重建构。

四、方法与策略

教学过程中的方法和策略，可以大致归并到 3 个类别：①教学方法；②学习方法；③知识加工策略。

教学方法以教师作为主导者和组织者，其核心是通过系统讲解让学生实现接受学习。教师创设情景、精选范例、提供支架，遵循操作性程序，从少到多、从简单到复杂，循序渐进、逐步地完成知识传递。

对分课堂以学科框架、重难点的讲授开始教学流程，并分配大约一半的课堂时间给讲授环节，充分体现了系统讲解原则和接受学习原则。在基本概念和原理、重难点的讲授中，对分教学鼓励教师采用典型事例或案例，提供问题情景，让学生看到学习内容与现实生活的联系，理解如何把学习内容运用到现实场景中。不过对分课堂对情景、现实和应用的理解更为宽泛。在小组讨论过程中，一个"考考你"问题，可能是比较纯粹的一个理论问题，与现实生活关联不大，但可以认为，提出问题的学生和问题本身对其他小组成员构成了一个问题情景。

尝试解答问题的学生不仅需要考虑到自己如何理解和回答问题，还要考虑到如何针对问题提出者的思路、能力和接受水平，构建一种恰当的解答方式。如此一来，教师不用案例或范例，也能在课堂上创设很多适宜的情景，有效促进学生的学习。此外，因为鼓励学生在学习过程中联系现实，学生提出的问题本身可能就有相互关联的现实情景。众所周知，好的情景是十分有效的教学手段，但创设情景并不容易。对分课堂在控制教师工作负担的情况下，通过激发学生的参与和创造，较好地贯彻了情境性原则。

由于对分课堂用高质量的讲授保证了学科知识的系统性，案例就不需要一定要体现知识的系统性，只要能针对学习内容的某些具体关键点有价值就可以。这大大降低了对案例的遴选标准，也相应地降低了实施范例教学的难度，有助于把范例教学的方法和策略有效地结合起来，进而运用到课堂教学中。

对分教学的 5 个关键环节构成了一个非常清晰的教学程序，程序中的各个环节都有严格的次序，每个环节都有清晰、具体的原则和实施步骤，操作性非常强。对分课堂得到迅速、广泛的推广，很大程度上要归因于这个教学模式的程式化和可操作性。

这几个步骤还体现了层层递进和最近发展区的支架原则。教师的讲授是学生独立学习的支架，独立学习是作业和"亮考帮"的基础，作业和"亮考帮"为小组讨论提供了支架，而小组交流又是全部交流的基础。

学习方法更多以学生作为行为的发动者，最主要的方法是探索法或发现法。观察常常是探索的一个步骤，如果观察的对象包括教师或其他学生，就可能发生基于模仿的观察学习。在观察、学习了一定的事例之后，学生可能自己尝试归纳出某些规律，这样的归纳学习其实也是科学研究和科学发现过程的一个常见环节。在对一定现象进行观察的基础上，学习者常常是依据顿悟发现某些规律或凭借直觉思维形成某种观点。同时，探索、发现的过程也是不断尝试的过程，尝试过程中出现的错误偏离了学生的预期，能够引导学生调整思路、更正认识。

《论语》说"观过知仁"，即看到别人的错误也能促进对他人的了解，能深化自己对事物的认识。通过与他人的比较，能更好地促进反思，有效提升自己的元认知能力。

对分课堂大幅缩减讲授的时间，反对教师覆盖所有的教学内容，根本目的是给学生留出探索、发现的时间。在此，教师描绘问题的背景、意义、要点和大致思路，让学生去解决。在答案不确定的情况下，学生自然要调动主观能动性，努力尝试，由此观察、归纳、直觉、顿悟这些方法就有了发挥的空间。教师观察学生群体中对这些方法的运用情况，适时评点、指正、展示、分享，进一步提升学生的运用能力。运用越多，越熟练，学生的思维也越趋向于科学研究者的思维。

对分课堂要求教师的讲授不要过于透彻，作业布置要有一定难度，就是为了贯彻挑战性原则，即有意让学生在学习过程中犯错误，并把这些错误带到小组讨论中。教师并不会一开始就给出正确答案，因此，在小组讨论中，每个学生都通过讨论和交流，尝试发现自己或他人的错误，达成正确的认识。知道何为错误，会更加明确何为正确，发现一个谬误，就离真理更近了一步。在对分课堂下，教师要避免奉送真理给学生，而是尽量让学生去亲身经历去伪存真的发现真理的过程。这里面充分体现了尝试错误和利用错误原则。

学习的目的是构建有意义的认知结构，也就是进行意义建构。新知识有意义的关键在于要能与学习者已有的知识结构形成实质性的联结，所以新旧联结原则是知识加工的核心原则。在整个学习过程中，都要强调对信息进行组织，构建认知心理学在记忆研究中非常重视的组块（chunk）。先行组织者就是一种具体的组织原则，教师先提供新知识的属性、类别信息等，为随后学习新知识提供一个联结点。精细加工是另外一个组织原则，教师要鼓励学生超越简单的复述，对信息进行精细加工，这样的加工常常涉及信息的意义，以及对信息的分析、比较、判断等深度加工。经过精细加工的信息更容易进入长期记忆，得到稳定的保存，在未来也更容易提取。

对分课堂的基本模式是隔堂讨论。隔堂讨论中前半段讨论上次课的内容是在温故，后半段学习新内容，是在知新。旧知识刚讨论完，在学生的头脑中非常活跃，此时教师讲授新知识，两者容易发生联结，这就以制度化的形式贯彻了新旧联结原则。这种方式还省去了传统课堂中的导入阶段，提升了课堂效率。其讨论内容丰富多样，不但蕴含而且超越了先行组织者的范围。作业中鼓励学生对学习内容进行组织、整理，提炼"亮考帮"，都是在促使学生进行精细加工。在小组讨论中，学生的表达要使其他人便于理解就必须基于对知识意义的充分把握。"以其昏昏，使人昭昭"，自己不懂、不理解的，不可能给别人讲懂，也无法让别人理解。

知识加工中并非一定基于意义，完全新异的内容还是需要机械背诵，不容忽视，很多课程如体育、艺术等领域的技能，需要反复训练。对分教学中可以事先指定一定数量的基本内容要求学生背诵，期末设置闭卷考试，从指定内容中抽选一部分对学生进行考查，类似的做法也可以贯彻到学期中间。比如，下课前指定若干个基本概念或原理等，要求学生背诵，下次课一开始，抽取其中一个考查学生。通过信息化的教学平台，可以迅速收集学生的答案，简单核查后计入平时成绩。对分课堂并不削弱技能训练，只是更强调对身体动作的反思，分析经验和技巧，引导学生从更高的层次把握动作要领，改善方法和策略，提高训练效率。

学习准备原则的基本含义是希望学生身心两方面在学习前都达到良好的状态。对分课堂隔堂讨论模式中的先温故，使学生在开始新知识讲授前进入学习状态，有了非常充分的学习准备。学生课前的阅读和作业，又为讨论做了充分的准备。从更广泛的意义上看，学习准备原则是希望学生养成良好的学习习惯。对分课堂环节清晰、明确，环环相扣，虽有弹性，但也有非常刚性的部分，比如，作业一定要在下次课前上交，本次讨论如果不认真，随后很难再有机会与同学和教师探讨本章内容。对分课堂强调平时学习，日复一日、周复一周，学生都要执行这些学习环节，做得多了，就容易形成习惯。学生对何时应该学习产生了预期，就能逐渐形成自觉性的学习规划。规划是最高层面的学习准备，是学生对身心的自我调节，其意义和价值都高于教师做的学习准备，尤其是对学生毕业后将要踏入社会更具意义。

五、学业评价

行为原则是指学习的效果要从行为的改变上体现出来。这是行为主义对学习理论的核心贡献，虽然简单明了，但意义极其深远。根据行为原则，学习效果的评估要根据行为指标进行评价。基于学生的行为进行评估，根据是否达到预定目标给予奖励或惩罚，将这个奖惩作为反馈信号，是学生未来行为倾向的决定性因素。行为是可以观察的，如果采用客观测试的形式，评估的结果会更为科学、准确、可靠。

虽然学生从学习中受益巨大，但这个利益更多是长期性的，而人并不总能为长期利益而舍弃短期利益。学校和教师要提供阶段性的激励，让学生更能抵挡当下对学习的干扰因素。这些激励中最重要的是分数，对分课堂充分认识到了分数的价值，主张把大部分分数分配到作业和签到中，激发学生的平时学习与课堂参与。

行为主义侧重环境因素，所以奖惩的概念比较狭隘。对分课堂希望上升到更高层次的奖惩，一个是社会性的评价，如小组讨论和全班交流中的同伴压力和同伴认可，另一个是自我性的评价，如鼓励学生设定个人的学习目标，并根据这个目标评估自己的成绩与效果。在对分课堂下，比如，5 分的作业，上交得 3 分，认真得 4 分，有创意、新意得 5 分。学生交作业的时候基本上能判断自己的大致得分，这里面体现的就是自我评价原则。当评价标准非常清晰、透明的时候，教师评价与学生自我评价基本会吻合，学生不容易觉得教师对自己不公正，评价更加客观。由此，将评价标准内化到学生身上，学生学会按规则办事，学习是为了达到客观的标准，而不是满足教师的心愿，从而使学生的学习更有自觉性。

虽然行为是学习效果的最终评价指标，但学习过程首先会引发学习者内部认知结构的变化，随后才带来行为的改变。潜在学习原则的含义是，在外在行为的改变出现之前，学习已经发生了。对分课堂对内化和吸收的强调，深刻体现了潜在学习原则，不会要求学生当堂弄懂，更不会把"堂堂清"作为教学目标。

在内化和吸收过程中，学生即使觉得自己理解了、看懂了，但如果不能通过作业的书写行为表现出来，不能在讨论中通过言语的表达行为表达出来，不能运用自己学到的知识去帮助别人解决问题，也就很难在行为上把自己的学习成果展示出来。根据行为原则，这都是没有实现真正的学习。对分课堂强调作业与讨论中的表达交流与问题解决，就是要在最根本的层面上贯彻行为原则。行为表现如书面表达、身体表达和言语表达的重要性，是无论怎样强调都不为过的。写出来、画出来、说出来、用动作演示出来，学生会更容易发现自己的错误。先有行为，随后才能有对行为的观察，再随后才能有基于观察而引发的对自己学习过程的反思，才能够提升元认知能力。

在教学活动的整个过程中，对分课堂全面而系统地贯彻了最近一个世纪最有影响力的四大学习理论和三大教学理论倡导的主要原则。这些学习理论分别来自人本主义、认知主义、建构主义和行为主义，这些教学理论包括发展性教学理论、发现式教学理论和范例教学理论。由于教学理论以学习理论为理论基础，其倡导的原则最终也都可以归结到学习理论的原则中。

在学习动机方面，这些原则主要体现了人本主义学习理论的思想，注重满足学生需求，激发学生自我实现的成就动机，使学生获得认知、情感和价值观方面的全面成长和发展。在教学内容方面，这些原则主要体现了认知主义学习理论的思想，强调学习基于学科体系形成学习者自己的认知结构，不仅要使其掌握知识，还需要培养其思维能力。在教学过程方面，这些原则主要体现了建构主义学习理论的思想，强调认知结构的形成需要一个过程，包含基于内化和吸收的个人建构和基于群体交互的社会建构。

在教与学的方法和策略方面,这些原则主要体现了认知主义学习理论的思想,包括强调系统讲解的教学法,强调发现探究的学习法和强调知识组织的有意义学习。在效果评价方面,这些原则主要体现了行为主义学习理论的思想,如用行为体现学习的结果。其中的自我评价原则,从属于自我教育,反映了人本主义心理学的思想。

因此,对分课堂并不单独依赖于某一个理论,其教学过程中各个环节的设计都有坚实的理论支撑。粗略地说,人本主义针对为何学习的问题,认知主义确定教学内容与教学法,建构主义刻画学习过程,而行为主义则关注效果评价。回顾起来,这些学习理论主要是针对教学的某些方面,而基于每个理论的教学方法都不免存在一定的缺陷。对分课堂并没有创造新的学习理论,而是吸收这些理论的精粹,把它们重新组合,扬长避短,通过结构性变革创造了一种新模式。这种模式对以往的教学模式有充分的吸收和传承,但又与它们存在根本的不同,是一种原创性的发展。

第三节 对分课堂的教学模式

对分课堂是一种全新的、原创性的教学模式。要清楚地认识这一点,需要系统地比较其与现有教学模式的区别。

一、现有教学模式

教学模式是教学活动的基本结构。在教学实践中,教师会发展出很多教学方法,但这些方法并不能构成教学模式。教学模式是基于一定的教学思想和教学理论而建立的关于教学活动的基本组织结构,对确立教学目标,选取教学内容,设计和实施教学过程给出了相对稳定、系统与完整的操作程序。美国的乔伊斯和韦尔最先将"模式"一词引入教学领域,并加以系统研究。他们于1972年出版了《教学模式》(*Models of Teaching*)一书,将教学模式定义为:"构成课程和作业、选择教材、提示教师活动的一种范式或计划。"乔伊斯随后一直对教学模式进行研究,目前该书已经更新到第八版。[①]

古代教学的典型模式是传授式,其结构是"讲—听—读—记—练"。教师灌输知识,学生被动机械地接受知识,学生靠机械重复进行学习。17世纪,随着学校教学中班级授课制度的实施,捷克教育家夸美纽斯提出应当吸收自然科学内容,

---

① 布鲁斯·乔伊斯.2014.教学模式(第八版).兰英译.北京:中国人民大学出版社.

整合讲解、质疑、问答、练习，并将其纳入观察等直观活动，提出了以"感知—记忆—理解—判断"为结构的教学模式。

19世纪，受科学发展的影响，德国教育家赫尔巴特认为，任何观念的存在都不是孤立的，而总是与其他观念相互联系，组成一个"观念团"。基于这个思想，他提出了"明了—联系—系统—方法"的四阶段模式。明了，指清晰地了解新事物、新概念。联系，指将新事物与旧事物联系起来，初步形成新旧事物之间的某种假设。系统，指针对假设进行深入思考和理解，并寻求结论、规律。方法，指通过应用或练习，进一步验证原来假想的关系。赫尔巴特的模式后来被他的学生莱因改造为"预备—提示—联系—总结—应用"的五阶段模式，成为传统教学的代名词和20世纪教学模式的主导。其中，预备即复习旧课，提示指向学生说明教学目的和学习特点，联系、总结、应用类似于原有的联系、系统和方法。

20世纪前期，苏联教育学家凯洛夫继承赫尔巴特学派，强调知识的系统学习、教师的主导作用，提倡以教师、课堂和知识为中心，形成了五环节模式，即组织教学、复习旧知、讲授新知、巩固新知、布置作业。这种模式在新中国成立后一直到今天，都是中国基础教育和高等教育领域的主导性教学模式。

传统教学模式片面强调灌输，忽视了学生的主体性，压抑和阻碍了学生的个性发展。20世纪20年代以后，强调个性发展思想的流行，出现了杜威的实用主义的教育理论，对以赫尔巴特为代表的传统教学模式提出了挑战，成为反传统的代表。杜威主张"以儿童为中心"和"做中学"，其教学模式的基本程序是"创设情境—确定问题—占有资料—提出假设—检验假设"。这种模式强调学生的主体作用，强调活动教学，提升学生发展探究、发现和解决问题的能力。但杜威把教学过程和科学研究过程等同起来，过分强调直接经验的重要性，忽视了知识系统性的学习，贬低了教师的指导作用。以杜威理论为指导方针的美国教学改革运动导致了教学质量的大幅下滑，在20世纪50年代受到美国社会的强烈批评。

20世纪50年代以来，科学技术的发展对教学实践产生了深刻的影响，新的教学思想层出不穷，也产生了许多新的教学模式。根据乔伊斯和韦尔在1980年的统计，有23种之多，乔伊斯和韦尔区分了4种类型的教学模式。

1）信息加工类教学模式，强调通过获得和组织信息来认识问题、解决问题，实现知识的获得和智力的发展，包括归纳思维模式、概念获得模式、科学探究模式等。

2）社会类教学模式，重视在社会行为和社会交往中构建学习群体，提高人的学习能力，重视对人的社会性品格的培养，包括合作学习模式、群体研究、角色扮演等。

3）个体类教学模式，从人本主义和个人发展角度，强调个人的潜力和发展，包括源于心理咨询理论的"非指导性教学模式"和关于自尊形成和自我能力实现的"自我概念发展模式"。

4）行为控制类教学模式，依据行为主义心理学理论，把教育看作一种不断修正行为的过程，注重对学习者行为习惯的控制和培养，包括掌握学习模式、直接指导模式、模拟训练模式、斯金纳程序教学模式等。

20世纪80年代以后，在我国的教学理论研究与教学实践中，也产生了较多的教学模式，归纳起来，主要有以下几种类型。[①]

1）传递-接受模式。它来源于赫尔巴特和凯洛夫的教学模式，指教师主要通过口授、板书、演示进行教学，学生主要通过聆听讲解、观看板书、记录讲授要点和板书内容来进行学习。

2）自学-指导模式。教学活动以学生自学为主，教师的指导贯穿于整个学习过程中。

3）目标-导控模式。以明确的教学目标为导向，以教学评价为动力，通过对行为的矫正、强化，让多数学生掌握教学内容。目标教学、单元达标教学均属于此类。

4）引导-发现模式。又叫"问题-探究"模式，类似于布鲁纳等倡导的探究、发现学习。

5）情境-陶冶模式。[②]又称为情-知互促模式，是指创设一种情感和认知相互促进的教学环境，让学生在轻松愉快的教学气氛中，有效地获得知识，同时陶冶情操。这类模式包括"情境教学""情感教学""愉快教育""成功教育""快乐教学""情知教学"等。

二、对分教学模式

对分课堂与上述每一种模式都不相同，因为对分课堂实现了对这些模式全面性、高层次的整合。

从乔伊斯和韦尔的分类来看，对分课堂注重讲授，反映了信息加工类教学模式的特点，强调知识的体系性；对分课堂注重独立学习，反映了个体类教学模式的特点，强调自我责任和自我实现；对分课堂注重合作学习，反映了社会类教学模式的特点，强调人际交互、思维碰撞和社会性能力的培养；对分课堂注重对作业和学习成果的展示和表达，反映了行为控制类教学模式的特点，强调通过学生的外在行为来监控其内化和吸收过程。

从国内模式的分类来看，对分课堂的讲授符合传递-接受模式；对分课堂的独

[①] 余文森，刘家访，洪明. 2007. 现代教学论基础教程. 长春：东北师范大学出版社，173-174.
[②] 卢家楣. 2008. 情感教学模式的理论与实证研究. 上海：上海人民出版社；马樟根. 2007. 李吉林与情境教育. 北京：人民教育出版社.

立学习与讨论体现了自学-指导模式，即学生在个人学习之后，再通过小组讨论得到同伴和教师的反馈、指导，只是这一个人学习是在教师的框架性引导之后发生的，而不是违背学习规律的纯粹自学；对分课堂的独立学习、独立做作业部分符合目标-导控模式，即通过分数评价和讨论阶段的同伴评价和教师评价，来实现教学内容的学习，并塑造学生平时学习的行为习惯；对分课堂的精讲留白符合引导-发现模式，即教师通过讲授框架给予充分的引导，又给学生开放性的探索空间，让学生去发现问题、解决问题；对分课堂的过程与评价符合情境-陶冶模式，避免批评、羞辱学生，避免挫伤学生的自尊，鼓励建立轻松、愉快、安全的学习氛围，让学生有收获感、成就感和价值感，用积极体验实现情感和认知的相互促进和共同发展。

相较于以往教学模式基于"情由境生"思路重视外在情境的营造，对分课堂更强调基于"情由心生"理念的内在情绪体验的诱发。情由境生是凡夫境界，境由心移是诸佛境界，所以《楞严经》中有"心能转物，即同如来"的说法。即使教室布置得花团锦簇，但如果学生内心没有积极、主动、愉悦的心态，还是会觉得无聊、沉闷与单调。相反，在心潮澎湃、激情洋溢的时候，即使是仅有木桌、长凳的朴素教室，也会让人感到流光溢彩，熠熠生辉。

教学模式数量众多，除了这里总结的分类，依据其他标准，还可以形成更多的分类。我们认为，教学模式固然体现了教学理念、思想和理论，也与教学目标和结果评价关系密切，但对一线教师而言，教学活动的组织是关键的。也就是说，给定一个教学目标，教学活动的结构和过程是更为核心的，所以教学模式应该特别关注程序性和可操作性。实际的教学过程是比较复杂的，比如，一节课45分钟，教师可能会完成多个教学目标，对每个目标可能会采用不同的教学模式去实现。一个新的思路是针对某个特定、具体的教学目标，着重刻画实现这个目标过程中所涉及的教学活动的类型。这个活动类型更多是从师生的行为特点来判断的，如此，可以尝试定义以下4种基本教学模式。

1）呈示模式。教师向多个学生呈示学习内容，有些时候学生也可以做呈示者。基于接受学习原则，该模式的目标是传递知识或规则或学习目标。比如，教师的引导行为，可以表述为一个简短的呈示行为，把任务要求、基本规则等事项传递给学生。呈示模式没有互动，而是强调单向性。

2）独学模式。学生作为个体进行独立学习，如独立思考、独立做作业。该模式基于认知建构原则，其目标是完成知识的内化和吸收。从行为上看，也包含把内化的知识体现为外在的成果，比如，做作业、完成作品。

3）对话模式。教师与班级中的某个学生或某个小组进行一对一的对话交流，其他学生或小组倾听。该模式体现了合作学习中卡根所说的继时性互动，其目的是对某一个知识点或问题的某一个方面交换看法，提升认识。对话也包含一些呈示性的行为，比如，向对方展示一些材料或成果，但由于双方的互动性强，这些行为不能归结到呈示模式中。

4）讨论模式。在教师参与或不参与的情况下，多于两位的学生进行群体交流，参与者可随时打断他人，表达观点。该模式基于合作学习的群体互动，目的是进行多视角的思想交流和观点碰撞。在讨论中，参与者也有可能向大家展示一些材料或成果，但由于互动性强，这些行为不能归结到呈示模式中。

显然，这4种基本模式各有特色，互不重叠，都有自己独特的价值。呈示模式体现了传统教学一对多的高效率，独学模式强调了个人为中心的学习，充分体现了学习者的主体性，对话模式适合于聚焦某个重要议题，双方进行深入、透彻的探讨，而讨论模式适合群体互相激励、集思广益，进行更具发散性的思考。这4种活动是教学过程中非常基本的活动单位。以往的教学模式可以被看作这些基本模式的组合。比如，传统课堂是呈示模式与对话模式的组合，自主学习模式是独学、讨论与对话模式的组合。引导-发现模式涉及教师做简单呈示，学生进行独学，然后或者两人对话探讨，或者多人讨论探讨，也可以由教师召集全班学生进行对话或讨论。

这4种基本模式在对分课堂中都扮演着重要的角色。对分课堂的讲授部分是十分纯粹的呈示模式，对分课堂的独立思考、独立做作业部分，是十分纯粹的独学模式，对分课堂的小组讨论是十分纯粹的讨论模式，而对分课堂的全班交流部分，是十分纯粹的对话模式。呈示、独学、讨论、对话都是非常有价值的活动，但过去一直没有一种模式能够把它们整合起来，而对分课堂做到了这一点。

对分课堂每个阶段采用的基本模式，都非常切合这个阶段的要求。在讲授阶段，学生对新内容不了解，所以独学、讨论和对话都缺乏实质性的意义。讲授后，没有深刻的个人吸收，对话和讨论也缺乏效率和质量。要通过更为发散性的小组讨论覆盖大范围的学习内容，获得广度，处理个性问题满足学生个人需求，提炼少量但价值较大的共性疑难问题，通过对话形式，清楚地呈现出来，得到全体学生的关注和深入研讨。

通过对以往教学活动中形成的4种有效的活动类型进行合理组织，对分课堂的教学程序形成了一个严整的结构，各个阶段环环相扣，呈示是为了独学，独学是为了小组讨论，而小组讨论是为了全班交流。特别是通过以独学为中介把讲授和讨论联系起来，而通过以小组讨论为中介把独学和全班学习联系起来，使独学和小组讨论都发挥了关键的桥梁作用。

总体来说，对分课堂吸收了以往教学模式的精华，把原有教学活动的关键元素进行组合，形成了一种全新的教学模式。对分课堂模式在讲授方法、作业布置、过程管理、结果评估、学习动机等各个方面都有清晰、明确、细致、自洽的设计，各个环节互相配合、互相促进。如果把小组讨论和对话都归于一般所说的讨论，对分课堂其实是把讲授与讨论两种主要教学模式合二为一，而实现这个融合的关键是独学中的内化和吸收，讲授的目的是要促成学生的内化，而内化的目的是要能在讨论中展示学习的成果。这样的融合扬长避短，使一加一大于二，发挥出了比纯粹讲授或纯粹讨论更为巨大的威力。

第四节　教学的五大根本论题

在从理论基础和教学模式两方面分析对分课堂的过程中，可以看到在各种原则和模式的背后，蕴含着一些更为根本性的、理念性的论题。在这些论题上的立场决定了教学过程的很多方面，下面尝试提炼出 5 个这样的论题。

1）学习目的。学生学习的整体目的是什么，为谁而学？是服务社会，满足社会需要，还是为了学生自己的成长和发展？社会由个体组成，个体的发展与社会的需要总体上是一致的，但很多时候也会存在很大冲突。两个目的无疑都对，但存在如何权衡的问题。

2）学习内容。什么是学生最应该或最需要学习的？是知识、能力还是情感态度？人们虽然都认同能力的重要性，但在具体实践中如何平衡知识学习与能力培养，还存在很大的争议。人们虽然都重视情感，但对于如何在教学中实现情感教育，仍然不清晰。

3）学习控制权。在教学中谁是中心，是教师还是学生？与此相关，是以教师为中心进行讲授，还是以学生为中心开展探究？是以引导为主，还是以自主学习为主？是完成教师预设的内容，还是由学生在课堂生成内容？是采用演绎逻辑，由教师先讲授一般性原理或法则再走向具体事例，还是采用归纳逻辑，由学生先观察现象、问题，再走向抽象的原理和规律？

4）学习伙伴。学生是应该独立学习，还是合作学习？在合作学习中，如何能照顾到学生的个人利益，促进而不是妨碍其个性发展，如何能在合作学习中有效地保证教学质量？

5）学习情景。教师是应该尽量创设真实的情景，给学生直观展示生动鲜明的形象，使抽象的知识具体化、形象化，使学生如身临其境，还是用语言或文字间接描述现实，让学生进行更为抽象的思考？

对于这些主题，从对分课堂实践者的立场而言，可以做如下的简单表述。

第一个问题是关于学生为何要学，本质上是学习动机的问题。教师常说，如果能够引发学生对某科目的兴趣，学生就会有更强的学习动机。这句话其实存在逻辑问题。一般人往往将兴趣与乐趣混淆，因为二者都有一个"趣"字，好像兴趣里面有乐趣，其实兴趣和乐趣完全是两回事。比如，僧人有兴趣做苦修，但苦修时，身体很痛苦，并没有乐趣。兴趣以精神需要和物质需要为基础。人若对某个事物或某项活动有需要，就会热心于接触、了解这个事物，或从事这项活动。实际上兴趣是动机的同义词，学习兴趣就是学习动机。当我们努力引发学生的学习兴趣时，其实就是在激发学生的学习动机。

个体是社会的基础，学生学习的主要目的是为了自己。理想的教育希望激发学生主动学习的动机，消除为家长或教师而被迫学习的认识，确立为个人潜能发挥而学习的意识。然而，学生知道是为自己学习的，并不意味着他们就一定很愿意学习。我们希望调动学生的学习动机，那么我们希望学生处于一种怎样的学习状态呢？

教育有强制性的特点，尤其是基础教育，是不是强制就一定会痛苦呢？学生在学习中是否可以快乐呢？如果抱持苦学观，会认为学习就是痛苦的，应该接受、承受这种痛苦。如果抱持乐学观，会认为学习有乐趣，学生应该快乐学习。这两种观点都把学习看得过于特殊了。学习需要努力，不像游戏、娱乐一样轻松愉快，但学习也不是惩罚，并不必然带来痛苦。它其实是一种工作，是人生的一段历程，有痛苦有快乐。学习需要自制、需要坚持，一个长长的公式推导，一门课程的学习长达数月，都需要短时间或长时间的专注。人类心理活动的一个基本特点是意愿性，需要学习的时候并不总是人愿意学习的时候，需要专注的时候也并不一定是人能够保持注意的时候，违背意愿的结果就是厌倦、疲劳和抵抗。

教师能做的就是顺应学生的心理活动，让学生在一定的时间内愿意学习。在让学生愿意学习的动力中，除了外界的压力之外，不但要让他们认识到这种压力是为他们自己好，还需要在学习过程中让他们真正体验到学习的乐趣。在这里，需要调动人天生的动机，其中最重要的是理解、运用与创造的动机。人在复杂的自然界和社会中生存，需要理解世界，建立秩序，获得安定感和可控感。对于新奇的、尚未理解的事物，人有关注它、理解它的动机，这就是求知欲或好奇心。动物界只有猴子才会好奇，而好奇是十分宝贵、神奇的能力，是理智高度发达的象征。将学到的知识有效运用，解决问题，并创造性地解决新问题，实质上都是人们用自己的行为影响了事物或他人，说明自己不是无足轻重，这就意味着展示了价值，刷出了存在感，带来了成就感。这些人类的先天动机，都伴随有愉悦的情感体验。

另外，理解和创造的背后都是想象力。理解需要在内心构造一个关于世界的模型，利用这个模型判断世界的运作是否符合我们的预期。创造需要在头脑中构造一个原本不存在的事物，而想象力，就是构建内部表征的能力，是人类最基本的认知能力。人际互动中有很多情绪、情感体验，如愉快、悲伤、痛苦、恐惧、愤怒、厌恶、害羞、轻蔑等，这些体验更多是个体价值的体现，即个体是否展示了自我价值、获得社会认可。人有强烈的动机去逃避社会压力、获得社会认可，能够成功做到的时候，会体验到积极性的社会情感，不能做到的时候，会体验到消极性的社会情感。从心理学的角度说，当学生为理解、运用与创造而学习的时候，会有积极的体验，这是最理想的学习状态。教师如果能够激发学生这三大动机，就能促成十分理想的学习。

第二、三个问题涉及学习内容和学习控制权，是更为重大的论题，在以下两章将分别进行更为深入的分析。

第四个问题涉及独立学习与合作学习的关系。从对分的角度看，独立学习与合作学习对学习效果都是十分关键的因素，因而都是教学过程中必不可少的部分，不能厚此薄彼。

第五个问题涉及学习情景。从对分的角度看，鼓励教师创设真实情景，贴近现实生活，但也要认识到真实情景的创设需要更多的投入和资源，要考虑是否有足够的收益。教学的一个本质特点是借助间接经验获得认识。作为教学的媒介，语言本身就是高度抽象的符号。即便人在解决真实问题的时候，也需要从问题中抽取信息和关系，运用抽象思维，过多地借用或依赖真实情景，有可能会妨碍对学生抽象认知能力的培养。

第六章

对分课堂的教学目标

第一节 基于行为的能力目标

一、认知能力

学生需要学习什么内容,关系到教学目标的问题。当前,人们普遍认为教育是为了德智体全面发展,包括知识、技能、能力、情感、态度、身体素质、人文修养、品格和价值观等多个方面。这样的区分是有道理的,但这种分类更多来自思想家和教育家的哲学思辨。从科学的视角看,对于这些看似差异巨大的领域,可以进行进一步的概括,提炼出更为一般性的内涵,统一在知识、能力和技能这3个维度。这里所说的科学的视角,主要是指心理学的视角。下面先对心理学做一些简单的介绍。

教育学的来源包括哲学、伦理学和心理学。伦理学是关于道德的哲学,所以教育学的基础主要是哲学和心理学两个学科。哲学是关于智慧的科学,人类早期把所有的学问都称为哲学。哲学分化后,逐渐形成了各门科学。物理学、心理学都是从哲学中分化出来的。这个分化过程的一个显著特点是,很多传统的哲学问题逐渐转化为科学问题。比如,生命的本质,曾经是一个十分重大的哲学问题,如今已经完全归属于生物学范畴,与哲学的关系并不大。美国著名哲学家赛尔展望未来,将哲学总结为6个主要领域,分别为心身关系问题、心智哲学、语言哲学、社会哲学、伦理哲学和科学哲学。可以看到,当今的哲学涉及对一些重大而基本概念的探究和反思,与教育的距离较远。

世界的基本构成是物与人,对物探究的核心科学是物理学,而对人探究的核心科学是心理学。教育是针对人的活动,科学的教育必须参照心理学的理论框架。

心理学是关于个体的行为和精神过程的科学研究。[①]精神的英文是 mental，但 mental 在中文中缺乏比较精确的对应词，泛指心的、心智的、精神性的。也就是说，心理学关注的两个主要方面是行为和内心活动。心理学家一度信奉行为主义，认为关注行为就能了解人的一切，但很快就发觉，人的行为是内心活动的反映，因此心理学的研究不能不关注人的内心活动，只有深入了解人的内在结构和过程，才能真正理解和预测人的外在行为。

如果我们注意到一个人的情绪状态，比如，心情不好，我们就能更好地理解这个人随后的行为，比如，跟人吵架。如果我们赞扬一个人品质很好，我们会预期在明天的交易中，这个人不会欺骗我们。内心活动的一个方面是心理体验，如愉快、不安等。心理学家不会认为他人内心的体验是虚幻的、不存在的，因为心理学家也是生命个体，也有丰富的内心体验和感受，清楚地了解它们的真实性。但因为科学没有办法直接测量这些体验，所以心理学家关心他人的内心，最终还是要基于他人的行为。心理学研究人的内心活动，但这些活动最终要体现在行为上。

人生在世，事事顺心，只是一种美好的意愿，实际上，每个人都会面临各种各样的问题，人是在面对问题与解决问题的过程中前行的。说人生的首要任务和永恒任务是解决问题，也不夸张，当然与问题解决紧密相连的是能力。如果从行为上看到一个人能够较为稳定、可靠地（不是偶然地、靠运气）解决一个或一类问题，就可以认为这个人具备解决这一个或这一类问题的能力。能力是无形的，能力的存在由问题解决而定义。我们平常说看到某人很有能力，如表达能力，其实看到的是此人流畅表达的行为。从学术上讲，能力是一个推测的、假想性的存在。

心理学中最为关注的是认知能力，依据对象的不同分为 4 大类。

1）对物的认知能力。在生活中，一类问题是与物和环境有关的，像如何获得食物，如何找路，如何维持生存，如何保护环境。自然科学的长久探索形成了对世界系统、深刻的认识，积累了丰富的资源和方法来解决这些问题。科学是人类在解决与物相关问题过程中发展出来的能力的最高体现，这种能力可统称为心理学意义上的智力或认知能力，或哲学意义上的理性或认识能力。

认知能力包括使用符号的能力、空间信息加工能力、形成抽象概念的能力、作出创新性设想的能力等。认知的终极目的是控制身体，完成特定的行为。我们不仅能认识事物，还能控制自己的身体，采取适宜的行动，达到期望的目标。有些认知活动在行为上不易表现出来，比如，静坐、闭目进行深思，好像是纯粹的心理活动，但如果测量心率、皮肤电等指标，会发现其与思维活动有关联，这些也算是行为上的踪迹。不过，多数的认知活动与行为的关系更为密切。比如，感

[①] Richard J. 2016. 心理学与生活(第 19 版). 王垒等译. 北京: 人民邮电出版社.

知觉是认知的基础,在注意一个物体的时候,阅读一篇文章的时候,眼睛会发生有规律的运动。语言是典型的认知活动,但语言表达涉及众多的面部和口腔肌肉,与肢体动作中的肌肉控制没有本质区别。控制身体部分运动的都是神经系统,这些神经系统同时也是内部思维活动的基础。动作练习,不仅仅是让肌纤维强壮,很多时候也是在训练神经系统的活动模式。因此,行为也是通过神经系统的控制实现的。

在绝大多数情况下,认知离不开行为,而行为也需要以认知活动为基础,两者是密切交织在一起的。当需要注意聆听的时候,我们常常会控制身体保持安静,当需要深思的时候,我们常常会闭上眼睛,避免外界感官刺激的干扰。认知能力不仅包括如何理解世界,还包括如何控制身体和实施行为的运动能力。在最基本的身体行动层面,认知的成分很弱,比如,肌肉的收缩与舒张,更多是生理性的机制。技能是能力的一个子类,通常是指运用某些较为专门技术的能力,或指涉及利用肢体动作来完成某些操作性行为的能力,如书法、绘画、体操、武术、弹琴、操纵机床等。理解了认知能力包含行动能力,就能够看到,技能事实上也是认知能力的一部分。

运用认知能力,我们会形成关于事物的内部表征。当内部表征的变化与事物的变化相契合时,我们实现了对该事物的理解。当两者不契合时,理解失败,导致对内部模型的进一步修正。科学家理解自然界,遵循类似的原则。科学家构建关于世界的模型,就是科学理论,然后检查、判断科学理论是否与世界的运行状况相符合。因此,各种认知能力,如注意力、记忆力、空间知觉能力等,都是要感知外部世界,通过分析、组织、建立联系,构建合理的表征。所有这些能力,都是为了实现理解的目的,可以统一称为理解事物的能力或理解能力。

在理解事物的过程中,把不同的表征整合起来,形成一个新表征的能力,这种构建能力在较高的层次上被称为想象力,想象力是人类创造性的根本来源。人类文化的一切都是人类自己发现的,并没有其他物种教给人类,这也是因为创造力是内在于人的基本能力之中的。行为控制能力、理解能力和创造能力都是人类最基本的认知能力,而后两者更为核心。

2)对自己的认知能力。在认识外界事物的过程中,人也把自己的认知能力投射向自身。这样,人逐渐开始认识自己,理解了自己与物的共同属性,也认识到了人的独特属性,比如,感受与体验。看到红花觉得鲜艳,吃到盐感觉咸,这种感觉是无法从外界事物上认识到的。另外,发现自己有意图、有意向、有动机,这样的感受也是无法从无生命的事物上得到的。有动机就有目标,如果事情的发展变化顺应我们的目标,就有愉悦、快乐等积极的感受或情绪体验,如果不顺应我们的目标,就有失望、痛苦等消极的感受或情绪体验,这是人对自己情绪的认识。人们还发现,自己是一个整体,好像有一个自我在控制自己的所有行为。在对自我的认知能力中,有一个特殊的类别,即人能反思自己的思想状态和思维活动,这种自我观照或对自我认识活动的认识就是元认知。

3)对他人的认知能力。作为群居性的动物,我们跟周围人有很多互动。人们的认知能力投射到这些外在个体上,就产生了对他人的认识。开始是认识到他人跟我们在形态上相像,这看似简单的认识,也需要有自我概念和与他人的比较。人们认识到他人不是物,而是跟我们一样有信念、感情、意图和动机。人们也理解到当别人处在某种情境的时候,可能跟我们有类似的反应或感受。人们根据对自己的认识,来推测他人的行为和感受,对他人心理活动的认识,全面利用了我们对物和对自己的认知能力。对动物的认知,介于对物体的认知和他人的认知之间,即根据动物行为的复杂程度,部分类比人类,赋予它们与人类似的心理活动属性。

4)对情绪的认知能力。在对自我和他人的认识中,有一个特殊的类别是关于情绪的,称为情绪智力、情商或社会智力。美国心理学家戈尔曼是情商概念的提出者,他认为情商包括5个方面的内容,即察觉自我的情绪、控制自己的心情、避免消极情绪的影响、自我激励保持乐观情绪、理解他人情绪,在人际关系中,要保持对他人的友善和包容。[①]这5个方面涉及理解、判断自己或他人情绪,调控自己的情绪状态,控制自己的行为,是人类基本认知能力在情绪领域的运用。对自己和他人情绪的认识,有助于预判自己或他人的行为倾向,能够让我们更好地解决问题和处理人际关系。日常所说的教养,比如,说话不冒犯别人,让人感到舒适,也反映了情绪认知能力。

二、态度情感

在能力之外,我们期望培养学生的态度与情感。态度是个体对特定对象,如人、事物、事件或观念等持有的稳定的心理倾向。这种心理倾向蕴含着个体的主观评价、情感体验和行为倾向。对某个对象态度好,其实是对它有积极的评价,也伴随着积极的情感体验,在行为上更有可能接近、亲近、认可、支持或赞赏该对象。对某个对象态度不好,其实是对它有消极的评价,也伴随着消极的情感体验,在行为上更有可能排斥、疏远、否定、抵制和批评该对象。态度蕴含着行为倾向性,因此它常常是行为的先导。我们培养学生对工作认真负责的态度,不是要他们立刻去工作,而是在未来处于工作场景的情况下,他们能够作出认真负责的行为。

情感是态度的一部分,本质上是一种情绪体验。情绪有时候没有特定的对象,

---

① 丹尼尔·戈尔曼. 2010. 情商为什么比智商更重要. 杨春晓译. 北京:中信出版社.

比如，感觉比较消沉，但这种情绪并不针对某个事物。此外，情绪不太稳定，变化较快。与情绪不同的是，情感一定有特定的对象，而且相对稳定持久。当情感与某种高尚的思想和精神境界相联系时，这样的情绪体验和状态被称为情怀，特别稳定、强烈、持久、系统化的复杂情感被称为情操。情操与人的思想观念、信念理想和世界观等密切相关，是丰富的精神生活的重要组成部分，对人的行为有很大的影响。由于情操的这些特点，具有某种情操的个体不仅有行为倾向，而且常常会在不利的环境中表现出与情操一致的坚定行为或操守。与情操相比，情怀更注重心境、主观追求和心理体验，在行动性方面较弱。

同时，情感又分为理智感、审美感和道德感3种。

1）理智感。理智感是人在求知和追求真理过程中产生的情感体验，比如，对未知事物的兴趣、好奇感，对新发现的喜悦和幸福感。

2）审美感。审美感是人在欣赏艺术品、自然景物和社会现象的过程中产生的愉悦、快乐、轻松、自在的情感体验。对事物的美丑评价会形成对该事物的一种态度，审美感是与这个评价过程相联系的体验和感受。审美过程的直觉性很强，美的感受常常不可言说，但不可言说只是人类心理体验的一个普遍特点，并不是审美所特有的。人类的很多认知和心理活动都是在意识水平之下进行的，不能进入意识，也常常无法用语言充分表述，这在心理学研究中被称为内隐认知，是人类心理活动的重要板块。

人对蓝天、红花绿叶有天生的美感，但更高级的审美体验需要学习才能掌握，比如，对古典诗词、抽象画的欣赏。审美学习的目标是清晰的：当看到这类抽象画的时候，希望自己能产生一种新的美好体验。学习审美，需要了解敏感的艺术家所发现的美的形式或规则，感受到这种形式所引发的美的体验，在自己的头脑中构建类似的结构和标准，未来可以在其他作品或材料中辨别、发现这样的形式，产生类似的体验。这个过程与学生对文化课的学习实质上是一样的，也是要完成认知结构的构建，培养分辨、判断的能力。对比一下，文化课的学习是掌握科学家发现的自然规律，在内部构建关于这些规律的表征。当我们能在现实场景中识别和运用这些规律时，会对世界产生理智感，如秩序感、控制感和安全感，这些感受与审美感都是心理体验，其本质上是一样的。

人们一般会觉得审美没有功利性，只是为纯粹的美的体验，审美活动只包含体验，并不需要后续的行动。这里存在很大的误解，是因为忽视了美感是态度的一部分，而态度背后蕴含着行为倾向。根据行为主义的强化反馈原理，如果看到一幅画作引发了愉悦，未来我们会更有可能去重复这一行为，去观看类似的画作。让一个人欣赏一首歌曲，意味着此人有空闲安排活动，比如，不听歌可能就会去闲聊。实际上，这里存在一个简单的问题解决的需求。也就是说，审美活动背后也有问题解决，存在行为选择。培养艺术鉴赏力，实际上是在塑造人的行为，引导人在某些情境下作出更有意义的选择和行动,让人趋近美好、远离丑恶,让人选择高雅、摒弃粗俗,提升思想境界,让生活充满更多的愉悦、快乐,引发更多的美好行为。这看起来是诱发体验,其实是在培养一种能力。

3) 道德感。道德是社会生活中形成的一些行为规范和准则,往往代表着社会的正面价值取向,以引导、教育、调节和规范人们的行为,使人与人之间、个人与社会之间的关系更为完善与和谐。对自己或别人的行为进行正当与否的判断和评价,会形成对该行为的一种态度,道德感就是与这个评价过程相联系的体验和感受。道德在一定的范围内力图保障每个人的利益不受别人侵犯,每个人也相应地不应该侵犯别人的利益。道德体现了利他性,是社会对每个人的基本要求,每个人都应该在社会通常认定的范围内承担义务、履行责任。比如,中国文化的核心道德准则是仁义,而如诚实、友善、礼貌、公平、正直等是所有社会的共同道德准则。

超出社会常规义务和责任之外的善的行为,如慷慨、勇敢、宽容、慈悲等,被称为美德。美德是更为高尚的奉献,是建立在较高的思想自觉和精神境界之上的,是少数贤人乃至圣人才能达到的地步,对大众可以提倡,但不能要求。日常对人的道德水平的评价,也常常使用"品德"和"品格"这两个词。

人也有天生的道德感,如孟子所说的恻隐之心,但与审美感一样,更多的道德来自社会生活和后天的培养。当然,这种培养也是对能力的培养:在学生内心形成符合社会道德标准的认知结构,对各种行为都能作出正确的判断和评价。形成这个内部结构的目的,也是要改变学生的行为倾向,在多种可能中更多地选择符合道德准则的行为。科尔伯格的道德认知发展论,其实也表明了这样的一个基本立场:道德的本质是认知的。

价值是客观事物对人的意义,而事物之所以对人有意义,是因为它们能满足人的需求。不论是衣食住行、自然环境,还是文学作品、科学理论,都能满足人某方面的需要,对人都有积极的意义,因而也是有价值的。然而,能满足一个人的需求,对一个人有意义、有价值的事物,对另外一个人可能未必如此。对具体事物价值的判断,不同的人有不同的标准,一个人评价和判断客观事物有无价值或价值大小时所采用的相对稳定和持久的尺度、表征和原则,构成了这个人的价值观。人依照自己的价值观,对诸事物在心目中的主次、轻重排列次序。除了价值标准之外,价值观的另外一个核心内容是基于价值取向和价值追求而形成的价值目标。价值观从根本层面上支配和制约了人的动机,而动机在适宜的条件下会导致实际行动的发生,所以价值观常常是人类行为的决定性因素。

价值观是人生观和世界观的重要组成部分。世界观是人们对整个世界的总的看法和根本观点,支配着人的理想和基本信念,人生观是对人生的目的、意义和道路的根本看法和态度,人生观是由世界观决定的。其具体表现为幸福观、苦乐观、生死观、荣辱观等。对价值观的培养，其实与人生观和世界观的培养是密不可分的。价值观、人生观和世界观实质上都是看法和观点，也就是说，它们的基本内涵是认知，即如何理解、判断和评价，这些都体现了对基本认知能力的运用。

三、唯能力论

（一）能力

总体来说，我们希望学生获得发展的几个主要方面，包括能力、态度、情感和价值观，可以归结到真、善、美3个方面，真体现为理智层面，善体现为道德层面，美体现为审美层面。

在理智层面，我们希望学习者有能力理解和发现客观规律，在道德和审美层面，能够根据一定的原则，分清是非，明辨美丑，并把真善美确立为自己的价值目标。作为价值判断的必然结果，学习者将会对真、善、美抱有积极的态度，持有积极的情感，而对假、恶、丑抱有消极的态度，持有消极的情感。

要形成正确的价值观，作出合理的价值判断，就需要能够分类、比较、抽象、概括、理解、整合等，这些认知能力不仅对理智性的探究不可或缺，对道德和审美也至关重要。真的标准更多来自于自然界的客观规律，常常不取决于人类文化的特点，而善和美，除了自然的、先天的成分外，还包含很多社会历史和文化传统形成的标准。虽然来源不同，但在3种情况下，我们都希望学生能在一定的情景下，依据正确的标准，作出良好的判断，实施正确的行为。也就是说，与理智相比，在道德和审美层面的学习，仅仅是领域、内容、具体标准的不同，本质上都需要人类最核心的认知能力。

其中一个争议在于，是否存在针对道德或审美内容的特定的认知能力？比如，在道德领域的分类能力与理智领域的分类能力，是否反映了同一种能力？对于这个问题，可以根据认知心理学在理智领域的研究来回答。比如，在感知觉方面，把几个颜色块分为两类的能力与把几个图形分为两类的能力是否是同一种能力呢？细致地说，分辨颜色与分辨图形的确是不同的能力。不过，我们倾向于在一个抽象的层次上用同一个分类能力来描述它们，否则会面临很大的困难：会有比较两个线段、两个角度、两种颜色、两个音符、两个动作等很多种不同的能力。所以，我们也倾向于认为，在道德性判断与理智性判断背后是同一种认知能力，道德判断只是基本的认知能力在道德领域的一种运用。

我们希望学生在运用能力、依据标准进行判断的过程中能够体验相应的情感，如理智活动的快乐感、审美体验的愉悦感、道德评判的正义感。这种认知活动与情感的协调一致性，表明这些标准不再是外部强加的，已经成为学生的内在标准。

如果学生是基于外界的督促和压力作出某些选择，但并不真正认同，那么他们就不会有这些情感体验。我们不仅希望学生能够正确地背诵道德准则，作出正确的行为，还希望他们是真心而不是虚伪地认同这些标准和行为。

在日常生活中，人们常说自己知道别人的感受，严格地说，感受、体验是主观的、第一人称的，实际上别人的感受我们是无法知道的。在哲学上，心理感受、心理体验有一个专有名词，叫感受性（qualia）。qualia 的单数原形是 quale，来自拉丁语词根 qualis，意指"种类"，在英语中演变出的 quality 一词，有"性质、特性"的意思，因此 qualia 被翻译为"感受性"或"感受质"。颜色、疼痛是人们常常探讨的典型的感受性，因为它们带来的感觉非常鲜明、清晰。其实，感受性的种类繁多，数量巨大，如人能够分辨上千万种颜色，把两个色彩有微小差异的色块放到一起，也能发现它们会引起不同的感受。人能分辨的形状更多，任何一个形状，如三角形带来的感觉跟其他形状如四边形，都是不尽相同的。所以，仅仅考虑颜色、形状两个维度，感受性的数量就已有很多。我们所有的感官感受，如饥渴感、肌肉紧张感、焦虑感、喜怒哀乐、做梦的感觉，比较两个物体大小产生的相同感、不同感，还有更为抽象的幸福感、嫉妒感、正义感，乃至意志的自由感、自我的整体感等都是感受性。

作为人类心理的基本元素，感受性对当前的心智哲学、心理学和神经科学研究提出了一个极其重大的挑战：基于物理学的自然科学如何解释感受性的出现，大脑复杂的神经活动为何最后能产生主观体验？

最近提出的"回声论证"理论尝试通过思想实验从一个全新的角度去思考这个问题。[①] 首先，我们反思到，在物理学的世界里，万物皆原子（或夸克）。在地球的每一个角落或太空的每一寸空间，虚空之外，我们看到无穷无尽的原子在不停地震荡、跳跃、聚集、分散，这就是物理学描绘的关于自然界的最真实的图像。这个反思引发了一个奇特的疑问，即为什么物理学描绘的世界是一幅巨大的图像，而不是一大团错综复杂的声音，不是一堆各式各样的气味？为什么我们"看到"世界的本质，而不是"听到""闻到"或"摸到"世界的本质？这让我们意识到，物理学所描绘的世界是视觉的。

由此产生的疑问是，人们有多种感官，为什么物理学理论更依赖于视觉而不是听觉？是不是因为人们的视觉比听觉的功能更强大呢？如果视觉不是人们最发达的感官，我们的科学所描述的世界还是基于视觉的一幅图像吗？蝙蝠利用回声来觅食、定位，听觉功能非常发达，远远超过了它的视觉功能。设想，如果蝙蝠群体先发展出了智慧，建造了蝙蝠的物理学理论，这个理论应该以回声的属性如响度、频率等作为其理论的核心基元。也就是说，在蝙蝠物理学家

---

① 张学新.回声论证:科学有可能解释意识吗? http://www.paper.edu.cn/html/releasepaper/2013/07/83/[2013-09-08].

的心目中，世界不会是一幅图像，而应该是一大团声音，走遍宇宙各地，听到的都是声子。

这个思想实验表明，认为世界是原子构成的，这只是我们理解世界的一种方式，并不是代表世界的唯一真相：蝙蝠完全可以认为世界是由声子构成的。虽然科学刻画、描述的内容反映了世界的客观规律，但科学的具体形式却可能依赖于构建科学的生物体的感官特性。这就意味着，人类科学的基本术语来自人类的感受性。科学描述世界的时候要基于感受性，而感受性原本却是科学所无法解释的。比如，科学无法解释为什么我们在看到一朵花的时候，觉得它是红色的，为什么看到两个数字3的时候，觉得它们是一样的，为什么看到一个大圆和一个小圆的时候，觉得它们的形状相似而大小不同。

科学的语言最终要回归到感受性。物理学是一切自然科学的基础，其所有概念如长度、质量、速度都依赖于度量，即能够判断两个数量或事物是否一样。然而，度量本身是科学无法再解释的。科学无法解释为什么我们觉得两个圆的直径是一样的。当然，科学家可以用两把尺子去度量这两个圆，然后说两把尺子给出的标度是一样的，所以两个圆的直径是一样的。但是我们如何知道这两个用来度量的尺子是一样的，又或如何知道两个尺子读出的标度又是一样的呢？再用其他的工具或仪器去比较两把尺子，只能带来问题的无限回归。也就是说，看到1米长的尺子比半米长的尺子更长，这种感觉是最初始、最直接的。这种直接经验到的感受性是人类共有的，是自明的，是不需要解释的，是我们理解一切的基础，也不可能用任何东西来解释。每一种感受性，都是一种直观或直接给予，与其他感受性都有质的不同，无法归结为其他的感受性。

回声论证之所以关键，是因为它在理论层面揭示了人类感受和体验的本质，让我们认识到科学本身就是基于感受构建的，科学不能够也不需要再去解释感受。在心理学这门关于人的心理活动的科学中，我们关注的实质上不是心理感受，而是行为。从哲学的意义上讲，我们甚至不知道别人是不是真的像自己一样有感受、有体验，或如果他们有感受和体验，是否跟自己的感受和体验相同或类似，这是哲学上的他心问题。我们每个人都知道自己有感受和体验，但是根据别人的行为来推测别人也有感受和体验。我们的感受不能影响别人或改变世界，别人的感受也不能影响我们，除非这些感受引发了后续的行为。我们推测一个人有愤怒的感觉，是因为看到这个人紧握拳头、双眼圆睁的身体姿态和表情，或是这个人用言语告诉我们他很生气，而其言语也是一种行为。

在以往的教学中，我们常常把能力与态度、情感、道德和价值观区分开来，认为它们是不同类别的内容，学习过程涉及不同的机制。了解回声论证的结论，就是希望能更正这样的错误看法。这种错误主要体现在以下两个方面。

1）过去我们倾向于认为，在理智活动中是没有感受或体验的，而在与态度、道德和价值观相关的心理活动中有情感体验。其实，人们在从事纯智力活动的过程中，在完成信息处理、加工时，也有感受和体验，比如，观察图形时的色彩感、比例感，在对事物高度注意时的全神贯注感，都可能是清晰、强烈的体验。在分析、判断、比较、思考的时候也是有感受的，只是这些感受比较平和，不像有些情绪体验那样强烈。不过情绪水平也有强有弱，如淡淡的忧伤，即使弱的情绪也是情绪。因此，纯智力活动中的体验与态度、审美、价值判断中的情绪体验都是感受，其本质是一样的。

理解了这一点，理解了心理学作为一门科学，最终关注的是行为而不是情感体验，就更容易理解理智、态度、审美、价值观的培养过程都是借助于人类基本的认知能力，目标都是改变和塑造人的行为模式，让人在一定的情景下更好地解决问题，都是能力培养。这里不是否认感受、体验的重要性，而是要认识到它们与行为是关联的，而且最终要从行为上体现出来。

2）我们觉得有了能力就能有确定的行动，而如形成一定的态度等未必会导致必然的行动。态度、情感和价值观的确只能影响人的行动倾向，未必会带来确定的行为，能力培养其实也是一样的。

我们教100个孩子学会如何应对火情，但当火情真正发生的时候，可能只有30个孩子采取了正确的行动。即使孩子在学习时能表现出正确的行为，但在实际场景中，可能会存在干扰因素，导致孩子不能确认学习场景与现实场景的匹配，原因可能是所学规则的记忆不够牢固，现场未能迅速提取这些规则，也可能是孩子没有动机按学习过的方式去行动。种种原因，从群体概率上说，只有30%的倾向展示出我们期望的行为。这就意味着，培养能力的教学也只是在增加某种行为出现的倾向，并不能保证这种行为确定会出现。

由此可见，虽然能力、态度、情感和价值观的区分是有道理、有用处的，但是从心理学的角度看，它们根本上都是能力范畴。当我们从最广泛、最一般的层面理解教学的时候，这些都可以统合到能力上去，只是分属于不同的子类，针对的是不同的问题和行为领域。

最后，教学的目标不仅仅是培养各方面的能力，每个人都是一个自然的物理单位和功能单位，我们希望各种能力服务于自我这样一个整体，各种行为不互相冲突，不是为了求真罔顾道德，或为了审美而忽略知识，不因偏执而走向畸形。我们希望每个个体都能够展示其稳定的、独特的、整体协调的形态和风格，或者说个性。

个性是一个人在心理活动或行为举止上与他人不同的特点的总称。个性与性格、脾气、气质等都是日常用语，不是学术用语。心理学中的个性包含两个方面：①前文描述的能力；②人格。其中，人格是一个人在思想、行为和情绪反应中表现出来的稳定的特点。①

人格具有普遍认同的 5 个因素。

1）外倾性。比如，是否喜好交际，热情还是含蓄。

2）情绪稳定性。比如，是否冲动、压抑，焦虑还是平静。

3）开放性。比如，是否遵守惯例，自主还是顺从。

4）宜人性。比如，是否热心助人，信任还是怀疑。

5）尽责性。比如，是否尽职自律，谨慎还是粗心。

从人格的定义可以看到，性格在日常用语中的含义与人格有很大的重叠，而脾气和气质只是性格的一部分。换言之，性格、脾气和气质是人们根据日常生活中的经验，用于刻画人的心理活动和行为特点的词语，但这些词语的系统性、清晰性和准确性都不能同基于科学研究定义的人格概念相比。从学术的角度而言，只要谈能力和人格，就可以比较准确地刻画个性。

与能力培养追求高水平不同，人格没有正向或负向的评价标准。不能说外向的人比含蓄的人更好，也不能说信任别人是好的人格，反之亦然。对于人格的评定，依据相对标准，高于平均水平的人是热情的，低于平均水平的人是含蓄的。这个定义就注定大约一半人是相对热情的，而另一半是相对含蓄的。与能力一样，人格会受到遗传因素和社会文化环境的双重影响。

在理想情况下，一个人能力和人格多方面的特质能在自由、开放、富于营养的环境中不受压抑、相互协调地发挥出来、成长起来，实现其个性的全面、健康发展。中国文化中德才兼备的君子，被认为是达到了认识真、坚持善、欣赏美的理想境界：学识渊博有见识体现了理智知性，仁义礼智信体现了道德修养，琴棋书画体现了艺术审美。

（二）知识与能力

以上确定了在理智、道德、审美、价值、态度等多方面的教学其实都是指向一个能力目标。那么知识与能力的关系是怎样的呢？

关于世界的认识都是知识，通常以符号或图画的形式保存下来，能够被再次利用。知识是一种抽象的存在，因为知识是概念，概念在本质上是抽象的存在。比如，红色这个概念就是抽象的存在。我们见过太阳的红色、玫瑰的红色、枣子的红色，但当我们说红色的时候，我们可以意指一种脱离了具体事物的红，虽然我们从来没有也不可能见到不与任何物体相关联的抽象的红。当我们要观察红色的时候，不能观察抽象的红，只能观察具体的红。知识也是如此，当我们观察一个学生是不是拥有某种知识的时候，我们只能去观察体现这种知识的行为，不能

---

① 伯格. 人格心理学(第七版). 陈会昌译. 北京：中国轻工业出版社.

观察这种知识本身。假如我们学会了一种知识，但这种知识永远影响不到我们的行为，那么这种知识其实是没有意义的。

以教孩子 1+1=2 这种简单知识为例，分析一下与这种知识相关联的行为。当你问 1+1 等于几的时候，孩子能够通过发出"2"的声音这样一个行为，或通过伸出两个手指这样一个行为或其他类似的行为，稳定、可靠地给出"2"这样的答案时，我们认为孩子学会了这种知识。1+1=2 这个外部世界的规律，通过学习，形成内部表征，保存到头脑中之后，能够影响孩子的行为，使得拥有这种知识的孩子能够作出我们认可的正确行为。不拥有这种知识的孩子，不能作出我们认可的正确行为。在一种特定的情景下，能够理解问题，能够用稳定的行为，给出符合标准的回答，这里体现的是一种能力。所以，我们通常所说的知识，其实是脱离不了能力的。科学最终要落实到行为上，我们可以观察、研究的永远是在具体行为中体现出来的能力，而不是抽象的知识。

这样，我们通常所说的知识、认知能力、技能、态度、情感、价值观这些内容，就都统一到了能力这个大的范畴中。这个观点可以称为学习的"唯能力理论"。从古至今，教学的核心一直是知识，唯能力的教育理论是对知识教育的一个根本变革。简单地说，唯能力理论认为，学习的唯一目的是培养能力，能力的范围超出了认知，包括情感、态度、价值判断和美德意志，所有类别能力的培养方式与认知能力的培养方式都是一致的。

第二节　教学目标四层次理论

一、传统理论

如果不同领域的学习目标都可归结为能力培养，那么能力培养的具体目标又应该如何确定呢？教育研究中相关的议题被称为教育目标分类体系或教育目标分类学。[1]教育目标分类强调指导教学过程和对结果进行评价，其实是一种教学目标分类。在 1948 年的美国心理学年会上，由布鲁姆等首次提出的教育目标分类影响最为广泛，至今仍然是这一议题的经典理论。布鲁姆区分了认知、情感和心因动作三个领域，不过他的主要工作是在认知领域，其他两个领域由后续的教育心理学家完成。

---

[1] 洛林·安德森. 2009. 布鲁姆教育目标分类学. 蒋小平等译. 北京：外语教学与研究出版社；盛群力. 2008. 21 世纪教育目标新分类. 杭州：浙江教育出版社.

（一）布鲁姆的分类

布鲁姆等在1956年出版的《教育目标分类学·认知领域》中，把认知领域的目标分为6个亚领域，即知识（knowledge）、领会（comprehension）、运用（application）、分析（analysis）、综合（synthesis）和评价（evaluation）。

1）知识。指对先前学习的材料的记忆，包括具体事实、方法、过程、理论等。其所要求的心理过程主要是记忆。这是最低水平的认知学习结果。

2）领会。指能把握材料的意义。可以借助3种形式来表明对材料的领会：一是转换，即用自己的话或不同的方式表达自己的思想；二是解释，即对一项信息加以说明或概述；三是推断，即估计趋势或预期后果。领会超越了单纯的记忆，代表了最低水平的理解。

3）运用。指能将习得的材料应用于新的具体情境，包括概念、规则、方法、规律和理论的应用。运用代表了较高水平的理解。

4）分析。指能将整体材料分解成它的构成成分并理解组织结构，包括对部分的鉴别，分析部分之间的关系和认识其中的组织原理。分析代表了比运用更高的智能水平，因为它既要理解材料的内容，又要理解其结构。

5）综合。指能将部分组成新的整体，包括发表一篇内容独特的演说或文章，拟订一项操作计划或概括出一套抽象关系。它所强调的是创造能力，需要产生新的模式或结构。

6）评价。指对材料如论点、小说、诗歌、研究报告等作出价值判断的能力，包括按材料内在的标准，如结构组织的严密性，或外在的标准，如与目的关联性，进行价值判断。

2001年，梅耶、安德森与克拉斯沃尔等教育心理学家及课程、教学、测量评价专家经过长期的研究，完成了对布鲁姆分类理论的修订。修订后的最大变化是，将教育目标分为认知过程和知识两个维度。其中，知识包括事实性知识、概念性知识、程序性知识和元认知知识。认知过程维度是学生学习知识所经历的阶段，即记忆、理解、运用、分析、评价和创造，两个维度的组合形成了24个分类。其修订的目的是把教什么与学生掌握和应用知识的阶段历程区分开来。另外，修订版中把原来的知识目标修改为记忆目标，把领会目标改为理解目标，把综合目标修改为创造目标，并将其放到评价目标之后。

克拉斯沃尔、布鲁姆等在1964年出版的《教育目标分类学·情感领域》一书中，把情感领域目标分为5个亚领域，即接受或注意（receiving, attending）、反应（responding）、价值评价（valuing）、组织（organization）、性格化（characterization）。

1）接受或注意。学习者能感受到特定现象或刺激的存在，愿意接受或注意它们，基本的层次是学习者能觉察到某一对象、现象或情境。与知识不同，这种觉察不一定能用语言来表达。更高的层次是学习者愿意接受而不是回避特定刺激或自觉、半自觉地在多种刺激中关注它们。

2）反应。学习者能对特定的刺激有更为积极、主动的注意。其基本的层次是能够按外在要求对特定刺激作出规定的反应，更高的层次包括对特定行为有责任感，愿意实施该行为，并且在行为过程中或结束后有满意感。

3）价值评价。学习者能将外在价值变为自己内在的价值标准，并以此来指引自己的行为。其基本的层次是接受、偏好和重视某种特定的价值，更高的层次是坚定地信奉某种观念或事业，努力去实现并宣传这种观念或推进这项事业。

4）组织。学习者能把不同的价值组织成一个体系，确定价值之间的相互关系。其基本的层次是能够以更抽象的概念形式理解和认识价值，更高的层次是把各种价值组成一个复合体，彼此间形成有序的关系。

5）性格化。学习者能把各种价值组织成为内在一致的体系，对自己的行为形成长期、稳定的控制。其基本的层次是在一般情境下的行为都倾向于与自己的态度和价值体系保持内在一致的倾向性，更高的层次是把外在价值内化为自己深层的、整体的性格，成为世界观、人生观乃至生活哲学的一部分。

（二）哈罗和辛普森的分类

在动作技能领域，1972年哈罗和辛普森分别从学龄前教育和职业技术教育的不同视角，提出了各自的教学目标分类。

哈罗的目标包括6个类别，即反射动作、基本-基础动作、知觉能力、体能、技巧动作、有意的沟通。

辛普森的目标更为清晰，包括以下7类。

1）知觉。学习者能通过感觉器官觉察客体、性质或关系。

2）定势。学习者能为某种特定行动做准备。

3）指导下的反应。学习者能在教师的指导下或依据自我评价表现出特定的外显行为。

4）机制。学习者能将特定的行为习惯化。

5）复杂的外显反应。学习者能够表现出复杂的动作和行为。

6）适应。学习者能够改变动作活动以符合新的问题情境。

7）创作。学习者能够创作出新的行为方式及动作。

（三）加涅的分类

在教学目标分类学中，另外一种影响较大的理论是由美国心理学家加涅提出的。加涅于1969年在《美国心理学年鉴》上发表《教学心理学》一文，引发了教学心理学作为一门独立的学科的诞生，他本人也被认为是教学心理学的奠基人，其思想涵盖了学习理论、教学理论和教学设计。

加涅在1965年出版的《学习的条件》中，提出了8类学习，即信号学习、刺激-反应学习、连锁学习、言语联想、辨别学习、概念学习、规则学习、问题解决学习。在该书1985年的修订版中，他把其中的前4类合并为联想学习，形成了5类学习，每种对应一种学习结果，即言语信息（verbal information）、智力技能（intellectual skill）、认知策略（cognitive strategy）、动作技能（motor skill）、态度（attitude）。加涅的学习结果意味着习得的技能，所以，学习结果分类其实是教学目标分类，只不过教学目标提出于教学之前，学习结果实现于教学之后。

1）言语信息。学习者能够记忆和陈述与事物相关的名称或符号、单一命题或事实、相互联系的事实构成的知识体系，或有组织的大量命题。

2）智力技能。学习者能够使用符号与外界进行交互作用。加涅认为，这是人类习得最为重要的类型，也是受教育的实质意义所在。

智慧技能包括4个子类，即辨别、概念、规则和高级规则。辨别是对不同的刺激作出不同反应的能力，如区分颜色、大小。概念是对同类事物的共同本质特征的反映。形成概念就是能在一系列事物中找出共同属性，并赋予其统一名称。智力技能的典型形式是规则，辨别是依据一定的规则对不同事物的集合加以区分，而运用概念则是依据一定的规则将一个事物归属于另一个事物。当学习者在各种情况下的行为有"规律性"时，就展示了规则的习得。由简单规则结合而成的更为复杂的规则，常常与解决一个或一类实际问题相联系，具有较强的概括性，可以用于更为广泛的情境。

3）认知策略。学习者能够调整自己的注意、感知、记忆和思维等内部心理过程，在这样的调整过程中展示的技能就是认知策略。认知策略分为5个子类：①复述策略指机械性地重复材料；②精细加工策略指将要学习的材料与其他材料建立联系，如概括、摘要、比较、评估等方法；③组织策略指将要学习的材料形成组织结构；④理解监控策略又称为"元认知策略"，指学习者确立目标、评估进程、选择策略等活动；⑤情感策略指学习者集中和维持注意、控制焦虑等。

4）动作技能。学习者能够控制身体完成操作性活动。动作技能超越了简单的规定动作，还需要将多个动作组织起来，构成连贯的、准确的、符合规则的整体行为。

5）态度。态度指学习者稳定的心理状态，这种状态会影响其对特定对象的行为倾向。

（四）霍恩斯坦的分类

1998年，美国学者霍恩斯坦提出了一个全新的教育目标分类体系，对布鲁姆的教育目标分类做了较大的改进。霍恩斯坦将全部教育目标划分为 4 个领域，每个领域包括 5 类目标。

1）认知领域。即关于知识和心智能力与技能发展，包括概念化、理解、应用、评价和综合。

2）情感领域。即关于情感、价值和信仰对个体行为的影响，包括接受、反应、价值评价、信奉和举止。

3）动作技能领域。即关于发展身体的动作、能力和技能，包括知觉、模仿、整合、创作、熟练。

4）行为领域。即对认知、情感和动作技能 3 个领域的综合，包括获取、同化、适应、施行、达成。

除了布鲁姆的教育目标分类学体系之外，研究者还发展出十几种不同的体系，对教育教学产生了深远的影响，但也存在较为严重的问题。这里以最有影响力的布鲁姆、加涅、霍恩斯坦的分类理论为例进行分析。

1）领域区分。布鲁姆分类学把能力、情感和动作技能分为不同的领域，在每个领域都提出了不同的目标。霍恩斯坦认为，把认知领域、情感领域和动作技能领域视为彼此孤立的、互不联系的实体，实际上是割裂了人的行为。他指出，教育目标应该反映每个人都是作为一个完整的人进行学习这样一个事实，没有相关的情感体验，人就不会有智力活动，没有某种价值倾向，一个人也不会完成一项任务。据此，他认为应该增设行为领域，把认知、情感和动作技能综合起来。而加涅却把智慧技能、动作技能和态度并列起来，都归属于学习结果。单独来看 3 个理论都有道理，但放在一起则冲突很大，说明他们对能力、态度和动作技能之间的逻辑关系并没有给出足够清晰、准确的分析和判断。

2）知识定位。在布鲁姆的理论中，知识是认知领域目标的一个维度，而在霍恩斯坦的理论中，知识不再是一个教育目标的类型，而只是作为动态的系统过程的输入部分，对于学习者来说是信息，或者说是他人的知识。加涅用言语信息来刻画知识，也体现了把知识作为信息的观点。这样，在教育目标体系中如何确立知识的地位和角色，不同的理论存在根本性的分歧。

3）分类标准。在布鲁姆的分类中，认知领域的目标有 6 个类别，情感领域有 5 个，动作技能领域有 5～7 个。同一领域内部缺乏平衡性，比如，认知中的"知识"包括 9 个子类，而其他类别没有子类，不同领域的目标很难比较。霍恩斯坦的分类更具平衡性，4 个领域每个均包含 5 类目标，每类目标包含 2～4 个子类，各个领域的目标也更具可比性。但认知和情感领域应该可比的理论依据并不清楚，所以更平衡或更可比的意义和价值并不明了。

在布鲁姆的分类中，教育目标的类别和子类达 63 个之多，而在霍恩斯坦的分类中，认知、情感和动作技能共有大小类别 53 类，即便仅仅计算综合性的行为领域，也达到了20类。这些类别的名称和定义也存在很多人为性和含糊性，一般教师在教学中很难判断和应用，其对教学实践的指导意义也大大降低。比如，一个称为知识的，另外一个称为言语，一个称为认知的，另一个称为智慧，一个称为情感的，另一个称为态度，这都会让很多教师感到无所适从。

4）目标关系。在布鲁姆的分类中，认知过程中有分析和评价两个目标，但这两个目标很难与理解和运用目标相区分。阅读一篇文章并理解其内容，必然涉及对词汇和句法的分析，当写作中要选择确切的词语时，必然涉及评价该词语的意义、色彩是否适合当前的语境，因此，很难说分析和评价是比理解更高的层次。

二、四层次理论

以往的教学目标分类存在很多问题是因为没有充分体现心理学对人类认知活动的本质刻画。心理活动的核心是认知加工或信息加工，而认知加工中两个最核心的概念是表征和加工过程。表征又称心理表征或知识表征，是与外部事物相关的信息在心理活动中的呈现和保存的方式，是客观事物在人脑中的反映。加工过程是大脑内进行信息处理的各种方式，包括编码、组织、转换、储存、检索、提取等。粗略地说，表征有些类似于计算机里面的数据，而加工过程有些类似于计算机里面的程序。

在计算机的运算过程中，信息的处理过程与信息是密不可分的。同样，在人类的认知加工过程中，加工过程与表征也是密不可分的，过程永远体现为对某些表征的操作。有些表征是短暂存在的，比如，现在注视森林，会形成很多关于树木的表征，几分钟后注视山谷，刚才关于树木的很多细节信息的表征就消失了，而有些主要的或部分信息可能会保留下来，形成更为稳定的表征，这两者分别称为短期记忆和长期记忆。一般所说的知识都是指长期记忆的表征。当一个人没有思维活动，如熟睡的时候，大脑内是有知识的，但这些知识一定要等人清醒后被运用起来，才会表现为一定的行为，我们才能知道这些知识的存在。虽然知识运用不能够脱离知识，但知识与知识的运用过程在逻辑上是可以分离的。

以往教学目标的根本问题就在于，把这两者混淆在一起了。人类的知识是关于客观世界规律的描述和总结，丰富多样，其分类也十分复杂，对知识的刻画是整个心理学学科不断探究的目标。现有的如言语知识、程序性知识、体验性知识，以及动作技能、态度情感这样的分类，是对人类整个知识体现的划分，涵盖广泛，在具体的教学活动中，对教师的指导性并不强。针对具体科目、具体章节的知识性质和分类，把握最清晰、最深刻的是教师本人，而不是教育学或心理学研究者。把知识内容体现到一般性的教学目标里，面临着极大的困难，这就是为什么这些理论的分类方法差别很大,人为性很强,也很难达成共识或令人信服。

前面论述过,如果理解了感受的本质,理解了为什么心理学作为一门科学要坚持把行为作为终极性的关注和研究对象,就可以看到,所有知识领域的学习,包括动作技能、态度、情感、价值观等,都要体现到行为上,或者说行为表现是它们的共同本质。教学的关键目标是,如何让学习者在特定的情境下稳定地产生特定的行为去解决问题,也就是如何实现能力培养。

这样,教学目标不需要去刻画知识的内容,而应该把知识内容和运用知识内容的行为区分开,注重去刻画知识运用的行为特点,刻画稳定的行为所体现的能力特点。舍弃知识内容,从唯能力理论的角度来构造分类体系,会更加符合心理学的基本原理,更为清晰、合理、有意义。

基于以上分析,我们提出了一个新的教学目标分类理论,包括 4 个类别,即复制(模仿)、理解、运用、创造,可称为教学目标的四层次理论(RUAC)。

1)复制(reproduce)。指把教师讲授、呈示和展示的学习内容按照原有的形式进行复述或模仿的能力,也称为模仿。复制体现了人类记忆这一基本认知能力。当教师实施了一个行为之后,学习者能够通过模仿再现这个行为,就表明学习者达到了复制的水平。复制,对应于布鲁姆分类中的记忆类别,但记忆是一个含义复杂的词汇,复制从措辞上则更为精确。

2)理解(understand)。指对学习内容形成了一定的认知结构,能够把握所学习材料的意义。理解的行为标志是能把习得的内容进行变换并用新的形式进行表达,不仅知道事物是怎样的,而且知道为什么是这样的,不是孤立地看待事物,而是能展示事物与其他事物的关系。

3)运用(apply)。指将学习到的内容和行为方式应用于新的情境,解决新的问题。新情境、新问题需要与学习过程中给予的情境、问题有一定的区别。如果是基本相同的情境,虽然学习者也能展示教授的行为,解决问题,但这可能只是基于记忆的复制,不能称为运用。运用需要建立在理解的基础上,表现为同样或类似的习得性行为,并迁移到一个新的情境。

4)创造(create)。创造是运用的高级阶段。当运用过程涉及的迁移足够大,也就是新的情境、问题和学习过程中的情境、问题有十分显著的区别时,如果学习者能够展示类似或相关的行为解决问题,这种运用就达到了创造的水平。

四层次分类理论不再关注过程,而是纯粹关注学习的结果。4 个目标都是动词表述,表明通过某种行为实现某种结果。对学习结果的评价完全依据行为,非常彻底地贯彻了行为原则。对行为的关注也不是关注过程性的行为,如觉察、分析、评估等,而是关注一个完整行为的结果,体现了霍恩斯坦强调的行为的整体性。在这里,并不否认学习过程、学习策略的重要性。学习者可能作出了很多复杂的行为,从表面上看体现了理解,但实际上是借助于强大的记忆力实现的。在这种情况下，忽视过程、只看结果有可能会发生误判。但是，一方面，这种误判的情况在理论上概率并不大。能力代表稳定的行为模式，如果不是真正的理解，即使能凭借背诵解决很多问题，这些问题的性质和数量也是有局限性的。从更大的范围进行测试，能够发现学习者并没有达到理解的水平。另一方面，这里探讨的是教学目标，本身就是要评价最后的结果，对过程的考虑其实是不相关的，或者说应该由其他的理论来处理。

四层次的教学目标分类有以下好处。

1）把知识内容分离出去之后，将具体的教学内容留给教师去把握，分类聚焦在能力水平上，简明、清晰，便于教师判断与使用。

2）把学习内容的难度也分离了出去，普适性更强。

小学生学习 1+1=2 的时候，可以用这 4 个层次去评价，能简单重复教师的表述以做到复制，能通过把一个苹果与另一个苹果堆放到一起演示表述的含义以实现理解，能从教师举例的一个苹果加一个苹果推广到一个鸡蛋加一个鸡蛋以展示应用，能更远距离地推广到一辆小汽车加一辆小汽车以产生创造。中学生学习方程式，大学生学习微积分的时候，也有这样的 4 个层次。比如，对于二元一次方程，学习一种基本解法，先是能用正确的步骤解题（复制），逐渐理解这个解法背后的原理并能正确表述出来（理解），随后能解决更多的相关问题（运用），最后可能会调整、改动其中的某个步骤去更好地解决一个新的问题（创造）。应用或创造之后都会促进对该解法的进一步理解，而理解的加深会进一步提升有效、灵活的运用和创造。对于特定内容的任何难度水平，都存在这样的 4 个层次，这就切合了螺旋式上升的学习规律。比如，在小学生写作文时，对其作文水平可以依据这 4 个层次进行评价，高中生写作文，也可以根据这 4 个层次进行评价。同样是复制，词句的复制与风格的复制，其复杂度已经显著不同。

知识是一种抽象的存在，类似于波普尔所说的第三个世界，存在于书本、图书和文献里。当教师讲授某一知识内容的时候，实际上是在运用自己的能力，把知识表达出来，学生把接收的知识存储后，如果能重新加以表述，就达到了复制水平。所以，一般所说的获得知识，其实是再现某些特定知识的能力，也就是这里所说的复制。

与复制过程类似，理解、运用、创造过程也都是通过行为体现出来的，其表现形式与复制的表现形式没有实质性的区别，只是在于这些行为在多大程度上与教师呈现的行为不同，或发生的场景与教师呈示的场景有多大的不同。这些行为中都涉及对教师呈示知识的使用。这样，知识并不仅仅与记忆过程相对应，与每个层次的目标都密不可分。我们不是一开始获得知识，随后获得能力，从行为原则的观点看，不存在纯粹的知识学习，学生自始至终获得的都是能力。

从复制、理解、应用到创造，是在同样一个能力维度上逐步提升的过程，4

个目标是统一的连续体。这给我们带来两个启示：①不能贬低复制。复制是传承，是最基本的学习方式。事实上，很多知识我们可能只需要传承，比如，对于如何使用筷子，未必有多大必要每个人都去创造筷子的新用法。此外，复制是创造的基础，意义非常重大。爱因斯坦说过，"想象力比知识更重要"，强调了创造性对知识的超越，但常常被人误解，以为只需要自由想象，就能创造。其实，脱离复制的能力去谈创造只是空中楼阁。②不能把创造或创新看得高不可攀。创新是创造的一种常见表达。大学生在学习微积分的时候可能只是复制，而小学生在学习加减法的时候也可能是创新。因此，复制的内容未必简单，而能引发创新的内容也未必复杂。

在评价创新的时候，有两个地方与通常的看法不同：一个是能创新的未必是少数人。如果100个学生去解决一个问题，其中99个都没有超出教师给定的解法，只有1个人发现了一个新的解法，那么这个学生无疑展现出了十分优秀的创新能力。但如果其中有30个学生没有超出教师给定的解法，而有70个发现了一种新的解法，这时候也应该认为虽然其难度不够高，但这70个学生都展示出了创造性。另外一个是相对创新与绝对创新的区分。对于一道题目，一个学生独立发现了一种新的解法，如果全世界的数学家和教师都未曾发现过，这属于绝对创新，如果很多数学家知道，而教师不知道，或教师知道但没有讲过，这属于相对创新。无论绝对创新还是相对创新，这个发现的过程对学生而言都是一样的，不同的只是外界的评价标准。

也就是说，创新不是一个有或无的问题，而是一个程度的问题。平常的问题解决和创造性的问题解决之间没有本质的区别。在每一个科目，都有可能也要尽可能让更多的学生产生创造性的行为。学生这样的经历或体验越多，创造性的行为就越多，创造性的行为越多，创造性就越强。如果教师从小学一年级，甚至从幼儿园开始就这样鼓励、培养孩子的相对创新，最终一定能引发出优秀的绝对创新。

把知识内容分离出去，各个知识领域采用共同的能力目标，并不意味着各个领域的能力都是相同的。人脑信息加工心理学的研究表明，不同类型知识的表征方式和加工策略是有差异的。物理原理的运用和语文韵律的运用，其内在机制会有很大差别，都称为应用，更多是体现了一种功能上的相似性，但不同的知识领域也可能涉及一些共同的能力，比如，对一系列数字中某个数字的注意，与对空间中若干图形中某个图形的注意，可能都涉及对某个心理表现的选择性强化，属于一种共用的能力。另外，经过训练，有些能力是有可能迁移到更广泛的问题空间的，如批判性思维能力。相比之下，一些能力如果局限于某种特定的内容，迁移范围很窄，更容易被看作是技能。

最后，我们说明一下四层次的目标分类为何也适合于动作技能、态度、情感和价值观等领域。

1）动作技能领域。在动作技能领域，以体操为例，教师展示一个或一系列动作，学生可以模仿基本动作，但在节奏、韵律、力量运用等方面还有明显差距。随后学生分析动作的各个环节，体会其设计思路、目标，如何符合科学锻炼的原理等，并能表达这些认识，显示自己的理解。在运用阶段，能完整、协调地完成动作，把理解过程的认识正确地贯彻到动作中，比如，体会到正确的肌肉感觉，能实现动作之间的流畅衔接，做到符合要求的规范性。在创造阶段，有可能会发现动作设计中的缺陷，自己编排新的动作，或把学到的规则用于其他体育活动中。

对比辛普森身体技能分类的 7 个目标，前 3 个目标，即知觉、定势和指导下的反应，是指学习者能觉察动作的形态和性质，做好准备，并在教师的指导或自我引导下实施特定行为。这些基本涵盖在我们所说的复制阶段，也涉及了一定程度的理解过程。其次的两个目标，即机制和复杂的外显反应，指学习者能将特定的行为习惯化并执行复杂的动作和行为，类似于我们所说的运用阶段。而最后的两个目标，即适应和创作，指学习者能够改变动作活动以符合新的问题情境或创作新的行为方式及动作，与我们所说的创造阶段非常相似。

可以看到，这个分类法与我们所说的四层次基本对应，差别较大的是对理解阶段的强调不够。这其实反映了过去对体育、艺术等实操类课程的片面认识，以为这些主要或只是身体或肢体动作，强调反复训练达到熟练，而没有认识到这些活动都需要复杂的认知过程作为支撑。因此，动作是否标准规范，很大程度上取决于对动作过程的理性认识和深刻反思。

2）态度、审美情感和价值观领域。在态度、审美情感和价值观方面，以培养对古典音乐的欣赏为例说明 4 个目标。教师开始通过播放名曲，对作品的形式、内容、社会价值和艺术价值等作出分析和评价，展示自己对音乐的欣赏与陶醉，让学生关注某些部分，引发学生类似的感受。这些感受可能与教师的体验差别较大，或比较微弱。虽然学生并不觉得很受吸引，也不是很认可，但出于教师的督促和鼓励，开始实施播放、聆听古典音乐的行为，模仿和再现教师的行为。当学生的聆听和欣赏行为带来的经验逐渐增多时，学生对作品的结构、旋律、风格等的认识会更加清晰，对音乐的理解程度会更深，同时也会产生更强的审美感。这时，学生能够表述自己的理解和感受，更为主动、自发地在日常生活中播放古典名曲，也有可能向其他人推荐。

在随后的运用阶段，学生是用自己认识和体会到的原则和判断标准去理解和欣赏同类的其他作品，并获得类似的或更为丰富的认识或体验，也有可能应别人邀请，在一个小型集会上介绍古典音乐的意义和重要性。如果学生能通过比较古典音乐与现代音乐，发现一些教师没有讲过的区别，或从某些现代音乐中识别出对一些古典音乐特点的吸收，或用学过的音乐为现实生活中某个活动做精彩的配乐,这都构成了创造性的行为,达到了创造的层次。

从开始的复制到最后的创造,学生的能力在不断提升,在态度上越来越认可,情感上越来越喜欢,态度和情感的更加积极带来了相关行为的不断增加,又反过来丰富了体验,进一步提升了对音乐的理解、认识,增强了价值评估,进而形成良性循环。在理想情况下,学生会发展出对古典音乐强烈的爱好,成为个人审美风格与性格的一部分。当然,也有可能是尽管学生努力或迫于外力实施音乐欣赏的行为,但始终不能产生强烈的审美体验,或觉得从事其他活动时的体验更具吸引力,态度和情感也不积极。这个时候,如果外力消失,学生可能就会放弃;如果外力持续存在,学生即便能维持一定的相关行为,也能获得一些认识、理解和审美感受,但缺乏主动性,价值无法内化。学生不太可能尝试去施展自己获得的能力,更不会在新异的场景下自发去思考引入相关的活动。在这种情况下,学生的能力提升有很大的限制,会更多地停留在复制、理解或机械性运用的层面上,缺乏创造所需要的主动性,无法到达创造的水平。

对比布鲁姆情感领域的 5 个目标,即接受或注意、反应、价值评价、组织、性格化,可以看到,它与这里的四层次目标有根本性的不同。接受或注意和反应,可以归结为我们所说的复制层次,但价值评价,形成有组织的价值体系,并成为性格的一部分,这些是逐步发展的。理解、运用和创造的过程,都在塑造和强化学习者的价值,提升其系统性和组织性,促使其向稳定的个人特质即性格转化。这样一个连续发展的过程,阶段性并不强。让教师去判断学生处于哪个阶段,十分困难。比如,性格化过程是一个长期的过程,可能持续若干年才能完成,这与学校教育中课程的短期性构成了矛盾,教师在一个学期内很难判断是否形成了性格化。

道德行为的一些方面如礼貌行为,比较容易用四层次分类来说明。教儿童说"谢谢你",儿童开始是简单地模仿,只要别人给他东西,他都说"谢谢你",但并不理解这个表达的含义,这是行为复制阶段。在理解阶段,儿童把说"谢谢你"这个行为与人际的友善、长辈的鼓励和赞扬联系起来,能用语言表述什么时候要说"谢谢你"。在运用阶段,儿童能在各种生活场景中稳定地、主动地说"谢谢你",在别人应该道谢却没有道谢的场合,会指出别人的错误。在创造阶段,能在一些新异的场景恰如其分地说"谢谢你",比如,在雨中有路人为自己遮雨,而这样的事件在过去的生活中没有遇到过,大人也没有教过。

道德行为更多方面的情况稍稍复杂一些。道德是对社会成员的普遍要求,每个人都应该知道什么是道德的,什么是不道德的。如果愿意,每个人都应该有能力实施道德的行为。所以,对道德标准理解、认识的门槛是很低的,对实施道德行为的能力要求也是很低的。道德的特性在于它是功利性的,存在利益冲突。如果有时间,助人为乐不是问题,而我要去签一份重要合同,但路人有难,我到底帮不帮？儿童知道不应该撒谎，但如果说真话就会挨打，怎么办？社会中多数人面临的常规性的道德行为的复制和道德原则的理解看起来都不是难题，难就难在如何在痛苦或利益损失面前坚持道德原则。

认可某种准则，但不想或不能按原则执行，常常不是因为缺乏动力或动机，而是由于存在竞争动机。儿童在是否说真话的情境下，避免痛苦就是一个竞争动机；在助人为乐的情境下，让自己公司获得利润收入，也是一个竞争动机。如上事例，竞争动机常常不是恶的，而是善的，道德也常常不是善恶的冲突，从个人的角度看，更多是善与善的冲突。道德动机与利益动机的竞争，其实是利他动机与利我动机的冲突，也是自我价值与他人价值的冲突，体现的还是一个价值观的问题。

价值观的意义不在于背诵规则，而在于能否塑造行为倾向。一个价值观对行为的决定作用不强，说明它并没有被真正树立起来。也就是说，看起来说我理解这个道德原则，其实是没有真正地理解。道德是为了所有人的全面利益而牺牲少数人的局部利益。所以，平均来说，每个人都能从社会道德的贯彻中受益，但个别人、个别时候是会受到损害的。遵守诺言，可能你的公司会倒闭，但如果人人都不遵守诺言，欺诈横行，更多的公司会倒闭，社会将会是一片混乱。如果没有认识到这一点，仅从个人有限的生活经验进行评判，便会得出道德有害的错误结论。有些大奸大恶有一天会良心发现，放下屠刀，人们说，人之将死，其言也善。这些人以往不是不知道为什么别人提倡善，而是内心深处并不认可善的价值，到最后才真正领悟、理解善的意义。群体在贯彻道德原则的时候，要注意方法，不要总是让少数人牺牲、吃亏，最好是通过多次机会，让人看到虽然偶尔会吃亏但总体上会受益，更好地促进人们对道德价值的认可。

道德中竞争动机的存在，带来的是一个行为控制的问题。理解道德的价值和意义，能够分清好坏，有行善的动机，但缺乏足够的意志力控制自己的行为。意志力常常被看作一种品格，但实际上是一种能力：强化某一动机，使其驱动特定行为的能力。意志力反映了人的认知控制能力，是一种普遍性的能力，不是道德所特有的。比如，我们知道跑步有助于健康，但常常不能坚持，也是意志力不足的表现。

培养意志力的实质是需要强化期望的动机而弱化不期望的动机。其基本的方法是运用注意力唤醒、激活、努力在头脑中保持期望的目标，比如，在墙上贴名人跑步的照片、自己跑步的成绩记录，在心中想象自己身材健美的形象，而当产生不愿意跑步的想法或情绪时，运用注意力去抑制这些情绪，或唤醒、激活负面后果的图景，如生病住院的痛苦等。这些努力都是在激活与动机相关的目标，启动跑步的行为。一旦行为启动了，就能增强目标与行为之间的联系。这里面遵循的是在神经生物学层面上发现的人类学习最基本的原则，称为赫布（Hebb）定律：

当两个事物的表征同时在脑中被激活的时候，这两个表征之间的联系就会得到强化。如果目标A和行为B的表征之间具有很强的联系，那么当目标A出现的时候，行为B发生的概率就会很大。当我们强化了跑步目标和跑步行为之间的联系，而削弱了其他目标的出现概率时，如追求舒适，或弱化了其他目标与其对应行为的联系，如为了舒适不跑步而去看电视，一旦在适宜的情景产生了跑步的目标，便能很快引发后续的跑步的行为。

上述培养意志力的过程运用了一定的认知策略来强化个体的控制能力。更细致的策略，比如，开始用简单的行为，每天抄一段讲述跑步好处的话，每天说10遍"跑步无价"，每天只跑5分钟，逐步实现目标。开始借助外力的督促实施行为，逐渐减小外界压力，形成自觉性；开始容许自己慢慢地经历思考、权衡之后实施行为，逐渐加快决策速度，获得果断性；开始一次、两次实施行为，后来逐渐增多，形成持久性；开始设置较小的阻力，后来逐渐增加需要克服困难的难度，获得坚韧性，最终形成坚强的意志力。用进废退，与所有能力类似，意志力运用的机会越多，越成功，就越能够得到发展。

与道德行为类似，动作技能、智力行为或审美行为也存在由理解到运用的转化。理解虽然也是由行为体现的，但这些行为更多是表现出对学习内容本身的认识，更多体现的是哲学的"知"的范畴，而不是基于学习内容与外部世界的互相作用或哲学的"行"或"实践"的范畴。另外，很多已理解的内容，其运用范围常常具有很大的局限性。比如，记忆的很多词汇在阅读过程中出现时，我们可以识别，但并没有能力在自己的表达中运用它们。在道德、审美、艺术规则中，我们知道、了解到的远远多于我们实际有机会运用或有能力运用的。比如，大家都懂见义勇为，但很多人可能一辈子也没有碰到需要展示这种行为的机会。

另外，很多时候，我们知道应该怎么做，也需要这么做，但仍然无法做好。比如，看到偷窃行为，知道应该去制止，但在小偷同伙的恐吓下可能退缩了。我们知道在雾中开车要打开紧急灯，但当真正碰到大雾时，更多是关注自己看清路，忘记了打开灯为别人提供警示。我们知道英语中第三人称单数动词加"s"，但紧张的时候还是忘记。我们知道这个题目应该用定理A，但受题目中某些表述的误导，最后却选用了定理B。

总之，从智力能力、动作技能，到态度、情感、道德和价值观，在每一个领域，从理解到运用都需要转换，而实现这个转换需要从实践中获取经验和体会。在真实的问题场景中，存在很多干扰因素或阻力，正是在分辨这些干扰因素、克服阻力的过程中，我们获得了真正的能力。问题场景越新异、越复杂，对我们能力的挑战也就越大，也相应需要越多的创造性。

由此可见，复制是理解的基础，记忆的内容是为理解与运用提供内容，创造是运用的高级阶段，4个目标中的核心是理解和运用两个层次。

学习的目的不是记忆或理解，而是为了两个层面的运用：①在行为上表达、展示出自己的理解，或是为了向教师表明自己的学习成果，或是为了教给别人；②在实践中解决真实问题。前者也可归结为后者的一种特殊情况。4个目标的本质还是要回归人生的根本需求，那就是解决问题，做到"学以致用"。学习是一个螺旋上升的过程，学生常常要围绕同样的主题，通过多次的"学—用"循环来逐步深化。与"学以致用"密不可分的是"以用促学"，上一个循环的"用"能够检验"学"的效果，为下一个循环的"学"提供帮助。

　　朱熹说"为学之实，固在践履，苟图知而不行，与不学无异"。如果我们追求学识渊博，记忆、理解了很多知识，但行动上没有体现，没有用于指导我们的生活，那不仅没有益处，反而可能会束缚我们的思想，起到不好的作用。碎片的、零散的、孤立的、无法在现实中应用的是惰性知识，而惰性知识是缺乏活力的。人不是两脚书橱，只有在行动中践行、体现出来的知，才是真正的知。这个道理可以概括为"行为真知"原则。

第七章

对分课堂的教育理念

第一节 走向自我教育的学习

一、定义教育

（一）教育的定义

前面的分析聚焦于教学，因为教学是教育的一部分，教学目标必须与教育目标统一。要更清楚地认识对分课堂这一教学模式的合理性和非偶然性，需要对教育有一个基本的理解。

教育的分类很多，如学前教育、基础教育、高等教育，普通教育、职业教育，学校教育、家庭教育、社会教育，正规教育、非正规教育等。要有效界定这样广阔的范围，需要确定教育的一些核心属性或功能。传统教育以学校教育为主，具有很强的社会性和组织性，但终身教育和全民教育的理念出现后，自我教育便成为教育的一个重要方面，教育可以微观化，小到只包含一个人，社会性或组织性不再成为关键因素。

在最基本的层面上，教育是一种有目的的活动，包括作为活动主体的教育者和作为活动客体的受教育者。主体是教育活动的实施者，客体是教育活动的对象。主体通过实施教育活动，影响客体，使客体发生符合目标的变化。主体可以是人，可以是一个、多个或群体，如教师、家长、朋友、领导，也可以是机构或组织，如学校、学会、公司等。客体更强调作为个体的人或其集合，即一个、多个或群体。也有对一个组织进行教育的说法，实质上是指组织内包含的所有个体。在主客体不同的情况下，可称为他人教育。当个体既是主体同时也是客体时，则是自我教育。

教育是为了生活，所以生活的终极目标一定是教育的根本目标。关于生活的目标和价值有很多思考与探讨，这里采用一种常见的观点：生活的终极目标是求快乐、得满足，获得幸福。人们常说，过日子不图别的，就图一个开开心心，或者说觉得很幸福，付出的辛苦和劳累都值得，或者说知足了，一辈子没有白活，这都体现了快乐、满足和幸福对衡量人生意义和价值的重要性。

如果生活的目的是获得幸福，那么教育的目的就是帮助人获得幸福。教育不直接给予人幸福，而是让人通过自己的力量去获得幸福。这样，可以把教育定义为：教育是由作为主体的人实施的一种活动，旨在通过这种活动影响作为客体的人的身心，帮助其形成和发展获得幸福的能力。我们把主体称为教育者，把客体称为受教育者，对于这个定义，可以更为通俗地表述为：教育是由教育者实施的一种活动，旨在通过这种活动影响受教育者的身心，帮助其形成和发展获得幸福的能力。

发展是提升、强化人生来就具有的能力，如感知、记忆、运动能力等。教育的英文是education，源于苏格拉底，其中"e"表示向外，"duca"表示引导，合起来是说把一个人内在已有的东西引导出来，帮助其成长。教育的定义中包含"形成"，是因为有些能力是客体原本没有的，如使用文字的能力，如果没有社会性的教育，个人是无法独立发展出来的。人类文化中的很多概念，如多边形、原子、能量、正义、公平、国家、爱国情感等，非常深刻、抽象，理论上个人也有可能单独发展出这些概念，但从现实来看可能性很小。人能形成新的能力，依赖于天生具备的能力，比如，写字就需要整合感知、制订行动计划、运动控制和反馈等先天能力，培养爱国情感需要整合人形成抽象概念、产生情感体验和在概念间建立新联结等先天能力。

杜威说教育是塑造、是预备，说明教育的一个核心特性是面向未来。未来可以很近，如今天学习，明天考试，今天的能力是为了明天的发挥，所以其强调的是能力已经涵盖了教育面向未来的特性。能力的形成和发展需要一个过程，能力本身也具有相对的稳定性，不是转瞬即逝的，所以教育的过程和效果具有一定的持久性。教育是一种活动，受教育者如果没有基本的参与，比如，在听课过程中从头到尾都在睡觉，也不能认为教育活动发生了。为别人提供工具性的帮助，如食物、资源和金钱，也能增强他人获得幸福的能力，但这些帮助是外在的，无需教育者参与就可以完成，也没有通过改变后者的身心发挥作用，所以不是教育。另外，注射药物或植入芯片涉及在生理上改造人，不能归于一般所理解的教育。

教育是生活的一部分，但它与生活的其他方面有本质不同。在学习之外，人类生活的另外两种主要活动类型是娱乐和工作，比如，打篮球，经常打，水平会不断提高，玩得越来越开心，这仅仅是娱乐，而不是教育，但如果有意识地练习、提升水平，期望达到某个相对明确、具体的目标，比如，期望成为高手，赢得别人的称赞，参加比赛等，这已经是自我教育了。又如，在工作中，每天尽职尽责地处理事务，完成分配的任务，期望获得相应的报酬和事业发展，这不是教育，如果有意地去吸收新思想、搜集材料，反思总结，提升自己的能力，给自己设定更为具体的目标，这就已经是自我教育了。如果在书店看到一本畅销小说，觉得有趣，买回去从头读到尾，津津有味，这不是教育，而如果在书店，想起别人说看畅销小说可以提升对人际关系的敏感性，就挑了一本觉得比较有趣的，买回去看，运用与前面的情况中完全一样的读法，这里有意图，因此就是自我教育了。

类似地，如果两个人打篮球，即一位高手与一位新手，高手没有指导的意图，新手也只是游戏，这就是娱乐，如果高手通过示范、指点等行为有意识地提升新手的水平，这个活动就已经转变为教育。相关的行为越有统一明确的目标，系统性越强，持续时间越长，教育的成分也越清晰。如果新手出于其他因素如碍于情面等接受高手的指导，但缺乏内在动机，他教什么就学什么，这就是纯粹的他人教育，如果新手有学习意图，并在高手的指导外主动寻求一些方式来训练自己，这就有了自我教育的成分。

判断一个活动是不是教育，关键是看主体的意图和行为，而不是看客体的意图和行为，客体是否有意图和行为并不重要。比如，学前教育，寓教于乐，幼儿以为是游戏，没有学习的意图，并不知道自己在接受教育；教师让学生背诵诗歌，学生可能未必知道教师培养其审美素养的深意；管理者通过构建文化氛围，增强了员工对企业价值观的认同，但员工未必能意识到或认同这个目标。游戏、娱乐和工作也能改变参与者，但如果其目的不包含提升参与者的能力，就不能归类于教育活动。

同样，客体行为是否改变或改变的幅度、性质，也不是判断教育活动的关键因素。主体的行为可能使客体的身心受到影响，行为不变但行为倾向改变，行为发生了期望之中或意料之外乃至完全相反的变化，并不会影响对这个活动的定性。

最后，教育活动必须有主体。比如，一个人看到天上的云彩，或听到、看到什么，突然有了新的认识和领悟，这不是教育。一个人写了书给别人读，如果写书的目的是纯粹的娱乐消费，那么这也不是教育。如果作者有帮助别人提升能力的意图，就构成了教育活动的前一半，读者买书并阅读后，就形成了完整的教育活动。老子写《道德经》，目的是教化后世，所以后世包括今天的任何人去读《道德经》，都形成了一个以老子为主体的教育活动。这样看来，教育是无所不在的，存在于生活的方方面面，如地铁里的宣传画、电视里的公益广告、流行剧里的警世名言。这些内容和情景我们未必会注意到，如果注意到了，并进行了一定的信息加工，那教育活动就发生了。更广泛地看，我们置身其中的社会文化，本身就具有强烈的教育意义，常常能够以无意熏陶的方式引发一定的教育活动。

（二）学习与教育

很多人认为，学习与教育是对应的，如果教育活动发生了，学习也发生了，其实不是这样的。

对学习的科学的定义来自心理学，学习是一个内涵非常丰富的概念。人或动物生活中的某些经验一旦在该机体的生理和神经系统中留下痕迹，导致随后行为或行为倾向的变化，学习就发生了。生理性的经验，如疲倦，或直接影响机体的生理状态而带来的变化，如注射药物或束缚机体，都不属于学习。

心理学中对学习机理的研究主要来自认知心理学。[①]认知心理学用3个阶段来刻画学习：习得、保持和提取。生物体与环境或自己发生相互作用，比如，受到他人行为的触动或在自我深思中发生了顿悟，这些作用改变了生物体生理或神经系统的结构或功能，称为习得。习得的内容可能会被遗忘，也可以依照原有形态或发生形态转化后以相对稳定的形式被保存。形象地说，生物体被认为保有或持有这些内容。在一定的情景下，这些保持的内容被提取出来，对心理活动或外在行为产生一定的影响。

对学习的一个关键分类是内隐学习和外显学习，主要是关于学习内容的类型。外显的内容是可以用语言表达的，而内隐的内容无法用语言表达，如运动型的技能。这里更为关键的学习分类是偶然学习和有意学习。偶然学习是指在学习过程中，人或动物可能完全没有意识到学习事件的发生，比如，我们在店里购物，可能会突然意识到面前的售货员昨天在街上见过。昨天这个人从面前走过，在我们心中留下了记忆痕迹，由此学习的习得过程已经发生了，这个人的面孔也被保存到了我们的记忆之中，但我们并没有意识到。此人的再次出现，提供了线索，自动激活了记忆中的痕迹，昨天的经验被提取出来，我们才意识到这个发生在昨天的学习过程。如果在一个活动过程中，我们为了某种目的有意识地去记忆，比如，记住一句歌词，练习一个动作，为了明天能唱出这句歌词或演示这个动作，那么我们进行的就是有意学习。

在偶然学习情况下，因为我们没有学习的动机、意图和对学习过程的觉知，所以学什么、学多少、怎么学都不是我们所能控制的。学习更像一种现象，自然而然地发生了。在有意学习情况下，我们知道学习活动正在或即将发生，也就有可能终止它。如果该活动符合我们的意愿，我们让活动继续，这是主动学习，如果该活动不符合我们的意愿，但迫于压力或其他因素我们仍然让活动发生，这是被动学习。因为学习是一种天生的机制，即使不愿意，外部活动仍可能在我们的机体上留下痕迹，学习还是会发生。

---

① 皮连生. 2008. 智育心理学. 北京：人民教育出版社.

我们可以把有意学习对应的主体称为学习者，而把无意学习对应的主体称为受教育者。教育发生之后，一定有教育者和教育者意图中的受教育者。但受教育者是从教育者角度单方面定义的，这个定义未必会得到受教育者的认同。我们认为，只有当一个人明确意识到自己学习活动参与者的身份并认同这一身份的时候，这个人才是一个学习者。也就是说，只有当受教育者意识到教育者和教学活动的存在，并认同自己受教育者的身份时，他们才会成为学习者。

这样的区分是必要的，因为它强调了受教育者可能存在的被动性维度。学习者可能是迫于某种压力参与学习的，但他们至少知道这一点，并拥有在不利结果和继续学习之间进行选择的最基本的权利。作为非学习者的受教育者是没有选择权的，因为他们不知道自己在受教育，这就给潜在的欺骗留下了空间，有可能会导致对个人基本权利的侵犯。

基于学习活动的复杂性，即使受教育者从整体上认同教育者和教育活动，他们也未必能了解和认同教育者的所有意图和目标。在理想的情况下，教育者要提供详细的信息和说明供受教育者审视、抉择，获得知情同意。对于不能充分理解这些意图和目标的受教育者，如幼儿和未成年儿童，这个知情同意的过程可以从儿童的监护人那里获得。对于公众教育而言，要对这些目标进行充分公示，供社会审视和确认。教育是对他人施加影响的一种方式，必须开诚布公地表明其善的意图、恰当的内容与合理的方式。同时，教育可能不起作用或起副作用甚至坏作用，这都是难以避免的，但教育不能隐藏任何不善的目标。教人如何盗窃，看起来也有教和学的形式，但其目的不是给人正向、积极的影响，不能称为教育。

教育的一个根本目标是：促成从被教育者向学习者的转换，从被动学习者向主动学习者的转换，从他人教育到自我教育的转换。

二、教育目的

杜威说教育无目的，生长就是目的。生长是发展，良好的生长就是良好的发展，这和现在我们常说的教育是为了人的个性的全面发展是一致的。马克思强调人的全面发展，是针对资本主义社会的教育做的是技工培训，把人当作工具，为了资本家个人的功利性。杜威的意思也是要从发展者自身去找目标，而不是为了别人的利益，所以刻意避开功利性。其实功利性是不需要回避的，只要这个功利落脚到受教育者本身。发展的目的是什么？国家也讲发展，发展的目的是为了极大地满足人民的需要，对需要的满足会带来幸福，教育的目的也是类似的。我们认为，教育的核心目的应该包括个性培育、社会性培育和社会发展3个方面。

个性是个别性、个人性，指一个人在思想、性格、能力等方面不同于其他人的稳定的整体性的特质。社会属性是人作为社会的一员而活动时所表现出来的特性。社会属性中有一部分是对社会整体发展有利的基本性质，称为社会性，如利他性、协作性、依赖性等，也有一部分是对社会发展不利的性质，称为反社会性，如不负责任、不道德等。

1）教育的第一个目的是通过展示人生百态，开阔人的视野，培养人感受、理解、思考、评价和行动的能力，培育个体的幸福观，帮助个体实现个性化的生活方式。教育活动把文化的精髓传给个人，它使人认识到，由身体和大脑构成的生命，是自然赋予一个人宝贵但却有限的资源，而人生的意义就在于，充分利用这一资源去获得幸福，不虚度一生。这个目的可称为培育个性。

2）教育的第二个目的是培育以同情、博爱和慈悲为核心的社会道德情感，鼓励个体超越自己去关注和促使他人幸福，形成有利于社会和人类发展的社会性。人生的局限性来自生命本身和自然界，也来自社会中的他人。他人既是个体生活资源的提供者，也是这些资源的竞争者。他人追求幸福的努力，不仅构成了个人幸福的基础，也往往限制、妨碍甚至损害了个人的幸福。教育使人认识到，每个人都有追求幸福的平等权利，希望他人尊重自己的权利，这也意味着自己必须尊重他人的权利。教育使人认识到，群体幸福是所有个人幸福的总和，在群体层次上，个人幸福和群体幸福是互相依存的，对个人幸福和平等博爱原则的认同，必然会导致对群体幸福的认同。对群体幸福的关注，也可能是我们中的一些人获得个人幸福的一种方式。这个目的可称为培育社会性。

3）教育的第三个目的是鼓励受教育者创造新观念、开发新资源，给社会带来更为幸福的生活方式。教育由社会主导，相当程度上是对个体的一种强制性行为，带有传递社会价值观和生活规范的强烈目的。但一个不断进步的社会，一定是一个开放的社会，不限定未来发展的可能性，而是给新一代足够的自由去探索新的生活模式。在这个意义上，教育要超越当下，投资明天，鼓励受教育者去推动社会发展和时代进步，减少维持社会生活的体力、脑力劳动，让人们有更多的休闲，提高生活质量，享受更为丰富的人生。这个目的可称为增强社会的发展性。

在理想的社会里，人人平等。社会希望每个人都能发展出获得个人幸福的能力，也希望每个人都能懂得关爱他人。所以，针对教育的前两个目的，社会希望做到的是把教育资源公平、公正地分配给全社会的每个人。这里面最有代表性的例子，就是全世界普遍推行的义务教育制度。

教育的第三个目的是培养人的奉献精神，为社会的未来发展去寻找新方法、探索新道路，也就是要为未来而投资。显然，不是每个人都有能力和动机去这样做。事实上，社会也不需要每个人都这样做，要达到对未来的最有效投资，应该把有限的资源分配给贤才。这样，社会必须在某个时间点选拔人才，让他们接受高于一般的教育，从而在未来能对社会作出超越一般的贡献。当学生有了相对稳定的能力和人格，对其潜力进行有效评估然后进行分流，也就有了客观基础。高等教育，专业化强、资源昂贵，也要求社会必须对受教育者进行分流。即使社会足够富裕，能够普及高等教育，但优质教育资源总是有限的，还是需要一个选拔过程来决定对这些资源的分配。因此，教育的第三个目的的一个特点便是选择性。

第二节　基于渐进自主的教育

　　在理想中，人的全面发展意味着人的个性的充分发展，包括在能力和人格两个基本维度上的发展，或在更为细致区分的多个维度上的发展。但从现实看，具体发展到什么程度，需要一个基本的界定。教育是为生活而进行的预备，而不是生活本身，就如养育孩子是父母的责任，但这不意味着父母要养孩子一辈子。同样，教育要有一个结业标准，这个标准既需要反映整个人群的共性，也需要照顾到每个人的个性。

　　社会是由个体组成的，对于成熟的个体，社会需要的是个体首先能够自己承担照顾自己的责任，然后尽可能地对社会做贡献。也就是说，自立是社会对一个人的基本要求。作为个体来说，幸福的生活也应该是自立的生活。当经济上依赖别人的时候，当思想上依赖别人的时候，一个人很难完全按自己的想法去生活。自立的核心内涵是自主，也就是自己能够通过独立思考，独立判断自己需要什么，什么是自己希望追求的幸福，根据自己的情况来判断目标的现实性，并能在多种生活方式中作出合理的抉择。

　　在一个社会中，人人平等，每个人都在最大程度上受到尊重，都能按自己的意愿去生活，都能掌控自己的命运，这是一个理想的社会。一个社会由成熟、负责任的、有能力的人构成，由具有高尚的道德修养、文明的公民素质的人构成，这便是一个和谐的社会。所以，自主是和谐社会的理想前提与基础：每个人的发展都受到尊重，每个人都不是其他人的目的。当然，这里的自主并不意味着绝对意义上的独立生活。在社会性的群体生活中，我们期望的自主其实是一种互倚性自主，就是彼此以对方的存在为前提，然后保持自己的独立身份。这样，我们不需要也没必要发展所有的能力，一方面充分享受社会分工带来的益处，另一方面各展所长去为别人服务。

　　培养学生的自主能力就是使他们从被动意义上的受教育者变为主动意义上的学习者，能够学会自我教育，实现终身教育，充分利用社会的资源，自己启动、控制和评估对自己的教育过程。在自主能力方面，学校教育提供了最为完整、系统、全面的培养过程。家庭教育也要帮助孩子获得自主能力，但家庭教育缺乏系统性、全面性，科学性和专业性也无法保证，因此只能是学校教育的补充。

传统教学以教师和课堂为中心，教学过程是教师基于教材预先设计的，讲授什么内容，如何讲授，讲授多长时间，都已经事先确定，学生要配合教师完成教学内容。杜威主张发挥儿童的主观能动性，解放儿童的思维，以儿童为中心组织教学，提出了"以学生为中心"的教学理念。基于杜威的思想，美国基础教育界在20世纪二三十年代开始进行了很多以学生为中心的探索。20世纪中期，这个理念走向本科教学，对美国的高等教育产生了巨大影响。1998年，联合国教科文组织提出："高等教育需要转向以学生为中心的新视角和新模式。"[①]

依据"以学生为中心"的理念，教学的目的不在于"教"，而在于"学"，要将"教师将知识传授给学生"转向"让学生自己去发现和创造知识"。因此，学校要从"课堂、教师、教材"为中心（"老三中心"）转向以"学生、学习、学习过程"为中心（"新三中心"），关注学生如何学和学到了什么，也有的人称其为以"学生、学习、发展"为中心。

判断教学是以教师还是学生为中心，主要看谁是学生学习活动的主控者。如果学生自己是主控者，教学便是以学生为中心的，否则便是以教师为中心的。在以学生为中心的教学中，学生以个体或小组合作的方式，根据学习目标独立完成学习任务。在这里，学生成为学习的主角，不再是听众或配角，教师是学生学习的促进者和合作伙伴，不再是权威和中心。在以学生为中心的理念下，学习要走向基于探究与发现的自主学习。

"老三中心"说抹杀了学生的内在动力，存在很多问题，"新三中心"说强调培养学生的自主能力，跟前面分析的教育的总体目标非常契合，被尝试教育改革的人们寄予厚望。然而，事实上，美国基于杜威思想在20世纪二三十年代进行的教学改革并不成功，而六七十年代基于布鲁纳发现式学习的教改运动也失败了。美国本科教学中以学生为中心的改革进行了20年，但在教学实践中的影响仍然非常有限。有学者说，中国基础教育引入自主课堂，经过30年的课堂教学改革，在总体上教师"依然是活动的中心"。

以学生为中心、走向自主学习的教育改革实践表明，该理念可能存在根本性的问题。我们认为这个问题是，自主虽然是教育期望达到的目标，但在教育的过程中，学生是缺乏自主能力的，也包括自主学习的能力。从传统的以教师为中心转向以学生为中心，把教学的控制权全部交给学生，伴随这个权力转移的是责任的转移。但是，由于学生缺乏足够的自控能力和自我管理能力，他们实际上无法正确、有效地运用这种控制权。当学生能力不足，面对自由无所适从，不知道如何选择的时候，给予他们过多的自由和选择反而对他们不利。让没有经验的人当

---

① 康慧珍. 数字化时代的大学再造. http://theory.gmw.cn/2016-06/03/content_20401594_3.htm[2016-09-31].

船长，而让专业船长在旁边做助手，对不懂医学的患者说尊重你，你希望怎么治疗就怎么治疗，其实是放弃了船长和医生应尽的责任。

比如，自主学习理论认为，学习者应该具备以下几方面的能力。①

1）制订学习目标并在必要的情况下进行调整的能力。
2）依据学习目标，评判学习材料和学习活动适宜性的能力。
3）选择学习材料与学习内容的能力。
4）选择或设计学习方式并执行相应的学习活动的能力。
5）与教师或其他学习者进行协商的能力。
6）对学习活动实施情况进行监控的能力。
7）调整态度、动机等情感因素的能力。
8）评估学习结果的能力。

这些能力都很有价值，对自主学习而言都很必要，但学生在开始学习的时候很难具备，而且教师也没有理由要求学生具备。比如，大学物理反映了物理学数百年的积累，学生没有能力去准确判断材料的重要性，也无法设定合理的目标。多数中小学生也不能够监控自己的学习活动并及时调整，或评估自己的学习结果。这些过去都是由教师主导、控制的，因为只有教师才有这样的经验和能力。在自主学习中，我们希望学生拥有这些能力，但正确的做法应该是逐渐地转移控制权，让学生慢慢学会运用自主学习的权利。这个理论可以称为"渐进自主理论"。依照渐进自主的思路，要培养学生自主学习，需要由他人教育、外部驱动的教育逐步走向自我驱动的、自我激励的教育。

自主包括自我认识、自我管理和自主学习。从普遍的意义上讲，学习是对自己当前行为的改善，当一个人能够较好地做到自我学习的时候，其实他已经具备了比较基本的自我认识和自我管理能力，能够通过有效的学习来实现自主。所以，渐进自主在这里主要强调的是与教育相关的自主学习能力。教是为了不教，学生获得自我学习能力之后，教师的任务就告一段落。培养自主学习很好地服务了发展个性化生活的教育目标，也很好地服务了培养创造性人才、为社会的未来发展寻找新方法、新道路的教育目标。创造性行为的一个前提就是个体有主动探究的精神和独立思考的能力，缺乏自主能力的人很难进行创造。

渐进自主理论自然蕴含着权责对分的观点，教师和学生共同拥有教学活动的控制权。教师通过对核心教学内容的选择和对教学流程的部分掌控，确保学生在基本框架内完成对文化的传承，不至于作出不理智的判断和选择。另外，学生也拥有对教学内容、教学过程和学习过程一定的控制权，有机会来培养独立思考能

---

① Sheerin S. 1997. An exploration of the relationship between self-access and independent learning. In: Benson P, Voller P.(eds.). Autonomy and Independence in Language Learning. London: Longman.

力和独立判断能力，有机会作出更符合自己个性的选择。总体来说，教育是要培养独立自主的人，在行为上能独立解决问题的人。然而，思想是行动和态度的基础，没有思想上独立的认识和良好的判断，是不可能作出好的行为选择的。在学生获得健全的独立思考和独立判断能力之前，他们需要得到教师充分的指导。

在教育的初期，学生的自主能力弱，需要教师更多地进行指导，而在教育的后期，学生的自主能力强，教师的指导作用可以弱化。当学生具备了充分的自主能力之后，就可以进入社会，未来更多通过自我教育来提升和完善自己。

这样，合理的教学应该由教师和学生共同控制，既不是纯粹的以教师为中心，也不是纯粹的以学生为中心。教师的引导讲授与学生的自主探究、预设与生成、演绎逻辑与归纳逻辑，都是教学中必不可少的成分，不能厚此薄彼。对分课堂的5个阶段就体现了这样的思路：在讲授阶段，是教师拥有控制权，决定讲授的内容和方式；在独立学习和独立做作业阶段，学生拥有控制权，围绕教师确定的内容范围，根据自己的需要，以自己的方式学习；在小组讨论阶段，小组所有成员拥有控制权，共同决定小组如何进行交流；在全班交流的抽查阶段，教师拥有控制权，可以抽点任何学生；而在自由提问阶段，每个学生都有机会来表达自己的疑惑。从这个教学流程看，单纯强调以教师为中心或以学生为中心都是不合理的。

依据渐进自主理论，从一开始，教育就是教育者和学习者共同的责任。这一点已经体现出了自主的根本特点，那就是学习者自己要承担责任。责任意味着压力，不快和痛苦也因而不可避免，是必须面对的。通过应对挑战、克服困难来实现个人的成长，就贯穿在教育的日常活动之中。这样，教育在某种程度上成为未来生活的预备，学习在某种程度上成为未来工作的预演。

教学的目标是学生个性包括能力和人格的全面发展。每个人的能力和人格特点各不相同，教育一直希望因材施教，然而在班级授课制度下，因材施教一直存在较大的困难。首先是资源限制，学校和教师不可能为每个学生提供需要的一切，课程也不可能适合每个学生的水平和需求。另外，学生需要逐步发现自己的个性，在这个发现的过程中，对于他们提出的需求和设立的目标，教师没有充分的时间去了解，很难判断其合理性，即使有资源，也不能确定是否应该给予支持。

基于权责对分理念，我们可以对这个问题提出一个新的思路。在对分课堂模式下，教师更多地负责共性化的发展，而学生更多地负责个性化的发展。比如，教师只确定每个学生都应该掌握的基本教学内容，然后留出开放的学习空间，让学生自己选择。学生在基本内容的基础上，去拓展自己感兴趣或觉得需要的内容。教师只是设定一个每个学生都必须达到的基本目标，给学生更多的时间和空间进行探索，形成更为具体而丰富的个人目标。

学校教育本身的资源就是有限的，教师无法充分照顾到学生的个人需求和意愿，那么在这样的外界条件的限制下，如何得到最优的发展？这个问题更多地要由学生自己来解决。如果你觉得有迫切的需求去发展某种能力，但学校提供不了，那么你自己有责任去为自己寻找资源和帮助，为自己开拓个人的发展空间。

因材施教过去一向被认为是教育者的责任，这里通过权责对分，把部分责任转移给了学习者，使他们也成为教学过程的决策者，对自己的教育承担部分责任。不仅仅教师要努力使学校的教育适应学生，学生也要努力让自己去适应学校的教育，并将其看作是未来适应社会的一个预演。这里面渗透了主动精神，切合了自主发展的根本理念。

因此，要让学生看到社会支持他们的成长，关注他们的发展，但他们也有义务与社会一起，共同实现自我的良好发展。这样就强调了每个人都对社会负有责任的概念，能鼓励学生融入社会、关心社会，进而关心他人，进而更好地贯彻了教育培养学生社会性的目标。优秀的学生在这样开放、自由的教育氛围中，能够脱颖而出，树立更为远大的追求，发展更为出色的创造能力，得到社会的认可，获取更多的资源为社会开拓新的发展方向，在更高的层面上完成自我实现。由此，教育培育个性、社会性和社会发展性的 3 个目标在整个学习者群体上得到了良好的实现。

第八章

对分课堂与高等教育

对分课堂是一种教学模式，主要在于改进教学过程，提升教学效果。但运用对分之后，牵一发而动全身，教师会意识到，它有可能给教学和学校教育带来更加深刻、全面的影响和变革。本章从教学内容、教材和教师评价3个方面，描述对分课堂对高等教育可能产生的影响。当前，不改变课程体系或教材内容，教师只需要调整自己个人的教学行为，就可以顺利运用对分课堂。但对分课堂的深层理念对课程体系和教材内容都有新的要求，如果能做相应的改变，能更充分地发挥对分课堂的潜力。对分课堂模式的普遍实施，还有可能会为教师的绩效评估方式提供一种新的思路。

第一节 对分课堂与高校教学

一、教学内容

新中国成立后，我国很多方面的建设都模仿当时最先进的社会主义国家苏联，高等教育也是如此，从办学体制，院系调整，专业设置、教学计划和教学大纲的制定到教学模式和教学方法，都借鉴苏联，形成了"苏联模式"。此后60年间的历次变革也都围绕"苏联模式"展开。苏联的高等教育模式一般被称为"专才教育"，即对教育实行高度、统一、集中的计划管理，重视工程和科学技术教育。其优势是可以集中国家资源，迅速培养大批高度专门化的人才，满足社会经济建设的需求。从20世纪90年代中期开始，国内开始实质性地突破"苏联模式"，形成了以素质教育为基础的"通专结合"模式。[1]

---

[1] 陈兴明. 2012. 中国大学"苏联模式"课程体系的形成与变革. 北京：社会科学文献出版社.

高校的教学内容主要体现在课程体系上,而课程体系的一个关键指标是课程总量。课程总量在很大程度上决定了学生本科学习的总投入。2014年,在复旦大学的一个本科教育质量研究项目中,由来自复旦大学经济学院、管理学院、法学院、国际关系与公共事务学院、社会发展与公共政策学院及高等教育研究所教师组成的社会科学小组,通过实地考察和网络调研的方式,对近20所国内外一流高校的社会科学专业进行调研,形成了一个内部报告。

报告指出,在课程总量上,国内外的差异非常大。内地高校的社会科学诸学科在学分要求上一般在140~150学分,一个本科生大致要修60门课程(除实习和毕业论文外),其中专业必修和专业选修课程加起来一般在25~30门。而美国和中国香港的大学课程总量要求远低于内地高校。例如,加利福尼亚大学伯克利分校社会学本科生的课程要求为30门,其中专业课程12门,大学课程18门。布朗大学社会学专业要求修习的专业课程为10~11门。香港大学社会学本科课程约为30门,其中作为第一主修专业课程为10门,副修为6门。国外一流大学的本科生每学期一般只需修读3~5门课程,复旦大学本科生每学期修读课程往往在8~10门。

这些数据表明,复旦大学学生的修课门数大约是国外的2倍或更多。在社会科学之外的理工、医学等领域,学生的课程总量更大。这个比例很高,不仅是因为国内学生在基础课程中要修习思想政治和英语等,专业课上也同样如此。另外,大学最后一年,很多学生要实习或找工作,没有时间上课。学生往往尽量提前修课,这样前3年特别是前两年的课程压力非常大。复旦大学学生每周修25节课是很普遍的,还有修到30节课的。每周5天,平均下来学生每天要上5~6节课。复旦大学课程体系的基本框架是教育部规定的,以上数据也反映了国内高校的普遍情况。

国外教学的常规实践是教师在课程教学中会布置大量的课前或课后学业任务,包括阅读、研讨和实践。一个普遍的标准是,课堂上一节课或一个学时(50分钟)的学习时间,课后要配套3个学时的学习时间。如果一门课一周上2课时(2节),课后要在该门课上投入6个课时的时间。这个标准背后的理念是,只有课后有足够的时间投入,才能保证学习效果。按这个标准,国内学生每周要学习100~120个学时,这么重的负担学生是不可能承受得了的。

学生在这么多课程之间频繁切换,每天要从一个教室赶到另外一个教室,在每门课上的投入时间是很有限的,非常疲惫。这样教师也很难给学生提出很高的学习要求,因为学生即使很努力也做不到。有些教师指责学生抄作业、上课睡觉,其实这是因为他们没有看到学生背后的劳累和无奈。课程总量大,加上高校学生人数多,教师授课任务重,疲于应付,更不容易保证教学质量。这些问题,从根本上反映了苏联教育模式与欧美教育模式在理念上的不同。

苏联教育模式往往更重视课程体系的完整性，追求大而全，而欧美教育模式更重视课程的"精"而非"全"，更重视课程的"质"而非"量"。因为在学生学习时间限定的情况下，量与质不可兼得。

现代教育制度诞生以后，以赫尔巴特为代表的传统教学理论产生了世界性的影响，也构成了欧美和苏联教育模式的基础。20世纪50年代初期，中国开始学习苏联教育模式，但20世纪50年代末以后，苏联开始教育改革，比如，1964年的高等学校改革，加强基础理论知识教学，克服专业划分过细、分量太多、内容太深、学习负担过重的缺陷，组织编写新的教学大纲和教科书，反映现代科学、现代技术和文化的发展水平，显著删减复杂和次要内容，注意符合学生的学习可能性，改进教学方法，增加选修课课时，注意对学生能力的培养。

美国的教学改革开始得更早。杜威的实用主义教育思想从20世纪20年代开始对赫尔巴特的理论进行挑战，构成了反传统教育运动的代表。杜威的思想对美国以至于整个西方的教育制度都有着极大的影响。美国现今的教育制度在很大程度上是以杜威的教育思想为基础的。中国高等教育早期模仿英美，新中国成立后仿效苏联，但他们都早已努力地挣脱传统，而我们对传统的改革才刚刚起步。比如，杜威的理论在20世纪30年代就被抛弃了，而且基于杜威理论的布鲁纳的改革也失败了，但国内今天很多人还在引用杜威的观点，批判我们的教育，说切中时弊，实质上是因为我们当今教育体制的主体模式，与100年前批判的美国教育如出一辙。

从更宏大的背景来看，传统的教学理念是以知识和技能为中心的，为大工业生产服务的。从16世纪末到17世纪，欧洲封建社会向资本主义社会过渡，世界进入工业化时代。欧洲的教育制度和人才培养模式发生重大变化，是为了适应工业化大生产对人力资本的需求。夸美纽斯完善和确立了现代学校的教学体制——班级授课制，提出了"一个教师可同时为几百名学生上课"的构想。班级授课制随着世界工业革命的进程，成为世界教育的标准模式。清政府于1903年颁布《癸卯学制》，班级授课制逐渐在全国推行，一直沿用至今。

班级授课制由批量的同年龄段、同文化程度的学生组成固定的行政班级，设置班长、学习委员、文艺委员等行政职务，近似于工厂化管理的车间主任、小组长等组织结构，便于学校或教师控制学生。课程安排、教学内容和教学环节、授课时间、课时安排和教学进度都统一规定，并用统一的评价标准进行统一考试，达到标准后，准予毕业或准予升学。班级授课制的这些特点与工业化时代的大生产过程相适应，其培养的人才能够在生产岗位上可靠地完成规定的任务。

20世纪下半叶以来，随着计算机信息及互联网技术的发展，大规模的劳动密集型生产被新型机器取代，制造模式开始从传统的标准化、规模化转变为个性化、定制化。1973年，美国著名社会学家贝尔提出"后工业化时代"的概念，用来描述这一变化。后工业社会的特点是大多数劳动力不再从事农业或制造业，而是从事服务业，商品生产经济变为服务经济，需求由追求数量向追求质量转变，供给以知识和技术为动力改变生活方式。21世纪，社会飞速发展，社会形态出现了信息化、多元化、全球化的明显特征。

在知识匮乏的时代，教师和学校更多是传授知识，培养学生的生活和工作技能。在知识爆炸的时代，学生随时可以通过网络获取知识。重要的是，社会分工越来越细，生活的方方面面都有专业人员，每个人都用自己的专业服务去获取收入，再用这种收入去购买他人的专业服务。在自己的专业技能之外，人们需要学习的其他专业技能在数量上显著减少。

另外，随着社会财富的积累，丰衣足食，人们有更多的时间和物质资源可以选择、支配自己的生活，人与社会的关系更加丰富、多样，个人生活的自由度大幅度提升。相应地，也出现了很多场合和时间需要个体抉择，这个抉择常常是没有标准答案的，必须由个体亲自来做，而且自己要承担风险。岗位流动加快，一个人几十年不变地从事某个职业的情况越来越少。现在的工作更多是服务业，为人服务，工作中面临的问题更复杂多变和不确定，更具个性化、情景化，因人而异，往往没有现成的解决方案。

我们自己能亲手做的不多，但是社会资源非常丰富，这就需要我们有能力去寻找资源、发现资源和整合资源，何况复杂问题本身就需要多方面的资源。社会分工实质上形成了一个个专业化的模块，整合就是要组织适当的模块去解决面临的问题。如何理解各个模块，如何在各个模块之间构建联结，需要跨学科、跨领域的努力。在全球化的背景下，还需要跨文化的努力。整合是以分析为基础的，分析是以逻辑思维能力为基础的，这里体现了非常清晰的能力导向。在碎片化时代，整合更加重要，知识越丰富，越需要个体能够选择、构建，能够评估、监督。

新事物层出不穷，社会日新月异，个人要不断更新自己，由此学习能力变得越来越重要，而且需要超出单一领域和专业范畴。对于新问题，没有现成的解决方案可以复制，我们必须深刻理解问题，运用已有能力，整合其他资源，来创造性地解决问题。世界复杂了，人又拥有了自主性，有了自由和选择的可能性，就更需要去运用和创造。当去借用别人的技能时，对事物的广泛理解，对非本专业技能的理解，沟通合作、迁移等通用能力要大大提升。程序性的、固定的问题，很多可以由机器去处理，但人的灵活性与创造性，机器却无法取代。

工业化时代的教育，用批量生产的方式去培养具有鲜活生命的人，满足不了后工业化社会对人力资源的需求，也不符合现代社会人性发展的规律。自由、选择、个性、创新是后工业化时代社会经济发展的特点，对人力资源的个性化和创新能力提出了很高的要求。教育如何应对后工业化时代，是世界各国教育改革面临的共同挑战。

知识不是零碎的片段，而是有完整的体系结构。在知识爆炸时代，要系统、全面地掌握知识体系是不现实的。因此，如何从庞大的知识体系中，精选基础知识和基础能力，并用这些来发展通用能力，是一个核心问题。

从解决问题的角度出发：①要能清楚地界定目标，知道问题是什么，困难或需求在哪里，有什么样的资源可以利用；②体系性的学习要改变为框架性的学习，学生需要了解学科的整体结构，把握其整体性，但不需要面面俱到。对体系中的关键概念和关键原理，以及这些内容之间的关系，要深刻、透彻地理解；③要培养学生调用模块的能力。在计算机编程中，常常要利用别人编制好的子程序来解决自己的问题。只要知道这个子程序的原理和功能、调用方式和返回结果，能从返回结果中得到自己需要的信息就可以了，对于子程序的内部细节，可以不需要知道。总之，要知道我是谁，我想做什么，如何让世界为我所用。广义的模块包括别人能够提供的服务。为了借用这样的模块，获得这样的服务，我们要能与别人沟通，表述我们的需求，理解别人的工作，同时要认识和考虑别人的需求，通过合作来实现共赢。

所以，在新的时代，教育的目标发生了重大变化，从知识和技能目标转向能力目标，特别是能力目标的运用和创造层次。能力目标中特别突出的是整合能力，需要沟通、合作、分析、综合、判断、批判性思维和创造性思维。整合能力其实是以往对领导的要求，今天却成了对每个人的要求，因为在新的社会形态下，个人的自主性大大提升之后，每个人都常常需要担任领导的角色，至少是自己个人生活的主宰者。

今天的学习更多是点面的结合，即构建一个知识的框架，并透彻掌握框架中一些重要的节点。以复制和理解为目标，教师可以在短时间内展示很多内容，但如果目标转向运用，学生需要更多的时间去尝试、体验、反思，就需要多一些时间，如果目标是为了创造，学生需要更多的时间去尝试。这都要求我们做到如下几点：①要减少课程总量；②要在每门课程上进一步考虑减少教学内容。只有把课程总量减下来，才能提升每一门课程的教学质量，只有把每一门课的教学内容减下来，才能让学生真正吃透，实现深入理解和能力培养，进而灵活运用，有效迁移，培养创新。新的教学原则应该不求广博，而是"不教则已，教则必透"。总体上来说，工业化社会对量的强调，反映的是教育的旧理念，后工业化社会对质的强调，反映的是教育新理念。因此，在新的时代，大容量的学习一定要转变为高质量的学习。

国内高等教育界已经意识到这个问题，一些学校已经开始逐步降低学分总数。有的学校进行了比较强力的改革，把4年的学分数减了一半，但没有配套的措施，教师和学生难以适应，最终只好再调整回来。有的学校减少一门课的学时数，但还要求教师完成原有的教学内容，给教师带来了很大的压力。有些学校在新校区，位置比较偏僻，有安全上的担心，就用大量的课程把学生拴在校园，避免学生外出。课程涉及培养方案，需要整体规划，不能匆忙行事。现在教师的工作量很多是根据授课量计算的，课程量大，规模减小，所以对工作量计算的方法要重新设计。有些教师会觉得很多内容都非常重要，难以割舍，这需要教师调整观念，不能只考虑学科，要更多地考虑对学生未来工作的价值。教学内容的选择越是困难，越是能够体现出教师的价值。缩减课程总量和减少教学内容存在操作上的困难，但改革总是存在困难，对于这些问题，通过渐进的调整，是可以处理好的。

课程体系调整中的一个重要问题是本科生毕业论文。当前高校的本科生毕业论文水平低下，抄袭、找人代写等情况比较多，在高等教育界也一直有本科论文存废的争议。在国外，并非所有的本科生都需要做论文，甚至很多硕士学位也只需要修课，不需要做论文。本科生的知识积累有限，大量学生进行研究，导师资源和研究资源都无法满足，实际上是很难做好论文的。更何况很多学生到社会上是不需要做研究的，科学研究方面的这一专业训练对他们而言价值并不大。反对废除本科论文的主要依据是，毕业论文是一个本科生培养质量的重要保证。这个理由之所以成立，是因为平时的课程教学没有提供足够的质量保证。如果每门课都能让学生的能力得到充分的发展，实质上是不需要每个学生都做毕业论文的。

这样，更为关键的问题变为内容减少后，在不做毕业论文的情况下，教师如何讲授？课程减少后，如果学生课后不学习，怎么办？如何教，如何保证学生学习，进而保证教学质量？我们认为，对分课堂教学自身要求缩减课程总量，减少教学内容，而且也能在新的课程体系下保证教学质量。

对分课堂提供了严整的教学模式，能够迅速有效地提升教师的教学能力，从教师这个层面而言，能够学会用更少的教学内容提供更好的指导。对分课堂实施后，很多教师发现，讨论气氛热烈，时间不够用。学生的活力被激发后，产生了很多想法和问题，深入探究的意愿很强。在当前实施的过程中，教师考虑到学生的时间，课后作业安排比较有限。不少课程不能占用学生课后时间，无法布置作业，只能做当堂对分，吸收有限。为了不影响教学进度，目前给教师的建议是控制讨论的深度，也就是通过控制深度，来保证广度，保证覆盖现有内容。如果课后能有更多的时间完成更为深刻的内化和吸收，课堂讨论会更为热烈和深刻。

对分课堂是有清晰的目标导引的，学生课后需要认真学习，才能在讨论中有精彩的展示和表现。这调动了学生的内在的积极性，这样他们的课后学习其实也是有保障的。可能会有少数学生课后不认真学习，这个也不需要过分担心。这样的学生，即使逼他们天天上课，也只是在应付。对分课堂强调权责对分，教师不包办所有学生的学习成果，学生做这样的选择，自己要负责任。

另外，也会有学生按自己的想法安排时间，课余从事很多社会实践活动，课程只是及格了事，学校要尊重学生的想法，不要试图控制他们。教师没有权利也不应该去支配青年人的全部生活，要留更多的时间让他们自己支配，让他们有时间谈恋爱、观察社会、与同伴进行自主探究、欣赏艺术等。教师群体过去的生活一般都是在努力学习中度过的，自己苦学，有可能看不得别人轻松，但不能以自己的标准去要求别人，对学生要设立适当的期望值。

对分课堂会提供发散、创造的空间，但有些学生的发散会出错，教师可能会觉得是浪费时间，其实不然。爱迪生的很多发明失败数百次才成功，不能说前面的失败都是浪费。当鼓励创造的时候，要容许出错，因为失败是成功之母。宁愿给学生空闲，哪怕最后没有创造，也胜过不给其空闲，根本不给学生创造的机会。因此，要破除完美心理，教学也像商业投资一样，需要多方面权衡，想要有大的收获，就需要进行大的投入，而且要敢于承担风险。在这些方面，都需要教师改变传统的学生学习主宰者和控制者的角色，真正走向承认学生的权利，尊重学生。

二、对分教材

对分课堂对教材的要求比较高，没有适宜的教材，对分课堂的效力不能得到充分的发挥。教材一般是指教科书，但广义的教材指教师在课程中为学生学习准备的所有材料。教师精讲之后，课后学生要以教材为媒介，进行深入、透彻的学习。国外很多优秀教材，体例完整、内容丰富、排版精美、图文并茂，编写时会考虑学生的学习过程，适合学生课后阅读和学习。国内教材仿照苏联，内容过多、过难，语言过于学术化，更多是基于学科知识的逻辑体系来编排，缺乏丰富的细节，不适合学生自己阅读。

编写优秀教材是一件极其困难的事情，因为要满足很多要求，包括基本性（反映学科最核心的基本概念和基本原理）、完整性（应有内容不缺失、无遗漏）、系统性（体系结构清晰、明了、严谨）、正确性（错误极少）、简洁性（简明扼要，不啰唆）、可读性（生动有趣，不晦涩难懂）、丰富性（充足的内容）、多样性（不同学生可以关注不同的内容）、时代性（反映学科最新进展）、适宜性（适合学生群体的特点）。

教材的编撰渗透了教育理念，是教师教学水平的直接体现。国外优秀教材的作者基于自己的一线教学实践，往往在十几年到几十年的时间里不断修改、更新教材，出到十几版的为数众多，展示出了令人钦佩的工匠精神。国内教材与国外差距较大，有多方面的原因：①教师科研压力大，对教材写作很难有较大的投入；②教师个人的学术积累还不充分；③整个学术界缺乏编写教材的充分积累。目前，很多学校使用原版或翻译的西方教材，但书中很多内容和事例来源于西方社会，与中国社会文化背景不合，有些内容的思想性和价值观也未必与国内相符。

鉴于教材在教学过程中的关键作用，优秀教材的缺乏，是我们本科教学中一个十分紧迫、严峻的问题。如果遵循西方教科书的发展路径，这个问题需要相当漫长的时间才有可能得以缓解。对分课堂的出现，带来了教学模式的变革，也对教材提出了新的要求，有可能会创造一套教材编写的新理念和新方法。

根据这个新思路编写的教材，称为"对分教材"。对分教材每一个章节的内容可以分为两个部分：概要和材料（或称纲要和素材）。

1）概要包含对本章内容的框架、体系结构、基本概念、基本原理、知识关联等的描述。概要是本章内容的骨架或枝干，给出了需要学习的定理，也给出了定理的完整定义。对于需要记录的知识，也可以用表格的形式给予完整的罗列。概要类似于提纲，但更类似于目前教师讲课时的幻灯片。概要是关键内容，需要掌握的原理、规律等都有，但没有细致详尽的解释。可以标示两个概念间的关系，但并不对这个关系做仔细的说明。概要是由作者本人写作完成的。

2）材料包含多份文档，如经典案例、某个事件的背景描述、某个概念的操作过程、书籍、论文的选段。与概要不同，材料强调原始性，就是这些材料不需要是作者本人写的，而是从文献中选取的。每个文档都与章节内容有关，可以看作是从不同的角度对概要进行展开论述。对理工科而言，习题可以作为一个文档放在材料里，成为教材的一部分，也可以汇成单独的习题册。

传统的教材，有一个从头到尾的叙事性的流程，如从小故事过渡到概念，从概念引申出原理，从原理去解决问题等，作者用文字把核心内容串联起来。对分教材把传统教材的内容进行了分割，概要呈示骨架、结构，材料展示血肉、细节，但对于各部分内容之间的关联，作者并不直接写出来。概要也是一个文档，在形式上，对分教材不是一个流，而是一组分离的文档。

教师讲授时，基于概要，介绍基本概念、原理、关键的知识点，揭示概念间的关联，阐述内容的意义、价值等。概要体现的是知识，而教师讲授的是自己对知识的理解，特别是对知识关联的认识，这些是教材里没有的或不容易用文字表达的，学生必须认真听讲。学生边听边看教材，可以在教材上勾画、批注，即记笔记。记满笔记的教材，成了学生宝贵的学习记录。讲授中会涉及材料中的某些内容，会引导学生找到对应文档，基于文档进行讲授，学生可以在文档上做笔记。比如，文档中可能包含几个例子，教师讲解一个，让学生自己去学习其他的。在讲课过程中，教师划定学习范围，指出哪些内容是必须学习的，哪些是选修的，下课时，说明作业的要求，比如，要写读书笔记或做哪些习题。

这样的编写方法目前只是一个设想，会在近期进行尝试，下面从理论上分析其优点。

1）对分教材是为对分课堂设计的，自然很适合对分课堂教学，教师讲授框架、重点、难点，学生课后去做更深入、细致的阅读。基于对分教材，教师的任务就是把概要部分体现的知识脉络和材料中的重点、难点讲清楚，其余的内容留给学生自己去完成。

按照这个思路编写教材，优秀教材的各种要求都比较容易得到满足。概要本身就很好地体现了基本性、完整性、系统性，概要的内容非常基本，正确性容易保证，对于材料中错误的地方，教师在编写过程中可以删掉或加以标示。概要不用叙事的写法，可读性比较容易实现，因为其本身就很简洁，而材料部分的可读性和简洁性通过选取优秀文档也比较容易控制，不需要作者有很好的文笔。材料的丰富性、多样性、时代性、适宜性通过材料选取都比较容易实现。

2）对分教材容易编写主要是把传统教材的撰写转化成了对分课堂模式下的选编。概要反映了学科知识的长期积累，有很多材料可以参考，在形式上组织、排列一些就好了。传统教材需要把具体材料与基本概念、原理整合到一起，很不容易。学术研究中很多观点冲突、矛盾，如何表述、组织、评价各种观点，并把它们都包容到自己的文本中，需要作者花费很多工夫。但反思起来，这个地方有理念上的不当。因为如果教材能真实地反映学术争议，可以展示学者的原材料，让学生直接接触一手材料，看到争议所在。在选取材料时，可以体现学科的最新进展，时代感强。材料可以只截取其中相关的最有价值的部分，还可以带动学生去查找原文，了解更多的内容。

原始材料的好处还在于情境性强，内容丰富，具体生动，可以引发更多不同视角的思考，开放性更好。学生有可能从中挖掘出新意，避免了现有教材中都是反映作者自己对材料的解读的局限性。

每个学期都可以通过变动材料而迅速调整教材，以更适合自己的学生。名校的教材反映了该校教师教授学生的过程，未必适合一般学校。通过国家规定的基本大纲来保证基本内容，其余的更多留给各个学校和教师进行个性化的发挥。每个学校都可以选用对本校学生最有价值和意义的案例和材料，来编写自己的校本教材，比如，反映本地风土人情和生活习俗的材料，这样能更有效地使理论联系实际，也促进了当地文化的传承与传播。

如果出版社能提供更多的定制化服务，每个教师都可以根据本班学生的特点、切近他们的水平编制教材。设想一下，如果未来每个学生的教材都可以定制，那么这些教材都能更好地贯彻因材施教、以学定教的原则，在很大程度上消除整齐划一的苏联模式带来的单一性，增加学生发展的多元性。教材更新快，加上教材上有学生的笔记，无法转售，都会给出版社带来更多的用户需求，还可能会带来更多的工作岗位，为教师服务，比如，通过调查研究，为教师提供素材，帮助教师整理、组织材料等。

3）在一些基本理念上，对分教材实现了对传统教材的突破。

传统理念过于强调教材的体系性、完整性和正确性。理想中，作者希望自己在教材中构建一个精致的体系，层次分明，严谨精确，无所不包，完美无缺。为了达到这些目标，作者旁征博引，字斟句酌，煞费苦心，觉得如果不这样做，就对不起学生，就是害了他们。但反思一下，作者这样做，学生领情吗？更重要的是，学生真的受益很大吗？作者构建的体系，学生理解吗？学生认为很优美吗？根据建构主义，我们希望学生事实上也需要完成对讲授内容的自我建构。既然如此，为什么我们不能讲得粗略一点，留点空间给他们？我们的表述极其准确、正确，但学生在听的过程中理解错了，我们的付出划算吗？世界变化快，把今年的最新结论放进去，以为是最好的，但学生根本没留意，而明年这个结论已经过时，作者的付出价值不大。我们呈示无可挑剔的理论，是让学生觉得学术已经足够完美，不需要他们做什么了吗？科学本来就是不完美的，为什么非要弄得整整齐齐？承认我们的不足，适当示弱，让他们看到缺陷，发现错误，不是更有意义吗？

我们为体系而体系，为精确而精确，舍得把工夫花在教的上面，但是不是应该更多地关注一下学生？教材是教学的一个环节，对于教学效果要从整体上看待。炖的汤再有营养，学生没胃口吸收，做的菜再美味，学生没有时间品尝，都是极大的浪费。我们竭力挖掘一个论文的精妙之处，然后努力表述给学生听，还不如解释一下前后背景，选取一个段落，让学生去阅读和挖掘。我们准备了太多的内容，以为自己很负责任，然而学生学不完，感到自己很笨，反而打击了其学习的热情。我们常常精心准备案例，希望能充分地表达我们的观点，然而案例出自我们的视角，学生未必能理解和欣赏。不如给学生一些有问题的案例，或警示错误，或让他们发现错误。如果最终要走向生活，就应该给学生呈现有缺陷的真实，而不是虚假的完美。

三、教师评价

当前评估教师是以授课时间作为计量标准，不符合脑力劳动的职业本质，导致对优秀教师和一般教师在绩效上很难区分，挫伤了教师提升专业教学能力的积极性。当教学由对量的重视走向对质的重视时，如何评估教师的绩效就成了一个十分关键的问题。

评价教师的一种普遍方法是学生评教，即在课程结束后，让学生对教师的教学表现打分。国外实行的是小班教学，学生的学习动机强，契约精神比较强，评教的客观性比国内学生要好一些。然而，评教存在普遍性的问题，国内外教育界对此都有清醒的认识。宽松、纵容、不得罪学生的教师，常常会得到更好的评教，而严格、认真的教师可能并不受欢迎。长此以往，劣币驱逐良币的现象便产生了，后果很可怕，所以，学生评教只能作为一个辅助性的参考标准。

一般认为，评教是一个世界性的难题。人们常说，教学是个良心活，就是说教师在备课、讲课中投入多少，自己清楚，外人不容易看明白，不容易判断。国内还有一个常见做法是让督导或同行教师来评价，由于国内人际关系比较复杂，干扰因素太多，这种方法的主观性太强，也不太准确。国外由于极其强调、尊重教师个人的权利，"我的课堂我做主"，其他教师或其他人基本上不能进入别人的课堂，也没有资格说三道四。这固然保障了教师的自由，但也阻碍了教师之间的互相交流和学习。国外的一般做法是让教师提交材料，将证据给外审专家，让专家根据材料来评估其教学水平。当然，具体提供怎样的材料，都由教师自己来决定。

反思一下，我们可以看出当前评教的思路存在很大的问题。打个比方，如何评价一个面包师？答案很简单，看这个人烤的面包好不好吃。面包不好吃，却炫耀说我的面粉多么优质，我的烤炉多么高档，我揉面的姿态多么优美，我烤制的过程多么专注，我每天工作多少时间，我技术心得写了多少万字，有意义吗？对于顾客来讲，这些都是你自己的事，顾客只关心面包，面包不好吃，一切都是白说。所以，今天评教的模式主要关注教师的行为，如同关注面包师的行为一样，其思路是错误的。因此，对于教师的评教，应该落到学生身上。

学生表现如何，学生是否得到了成长和发展，才是核心的问题。那么用学生的考试成绩，是不是能够衡量学生的成长和发展呢？大学很多科目是由教师自己命题，无法跨课程比较。中小学可以全校、全区甚至全市统一命题，客观性有保证，可以横向比较。但考试成绩与学生的基础水平有关，并不一定能反映教师的教学能力。考试存在的更大的问题是准确性和稳定性的问题。一个学期的课程，要在两个小时的题目里体现出来，从心理测量学的角度看，这是不现实的。学生头天晚上精神不好，第二天发挥不好，一道题没做好，成绩可能会发生很大浮动，所以，对学生学习成果的评价，必须放到平时，放到作业里去。平时作业容量大，能反映整个学期的学习内容，也能反映学生一个学期的学习行为，其准确性和稳定性都非常好。

对分课堂强调平时作业，任何一门课，都需要做平时作业，这就为基于作业的评估提供了良好的保障。比如，在大学，如果一个教师一个学期教 4 个班，每班 50 人，每学期每个学生交 12 次作业，总共就是 2400 份作业。如果两年（4 个学期）评估一次，给教师一个比较充裕的时间来稳定地展示自己，作业总量就是 9600 份，即将近 1 万份。通过网络化的教学平台，所有的作业都可以以电子档案的形式存储在学校的服务器里。学校可以采用分层抽样法，从各个学期、各个班级、各个水平的学生中抽取 5%（大约 200 份作业），送给校外专家评审。专家根据教师作业题目的设置，从学生作业的认真程度，作业的知识性、逻辑性、创造性等多个维度打分，给学校提交一份详尽的报告。在统计学上，这样的抽样调查是十分常规、简单的，从这么大的一个作业样本中随机抽取，能够得到相当准确的判断。与通过听课评价教师不同，教师没有办法临时准备或伪造作业等，这个评估全面地反映了教师两年里的所有教学情况。在这里，可以清楚地看到平时作业和考试的巨大不同，深刻的思考和新颖的创造都是需要时间的，在短短的考试时间内，学生的水平是很难发挥和表现出来的。作业可以评估最为宝贵的思维能力和创造能力，而考试则很难做到这一点。

如果每两年对每位教师做一个这样的评估，会不会投入太大？可能会。但准确的评价是激励教师和提升教师水平的前提，如果真正把教师看作学校最重要的财富，这种投入是值得的。根据学生的考试成绩来做评价，是最简单、最不费力气的。但如果评估这么简单，只需要一个电脑程序就可以了，领导和专家的价值又在哪里？选人，是领导最重要的工作。领导和专家的价值，就在于他们的眼光和判断能力。一个单位，最需要智慧的岗位是领导的岗位。当领导不需要动脑子，当领导的工作很轻松的时候，这个单位的发展便不容乐观。

另外，还有一个问题，就是如何控制学生的基础水平的问题。在这个地方，大数据的思路大有可为，可以解决以往无法解决的问题。因为学校有每个学生学习的全程记录，比如，如果看到学生 A 在大一物理课作业中的逻辑思维能力表现很好，但在大二相关课程的作业中表现不好，而且很多学生出现类似的情况，那么就有理由怀疑大二的教师可能没有教好。好的班级有差学生，差的班级也有好学生，当不再以班级而是以个人为分析单位的时候，就能挖掘出很多新的信息来判断教师的教学水平。

在作业之外，如果有条件，也可以观察、评估课堂教学情况作为辅助的参考。现在信息设备并不昂贵，在每个教室安装摄像头，拍摄整个上课过程并不难办，但这里存在着过分监视教师、不尊重其人权的问题。合理的做法是仅仅偶尔抽查少量课堂，比如，在上课前 3 分钟通知教师，需要对本节课进行全程录像，如录像机录像时有红灯闪烁一样，在教室背后墙壁上点亮一个信号灯，让教师知道自己在被录像。一个学期，对每个教师偶尔抽查一两次，问题不大。这样，学校便可以从中了解教师的教学流程、课堂活跃程度、教师对课堂的把控能力等。当然，如果课程中由于偶然因素使教学效果不如平常，教师可以写一个说明，与录像资料放在一起，这样评估时也可以给自己提供一个解释的机会。

四、简明分层

当一批教师的评估结果出来后，学校需要区分档次，如谁优秀、谁落后等。这里可以基于对分的评分方法，贯彻一个简明分层原则，即总共只分 4 类：优秀、良好、及格和不合格。

在根据作业评估教师时，评估一定是多维度的，如作业中体现的学习态度、知识面、思维能力、创造力等，而在区分档次的时候，要合并到一个维度或总分上。那么学习态度等各个维度应该各占总分的多大比例？这是一个很难回答的问题。比如，按知识面30%算总分，王老师比李老师档次高，如果按知识面占40%算总分，李老师比王老师档次高，那么，到底王老师和李老师谁更好呢？很难判断。

其实根据心理测量的基本原理，这里的判断存在着很大的问题。自然界的一个普遍规律是正态分布规律，比如，心理学中测量的很多属性，如人的身高、体重、智商等，都符合正态分布。正态是一种特殊的曲线，像一个倒扣的大钟。这个分布的特点是，两端的人数比较少，中间的人数比较多。以智商来说，就是智商特别高的人很少，特别低的人也很少，大部分人都挤在中间。以身高来说，就是特别高的人很少，特别矮的人也很少，大部分人都是不高不矮。如此一来，两端的人非常容易被识别。比如，在生活中，看到一个特别高的或特别矮的人，大家都会印象很深，重要的是大家的意见会比较一致。比如，身高为2米的，绝大多数人都无争议地认为很高，成人身高为1米的，绝大多数人都无争议地认为很矮。

在能力评估方面，对能力特别高的人，一般大家都没有什么分歧，对能力特别差的人，大家一般也没有分歧，因为对卓越或糟糕很容易判断，很容易达成共识。容易产生分歧的地方是在中间，即既不是特别好，也不是特别差的人，这样的人还特别多，可以给这部分人起个名字，叫普通人。如果王老师是卓越的，不论怎么算总分，甚至不需要算总分，大家也会认可其卓越，如果李老师是糟糕的，不论怎么算总分，甚至不需要算总分，大家也会看到其糟糕。两端的，怎么算，问题都不大，中间的，怎么算，都不容易达成共识。这就促使我们反思，中间的不容易区分，是不是我们根本就不应该区分？普通人，就是各有短长，都不完美。你善于调动学生的积极性，他善于增强学生的创造性，你善于引导讨论，他善于描述论证。理想的情况就是，鼓励各个教师发挥自己的特长，作为一个群体，百花齐放，争奇斗艳。学生在王老师的课堂变得更加积极，在李老师的课堂变得更加善于思考，进而得到全面的发展。将创造性按30%的比例而不是40%的比例计入总分，是很随意的，不应该也没必要。把卓越和糟糕的人分出来之后，其余的人都归类为普通人，可以把专家在各个维度的评价结果发给他们自己参考，以起到诊断性的帮助作用，但不与奖惩挂钩了。

普通人就是普通人，不再区分谁是更好的普通人，谁是更差的普通人。正如教师在对分课堂教学模式下评估学生作业很轻松一样，学校的管理部门也轻松了很多，少了很多压力。教师也得到了尊重，不需要再分出高低上下，大家也都有面子，不会伤和气了。对于一些比较靠近糟糕的普通人，为了警醒他们，可以稍微再细分一下，给予他们一个及格或刚刚及格的评价。这样，就有了不及格（糟糕）、及格（靠近糟糕）、良好（普通人）、优秀（卓越）这样的四类简明分层法。

我们过去评判教师的工作很辛苦而且很难让大家满意，其实是因为我们违背了心理学的规律。细致的区分不仅没有必要，而且是错误的。维特根斯坦分析过"精确"这个词，说扫帚在墙角就可以了，非要说离墙角多少厘米，是不必要的精确。在不需要、不应该甚至不可能精确的情况下追求的精确性，是虚假的精确性或者说是"伪精确"。从这个角度而言，更为尖锐地说，我们过去的做法是在无事生非，自讨苦吃。更正了这个错误，切合了科学的规律，便降低了管理者的压力和负担，教师变得轻松、愉快，评价效果也更好。

　　这样区分，会不会导致教师不认真呢？做好做坏都是普通人，没奖励也没有惩罚，就混混过日子吧。这个问题反映了我们过去的思路，即期望通过评比制造竞争，用竞争的压力促进大家去提高，去达到更高的水平。

　　学校或管理者可能会觉得，最好每个教师都很优秀，这样，单位也很有光彩。这里需要思考的一个问题是，管理者有多大的权力让教师去追求卓越？大家都知道，任何能力，越往高处走越困难，百米赛跑速度提高 0.01 秒，也需要十分艰苦的训练。成就卓越，教师要有巨大的投入，管理者有没有权利要求教师投入这么多？正如学生一样，教师希望学生个个拿 A。假设学生很听话，个个刻苦，都拿了 A，但到社会上还是少数人得到最好的工作，教师不能保证其得到回报，那么学生去争取这个优秀的意义又何在？为了这个没有结果的优秀，牺牲了恋爱、娱乐、游戏和享受青春的时间，意义何在？

　　类似地，学校如果不能给教师相应的回报，其实没有权利要求教师无止境地提升自己，没有理由要求教师"诲人不倦"。卓越的人要么有天赋，要么有兴趣，而普通人，天赋不够，兴趣不足，就让他们把教师当作一份普通的工作，完成基本任务，回家能更多地陪伴家人、享受生活，这样是对社会的贡献，也是对教师个人的尊重。

　　但凡竞争都需要给一个总分，否则无法评判，这可以称为总分原则。前面解释了总分原则存在根本性的问题，可称为"总分谬误"。相应地，我们也要反思一下竞争是否必要。不断提醒，你是第 18 名，要努力变成第 17 名，甚至末位淘汰，让人惶惶不安，其实是对教师持续的羞辱。教育需要慢工夫，教师的生活必须相对平静、安稳。当整个教师群体焦躁不安、忧虑重重时，他们不可能耐心、细致地去指导学生。"折腾"教师群体，只能是自毁教育的长城。教师什么时候能心平气和、悠然自得地教书，教育什么时候才有希望。

　　竞争只是一种手段，为的是让教师提高水平，如果有更好的手段，可以实现目标，不必一定用竞争。很多合作学习的主要思路是用竞争和奖励，而对分课堂却弱化了竞争，强调合作和内部动机。如果对分课堂着眼于调动学生的内部动机，我们也应该努力去调动教师的内部动机，因为"威逼利诱，不能长久"。对分课堂让学生从学习本身获得乐趣，关键是激发了学生的成就感，让学生走向自我实现。实际上，对分课堂让教师从教学本身获得乐趣，关键也是因为激发了教师的成就感，让教师走向了自我实现。

有人会说，学生有未来的发展，自我实现很重要，教师有什么自我实现？这种说法忽视了教学作为一种职业有独特的乐趣。另外，教师即便没有什么强烈的成就感，但看看多数工作岗位上的多数人，也没有特别伟大的成就，就是跳槽不做老师，又能怎么样？这么一比较，教学也只是一份工作，想安安稳稳地生活，就得把工作做好，至少要做到基本令人满意。所以，跟其他职业一样，教师群体并不缺乏好好工作的动力。选择做教师的人，至少一开始都不讨厌教学。外在压力不能没有，但过度的外在压力，反而会打压教师的内在动力，让他们厌恶教学而不是喜爱教学。

对于4类教师，用A（卓越）、B（普通）、C（及格）、D（糟糕）来指代。卓越者都是自我选择的，不管怎样的一个群体，只要环境、条件恰当，总有人愿意也一定会有人脱颖而出，管理者其实不必太在意。环境、条件再好，也总有人能力、动机不行，落入D类，管理者不需要为此自责太多。正如对分课堂的教师不应为个别差学生自责一样，管理者应该把重点放在B类上，这类人最多，对学生群体的影响也最大。

教师要面向多数学生，管理者也应该面向多数教师。管理者的主要思考和工作，应该是提升B类教师的整体水平，提升到普通人经过合理努力可以达到的水平。A是B中的精华，B提升了，水涨船高，A类一定会更高、更好。C是B的尾巴，如果有方法提升B这个大群体，C这个小群体甚至D类中的一些可造之材，自然也能够提升起来。在理想情况下，C经过分流，一部分并入B，一部分下沉到D类，D一部分提升到C，再进一步提升到B，而D类被移出系统（他们在其他更适合自己的系统可能表现得更出色），整个群体只有A类和B类。

对于A类，不担心下限，因为他们远超平均水平，也不设上限，能多好就多好。管理者需要确定的是B类的合理水平，或者说B类的底线。如果这个底线太低，群体无法充分发挥自己的潜力，如果这个底线太高，太多的人达不到标准，或即使达到，也是不合理地牺牲了生活的其他方面。这个底线的设置不容易，要充分考虑学校和教师群体的具体情况，它需要管理者具备一定的经验和智慧，所以管理者并不简单。如果能拿一个公式来算算，就可以确定这个底线，那管理也太容易了。

虽说不容易，但凡事都有一些方法可以参考。利用前面提到的评估方法，把A、B类群体教师的教学质量的平均分通过作业抽样评估计算出来，看看两个分数的差距有多大。如果差距不大，学校可以很开心地说，大家做得不错，继续保持就好，如果差距过大（何谓过大，需要领导运用智慧进行判断），学校可以说，B类教师，你们的基底水平不够，你们与A类教师差距太大了。你们在同一个学校，拥有同样的资源和行政支持，教的是同样基础的学生，在 A 类教师的引导下，学生能发展这么好，说明我们的条件和学生的能力都是不错的，你们不要怨天尤人，要努力提高。这样，学校可以提升 B 类的底线标准，用奖惩措施去督促他们。这里的一个关键问题在于，有 A 类群体的参照，学校制定的标准就更为科学，是 B 类经过合理的努力能够得到的。这里的另一个关键问题是，对 A 类和 B 类水平的评估是基于群体。这样，即便对个别教师的评估有不准确的地方，群体的平均分数也是相当准确的。B 类如果认为学校的要求是合情合理的，而他们经过努力又的确能够提升到这个底线之上，那他们会努力的。

教师评估的另一个主要目标是为教师的晋升提供依据。比如，每年有4个副教授提升为正教授的名额，那么如何决定哪些副教授可以获得晋升呢？在这个方面，可以采用一个双轨制，区分两个晋升路径，一个为卓越者，一个为普通人。做一个比例分配，比如，按25%的比例，分配一个名额给卓越路径，另外75%即3个名额分配给普通路径。凡是有晋升需求的副教授都可以根据自己的情况，申报卓越路径或普通路径。因为卓越者需要非常出众的水平，对一个人是否达到卓越水平是不会有很大分歧的。如果没有人申报卓越，这个名额可以先分配给普通路径使用。对于普通路径，会预先设立一个基底水平，凡是达到这个基底水平的，就按达到的时间排队，依次获得晋升。如果两个人同时达到基底水平，就依入职时间看谁的资历更高，决定谁排在前面。如果合格的申请人超过给定的名额，那就排队等到下一年。双轨晋升避免了卓越者与普通人之间的竞争，因为这两类人群是不应该竞争的。对卓越人才的评估不考虑任何其他因素，仅仅看成果和水平，给优秀的年轻人一个脱颖而出的机会。但优秀的总是少数，大多数人还是普通人，普通人达到了基本的要求之后，不应该再用其他的标准来对其进行区分，只能用资历来区分。

按资排辈通常被视为一种落后的用人制度，代表性国家是日本；按能力和成绩决定提拔顺序被认为是优秀的用人制度，代表性国家是美国。事实上，两者各有短长，前者在一定程度上代表了公平，而后者在一定程度上代表了效率。按资排辈压制了年轻人的工作热情，但纯粹按能力和成绩排辈会打击资深员工的积极性。资深员工最好的工作年龄已经过去，很难再跟年轻人比拼，而年轻人在资深员工铺设的基础上更容易取得好成绩。今天的功臣，解决了我们的燃眉之急，自然比往日的功臣看起来更重要，但回到往日，这些曾经的功臣解决的也是当时的燃眉之急。中国社会和东亚社会中存在的尊重长辈的文化传统，其实是有一定道理的。双轨制度是在这两种制度中求得一个更合理的平衡。采用这种制度，普通人不需要跟卓越者去比拼，只要把自己的本职工作做好，达到基本要求，就可以确保自己在既定的时间获得晋升。卓越者不侵占普通人的发展空间，对于普通人，也不需要根据一些不可靠的标准分出高低，用最没有争议的工作年限决定了次序，大家都心平气和，避免了恶性竞争，同事关系融洽，更容易保持团结，取得好的成绩。

以上关注的主要是对单个教师的评估和校内教师之间的比较。国家可以组织统一的评审系统，制定更为规范的评审过程和标准，那么评审的结果就可以用于衡量整个学校的教学质量（也就是办学质量），可以进行跨学校、跨地区比较。国家常常需要评估高校的办学质量来确定如何分配教育资源。每次评估的时候，学校都要准备很多资料，填很多表格。如果按这种方法来做，学校不需要做什么，只要把平时积累的电子档案拿出来就可以。国家组织专业的科研队伍，充分运用心理学、教育学、统计学、大数据等学科的分析方法，去进行分析、比较、判断，学校很轻松，教学过程完全不受影响，国家也能从翔实、全面的数据中得到准确的结果，不需要担心个别学校编造数据、骗取资源。当前评价办学，其中一个维度是看学生的就业率，这会带来不少问题。因为社会富裕了，很多大学生毕业后未必需要立刻工作，可以先观察社会，有合适的机会再去就业。另外，就业受市场的影响很大，今年经济形势不行，或本地区形势不行，可能对就业会产生很大的影响，但是其实学校的教学质量还是很稳定的。在新的评价系统下，可以大大弱化对就业率数据的依赖，更多关注到学校的教学过程本身。如果一所学校培养的学生总体上知识面、思维能力、创新能力、人际沟通和合作能力都很强，那么根本不必担心他们未来的发展，这所学校也一定是好学校。

当然，在跨学校评估时，希望也能遵循简明分层原则，从而认识到1000所学校之中有少量如100所是卓越的，大部分是普通的。对普通的高校，要避免总分谬误，不试图计算总分加以区分，而是分维度、分专业去评估。

世界大学的排名很引人关注，但也引发了很多争议。卓越的大学不介意排名，比如，你把哈佛大学排后面了，人们会质疑你的排序方法。其实，在人们心目中对卓越学校是有数的，不需要排名，即使排名对这些学校的影响也不大。但一般学校的压力特别大，标准稍稍一变，学校名次变化很大。根本原因还是事实上不存在一个合理的单一次序：青蛙与大象不可比，应该各走各的道路。所以，当前的高校排名榜是精英大学的炫耀榜，是普通高校的痛与伤，根源就是总分谬误。即使是学科排名，也是根据总分计算的，如有多少师资、多少设备、多少空间、多少杰出校友等。

总分逼着大家追求大而全，会带来平庸化和千篇一律，带来个性和特色的缺乏。不是说这些维度没有道理，而是跟面包师的例子是一样的道理，这些维度需要体现在学生身上。只要我们抓住了面包这个核心，情况就清晰了很多。无论你过去得过多少奖项，无论你的烤炉多么昂贵，无论你的面粉多么精细，这些都不重要，只需要看你生产面包的数量和质量就可以了。学校怎么办，是你自己的事，评估时，只关注最终结果，即国家给你总投入多少，你培养了多少学生，这些学生的能力分布如何，成效不行，其他的都是空话。这样一来，就可以让学校扎扎实实地走向以学生为中心，真正回归教育的本质与初心。

当我们找到学生的平时表现这个关键指标之后，无论是学校排名还是学科排名，都有了科学的基础。当我们基于简明分层原则，避免了总分谬误，就能使评估结果更具丰富性和多样性，就能让不同的学校各展特色，百花齐放。比如，学生的作业是原始数据，可以永久保存，可以随时拿出来分析。如果这样的评估形成一套稳定、可靠的模式，便可以衡量一所学校的成长历程。

另外，国家当前强调创新创业，常见的做法是开设特定的课程。学生在学校是锻炼创新能力，不要求他们作出绝对创新，只要有相对创新就可以了。从作业中评估学生的创新意识和相对创新能力，从一年级观察到四年级，把创新贯彻到四年的大学学习中，能够超越通过一两门专门课程考查其能力的效果。当代创新的一个特点是跨领域、跨学科，在学生的作业中也可以去评估这一点，比如，看学生举的例子、运用的知识，是不是超出了本门课程或本学科。由于高创造力的学生总是学生群体中的少数，各个学校可以超越数量上的简单比拼，拿自己的尖子学生去跟其他学校对比，走向质的比拼。天才究竟在哪里出现，是不可预测的，一所小学校的教师悉心培养，也可能培养出科学、艺术或商业等领域的天才，为国家和社会作出巨大的贡献。

虽然我们注重平时学习，但考试作为终极性评价，在评估基本能力方面，也有其不可替代的价值，只是对考试的方法需要做一定的修改。其中一个思路是建立大规模的题库，比如，线性代数，全国高校联合建立一个题库。期末，可以随机抽一部分学生去参加考试，根据他们的成绩来评估某个班级的线性代数课程的学习效果。一个小的抽样可能会有较大的误差，但是从全校范围内抽查，可以形成很大的样本，会相当准确。大题库的好处是它很客观，衡量的是绝对的能力和水平，教师可以灵活选用教材、方法。这类似于英语中的四六级考试，不过四六级还存在应试教育的模式，需要进一步改变，对于这一点，可以参考后面对高校入学考试改革的分析。

第二节　对分课堂与高校科研

一、精英科研

当前高校教师工作压力很大，一个主要负担来自科研。目前，对高校教师的评价包括教学、科研和服务 3 个方面，但由于教学和社会服务不易评判，实际上主要依赖科研评价,决定教师的奖励和晋升等。由于有晋升需求,中国当前多数高校教师都需要做科研、发论文,是名副其实的大众科研。

少量的高精尖研究或发表在少量顶级期刊的论文比较好评价,大量的一般性论文或发表在普通刊物上的论文很难评价。一篇论文能否在某个杂志上发表,有很多偶然因素。有些研究的意义是短期内看不到的,特别是一些重大的突破性研究。学校需要每年对教师绩效作出判断,面临着很大困难。科研这个评价标准给教师和学校都带来了很多困扰。科研根据论文数量和质量评价,看起来公正客观,简单明确,其实违背了科学的本质。具体地说,对科研工作者进行分层,本质上是不合理的。社会上很多工作可以分层次,唯独科研不可以。

科研的特点是只要一个人解决了问题,其他人的工作便失去了价值。这与卖水果和其他职业提供的社会服务有很大不同,与教学也有很大的不同。登上科学问题顶峰的只有一个,重大的问题被解决之后,很多附带在这个问题上的工作都失去了意义。科学不是消耗战,而是最优秀人才的先锋性探索,常常是单兵突进,人海战术行不通。这一点在基础研究或人文社会科学领域十分突出。工程研究很多是大团队作战,但工程的基本含义是大致知道怎么做了,可以组织团队,做详细的规划,而基础科学的很多问题根本不知道问题能否解决,突破点在什么地方。科研与其他工作不同的地方在于,10%甚至1%的人完成了90%的重大突破,如引力波探测,全世界就只有几个小组,但这几个小组带动了物理学发生了重大变革。

重大的科学突破一定是高精尖,不高,别人早就登顶了,不精,别人早就解决了,不尖,根本无法深入。对于比较前沿的问题,有能力、有条件解决的人一定不多,如果能做某项研究的人很多,这个项目一定不是最前沿的。一个好的科研团队有一流的学者,有充足的资源,有政府长期的支持,有学生做后继力量,还需要承受不断的失败,要求是非常高的。这些条件,真的不是一般的学校能够具备的。让这些学校的教师去瞄准这些高精尖的课题,是不现实的。虽然我国论文发了很多,成了世界第二,但多数都是低级重复,学术价值很低,是对社会资源的巨大浪费。

总体来说,多数高校的多数教师不具备能力、条件做高层次的基础研究,而二流的基础研究又是没有多大价值的,科研不能走人海战术。少数研究型大学突出基础科研是正确的,对这些学校来说,要么不做,要做就做到世界一流,否则便没有意义。

一般的高校教师可以做应用型研究,比如,当地的企业需要解决一些具体的、局域性的问题,但企业没有能力,研究型大学不关注这些问题,也无暇顾及。这些教师可以带领自己的学生,紧密结合社会需求,帮助企业解决问题。一旦问题得到解决,会得到回报,既服务了社会,给学生提供了实践机会,还能增加自己的收入。因为服务社会，运用市场机制和商业法则，是能帮企业和社会解决问题的，自然能够得到认可和回报，这个回报就是奖励，政府无需投入，学校有奖励更好，即使没有，教师也可以靠自身的动力去做这样的研究。

教师还可以考虑做一些兴趣研究，对自己关心的课题，利用具备的条件，或通过与其他教师、中心、机构或国家的公共科研平台合作开展研究。兴趣是最好的导师，出于自己的兴趣，自发去研究，也不需要别人激励，不想做可以不做，做失败也没有惩罚，这样才回归到了科学探索的一种理想状态，会比在被逼迫下做研究更容易出成果。教师自主选择题目，更多是真心认可其价值，而不是为了得到别人的赞赏，更有可能获得成果。做的人多了，东边不亮西边亮，总有一些重大成果会脱颖而出。那个时候，学校、政府可以给予特别的奖励，甚至把他们吸收到研究性大学中去，使得人尽其才。

对于一般教师，学校最应该严格要求和着重考核的是教学。一般教师的职业定位不应该是学者，而应该是教师。如果说学者的最大职责是创新，那么教师的最大职责便是传承，教学就是传承文化的最主要方式。教学可以是纯粹的教书育人，也可以包括一些教学研究。其实，好的教学都会涉及教师的观察、反思、调整、评估，会有研究的因素在里面。这里最关键的是要把研究与论文发表区分开来。

比如，上面提到的服务社会的研究，如果只是为某个企业解决其特定问题，因为没有别人关注这个问题，就没有必要发表论文，但不能否认这是货真价实的研究，有价值的研究不一定需要以论文的形式呈现。由此，可以区分两类教学研究：一类是为了改善自己的教学效果，不介意是否能发论文；另一类是把教学研究作为自己的兴趣研究，不强求一定对自己的教学有帮助，但可能有更为普遍的价值，所以论文发表有意义。比如，一名教师教物理，但偶然产生了一种如何改善化学教学的思路，虽然对自己的物理课堂教学没有价值，但可以发表论文，为化学教师提供帮助。由于把教学研究归入兴趣研究，有了成果，学校可以奖励，但没有成果，学校也不惩罚，教师没有压力。在教学方面，学校不需要关注教师是否有教研的论文，只需要关注其教学质量就可以了。

总体来说，多数高校的教师当前压力较大，主要原因是他们在做自己不擅长也不应该做的基础科研，勉强做了，价值也不大，费力不讨好。正确的做法应该是鼓励他们做研究去服务社会，给他们自由探索的空间，开展兴趣研究，有成果，学校可以奖励，没有成果，学校也不对其进行惩罚。一般学校对多数教师真正要关注并需要进行评估的仅仅是教师的教学，对这些教师而言，教学是不可推卸的责任，研究是锦上添花的光彩。

如果一般高校多数教师的主要评估落足到教学，就可以大大缓解当前科研成果评价方面的问题。在大众科研下，很多人在写论文、申请课题、争取资源，这些人的科研能力未必很强，但可能写作能力更强，人际关系能力更强等。他们实际上制造了很多噪声，把好的研究淹没了，让管理者无法分辨。其中很多人对研究缺乏真正的兴趣，没有学术道德底线，也破坏了学术的氛围。目前，国家在科研上投入非常大，如果科研队伍能减少到1/10，让少数研究型大学或专职研究机构或一般大学的少量研究型教师聚焦到科研上，每个团队都可以得到充足的资源。科研是小众探索，当其变成人海战术的时候，不仅会造成资源的巨大浪费，而且会严重阻碍科学的发展。这是当今中国学术研究中存在的最大问题。有意思的是，这个问题的根源不在中国，而在美国。

现代科学的发源地在欧洲。看看欧洲科学的发展历史，伽利略、牛顿、爱因斯坦、笛卡儿、莱布尼茨、高斯、法拉第、麦克斯韦、波尔、海森堡等，天才辈出，星光璀璨，让全世界充满了无限的敬仰与羡慕。

欧洲哲学的基础是理性主义，最早来源于古希腊的柏拉图，是科学精神的一个核心。科学精神的另一个核心是经验主义，代表人物有早期的亚里士多德和近代科学的奠基人英国学者培根。理性主义强调思考，而经验主义强调实证，现代科学需要理性与实证的平衡，缺一不可。美国哲学的基础是经验主义和实用主义。著名心理学家波林说过一段非常有名的评论，说德国人在斯金纳箱里，静静地沉思，最后站起来，按动关键的拉杆，走出了笼子，而美国人则上蹿下跳，东摸西按，直到偶然中触动了关键的拉杆，也走出了笼子，说的就是欧洲学术崇尚思考，而美国学术崇尚尝试，从错误中找答案。尝试是科学必须要经历的，但没有深入的思考，胡乱尝试，也不是做科学。从这个角度看，美国的科学传统是有重大缺陷的。

美国学术的另外一个缺陷是混淆了科学与技术。美国重应用，科研向技术的转换做得好，充分发挥了资本的力量。然而，很多原则适合技术研究，并不适合科学研究。在技术领域，路线是相对清楚的，多一个尝试者，就多一份成功的可能，对思考性的要求并不太高。这两个缺陷都导致了美国的研究含有浓厚的人海战术和大众科研的特点。

美国当今的学术非常发达，但这并不能说明其研究方式是最好的。美国学术的成功有众多的其他原因，比如，资源丰富、国力雄厚，可以吸引全世界的人才到美国为自己服务。在美国的光环之下，恰恰要对它保持清醒，不要迷信美国的科研能力。美国、苏联的科研过去与欧洲根本无法相提并论，但欧洲经历两次世界大战，元气大伤。美国、苏联在第二次世界大战后都收获了巨大的战争红利，吸收了大批欧洲的特别是德国的高水平科学家。战后的20世纪五六十年代，美国的科学精神非常好，但随后，欧洲真正的科学精神慢慢被美国的实用主义哲学和资本所侵蚀，开始走下坡路。

美国最好的大学，多数都是私立学校，资金充裕，因此能够不受资本的压力，进行更为纯粹的学术研究。但一般的学校就不同了，常常要按资本的意志来行事。

比如，教科书一版版不停地出，其实改动不大，但是能给出版社带来利益。比如，美国学术界提出不发表就死亡（publish or perish）的说法，鼓励大量的论文发表，这样出版集团才生意兴隆。基于 SCI、SSCI（科学、社会科学论文引用率指数）影响因子这样的指标，都是商业机构设立的，却成为评判科学成果的标准，这是非常令人困惑的。一流高校可以不理睬这些，但一般高校因为研究者众多，管理者也很难评估研究成果，不得不诉诸论文数量和论文引用率。这就刺激了科学家进一步地努力发论文，论文越多，管理者越难评估，只能更加依赖于数量和引用率，由此便陷入了恶性循环。

美国应用 SCI 还来源于他们对"民主"或"人气"的执着。引用率是一个人气指标，人气越高，越受欢迎，也被认为越有价值。民主在很多领域很有价值，但也在很多领域问题很大。比如，在军事作战中，辩论、投票后再作决定，已经贻误战机了。科学也是一个民主经常性失效的领域。科学研究发现，越是伟大的成果，越是少数人先发现的，而大多数人茫然无知，甚至给了答案也看不明白、接受不了的。有句笑话说，相对论刚出来，全世界只有 6 个人看得懂，这个时候如果让全体科学家投票，相对论绝对惨败。民主是善，效率、发展、慈悲、公正也是善，善与善之间常常互相冲突。然而，民主只是众善之一，过分执着而不顾其他，也会生出恶果。

有一段时间，澳大利亚也曾像中国一样奖励论文发表，很快论文数量大增，但是质量低下，其实降低了科研的价值。科学家都清楚，用引用率去衡量重大发现常常是荒谬的。比如，孟德尔用豌豆进行杂交实验，1856—1864 年共进行了 8 年，发现了遗传学三大定律中的两个，但研究太超前了，35 年后才得到学术界的认可。因此，国际上很多学校和知名学者抵制基于论文数和引用率的机械评估。

2013 年，诺贝尔医学奖获得者 Randy Schekman 教授号召人们抵制一些所谓的"顶尖"的学术期刊。他认为，近 30 年来，科学界流行起了非常不良的"时尚"之风，只要在某些高引期刊发表文章就能获得很大的利益，如基金、晋升职务等。这些期刊误导学术界一味地追求发表抓眼球的"时髦"的科学成果，从而导致科学家放弃对重大科学问题的持久的思考与执着的研究，是对科学研究基本目的的"颠倒"与"歪曲"。

2014 年，在荷兰莱顿召开的一次国际会议提出了合理利用科学评价指标的 7 条原则，后来扩充为 10 条，并于 2015 年 4 月发表在《自然》杂志上，被称为"莱顿宣言"。宣言指出，量化评估不应该取代质化的专家评估，要避免评估指标不当的具体性和虚假的精确性。2016 年 7 月 5 日，*PLoS*、*eLife*、EMBO Press、*Science Journal*、*Springer Nature*、*the Royal Society* 等多家主流出版集团的高层人员集体发文，抵制影响因子。

2016 年 7 月 11 日，SCI 的母公司汤森路透公司出售 SCI 等知识产权和科技业务，让国内科学界进一步明白了 SCI 的商业本质。SCI 被出售后的第二天，美国微生物学会发表声明，以后将不在美国微生物学会期刊网站上公布影响因子。声明指出："很多科学家都尝试着将他们的文章发表在具有高的影响因子的期刊上，尽管使用影响因子来评估发表论文的重要性受到广泛的谴责，但影响因子仍被广泛滥用于出版、求职、项目申请和职务晋升等等各种科研环节。影响因子这种方法有很多问题，首先，期刊的影响因子是期刊水平的度量标准，而不是一篇文章水平的度量标准，将其用于决定一篇文章的影响力是存在统计缺陷的。由于所有期刊的引文是不均匀的，可能少数的文章高引推高了杂志的影响因子。此外不论文章还是杂志，影响力也不等于领域的重要性或前沿性，追求高影响因子会误导大众，我们需要关注的是研究成果而不是关注其他更为重要的优先事项。"

"人们不理性地痴迷于影响因子的原因是复杂的。不懈追求高影响因子科学出版物是有害的。个别科学家因为在高影响因子杂志上发表文章而获得不成比例的奖励回报，于是科学作为一个整体，其价值受到了一种扭曲。"①

2016 年 7 月 27 日，Nature 发文，宣布 Nature 出版集团将重塑期刊评价方式，改造期刊影响因子。文章称："期刊影响因子这种量化指标从本质上来说，过于简化，而且甚至在使用过程中还存在被滥用的风险。如果仅仅依靠期刊影响因子来衡量一篇文章的好坏，而不注重这篇文章所带来的潜在价值和引起的舆论影响，长此以往，这很容易导致一种病态行为。不得不说，期刊影响因子就是这么一种'病态'量化指标。由于没有考虑到不同学科之间的差异性，它很容易低估那些'慢热'和'冷门'领域的文章。就单单依靠'算术平均'这一数值来进行评判，这显然是有问题的。"①

显然，SCI 等影响因子指数已经成为科学界众人挞伐的对象。然而，学术界还没有认识到，问题的根源在于大众科研和人海战术制造了论文泡沫，一般学校的管理者需要一个有效的办法对大量的研究者进行成果评估，SCI 等数量和引用率指数，提供了一种可行的现实选择。不是管理者偷懒，而是因为科研成果评价是一个世界性的难题。在找到好的替代方案之前，弃用一种指数，可能结果只是启用一种新的指数，换汤不换药。其根本的问题是要消除论文泡沫，不要给管理层过大的评估压力，这样学术界才能够沉下心来，对少量的真正的成果做认真、细致、准确的评估。

二、公评审稿

近年来，国内学术研究发展迅速，学术成果不断涌现，基于英文期刊的 SCI

---

① Nature 发文宣布改造影响因子，重塑期刊评价体系！http://www.liuxingshe.com/qt/2480319.html[2016-11-29].

的评价机制，对我们的负面影响更为严重。多数国内研究者陷入两难境地：用中文发表文章，得不到承认；受英语写作水平的限制，加上不熟悉国际期刊发表技巧，发表英文论文又非常困难。除了留学生和同国外学者有直接合作的外，多数本土研究者在论文发表问题上受到极大困扰，严重影响了其科研积极性。更令人担忧的是，大量优秀成果外流，导致国内期刊稿源质量大幅度下降，丧失了学术影响力。

解决这个问题的一个办法是由国内主办英文杂志，帮助国内学者将成果推向国际。然而，从更宏观的角度看，国内有数千种学术期刊，不办成英文的，自然无法实现国际化，但就算能全部办成英文的，国外学者也没时间看。所以，更适宜的措施是把其中一小部分，如400～500种期刊推向国际。也就是说，每个学科能有4～5种国际一流的期刊，成为中国最优秀学术成果的国际出口，而其余期刊仍然采用中文发表，立足为国内交流服务。对于这些国际一流的期刊，比纯英文更适宜的做法是做到中、英文对照，让本土学者用母语写作、评审，轻松自如地完成成果表达，中文论文定稿之后，再翻译成英文。一流的学术研究，是智力最艰难的发挥，用非母语的英文去思考和写作，给中国学者的思想套上了巨大的枷锁，妨碍了其智慧的运作，增大了与欧美学者竞争的困难。同一篇论文有中、英文两个版本，既能得到国际上的关注和认可，又能为国内专业小同行之外不熟悉英语的社会各阶层人士所了解，从而充分发挥了这些高水平学术成果的社会价值。

同国外期刊相比，国内期刊面临着两个大的问题：①国内人情之风太重，目前很难在大范围做到像国外期刊那样比较公正的评审；②国内高水平的专家相对缺乏，整个科研群体的审稿水平亟待提高。这两个因素，从长远上看，都会影响中文期刊的公信力。针对这两个问题，我们提出了一种新型的"公评审稿"（open evaluation）模式，即改进国内学术论文的评审机制，从根本上提高中文期刊的办刊质量。①

按照这种模式，作者投稿后，论文立刻刊登在互联网上，然后按正常流程邀请专家审稿，但会把评审专家的意见（专家仍然匿名）、作者的回复和总编最后的决策过程全部公开，让整个评审过程走出封闭的小圈子操作，展现给科学界的全体成员。公评审稿利用互联网的公开透明，引入外界监督，让评审过程展示在阳光之下。这样，无论是作者、评审专家还是主编都必须以理服人，而不能以势压人，徇私舞弊。这就能让真正的好成果脱颖而出，也能帮助好杂志树立声誉，建立品牌。另外，公评过程能分享大量的新知识和新进展，提供大量观摩和学习的机会，有充分的互动来形成良好的学术讨论之风，有助于迅速而有效地提高年

---

① 张学新. 2013. 用公平审稿促进中国科技期刊的快速发展. 心理发展与教育, 29(1): 109-111.

轻科学家和学生的研究水平，真正体现了用集体的智慧去推动科学发展。

此外，还可以采用"免费翻译"模式。高质量的英文写作，是本土学者十分缺乏的。尽管现在有很多商业服务者提供翻译，但他们不懂专业，只能修正表面的文法问题，并不能在比较深刻的层面上帮助学者提高论文的英文写作质量。在新的办刊模式下，投稿者只需要把中文稿写好，一旦文章被接受，期刊编辑部将免费为其翻译成高质量的英文论文。比如，一本期刊每年发表 4 期，每期 10 篇论文，总共 40 篇论文，可以通过以下的过程把 40 篇中文论文翻译成高质量的英文论文：①面向整个学科领域招募义务翻译者，把中文稿翻译成英文稿，这个版本称为初级英文版；②招募 40 位英语写作水平较高的专家，按专业对口的原则，修改 40 篇初级英文版成为高级英文版；③引入商业服务者，把高级英文版修改为最终英文版。在最后发表的时候，将中文版、初级英文版和最终英文版同时展示。

义务翻译者通过翻译别人的论文锻炼了英文，更重要的是，通过专家对自己论文的修改得到高水平的专业指点。专家在最终英文版上署名，在整个学术界获得了声誉。这样，三个步骤有效地分解了翻译的负担：义务翻译者通常为论文相关专业的研究生或年轻研究者（其身份并不泄露，不担心受人嘲笑），能保证基本术语和一般性表达的准确性。专家能保证英文表达的逻辑性和清晰性符合专业标准。商业服务不需要操心论文的专业内容，只需关注非母语者不易把握的一些细微文法即可，工作负担很轻，可以降低收费。专家的英文有商业服务把关，也不易出现文法错误，不用担心细节上受人苛责。

很多留学归国人员或海外华人学者十分希望帮助国内学术发展。让他们每年改一篇本专业的论文，修改文本作为范例，供学术界所有感兴趣的人学习、参考，他们应该是十分乐意的。另外，国内很多外语学院有大量外语专家，可以请他们参与一部分翻译工作，能达到双赢的目的。这样的翻译模式，花费少，收效大，会充分调动整个学术界的集体智慧，能有效帮助本土科学家提高英文写作水平。

公评审稿模式提出后，得到了学术界的广泛关注和认可。复旦大学心理系目前正在联合国内 4 所"985"高校心理系（南京大学、武汉大学、中国人民大学和吉林大学），与美国心理学界知名学会合作，计划创办一个综合性心理学国际学术期刊《中国心理学家》，全面贯彻公评审稿、双语发表的特色，我们也非常希望其他单位和学科的同行们一起来尝试和探索这种新模式。

学术研究是人类思想的最前沿，其成果价值在短时间内是很难判断的。当我们避开了大众科研的陷阱之后，每个领域都只有少量相当优秀的学者，无论资助、管理和评价都容易了很多。利用公评审稿，通过公开的辩论，让学术界都能充分发表意见，可以发现很多错误和不足，有助于准确判断一个学术成果的价值。有些学科的主要成果不是论文而是专著，也可以仿效这种模式，来进行公开评审，只是网络上发表的是专著而不是论文。学术研究必须出自真正的兴趣和强烈的动机，政府需要坚持的原则是：优良种子、舒适生活、宽松管理、淡化评估、广种薄收、重奖不罚，这样就能基本保证学术研究的质量和收获。

所谓优良种子是指立志从事科研的学者，要经过资深学者的认真预审才能进入国家资助的研究者范围，不一定非得看成果，要看动机、能力和潜力。进入后，要保证其有舒适小康的生活。学术是智力活动，要提高门槛，让没有能力的进不来。学术不是做生意，想借学术谋利的也不会来，因为小康生活发不了财。宽松管理是给予学者充分的自由和较长的考核期，如5~10年。在此期间要淡化评估，不要轻易对学者分档次。对于学术研究，时时督查或拔苗助长，都是不合适的，有充分的自由，长期的探索，一定会有伟大的成果。

根据简明分层原理，卓越的学者只是少数，多数人都是普通的。不分档次，不会助长无益的攀比心理或刺激学者间的恶性竞争，更能让大家保持一种平和的心态。宽松不等于不管理，而是行为管理，看学者是不是真正在从事与研究相关的工作，防止一些人用学者的名号去社会上招摇。科学是艰难的事业，即便是精选的种子，10个里面有一个能成功就很了不起了。这10个人哪个会成功，是谁都无法预测的。要接受这个事实，这是"必要的浪费"，这是创新的代价，这是丝毫不亚于商业的风险投资。如果产出了优秀的成果，不看资历和任何其他因素，只看成果，给予重奖，如果没有成果，也不要惩罚，因为想创造就要宽容失败。在科学研究中，多数人是注定要失败的，这不能怪他们，只要他们尽力就行了。换个角度而言，经历5~10年的平淡生活，而在学术上一无所获，学者本身已经相当痛苦，管理者不需要再雪上加霜。

总体来说，美国的学术受到资本的严重侵蚀，已经误入歧途。资本把学术当作谋利的工具，使学术背离了探索未知、造福世界的科学精神。资本驱动的大众科研，使得美国的学术变得琐碎化、平庸化、短期化、功利化、技术化、商业化。美国强大的经济地位，掩盖了这些致命的缺陷，反而使得全世界以为这是理想的学术，艳羡不已。中国学者要努力学习他人的长处，但也要聪明地、敏锐地看清"败絮"，不再盲目跟从。如果中国学者能以大无畏的勇气去开创新模式，摒弃大众科研，坚持精英科研，以中国的综合国力、教育水平和人力资源，中国学术在不久的将来引领世界学术的发展是一件完全可以想象的事情。

第九章

对分课堂与基础教育

第一节 基础教育与核心素养

一、课程改革

改革开放以来,在基础教育领域进行了多次课程改革,包括 21 世纪初启动的新课程改革。新课程改革分析了基础教育存在的弊端和问题,提出:"改变课程过于注重知识传授的倾向,强调形成积极主动的学习态度,使获得知识与技能的过程成为学会学习和形成正确价值观的过程。"其中学习方式的转变,就是要从传统的"被动性、依赖性、统一性、虚拟性与认同性"的学习方式,转向"主动性、独立性、独特性、体验性与问题性"的现代学习方式。

新课程改革实施十多年来,给整个教师群体的教育教学理念带来了深刻的变化,意义重大,但落实的过程中也碰到了一定的困难,如旧观念的束缚和当前的学校管理与教育评价制度的限制。

但新生事物成长过程的困难,一方面来自于旧事物的阻力,另一方面也来自于新事物自身力量的不足。著名教育学家、《国家中长期教育改革和发展规划纲要(2010—2020 年)》的起草者之一袁振国教授在文章《学校教育需要进行一场结构性变革》中,对这一点给出了很好的表述。他说:"中国教育正在实现从有学上到上好学,从有质量到高质量的转变,要完成这种转变,培养具有社会责任感、有创新精神和社会实践能力的人,学校教育非实行结构性变革不可。"[1]在课程的结构性变革方面,他认为,应该从统一转向选择,增加学制的弹性,课程的选择性、层次性、组合性,通过开设丰富多彩的特色课程,满足个性化发展的需要。

---

[1] 袁振国. 2015. 学校教育需要进行一场结构性变革. 上海教育,(7): 62-64.

在教学的结构性变革方面，他认为，应该从被动转向主动。他说：

> 苏联的著名教育学家凯洛夫的教育学提出了经典的五步教学法：准备上课、复习旧知、讲授新知、巩固新知、布置作业，教师是整个教学活动的主动者、主导者，学生是被动者、接受者。这种模式在中国至今处于支配地位。总之，一个观众通过观看演员的表演就能形成一个演员的才能、情感和自信吗？显然不能。学生从学习的跟班到学习的主人，核心是教学方式的转变。
>
> 自主学习。自学，带着问题学，按照自己的节奏和方式学，学得才会起劲，才会深度参与；参与越深，投入越多，冲突越多，学习就越深入、越深刻。这时，教师的作用非但不能削弱，而是符合规律地加强，在于设置合适的问题情境，激发学生的兴趣和智慧。
>
> 合作探究。一个苹果分给别人自己就没有了，一个思想分给别人就成了两个；两个人的思想相互碰撞，可能产生出第三个、第四个思想，更重要的是，通过交流会激发思维更深刻、更清晰，同时学习可以获得社会性沟通与合作的品质。
>
> 自我展示。一个人理解一个知识和自己讲出来让别人理解这个知识是完全不同的境界。从心理学上说，一个是消极知识，即理解了的知识；一个是积极知识，即能够运用的知识。自我展示就是使消极的知识向积极的知识转化，并且能够增强表达能力和自信。

新课程改革的一个重要理念，或者说衡量新课程改革的成败标准，就是看教学方式有没有发生变革，学生有没有成为学习的主人。如果课程改革实施了十多年，教学方式仍然是教师讲、学生听，那便是课程改革的失败。只有学生真正焕发出自主学习的热情，成为学习的主动参与者、建构者，才算是实现了课程改革目标。[1]

中国教育科学研究院院长田慧生教授也认为，新课程改革现在面临的一个关键问题是深化课堂教学改革，而这个改革已经到了临门一脚、需要捅破窗户纸的最关键时期。新课程改革实施了十几年，教师的理念已经很先进了，但关于怎么做的问题解决不了，就是缺少一个"格"，一个整体上能够突出以学为主、让先进理念落地的课堂操作模式。当前教师不再满堂灌，也提出问题与学生对话，然而往往预先设想好思路和答案，在问题抛出后，迅速诱导学生到设定的思路，得出标准答案，并没有真正给时间、空间让学生进行思考和探索。这说明，关键的教与学关系的调整还没有到位，由以教为主的课堂向以学为主的课堂的转变还没

---

[1] 袁振国. 2015. 学校教育需要进行一场结构性变革. 上海教育，(7)：62-64.

有根本执行。在暂时没有什么太好的办法之前,要限制教师的启发,多留一点时间给学生,先保证对于某一部分内容,能给学生时间自学。

显然,两位中国基础教育的知名学者都强调,要发展一种新的课堂教学模式,让新课程改革的理念落实到教学中,实现教学方式的根本转变,调整教与学的关系,实现由被动学习到主动学习的转变。

分析起来,对分课堂在很大程度就是他们指出的这样一种新的课堂教学模式,而该模式的出发点也正如田慧生教授所指出的,通过限制教师讲授,增加学生的自主学习时间。当前教师给予学生标准化的引导,其实也是很无奈的。如果让学生去自由探讨,常常无法完成教学内容,课堂效率很低,没有办法应对考试和成绩方面的要求。

对分课堂不仅仅是让教师少讲一点,更重要的是让教师提供完整的框架和对重点和难点的处理,给学生提供一个充分的基础去内化吸收。内化吸收是十分纯粹的独立学习,类似于填空,既能让学生发挥主动性,又能更好地保证其学习的成效性,而这个成效性在随后的小组讨论和全班交流中,会得到展示和检验,给学生提供反馈信息,为学习提供进一步的指导。对分课堂覆盖完整的教学流程,结构性很强,各个环节密切关联,不是简单的堆砌,每个环节都对教师和学生有清晰的指引规则,实操性很强。

新课程改革提倡的 3 种学习方式,即自主、合作和探究,在对分课堂中都得到了实质性的体现。教师对学习内容有引导,但不穷尽,学生有充分的机会自主学习,进行更为个性化的探究,独立学习后准备充分,合作学习效果有保障。在对分课堂上,这 3 种学习方式的关系可以表述为:引导下的自主、自主后的合作与自主、合作中的探究。这 3 种学习模式带来的一个极大挑战就是如何处理个体差异。与传统教学模式相比,基础、动机、能力差的孩子无论自主、合作还是探究,都会与好学生拉开更大的距离。通过引入个性化的内化过程,给差孩子更多的弥补机会,能与好学生进行合作学习,从而有效应对了这个挑战。

新课程改革的另一特色是对三维目标的强调,除了知识和能力,还需要培养过程与方法,情感、态度和价值观。在对分课堂的理论框架下,情感、态度和价值观在更高的层次上都被统合到能力的范畴,更多属于社会性能力,在讨论阶段通过合作学习中的自我展示及与同学的互动交流、比较获得发展。

过程和方法涉及的主要是策略与方法。过程是对自己如何完成学习的认识,而方法是对自己解题过程策略的反思。不仅知道某个结果,而且要知道遵循怎样的思路得到这个结果,不仅知道运用某个原理,而且要知道为什么要运用这个原理。策略和方法的背后是元认知能力,包括自我觉察、自我规划、自我监控、自我评估的能力,提升元认知的能力,当然主要是为了提升学生的学习能力。

在对分课堂的理论框架里,元认知能力在更高的层面上也属于广义能力的一种，其培养过程需要注重自我反思。对分课堂的"亮考帮"便是在培养学生的元认知能力。"亮闪闪"要求学生明确表述出对所学知识内容的评价，如哪个知识点最有意义、最有价值，对自己的启发最大。不是问教师说哪个地方重要、有意义，而是学生自己觉得如何，自己的个人体验是什么。不仅仅是他觉得好，而且他自己知道他觉得好，并且能告诉大家自己觉得好，以及能解释为什么自己会觉得好。这里面都涉及了相当深刻的自我认知。"考考你"和"帮帮我"也是类似的，只是不强调情感体验和评价，而更多是从"已知"与"未知"的角度进行自我认识。学生能准确判断自己哪里懂了，哪里不懂，只有这样才算有了自我觉察，才有可能在随后开展针对性的学习行为。在小组讨论中，对分课堂也注重学生分析思路，而不是简单地对答案。这都是要他们反思自己的过程和方法，对自己的认知活动有清晰的认识，这样才能从知其然走向知其所以然。

二、核心素养

新课程改革的最新发展是从素质教育向核心素养的转向。

改革开放后，人口素质的重要性得到中国社会的广泛关注。1994 年，中共中央第一次在正式文件中使用"素质教育"的概念，对教育要培养什么样的人这一问题给予了一个新的回答。20 多年来，人们对素质教育进行了深入的探讨，但始终存在一些困惑或问题。从理论上说，素质是人生来具有的某些生理解剖特点，这样的素质是不可教的。而如果把素质看作是人的德、智、体、美、劳等诸多方面的发展，素质教育也就等同于全面发展的教育，内容变得空洞化了。

进入 21 世纪，面对日新月异的社会与经济变革，全世界都在思考如何培养适应 21 世纪工作与生活的未来公民。联合国教科文组织、欧盟、经济合作与发展组织等提出了素养（competence）的新理念，以之为核心推进未来的课程建设。由此，素养成为许多国家或地区制定教育政策、开展教育改革的基础。

联合国教科文组织于 2003 年提出，核心素养与终身学习密不可分，而终身学习的五大支柱包括学会求知、学会做事、学会共处、学会发展和学会改变。

经济合作与发展组织在 1997—2005 年进行专题研究，提出关键能力说，认为知识社会要求三种关键能力：①交互作用地运用社会、文化、技术资源的能力，如阅读素养、数学素养、科学素养等；②在异质社群中进行人际互动的能力，如团队合作与冲突解决能力；③自立自主地行动的能力，如设计并执行人生计划，表达并维护权力、利益等能力。

欧盟于 2005 年发表的《终身学习核心素养：欧洲参考架构》，提出了终身学习的 8 大核心素养：母语沟通，外语沟通，数学能力及基本科技能力，数位能力，学会如何学习，人际、跨文化与社会能力及公民能力，创业家精神和文化表达。

同时，提出了贯穿于8大核心素养之中的共同能力，如批判性思维、创造力等。

2002年，美国成立了"21世纪技能合作组织"，将21世纪应具备的基本技能进行整合，制定了《21世纪技能框架》。2007年，该组织发布了《21世纪技能框架》的更新版本，全面、清晰地描述了各种技能及其之间的相互关系。作为美国当前正在进行教育改革的核心，"21世纪技能"包括学习和创新技能，信息、媒体和技术技能及生活、职业技能。

2016年9月，教育部发布《中国学生发展核心素养》，把"学生应具备的、能够适应终身发展和社会发展需要的必备品格和关键能力"总括为人文底蕴、科学精神、学会学习、健康生活、责任担当、实践创新6大核心素养。

2016年6月3日，世界教育创新峰会与北京师范大学联合发布国际上首份21世纪核心素养全球进展报告《面向未来：21世纪核心素养教育的全球经验》，在全球范围内分析了有代表性的5个国际组织和24个国家或地区的21世纪核心素养框架。

经过分析发现，全球化、知识时代、科技发展与信息时代、经济成长、职业需求、教育质量提升这6个因素是全球范围内21世纪核心素养的共同推动力量。

报告从29个素养框架中归纳出18个主要条目，其中9项是与特定内容相关的领域素养：基础领域素养（语言素养、数学素养、科技素养、人文与社会素养、艺术素养、运动与健康素养）和新兴领域素养（信息素养、环境素养、财商素养）。另外9项是超越领域的通用素养：高阶认知（批判性思维、创造性与问题解决、学会学习与终身学习）、个人成长（自我认识与自我调控、人生规划与幸福生活）与社会性发展（沟通与合作、领导力、跨文化与国际理解、公民责任与社会参与）。

总体来说，核心素养是适应信息时代和知识社会的需要，解决复杂问题和适应新异情境的能力和品格。在领域素养之外，全世界共同倡导的通用素养或跨领域的核心素养是4C，即合作（collaboration）、沟通（communication）、创造性（creativity）和批判性思维（critical thinking）。[①]

21世纪核心素养反映了国际教育界的最新思考，全球很多地区尚处于框架制定阶段，缺少系统的教育实践。贯彻这种新的理念，一是要把核心素养框架完整地融入国家或地区中小学课程设计，二是基于核心素养的教育要求，改变教与学的方式，实现以学生为中心、主动学习和解决现实情境中的问题。

对分课堂让学生在独立学习和独立思考中形成自己的观点，发现问题，提出问题，然后再在讨论中质疑别人，为自己辩护，在观点的碰撞、交锋中检验、修正自己的思想，培养思维的逻辑性、客观性、理据性，这些都是批判性思维的核心要素。

---

① 伯尼·特里林. 21世纪技能：为我们所生存的时代而学习. 洪友，译. 天津：天津社会科学院出版社.

对分课堂给予学生一定的自由空间去选择,学生在探索过程中会产生很多新颖的想法,常常会超出教师的预想,学生创新的欲望显著提升,创造性行为显著增多。对分课堂要求学生对学习内容先进行书面表达,随后还有大约一半时间在课堂上进行口头交流,在密切的合作学习中,学会理解、尊重他人,这些都是培养沟通与合作能力的基础。由此,对分课堂全面地贯彻了4C目标。

4C能力反映了社会的迫切需求,非常清晰地体现在企业界、公务员考试在人才招聘过程中经常采用和极其看重的无领导小组讨论。[①]无领导小组讨论的基本形式是,对一组应聘者(5~8人)给一个问题,让他们在一定的时间内(一般1个小时左右),围绕给定问题展开讨论并解决这个问题,来考查应聘者的能力、素质和个性特点。自20世纪90年代开始,世界500强企业有80%在选择高级人才招聘或职位竞争上使用这种方式进行面试。从传统课堂走出来的学生,对无领导小组讨论很不适应,认为它是面试中最困难的环节,常常付出高额费用去提前培训。对分课堂的小组讨论实质上就是无领导小组讨论,能够有效强化学生的4C素养。

可以说4C是素养中的素养,核心中的核心。虽然4C是通用能力,但对这个通用的理解要慎重。通用性指的是可迁移性,但迁移总是有范围的。有些能力是容易迁移的,如求知、求真的心态和精神,这些更多反映了学生内部状态的调控,而当涉及特定领域知识的运作时,迁移常常有更大的局限性。比如,一个人能清楚地辨别、分析电路图中的错误,能够设计新颖的电路图,但未必能在钢琴课上清楚地辨别乐曲中的问题,也未必能够创造新旋律。一个人能在文学课上进行精彩的表达,到了物理课上可能会张口结舌。一个领域的4C未必能够迁移到另外一个领域。我们常常会单独设立一门课去培养学生的批判性思维或创新性思维,这可能存在一定的局限性。学生学过后,在自己的专业领域还是缺乏批判性思维或创新性思维。也就是说,这些看似通用的能力,需要在具体领域的课程教学中去培养,而不能与领域知识完全脱离。

因此,对分课堂为如何在实际操作中贯彻核心素养提供了一个思路,对国内乃至世界范围内的课程改革和教学改革都有一定的参考价值。

第二节 教学改革与考试改革

一、纸笔考试

很多人认为,推动新课程改革的一个根本性障碍是与应试教育的冲突,在当

[①] 罗斌. 2011. 无领导小组讨论教学法研究. 长沙:湖南人民出版社.

前的考试制度特别是高考制度下，不可能实现新课程改革的目标。对分课堂的实践结果表明，这种看法是不正确的。对分课堂比现在基于题海的苦学，效果更好，应该首先用它替代当前的教学方法。对分模式并不要求改变考试制度，仍然从根本上实现了以教为中心向以学为中心的合理转变（注意，不同于完全的以学生为中心），减轻了教学负担，增强了学生的学习兴趣，提高了学习效果和考试成绩，但这并不意味着当前的考试制度特别是高考制度是没有缺陷的。事实上，对分课堂培养的很多优秀素养，如求知精神和创造力，是当前的考试方法无法度量和充分体现的。如果能修正当前考试制度的不足，对分课堂能够发挥更好的效力。

那么，当前考试制度特别是高考存在的问题在哪里，应该如何去改进？这需要一种新的分析思路。[1]

高考的核心价值在于统一考试。中国是全世界第一个采用考试制度来选拔人才的，这是一个伟大的模式创新，对世界产生了巨大的影响。社会对公平性的要求，需要组织统一考试，用同样的标准互相比较，从科举到今天，这个原则都是合理的。但今天的高考，有些情况发生了根本性的变化，核心是考生人数巨大，每年有将近1000万考生。一方面，这给组织工作带来了很多问题，人越多，顺利实施的风险就越大，比如，万一考题泄露，后果严重。另一方面，考试时间不能太长，题目也不能太多，这带来了更为严重的问题。

山东是高考大省，以2015年山东省高考考生分数分布为例。总分750分，大部分学生的分数都集中在400~600分，在这个区间段，每个分数都对应着成百上千的考生。比如，在520分这个分数上，共有600名文科生，1200名理科生，共计1800人，在521分这个分数上也有1800人。也就是说，总分多1分，学生在山东省就可以超越1800人。全国考生总数940万人，大约是山东考生的13倍。粗略地估算，从全国范围内看，多1分，学生就可以超越2万人。

任何考试都有一定的偶然性。以山东的科目为例，5场考试总分750分，因为偶然因素每场丢掉1分，5场丢掉5分，也很正常。但差这5分，学生就一下子落到了10万人的后边。在一场考试中，如果偶然因素和临场发挥对考试结果有如此巨大的影响，这样的考试已经无法考察学生的真实水平。一场决定命运的考试，一场中小学2亿学生为之努力12年的考试，其分数对学生能力评估的可靠性不应该这样低。

那么，问题出在哪里？回顾一下历史，科举制度是隋朝首创的，但在隋唐，规模都很小。唐代录取进士，少则几人、十几人，多则二三十人。宋朝、明朝和清朝的历史都在300年左右，每朝都举办了大约100场考试，平均每场录取200

---

[1] 张学新. 网络时代的高考，你能否华丽转身. http://v.ku6.com/show/1SNO0GN2EULN1qKSPew-JAhtml[2014-05-25].

人。以科举制度十分完善的明朝为例,每次参加全国统一考试的考生人数不超过5000人。也就是说,科举考试一次考查5000人,而高考一次考查近1000万人,人数翻了不是10倍、百倍,而是2000倍。

根据心理测量学的基本原理,考生规模增大,考题数量也要相应增大,才能保证考试评估的准确性。从理论上讲,只要题量大,就能做到更准确的评估。然而,加大题量必然会增加考试时间,比如,从考2天变为考4天。在实践上,近千万人同一时间考试,组织工作极其繁复,2~3天的高考已经让整个社会负担沉重,再增加考试时间会非常困难。

总结一下,基于纸笔考试时间有限、考题数量有限的传统高考,不能有效地评估大规模考生群体的能力水平,过去30年的高考改革困难重重,就是因为没有触及这个根本问题。

二、海量高考

如同哥伦布发现新大陆,需要造船术的进步和指南针的应用,解决传统高考的根本问题也需要新技术。今天,这样的新技术已经出现在我们面前,它们就是计算机和互联网。应用计算机,可以超越纸笔考试。以数学为例,收集1万道题目,从易到难排好,形成题库,存入电脑。每个学生考数学时,电脑会先从题库中抽取一个中等难度的题目,根据学生的答案,再抽取下一个题目。这个道理跟视力检查很像,从0.8开始,如果你能看清,就往下指,增加难度,如果还能看清,继续向下,如果看不清,就往上,测试更容易的,这种方式称为自适应考试。自适应考试的考题不是固定的,好学生碰到的题目越来越难,差学生碰到的题目越来越容易。对于好学生,用难题去测量他们,而对于差学生,用容易的题目去测量他们。考试题目根据学生的水平进行灵活调整,是一种十分个性化的考试方式。

计算机自适应考试评估高效、准确,给测试领域带来了一场革命,已经在托福、GRE、商务汉语等考试中得到应用。当今计算机和网络十分普及,高考完全有可能采用计算机自适应考试模式:建立国家考试中心,与各地电脑考场联网,考生在电脑上考试,题目由程序从统一的题库中实时抽取,并根据考生解答对错,调整难度,抽取下一个题目,最终达到对其能力水平的准确评定。

传统高考考题固定,几百万考生的题目一模一样。在新的高考方案中,计算机会根据考生的个人情况出题,不同的考生题目不同。这就带来一个极大的好处,即近1000万考生不用在同一时间考试了,可以划定3个月将近100天的时间,什么时候状态好,什么时候去参加电脑考试。如果考到一半头疼、心情不好,可以作废，换时间重来。电脑考试成本低，每个考生都可以有几次考试机会，最后取最好的成绩作为标准。摆脱了"一考定终身"，学生的考试压力会得到极大程度的缓解。

传统高考的模式是"3+X"，新的高考模式是"资格考试+X"。资格考试要求高中科目全部达到及格，完成基本的公民教育。此后，每个人都可以根据自己的能力和兴趣选取X，实现个性化的学习和发展。某名学生将来想做文学家，只要他过了资格考试，将全部时间用来读文学作品都可以，某名学生想做科学家，只要他过了资格考试，全部时间都可以用于学物理。过去一个数学天才，要强逼自己去学英语，因为数学再好，也只是150分，别的科目考不好，总分照样上不去。在新的高考模式下，只要其他科目及格，可以在数学上考到很高的级别，对其他学生形成压倒性的优势。传统高考的总分考核也是陷入了总分谬误中，让学生平庸化，人才培养千篇一律，没有特色。新的高考模式，将使各种偏才、怪才脱颖而出，为各个行业的创新提供领军人才。

自适应考试的最大挑战在于题库。托福和GRE的题库构建都耗资巨大，很大一部分投入用于题目设计和测试过程的保密措施。高考科目众多、内容广泛，题库建设会更加困难。另外，高考对广大考生而言意义重大，巨额投入建成的题库一旦泄露，风险不可承受。为应对这个问题，可以构建"开放性海量题库"。开放性是指把考题全部对外公开，海量是指题库规模巨大，达到百万、千万量级，无法穷尽（500万道题，1分钟做1道，需要每天24小时连做12年）。虽然考题公开，但每个考生考试时，题目都从题库中随机抽取，无法预知。依照这个新思路，题目无需保密，既不存在泄密风险，还可以公开征集、公开测试，发挥中国智力资源的优势，可以迅速建成容量大、质量高的题库。当题目数量巨大时，虽然题库公开，学生也无法通过死记硬背和题海战术来应对考试，必须回归学习本义，真正去理解和掌握知识和技能。

海量高考听起来异想天开、荒诞不经，但创造性思维常常要打破常规、违背直觉。高考这样一个十几亿人关注了几十年的大问题，如果能依靠常规思维解决，那么早就不是问题了。

美国大学以自主招生为主，将录取权分散到每个学校的招生委员会。然而，事实已经证明，同样的自主招生、同样的招生委员会，在中国很难抵挡住人情、关系和利益的冲击，常常会导致腐败。中国高考无法仿效西方，必须走自己的道路。海量高考吸收计算机、互联网这些西方文明的结晶，有可能会使古老的传统考试制度焕发生机，促进个性化学习，真正实现社会期盼的核心素养教育。

海量高考不仅仅是考试方式的改变，而且是考试理念的改变。从侧重选拔到侧重个性、社会性培养，从学习内容封闭到学习内容开放，从国家考什么学生就学什么的指挥性角色到社会需要什么、学生想学什么就考什么的服务性角色，海量高考有可能会给中国教育带来巨大的变化。

海量高考的所有元素都已经存在，只是需要整合起来，并应用于高考之中。比如，驾照考试就是考题公开，公务员考试就是内容开放，汉语水平考试的商务汉语已经实现了计算机自适应考试。由于高考是极其重大的考试，海量题库的思路可以先在一些小众性或社会上的考试中尝试，随后推广到部分学校的中考中。如果效果得到确认，可以在中考中更为普遍地应用，直到最终走入高考。

海量高考能促使一个人的全面发展，在符合社会基本要求的基础上，充分发挥自己的个性和潜力。①这样的考试方式，需要有与之匹配的学习模式，而对分课堂便提供了这样的学习模式。

中小学与大学的培养侧重点是不同的。中小学除了基本知识和能力外，更多的是让学生发现自己的兴趣，培养他们的好习惯、学习的能力和自我控制的能力。大学教师很少有时间单独辅导学生，更多的是引导学生做更深、更广的探索。在中小学是把车造好，到大学将其开出去看风景，广泛吸收人类文明的营养，选择各自的人生道路。当前的中小学以知识灌输为主，核心素养极度缺乏，同时把学生的学习兴趣抹杀了。由此，高等教育只好给学生补课，补学习习惯、学习能力，补人品人格。学生进了大学，不知道自己喜欢什么、需要什么，选择专业更多是看热门，很多学生并不喜欢自己的专业，心态迷茫。

实施了海量高考和对分课堂，当前新课程改革期望的走班制和高中的学分制都会变得更容易实施。即给学生更多的时间安排自己的独立学习，淡化班级的概念。一个科目，比如，数学可以开几个不同深度的班级，也可以每周一到周四讲基本内容，周五讲高级内容，让学生根据自己的需要去选取。这样，学生的能动性被调动起来，教师也会轻松很多。

第三节 中西基础教育的比较

一、美国的教育改革

一个人们长久争论的问题是中国的基础教育与西方的基础教育哪个更好？有些人认为中国教育遵循的是死记硬背、机械应试，一无是处，而对西方的教育赞叹有加。2015 年，英国 BBC 电视台拍摄了反映中国教师在英国汉普郡博航特中学教学，表现中英教学差异的纪录片《中国学校》，再次引发了对这个问题的社

---

① 张学新. 用开放式海量高考破解中国教育的根本性困局. http://www.paper.edu.cn/html/releasepaper/2012/10/112/ [2013-04-02].

会大讨论。

对这个纪录片的各种观点中,储殷教授的文章提供了一个非常新颖的视角。他写道:

> 纪录片中,西方教育的自由散漫与中国教育的刻板严谨形成了鲜明的对比,似乎印证了某种长期以来的"常识"。
>
> 大多数刚到欧美发达国家的国人,通常会感慨其教育的宽松,隔三差五的假期、三点钟就下课的学校、近乎于游戏的课堂教学以及老师们体贴耐心的鼓励,似乎只要孩子表现得不那么弱智,就可以轻松得到老师的肯定。作为一个家长,你会情不自禁地觉得,在欧美读书太轻松了、太容易了、太简单了。大多数在欧美短期待过几年的家长,都会把这种印象带回国内,作为他们与朋友们闲聊时的重要谈资。
>
> 可是在这些印象之外,还有其他的一些故事。我在联合国机构工作的时候,曾经有一位特别不喜欢当地的美国同事,每天都在计算回家的日程,几乎是熬着过日子的节奏。我好奇地问他:为什么不回国工作呢?他告诉我,在这里熬着的最重要原因,是联合国能为其雇员报销三分之二的子女教育费用,而他回国只是一个普通教授,很难负担起孩子上私立中学所需要的学费。我又问道,"那为什么不去免费的公立学校呢?"这位同事笑笑的表情像极了国内到处借钱买学区房的家长。
>
> 几年以后,我去了美国,发现当地小学下午3点放学,但是只有黑人邻居的孩子跑跑跳跳地回家了,而在这个时候,大多数白人和华人的孩子,都背着书包、拿着乐器,去了各种辅导班。
>
> 欧美的中小学的确与中国的中小学存在巨大不同,在那里,学生可以不承受任何压力。然后在快乐几年之后,大多数的孩子也就这样了,他们或者去社区大学再混几年,或者直接去找些底层的体力工作度日,或者直接开始拿失业补助,在街上闲逛。
>
> 在美国,一个不去辅导班补课、不花大价钱去学习才艺参加社会活动去丰富自己履历的孩子几乎没有可能进入名牌大学。欧洲的情况好一点,因为当地的社会福利较高,很多学生能够较容易地进入好大学,可是这并不意味着在公立中学没有打下良好基础的他们能顺利毕业。我在鲁汶时曾惊讶于大学生天天狂欢,一位教授冷冷地告诉我:"他们中的大多数人不过是来这里吃喝几年,体验一下生活。有三分之二的学生是拿不到学位的。"
>
> 坦率来说,在西方社会,孩子们的确可以有一个开心、幸福的中小学,但"更少的学习、更多的游戏、更宽松的管理",实际上意味着如

果想要跻身社会精英，你需要更自律、更多的课外辅导与公立教育之外更多的社会资源。与中国教育以显性的应试来划分学生群体不同，西方教育实际上通过一个宽松的过程，偷偷完成了社会分层。大多数老百姓的孩子在这个温水煮青蛙的过程中，自然而然地被沉淀了下来。[①]

如果这个分析能够成立或基本成立的话，那么中国人眼中的自由教育、轻松教育、快乐教育都是西方普通人家孩子的教育，而富裕阶层孩子的教育是不自由、不轻松也不快乐的。所以，储殷的文章最后也指出了这一点：与自由散漫、福利过度的公立教育不同，西方私立精英学校的风纪严格、学业压力巨大，要想跟上其教学进度绝非易事，在许多地方甚至比中国的重点中学还要残酷。

由此，对于中西基础教育的比较，要分阶层来谈，才能得到准确的答案。

我们的基础教育强调基本知识和基本技能，要求学生刻苦学习、大量投入，用全国统一的教学大纲，进行高标准的统一考试，教师培训多、互相交流多，国家对教育质量有充分的控制，可称为"严管"模式。严管的好处是，学生群体，特别是中下层次学生的基础能力有了保证。这种模式的问题是太死板，学生没有个性，被动学习，没有内在动力，对差学生要求太高，导致他们很苦很累，给好学生自由发挥的空间很小，使他们很受压抑，不能成就卓越。

西方教育制度也源自工业化时代的传统教育模式，只是他们很早就开始了改革，试图突破传统模式，走向以儿童和学生为中心的教育，这就是20世纪20年代和30年代的欧美教育革新运动。这个运动在美国获得的成就最大，也称为进步主义教育，杜威是这个运动的核心人物。第二次世界大战后，进步教育运动被认为不仅没有提高教学质量反而降低了教学质量，而逐渐衰落。1955年进步教育协会的解体，标志着这一运动的终结。20世纪60年代起，美国在布鲁纳的领导下开展了新的全国性的课程改革，强调鼓励学生进行发现式学习，但也很快遭到失败。

20世纪70年代，美国出现了很多严重的教育问题，学术能力测验成绩持续下降，引发了恢复基础运动、重视基础知识和基本技能的教学，主张减少选修课，增加必修课，恢复教师的主导作用，开始向传统教育回归。20世纪80年代，美国开始由工业社会向信息社会转变，对劳动力素质提出了更高的要求。联邦政府官员、商界与教育界人士组成"提高教育质量全国委员会"，花了两年时间考察全美学校，对美国教育质量之低下表示"震惊"：标准化测试和SAT分数平均水准日益下降，在国际上整体水平落后于日本等竞争对手，有2300万的美国人属于"功能性文盲"。

1983年，里根政府发布报告《国家告急：教育改革势在必行》，对"日渐平

---

① BBC之中国学校. http://list.youku.com/show/id_z710e48f2296511e2b2ac.html[2016-02-14].

庸化"的美国公立教育质量提出 5 个解决方案：改善教育大纲，提高测试标准，提升对教师的资格要求，延长在校学习时间，提高学校管理与财政支持水平。这场改革本质上类似于恢复基础运动，也是要强化标准化测试。20 世纪 90 年代，美国学校教育质量参差不齐的问题十分突出。1991 年和 1993 年，布什和克林顿政府分别发布了美国教育改革的纲领性文件《美国 2000 年教育战略》和《2000 年目标：美国教育法》，其核心也是建立统一的国家教育标准。美国自独立以来，就没有国家统一的教育制度或国家课程，各州、各校的做法各不相同，联邦政府对教育很难起到实质性的指导作用。

2002 年，在共和党与民主党两党压倒性的支持下，小布什政府推出《不让一个孩子落后》法案，初衷是为少数族裔和低收入家庭学生谋求公平教育，在实际操作中需要考察学校是否让全体学生达到了应有的学业水准，而其评价标准是标准化测试。自法案实施以来，联邦政府增加经费刺激学校参与，同时启动严厉的"绩效问责制"，来确保每一所学校每年都可以在"标准化考试"中取得进步。法案使美国教育走向了日益"被考试束缚"的发展轨道，进入"考试时代"，广大教师陷入"为考试而教"的困境。联邦教育部门的标准化考核带来了繁重的考试负担，使学校和学生疲于应对。许多教师愤而辞职，因为他们理想中的教育是能够激励学生探究与创造的教育，而不是利用考试来迫使学生背诵标准答案，并根据考试结果实施奖惩的教育。美国教育进入了近十年的"黑暗时代"。虽然中小学学生的阅读和数学能力有一定的提高，也未必能归功于这个法案，但非常清楚的是，学生的兴趣、潜能与自由创造受到损害。美国人自己说，我们的教育体系失败了，教师们常常抱怨"这些孩子不会学""这些孩子不愿学""这些孩子成绩太差了"。

随后的奥巴马对教育更为关注，在竞选期间发表了 12 次教育演讲，感动了无数选民，被誉为"教育总统"。他描绘了一幅十分美好的基础教育改革蓝图，提出了一套庞大的重建方案，包括创设高质量的幼儿园与中小学教育体系，为低收入家庭子女提供更多资助，提高数学、科学及英语等学科的成绩。他承诺解放被标准化考试束缚的学校教育，"作为总统，我将与各位州长和全国教师一起开发真正可以提高教育成绩的评价工具，促使学生展开科学的探究，锻炼解决问题的能力，而这才是 21 世纪知识经济时代的激烈竞争所必需的"。奥巴马的一系列演讲及其成功当选，给所有身陷考试煎熬的教师与学生带来了感动与希望，甚至连中小学生都为此兴奋不已。在考试中挣扎的学生希望奥巴马的改革能够成功，这样"那没完没了的复习指南、多项选择以及正误判断题，就统统都会消失了"。[1]

然而，奥巴马上台后，由于各种限制，无法出台独立的教育政策，只能延续

---

[1] 范国睿，何珊云. 2011. 危机时代的教育变革——奥巴马政府的教育政策评述. 教育研究，(2)：98-103.

克林顿、布什甚至里根以来的教育改革路线，以标准化考试、绩效奖惩制来提高学生成绩与教育质量。他选择的教育部长邓肯更为极端，认为教育改革只有一条路是正确的，便是以"公司化"的形式贯彻"绩效问责及惩罚制"。2009年，奥巴马的第一项教育方案"攀登顶峰计划"一公布，就受到美国最大的教师工会的"猛烈攻击"，认为它"视野狭窄，依旧是布什政府由上到下的改革模式，实施之后，势必会促使各州大力推行绩效工资制……美国教育体系必将毁于一旦"[①]。

6年之后的2015年12月10日，在参议院和众议院两院的支持下，奥巴马终于签署了《每个学生都成功》法案，废除了推行13年之久的小布什政府的《不让一个孩子落后法案》。新法案的核心包括两个方面：一是鼓励州和地方学区根据实际情况，自行制定考核标准，对教师和学校管理人员问责，自行设立改进方式，调整教育资源的配置；二是将计算机科学作为中小学必修科目。这一法案被看作是对美国基础教育的一次松绑，让美国各州的教育部门和学校松了一口气。

二、中美对比

回顾美国近100年的教育改革历程，可以清楚地看到，其从传统模式走向自由教育模式，惨遭失败，不得不回归传统，仍然无法摆脱困境，在"国家危机"的境况下，从里根时代开始了30多年的标准化考试道路，实际上是向中国的教育模式靠拢，最后也以失败而告终。最新的方案仅仅是否定并抛弃了标准化考试的思路，但对于如何建设还是没有思路。这样看来，说美国的基础教育改革从未成功过并不过分，说美国的基础教育没有中国扎实，这样的结论在很大程度上也是可以成立的。

从心理学的视角而言，在缺乏基本知识和基本技能的情况下，谈批判性思维和创造性是没有意义的。心态开放、思维活跃、敢于提问题，是很好的品质，但缺乏基本知识，提出的问题不会有价值。一般认为，美国中小学生的创造性能力很好，并不是可靠的结论，不是他们有多好，而实在是因为中国的中小学生被束缚得太严重了。最近30年，美国不断强调师资的重要性，也反映了其优秀教师的严重匮乏。美国的中小学教师没有中国这样严格的集体备课和高强度的培训制度，在整体素质上事实上是没有办法与中国教师相比的。

美国很多学生连基本的读写算能力都不具备，这样的教育是十分失败的。准确地说，美国公立学校的基础教育出现了巨大的黑洞，美国社会忧心忡忡了100年，也没有解决问题。

英国的情况是类似的，公立教育也是出现了黑洞，所以才有到上海来学习中

---

① 范国睿，何珊云. 2011. 危机时代的教育变革——奥巴马政府的教育政策评述. 教育研究，(2)：98-103.

国基础教育这样的事情。新近的一个进展是，英国教育部2016年7月12日宣布，全国约8000所小学将采用亚洲国家特别是中国学生学习数学的方法，并为此向这些学校拨款5400万美元，这项改革涉及全英国约一半小学。如果不是危机深重，当年的世界霸主，日不落帝国，低头向中国请教，是不可想象的。除了英国和美国之外，也有一些发达国家的教育发展得比较好，如芬兰、德国等。但这些国家的历史、国情都有独特之处，其经验很难复制。比如，芬兰，人口大约有500万，只有上海人口的1/5、中国人口的1/300，在这样规模的一个国家实现教育均衡，提升教育质量，与在一个大国实现同样的目标，难度是完全无法相比的。

也许有人会问：如果美国基础教育不行，高中毕业后升入大学，也应该水平有限，为什么美国的高等教育发展得很好呢？真实的情况是，美国高等教育存在的问题也很大。

美国是靠科技立国的，在工程、计算机、物理、化学、生物、医学等研究领域需要大量的高素质人才。然而，仔细观察这些领域，会发现这里大量是华人、印度人和俄罗斯等外国人才。2015年播放美国影片《侏罗纪世界》里面培育恐龙基因的科学家，就是一个亚裔的形象。我们清华大学、北京大学、复旦大学的毕业生，是中国13亿人中最优秀的高中毕业生，经过4年中国最好高校的培养，一到毕业季就成批成批奔赴美国，读完硕士和博士，很多留在美国工作。读理工科费脑子，美国学生不喜欢，他们爱读的是金融、财会、法律、医学，他们熟悉本国文化、母语，在这些领域，外国人不是他们的对手。然而，有意思的是，即便是在工程、计算机等领域，最顶尖的科学家或学术领袖往往是美国人，外国人也只能位列其下。

这些领袖来自何处？在中小学的时候，他们多在收费昂贵的私立学校读书。在美国排名第一的高中，每年学费4万美元，但学校实际的培养费是每人12万美元。学校不是靠学费支撑的，而是借助校友捐助，学校账上有10亿美元的盈余。这些学校有最好的师资、设施和学习环境，精心培养、严格要求，培养了很多精英人才。这些学生取得了巨大成就之后，对母校感激不尽，捐点钱不算什么。高中毕业后，他们多数进了像哈佛大学、耶鲁大学这样的名校，这样的高校更不缺钱，可以不受资本的影响，实施真正的自由教育。有良好的家庭背景，严格而优秀的基础教育，自由而开放的大学教育，这样的孩子出来能不优秀吗？等待他们是最为光明的前景，还有父母和校友为他们精心编织的人际网络，他们有什么理由在大学里不好好读书呢？

另外，美国社会还重视表演与演讲，人人以滔滔不绝为荣，自我感觉良好。美国还重视批判性思维，4C就是美国提出来的标准。4C对每个人都很重要，尤其是对领袖而言更重要。所以，美国顶尖大学培养的都是各个领域的领袖级人才，耶鲁大学的校长就明确地说过这一点。

美国很多年来一直在强调批判性思维，因为他们非常清楚，那是他们的强项和优势所在。美国很多年来也一直在强调 STEM（science, technology, engineering, mathematics），即科学、技术、工程和数学，因为他们知道，那是他们的问题所在。但很多年过去了，这个问题依然存在。美国一直有呼声要给 STEM 专业的外籍硕士生及博士生提供绿卡，最近希拉里在总统竞选政策中又重申了这一点。这一方面展示了美国社会对 STEM 高端人才的迫切需求，另一方面也再次暴露了美国学生在 STEM 教育上的失败。

当然，在STEM上做得最优秀的领军人物，大多是美国学生，不过他们是自己想做科学研究的，而不像我们很多优秀的学生那样是被父母逼着做科学研究的，所以他们最终能走到全世界的顶端，而我们的学生只能给他们做助手，扮演二流的角色。

普通家庭的孩子也能进哈佛大学，只是难度要大很多。哈佛大学录取学生的时候，常常要看公益行为和体育竞赛成绩。普通人家的孩子不会有钱到非洲去帮助别人、展示爱心，普通人家孩子也不可能请得起收费昂贵的专业教练，提升体育比赛名次。入学标准说出来都很堂皇，实际上向富裕阶层倾斜得非常厉害。父母捐一笔巨款，孩子水平再差也可以进私立名校，这不违法，因为这所名校是私企，爱收谁就收谁。

美国的教育，无论基础教育还是高等教育，真正做得好的，真正贯彻自由教育理念的，大多是私立学校。这些学校的办学理念，从学校创立时就确定了，常常是 100 年不变。他们能够有充分的自由，因为他们不缺钱。他们关注的是精英教育，向富裕阶层高度倾斜。他们是私立学校，不管外面政府、国家怎么担忧大众教育，跟他们都没有关系。这些学校是非常成功的，因为他们的目标就是培养领袖。但这些学校的模式是不可能被推广到大多数公立学校的，原因如下：一是如果大家都像他们一样培养领袖，谁来为领袖服务？二是政府没这么多钱，某个权贵给一所或几所学校捐钱，问题不大，给成百上千所的学校捐钱，资金根本不够，而且也没有动力去这么做。

美国总共有 3500 多所大学，一流大学 51 所，占比 1.5%，二类到四类大学总共才 228 所，占比不到 8%。而我们国内关注的常常是这 8%，甚至仅仅是前 1.5%，根本没有看到美国高等教育的全貌。这后面92%的大部分学校，资源有限，根本做不到像哈佛大学、耶鲁大学那样去教学，实际上跟国内普通高校一样，也是实施以教师为中心的讲授式课堂。美国公立大学从 1995 年开始提倡以学生为中心的教学，经过了 20 年的努力，到现在这种教学模式还是处于边缘化的地位。

国内对美国教育的很多认识是片面的甚至是错误的。其中一个原因是美国学术界的创新能力极强，善于理论化，善于制造新概念，由于它的国际地位，常常能产生世界性的影响，带来一种满城风雨的感觉。实际上，其很多是学术性的、理论性的探讨，不成熟，也并没有在实践中取得确定的效果。比如，翻转课堂和慕课，国内可能觉得美国学校处处是翻转课堂和慕课，其实这是很大的误解。美国推行翻转课堂和慕课，也是因为他们大多数学校里面实施的还是传统的讲授式，他们也急于改变。如果他们真正做到以学生为中心了，效果很好了，也不会有动力做这些新尝试了。因此，在吸收西方新事物的时候，中国人和全世界的人们要更加谨慎一点，不但要听其言，而且要观其行。

美国用其他国家的人才来填补自己的教育黑洞，正像用全世界的人力、物力和资源为自己服务一样，依靠美元经济。毫不客气地说，这个模式是寄生模式。能依靠这种模式维持繁荣的，全世界只有美国一个，谁都无法模仿，连英国也不行。中国如果以美国教育模式为目标，是根本不合理的，也是完全不现实的。

依人群的多数来看，我们的基础教育做得比美国好，但学生太累太苦。从精英教育来说，美国做得更成功，双方各有问题，未来重要的是看谁能解决好自己的内部问题。做一个基本判断，我们认为中国的希望更大。一方面，精英教育是用钱和资源堆出来的，在根本层面上缺乏大规模的可复制性；另一方面，从刻苦走向宽松更容易，从自由走向约束更困难，从照顾大多数人走向关注少数人更容易，从关注少数人走向照顾大多数人更困难。中国能有今天的教育公平，能有更为民主的教育，是社会主义制度带来的，权贵阶层不能决定国家政策。我们的社会更公平，因为社会主义追求共同富裕，而资本主义是两极分化，而且富裕的一极人数很少。

由于两极分化不是社会的理想目标，美国精英教育的一些严重缺陷已经开始受到批评。2015年5月，曾在常春藤盟校任教24年之久的耶鲁大学教授德雷谢维奇出版了《优秀的绵羊》一书，在美国社会引发了广泛关注。他指出，当前美国的精英教育已经陷入了误区，培养的学生有天分、斗志昂扬，拥有巨大的特权，温顺地追逐同样的世俗目标，看起来非常成功，实质上却胆小怕事，没有自我，极度缺乏目标感，对未来一片茫然。

德雷谢维奇没有指出的是美国的名校基本上都是私立学校，根本不需要为社会公平负责任。这些学校设计了一整套入学录取标准，看似公平、公正，充满了崇高的理想，实质上是用冠冕堂皇的借口和很多摆不上台面的做法，处心积虑地要把普通人家的孩子挡在门外，确保常青藤是美国上层社会子弟的俱乐部。万维钢的网文《精致的利己主义者和常青藤的绵羊》，对此有非常深刻的分析：当今的美国名校实际上重视的既不是科研也不是教学，他们最关心的是资金和利润，心思根本不在教育上，教育只是商业化的一个谋利工具而已。背离欧洲大学的学术精神，美国大学的堕落，其实折射了美国精英阶层的堕落，与美国第二次世界大战后逐步走向衰落是同步的。从根本上看，精英教育选择性地使少数人更聪明、更有能力，是不平等的教育体制，只会加剧社会分化。大众教育才是民主的、更为全面的体现，是促进社会民主化进程的关键动力。美国的教育早就背离了美国人口头上奉为圭臬的杜威的《民主主义与教育》一书的崇高理想。[①]

从对分课堂的角度看，传统教学对讲授的重视是有核心价值的，虽有问题但不可替代。从考试的角度看，高考体现的标准化考试也是有核心价值的，虽有问题但不可替代。对分课堂和海量高考带来的模式的突破，有可能会让我们的孩子更轻松，更有效地发展各方面的能力，让好孩子脱颖而出，破解"钱学森之问"，有可能会矫正我们教学和考试制度的缺陷，让中国教育更好地发挥其优势，带来对西方教育的超越。对分课堂不仅仅适用于中国，也已经在非洲教学中得到成功应用，未来也会扩展到全世界。然而，如果确定了对分课堂的价值，中国一定会是世界上贯彻对分课堂最好的国家，不仅仅是因为它是中国本土原创的，已经蕴含了对中国教育现实的考虑，更因为中国有集中资源办大事的能力，而这个能力体现的是中国社会制度和传统文化的优越性。

[①] 万维钢.精致的利己主义者和常青藤的绵羊. http://www.infzm.com/content/110929[2015-12-22].

第十章

对分课堂与中国文化

教育是中国文化的一个重要方面。过去200年间,中国文化受到西方文化的强劲挑战,在对西方外来文化的认识过程中,也逐渐开始了对自己本土文化的反思,这样的反思一直持续到21世纪的今天。21世纪,国与国之间最大的竞争是文化的竞争。文化是一个国家最大的软实力,要充分发挥这种软实力,一定要深入挖掘中国文化的独特性,正是这些独特性区别了中华文明与西方文明,构成了我们在全球化时代与其他文化竞争的根本力量与源泉。认识这些独特性,也能够认识中华文化的内在本质和发展规律,开启未来的文化创新与文明发展之路。

第一节 中国文化的四大支柱

根据众多学者的论述,可以提炼出中国文化的四个核心标志,构成华夏文明的四大支柱,它们是中央集权制、儒学、科举、汉字。中国文化也有其他内容,如饮食、建筑、京剧、绘画、诗歌等,但这些方面在其他文化中也有相应的表现形式,其基础性与独特性都无法与四大支柱相提并论。过去100多年,这四大支柱都受到了西方文化的强烈震撼。议会和普选制在挑战中央集权的政治模式,普世价值观在挑战儒家学说,强调自由发展的教育理念在挑战高考制度,字母文字在挑战汉字。我们能否有效地应对这些挑战,能否在新的时代重建这四大支柱呢?

四大支柱的说法第一次出现于2013年5月4日北京听道讲坛的演讲。[①]其演讲的主题是关于字母文字对汉字的挑战。当今世界上几千种文字都是拼音字母文字,唯独汉字没有拼音化。汉字是不是文字发展的低级阶段,并最终要走向拼音字母化这个问题,从辛亥革命起100年来,虽经无数知识分子和社会精英的深入

---

① 张学新. 汉字是拼义的文字——从N200脑电波的发现谈起. http://www.tndao.com/4948.html[2013-05-26].

思考和激烈争论，但一直悬而未解。2012 年，我们团队的汉字研究取得了两个原创性的成果：一个是发现了中文特有的脑电波 N200，它只在中国人阅读汉字的时候出现，而西方人阅读字母文字的时候却没有。N200 的发现，找到了区分汉字与字母两种文字不同加工过程的一个关键科学指标。①

另外一个成果是提出汉字拼义理论，指出汉字是世界上独一无二的拼义文字，同拼音文字一起，构成了人类文字最高发展阶段仅有的两个类型。②这两个成果从理论和实验两方面论证了中国文字的独特性，指出汉字与拼音文的本质不同，完全不可能字母化，汉字具有高度的科学性，也根本没有必要字母化。这两个成果用严密、科学的论证，第一次把汉字提升到与拼音文字平起平坐的地位，指出汉字作为华夏文明的瑰宝，将永远伴随着中国人。

在对汉字新认识的鼓舞下，对其他三个支柱进行的思考，产生了一些新的看法。针对科举制度，产生了海量高考的设想，揭示出作为科举制度延伸的高考制度的深刻价值，指出中国未来教育改革的方向不是放弃高考，而是用西方文明的最新成果——计算机和互联网，改造高考，让这个古老的系统重新焕发生机。对于儒家文化，提出了"礼让"是儒家思想独特内核的观点。按照这个观点，"仁义礼智信"虽然是伟大的文明创造，但它们更多体现了人类文化的普遍性内容，而与竞争对应的"礼让"，才是我们民族精神的独特之处。③"礼"是社会规范，"让"是老子所说的"不争"，"礼让"就是"循礼之让"，指根据一定的社会规范采取退让性、非竞争性的行为。"礼让"包含"谦让"，反映了对对方发自内心的尊重；"礼让"包含"互让"，反映了对自身合理权益的护持。在有权力、有优势的时候实施礼让，是主动之让，体现了自我约束与道德自觉，是人性至善的表现。对于中央集权制，提出了"双权共治"的新思路。根据这个思路，中央集权适应中国的基本国情，是正确的政治制度，但是基层权力的运作缺乏制衡，引发了很多权力腐败。如果将一个行政单位的最高权力在时间维度上一分为二，通过周期性、制度性的职务轮换，使两者相互监督与约束，有可能实现对基层行政权力的有效监督，形成切合中国社会现实的权力制衡模式。④

中国的最大特点是幅员辽阔，但各个地区差异巨大。如果没有强有力的中央集权，利益纷争只能导致严重分裂，如同欧洲一样，几百年纷争不休，不能通过整合力量有效应对外部竞争。儒家思想的"仁爱"和"礼让"学说为不同地区、不同民族的融合提供了理论基础。科举制度实现了各个地区人力资源的统

---

① 张学新, 方卓, 杜英春等. 2012. 顶中区 N200：一个中文视觉词汇识别特有的脑电反应. 科学通报, 57(5):332-347.
② 张学新. 2011. 汉字拼义理论:心理学对汉字本质的新定位. 广州：华南师范大学学报(社科版), 4:5-13.
③ 张学新. 新世纪中国文化的竞争力. http://k.yiban.cn/index.php?c=course&a=detail&h=1477[2015-02-18].
④ 张学新. 2014. 双权共治:基层权力制衡新构想. 中共浙江省委党校学报, 3(157):26-30.

一调配。汉字作为文明的基本工具,保证了不同方言的地区可以进行思想沟通和交流,是民族融合的纽带。从更深的层面来看,这四个支柱分别在政治、思想、教育和文字 4 个方面为中华文明提供了坚强的支撑,支撑了一个全世界独一无二的大一统文明。

第二节　对分带来的生活民主

大一统文明突出一个核心即权力,需要相应的权威主义和层级社会构架,需要强调为了国家、集体利益而牺牲个人利益,不免会带来对人性的压抑。没有权力制衡的社会体制带来了民主的匮乏。不容置疑的权威也带来了对批评、质疑、探索精神的压抑,导致了科学的落后。这也是为什么"五四运动"批判传统文化的时候,首先呼唤的是"德先生"和"赛先生"。

中世纪,西方崇尚至高无上的神权,也出现过类似的过程。西方现代文明起源于文艺复兴。文艺复兴的核心思想是人文主义,以"人性"反对"神性",用"人权"反对"神权",主张个性解放和平等自由,提倡发扬人的个性,要求现世幸福和人间欢乐。对西方来说,对宗教的依赖和对神的信仰,其实就是仰望权威,用权威代替自己的思考。但是科学的发展带来了独立思考和批判性思维,一切都要经由证据,没有不变的真理和经典。

对中国社会来说,强调差序格局的伦理关系使得权威过于突出了自己的权利,而个人失去了权利和权利意识,过于突出了自己的责任。受西方现代文明的冲击,我们也开始强调个性和自主性,主张一切以个人的发展和幸福为目的。两种文明的剧烈碰撞,带给中国人的最大问题是,如何妥善处理个人与权威的关系。这个问题一直没有得到很好的解决,如儒家思想的崇尚权威、道家思想的淡化权威,以至于到"文化大革命"中的蔑视权威和打倒权威,都不可取。权威和人民本是一个利益共同体,从合作共赢的角度看,真理在两者之间,融合权威的智慧与人民的智慧才是正确的方向。

对分课堂带来的权责对分理念为实现这种融合提供了一个新的思路。比如,在传统课堂上,教师扮演一个权威者的角色,而学生扮演服从者的角色。教师过大的权利压抑了学生的活力。由于教学是教师与学生的共同事业,当权威拥有全部权利的时候,自然也要承担全部的责任,压力很大,效果也不好。对分通过限制教师的权利,增加学生的权利,调动了后者的积极性,让他们承担一半的责任,这固然消解了教师的权威角色,但也让教师释放了巨大的压力,获得了很大的解脱。教与学成为双方共同的事业,而不是教师一个人的独角戏。

对分课堂的这种权责对分，并不是无原则地反权威或颠覆权威，而是给予权威充分而不过分的尊重。在师生关系中，完全的平等是不可能的，也是不合理的，但对分无疑使双方更为平等。而随着学生能力的提升，最后在即将离开学校走向社会的时候，教师和学生达到了一个基本平等的地位。给予学生权力和尊重，无疑使课堂变得更为民主。权责对分不仅仅强调给予学生应有的自由，也同时伴随着对他们承担相应责任的要求，这样的自由，是以约束为前提的自由，是真正意义上的自由。

对中国民主政治的讨论，也常常涉及一个两难问题：一方面可以说中国人的民主素养不够，所以不能采用民主政治；另一方面，如果不实施民主政治，中国人又无法提升自己的民主素质。从对分的理念来看，这个问题的表述有点非黑即白的意思，过于简单化。用学生学习的自主性来类比，自主学习是我们期望学生达到的最终目标，但在学习过程中，学生的自主学习能力是不够的，所以合理的解决方法既不是拒绝给予学生自主学习的机会，因为那样他们永远不能发展出这样的能力，也不是全部赋予他们自主学习的权利，因为那样他们不知道如何运用这个权利反而会造成混乱。渐进自主才是合理的途径：通过逐渐释放权力给学生，让他们逐渐获得运用这种权力的能力。学生开始的自主学习，是教师外部给予足够引导、监督下的自主，通过他们的学习，逐渐降低外在的引导和监督，让学生走向内部监督和自我监督，培养出真正的自主学习能力。民主建设也可以遵循类似的思路，通过渐进民主来实现。

将对分的方法运用到工作场合很容易就能看到它对民主的促进作用。过去领导希望实现一个目标通常是把群众都叫来开会，然后讲述自己的想法，让大家提意见和看法，这非常类似于课堂上的即时讨论。群众因为对这个目标的来龙去脉并不清楚，也没有时间仔细考虑，自然很难提出特别有价值的想法，对领导的面子不能不尊重，所以就都表示支持。随后，大家就按照领导的思路去做事。但因为这个思路仅仅反映了领导的个人智慧，群众未必能充分理解领导的用意，或因为这件事是领导分配的，群众动机不强，被动、应付性地执行，结果在很多地方都可能出错，最后导致事情失败。由此，领导愤怒，认为群众能力不够，曲解了自己的本意，或连简单的事情也做错，群众受到批评，心里也不服气。事情没办好是双输的结果，而且损害了两者之间的关系。这与课堂上教师辛苦讲授之后，发现学生交上来的作业错误百出，十分气愤，在课堂指责学生无能，造成师生关系紧张是非常类似的。

如果用对分，做法是不一样的。领导会召集群众，简单描述一下自己希望达到的目标，指出限制性的因素，但具体如何做，目标是否合适，先不发表自己的看法。让每个人回去独立思考一下，写点自己的想法。下一次开会的时候，把群众分成几个小组，哪怕每组两个人，让他们讨论形成小组意见，最后再与全体人员一起交流。类似于对分课堂，群众发挥了自己的积极性，也很有可能产生创造性的想法，对目标的认识也深刻多了，而且每个人发言的时候，代表的是小组，即便不契合领导的心意，但目标分散，领导也不容易迁怒于个人，大家会更踊跃地发表看法。如果经历这个过程，形成了方案，这个方案事实上就凝聚了群众和领导的集体智慧。

更好的是，在执行的时候，群众更觉得是在做自己想做的事情，动力更足，而且会很用心地努力把事情做成，效果会比传统的做法好很多。这个过程就非常充分地体现了决策的民主性。这个过程能让领导看到群众的智慧，避免骄傲狂妄。领导看起来不能全由自己主宰，但得到了群众真心的支持，其实获得了更为深刻的权威性或威望。这种权威是基于领导的人格和思想而获得的，而不是纯粹来自于领导者的地位。有群众真正信任的领导，有领导可以依靠的同心协力的群众，这种鱼水交融的干群关系是非常理想的。

当我们每个人在学校的课堂上，在单位的会议室里，都能得到尊重，都有机会发表自己的思想和观点，也能尊重集体，以一个真正参与者的角色出现时，民主的精神便会很快渗透到我们的心灵深处，构成中国社会民主的根基。这种民主不是与西方民主观念的简单接轨，而是从中国传统出发的民主。这种民主不是高高在上仅仅在重大问题出现时个人才能享受的政治民主，而是贯穿到每个人的日常生活，在相对强势的一方和相对弱势的一方之间形成的民主，如家庭中的父母和子女之间，课堂中的教师和学生之间，学校中的校长和教师之间，单位中的领导和群众之间，公司中的老板和员工之间，这种民主，可以称为"生活民主"。

民主是一种保障合理自由的具体模式。对自由的侵害常常也是对权利或利益的侵害，当一个人没有自由去享受其应有的权利或获取其应有利益的时候，这个人也就不能享受权利或获取利益。实际上，民主常常针对一群人而言，但两个人之间也存在民主，比如，对一个孩子而言，父亲可能是民主或专制的。如果两个人或两方有同等的权利，他们之间天然存在着民主。比如，商业交易是最民主的，因为在一般情况下，卖方和买方的权利是平等的，我可以决定不买，而你也可以决定不卖，双方都不能逼迫对方。商业交易是如此高度的民主，以至于人们常常想不到它也是民主。当两个人或两方权利不对等的时候，更有权利的一方就有妨碍、侵害另一方自由、权利或利益的可能性。由此可以看到，民主是对权利的合理控制。当存在外部权利，而且这种权利有可能不合理地妨碍或侵害个人的自由和权利的时候，对抗、控制这种权力滥用的方式就是民主。

当前公认的民主的基本原则有两个：一个是少数服从多数原则；另一个是尊重个人与少数人权利原则。第一个原则通过投票的方式很容易贯彻，而第二个原则其实缺乏实质性的操作性的保障，能做到的常常只是允许少数人保留意见而已。所以，少数服从多数的原则是当前民主的主要原则。这个原则需要以平等原则为前提。基于人人平等,多数人的利益和自由就比少数人的利益和自由在数量上更大、更多,然后基于社会利益最大化原则,就能推导出少数服从多数原则。这就是西方价值观中平等与民主两者间的根本关系。

然而,现实生活中更多的情况是人与人之间并不是平等的,而人数的多少也并不总是关键的。比如,教师和学生就不是平等的,如果硬要认为他们平等,让一个教师与一群学生投票决定如何学习,学校会完全乱套。类似地,一个将军和几十万士兵,也不是按人数多少决定如何打仗的。人人平等是对社会现实的高度理想化,因而也存在极大的失真。在这个基础上推演出来的民主的概念,在现实生活的多数情况下根本不适用。这一点被西式民主的倡导者有意或无意地忽视了。当人人平等的前提失效的时候,如何贯彻民主,便成为一个西式民主无法解决的问题。

西式民主解决的问题主要是在国家层面的政治民主,采取的是多党制下一人一票的选举制度。与选举制度相比,三权分立是第二位的,因为它的目标是分散政府的权力。选举制度防范政府对民众的独裁,而三权分立防范个人或少数人对政府的独裁。也就是说,超越三权分立,选举制度是西式民主最本质的特点。

然而,从心理学的角度看,选举制度并不是实现民主的好方法。人类学研究中有一个非常著名的定律,叫"150 定律",由牛津大学的学者邓巴提出,150 也因此被称为"邓巴数字"。该定律指出:人类大脑新皮层的大小是有限的,提供的认知能力也是有限的,因此,一个人在现实生活中的特定时间段内,只能维持与大约 150 个人的稳定的人际关系,而深入交往的人数更少,大约为 20 人。

这个定律意味着一个人能够接触和深刻了解的他人是很少的。所以,让一个普通市民参与一个人口众多城市的市长选举。绝大多数市民没有机会与候选人深入接触,不可能对候选人形成准确的独立判断,其投票更多受到周围人、媒体或少数权威的影响。从表面上看,决定谁当选的是所有选民,实际上是有能力影响选民的是少数人,如媒体或利益集团。市长尚且如此,更不用说总统大选了。所以,欧美国家的大选像一个游戏,越来越失去实质性的意义。合理的选举应该是每个人在自己熟悉的圈子里选,比如,科员选科长,而科长选处长,一层层向上选,这样选举的结果才能真正体现民意,才是可靠的和有价值的。在西式民主中,除了大选年度给予大家的虚幻的"民主感"和"国家主人感"之外,大多数时间对大多数人来说,还是老板怎么决定,自己怎么做,谈不上什么民主。

对分提倡的生活民主适用于由权威和群众构成利益共同体的众多场景。权责对分让权威和群众的权力都得到充分的尊重,而这个尊重的前提是双方的智慧都得到充分的展示,决策更多是基于双方智慧的碰撞和融合,而不是既定的权力和地位。生活民主与协商民主是高度契合的。协商民主是一种西方学术界开始探索不久的新的民主形式,而中国人对协商民主已经早有尝试。新中国成立初期形成的中国共产党领导的多党合作和政治协商制度,就是中国实行协商民主的主要体现。

西方现代民主制度的基石是法国思想家卢梭于 1762 年在《社会契约论》一书中提出的主权在民的思想。美国的《独立宣言》和法国的《人权宣言》及两国的宪法均体现了《社会契约论》中的思想。卢梭认为，在民主社会里，人民与政府签订契约，放弃自己的权利，政府拥有全体人民的权利，但要确保人民的福祉。社会契约论虽然正确指出了政府的权力来源于人民，但是其把良治仅仅寄希望于智慧的政府或贤者，并没有真正地认识到人民的力量。

从对分的角度看，人民不需要放弃自己的思考和智慧，把一切重大事宜都交给贤者去判断。人民应该积极参与社会和国家的管理和运作，通过与贤者的密切互动，群策群力、共担风险。贤者尊重群众，汲取群众智慧，依靠群众，真正实践了群众路线，也减轻了个人的负担、责任和风险。贤者构成的政府，不再是洛克所说的"必要的恶"，而是与人民同呼吸、共命运的人民的代表。

与大选这样空洞的政治民主相比，生活民主与人民的利益更为息息相关，更能深刻地培育民主精神，在全社会范围内形成浓厚的民主氛围。在切身利益上没有话语权，在遥远的国家大事上却能做"主人"，这只能是对人民的戏弄与愚弄。只有从生活民主的肥沃土壤里，才能长出政治民主的艳丽花朵。贤者、权威通常是社会的精英，从对分理念来看，精英是民众的一部分，与民众本来就是一体的。当精英与民众融汇智慧，精英与民众不再是统治与被统治、管理与被管理、领导与被领导的关系，而成为发展的共同体、命运的共同体时，那将意味着民主的真正到来：所有人的发展与命运由所有人共同决定。

西式民主以人人平等为前提假设，以多数原则的民主为方式，最终的目标是自由，民主是为了最大限度地实现个人的自由。对分带来的生活民主理念认为，人人平等和多数原则都有严重的局限性，对自由这个目标也需要加以修正。对分在保障个人权利、尊重个人自由的同时，强调如下事实：个体在社会生活中所拥有的权利和自由，根本上来源于他人所承担的责任。比如，父母如果不承担抚育子女的责任，子女根本没有机会长大，更不用提追求个人幸福了。这就要求个人既要欣赏自由的价值，又要体会责任的意义，进而对西方自由主义的局限性有更为清醒的认识，对中国集体主义文化的合理性有更为深刻的认同。

第三节　知识分子的自我反思

一、自我局限

在推广对分的过程中，常常听到有人说，"你们的方法很好，应该向有关部门汇报一下，得到领导的认可比什么都重要"。这样的说法听起来很有道理，但背后可能隐藏着知识分子的一个误区。有些知识分子认为政府的能力无限，只要愿意做，什么事情都能做成。他们心目中设想的是类似于诸葛亮和刘备隆中对的场景，良策一出，领导击节，天下大治。有了良策之后，他们首先想到的就是提交给领导，越高层越好，认为得到领导的认可，就是成功。这样的做法值得反思：一是对政府的了解和理解程度不够。任何机构的能力都是有限的，即如贤能的政府，面对中华民族崛起的伟大事业，也是挑战巨大、备觉艰难的。二是政府即使有资源和能力去实践这个良策，但同时会有很多知识分子给出各自的良策，这些良策甚至常常互相对立。从政府的角度而言，哪个是真正的良策，哪个更为可行，是很难判断的。知识分子送来很多良策，但多数都是设想，政府可能只能对少数给出准确判断，被忽略的就会抱怨政府不识货。

但问题是，这个策略真的是良策吗？如果执行了这个良策，出了问题，政府就要承担责任。提出者愿意承担连带责任吗？凡贡献良策者，政府如在实施其良策之后失败，造成重大社会损失，决策领导要下台，提出者也要被免去教授职称，那还会有这么多良策吗？提出者可能会推卸责任，说政府执行不到位，那么政府也完全可以说，提出者的良策有缺陷。治大国，如烹小鲜，老子时代的大国，才有多大？老子的理想是"鸡犬之声相闻，老死不相往来"的国家。现代大国的规模前所未有，国家治理是极其复杂的问题。政府是决策者，需要权衡多方利益，注定是一个整合者，整合者很难同时又是专业人士。学术方面的规律由知识分子去把握，社会包含庞大的人群，其复杂程度远远超过学术涵盖的范围。

学术是百业之一，知识分子不免管中窥豹，因此，不能高估自己的能力、自以为是。还有的人跑到政府那里显摆，专业术语和理论一大堆，以为自己搬出学问，大家都应该立刻拜服，否则就是不尊重知识，因为不能深入浅出，别人听不明白，只好敷衍了事。更不好的是有些知识分子上来就批判，然后自己没有建设性的方案，或拿国外的情况说事，类似于现代版的"王明"。知识分子的这些做法，其实会使政府和知识分子之间产生间隙和对立，政府会觉得知识分子空洞、不切实际、只会抱怨，而知识分子会觉得政府没眼光、不识人才。

正确的做法是，知识分子不但要提出方案，而且要去论证方案的可行性。在方案无法付诸实践的情况下，至少要先在知识界内部经历充分的讨论，得到一定程度的认可。在方案的某些部分可以验证的情况下，要努力去进行实践探索。单纯地把自己的设想讲出来，让政府去判断，是不负责任的表现。

即使觉得自己的方案很好，但是政府仍然不采用，也不需要过分抱怨，因为谁都会犯错误，政府中的个人也不例外。人的通病是自己犯了错误，大事化小，小事化了，别人犯了错误，要大做文章，显出自己的高明，在这方面，知识分子也不例外。

不幸的是，如果知识分子像西方知识界一样认为"政府是必要的恶"，对政府从根本上抱持一种批判或审判的心态，就难免会"憎者惟见其恶"。近代和当代中国的很多知识分子批评政府，与西方的出发点还不一样，其着眼于中国社会的落后，认为我们的政治文明不如西方，以督促政府去仿效西方为己任。但如果仔细看一下，不说别的，欧洲两次世界大战，祸害巨大，不也是西方政府的错误吗？这样高度文明的国家，也会犯下如此巨大的错误。所以，知识分子对政府要有合理的期望。封建社会里很多知识分子自认才华横溢，朝廷有眼无珠，但如李白这样的天才巨匠，真让他管理国家事务，他能管好吗？

知识分子在中国的很多重大问题上作出了犀利的批判，比如，对高考的批判就很多，但是如果问问知识分子，你有什么解决方案？他或者根本没有方案，或者有一个极其理想化的方案，或者把西方的做法摆出来，或者说这个事就该由政府来解决，我只负责提出问题。批判是有价值的，但重复的批判是没有价值的。鲁迅先生批判过了，把问题点出来了，而新时代的知识分子要超越批判去进行建设，少谈些理想，多想点方法。无休止地以批判为荣，只能说明创新能力的匮乏。创新能力匮乏的一个原因是理论与实践的脱节。封建社会的知识分子，讲起治国、平天下，个个头头是道、振振有词，但从理论到实践的转化，是极其困难的事情，不能够想当然，因为想通了也未必行得通。很多问题看起来是政府的问题，其实是社会共同的问题，政府也需要知识分子提出好的解决方案，一味批判而没有建设性的方案，于事无补。中国知识界的创新能力匮乏，不能只归罪于传统文化、怨天尤人，要反思自己，是否懂得欣赏灵感的火花，是否倾向于求全责备，是否期望新生事物一出现就十全十美，从而压抑了大量创新萌芽的成长。

出于以上的思考，我们更注重进行非官方的、基于自愿的实践探索，强调让对分课堂接受一线教师的检验。我们相信，如果能够得到大量一线教师的认可，如果能通过与教育界专家、学者广泛而深入的研讨，在学术界内部先确认对分课堂的价值，当我们向政府展示的时候，就可以更有信心地说这是一个良策，也会有更充足的证据令人信服。反过来，如果方案存在缺陷，即便得到领导的认可并获得官方推广，这些缺陷在推广过程中暴露出来，导致推广失败，还是会给国家和社会带来资源的浪费。如果这些缺陷本来可以克服，但在没有先期实践的情况下，就贸然推广从而导致失败，带来大家对整个方案的否定，那就是更可惜的事情了。

政府与知识分子的关系是一种非常重要的关系。权力与思想的妥善结合，在任何一个时代都是重要的。权力的运作需要谋略和平衡，而学术的创新强调素朴与求真，两个职业所体现的心理特点是不同的，只有相互理解，才能有效合作。

二、渐进改革

对分课堂使传统教学发生了巨大变化，是一场不折不扣的改革。但推进对分课堂的过程却非常顺利，一个重要原因是我们遵循了三个原则：自愿、先锋和轻松。过去国内一些教育改革常常采用行政命令的方式，在一个区或一所学校全面铺开，限期完成。对于改革中的新理念，教师不一定全部理解或认同；对于改革中的新方法，教师不一定能妥善把握；对于改革中的新要求，教师不一定能够满足。在动机、能力和条件不充分的情况下，很多失败的案例会产生，给改革的推行者带来很大困扰，带来两难处境：一部分人成功，另一部分人失败；是放弃还是继续？

  对分课堂推广采取完全自愿的原则，避免任何外力的逼迫。哪怕是校长认可对分课堂，我们也强调不能强迫教师参与。这就能保证参与者有良好的动机，参与者自身是愿意把对分课堂做好的。当然，自愿原则在基础教育中更为重要。过去20年来，中小学进行了很多教学改革尝试，实验了众多的所谓"模式"，但并没有带来良好的效果，导致很多教师对教学改革有一定的排斥心理。另外，改革是对传统观念、做法的突破，参与改革的人需要有敏锐的意识和思想水平，才能理解和欣赏对分课堂的价值和好处，需要有一定的胆略敢于尝试新事物，能够承担失败的风险，需要有一定的专业和综合素质，相信自己有能力实施对分课堂，还需要有一个友善、支持至少不反对的环境，不至于因为实践对分课堂给自己带来太大的压力。能满足这些条件的教师，我们称为对分课堂的先锋教师。

  显而易见，先锋教师能够在最大程度上保证对分课堂探索的成功率。不是先锋教师，即便愿意，我们也不鼓励他们全面运用对分课堂，而是建议他们先局部尝试或等一等。先锋教师在探索的过程中，能够发现问题、克服困难，根据具体情况灵活调整，最后形成一个更为具体、完善的方案。有了高成功率，更具可操作性的实施方案，就更容易带动第二批教师参与进来，进而成功实施对分课堂。这样从少量向群体逐步扩散，最终便可以获得大面积的成功。如果一开始就追求大规模的普及，反而会欲速不达。

  有些教师觉得对分课堂好，自己便使用，但周围人都冷眼旁观甚至冷嘲热讽，所以其心里会很难过。有些教师使用对分课堂后，效果非常好，兴高采烈地向同事或朋友推荐，但别人听了却不以为然。无动于衷。看到这样的反应，教师也会觉得很郁闷。在对分课堂推广的过程中，这样的例子很多。如果指责他人保守、不思进取、反对改革，只能是在自己和他人之间制造对立，引发紧张。从心理学的角度而言，要学会用先锋原则来劝解自己。任何改革都是先锋打头阵，在一个学院或系里，不少教师了解了对分课堂，但只有个别教师，如A去尝试。这说明，就对分课堂这项改革事业而言，A老师是先锋。如果A老师是先锋，那就意味着周围的人不太可能是先锋，因为先锋不会很多。这样，就对分课堂而言，A老师与周围的人不是知己，没有共同语言。

  从更积极的角度去理解，对方不认可对分课堂，说明对分课堂的优势还不够明显，或者对分课堂的优势虽然明显，但对方不感兴趣、不够敏感或者不能欣赏。无论怎样，这都说明对方在这件事上不是自己的知己。没有共同语言就不要硬说，要找跟自己有共同语言的人去说。谁是知己，谁和我们有共同语言呢？想一想，同样的故事发生在全国很多其他地方，在那里，也有其他的先锋教师缺乏知己，感到压抑。在旧时代，互相隔绝，只能作为孤独的改革者承受压力。在互联网时代，情况则有了很大不同。从 2014 年 9 月推广对分课堂开始，就建立了多个对分教师 QQ 群，现在发展到 5000 多人，遍布全国各地。这些教师都是对分课堂的粉丝和欣赏者，这些教师是彼此的同道和知己，称得上"海内存知己"，通过网络实现了"天涯若比邻"。意气相投的改革者形成了网络社群，互相鼓励和声援，改革者找到了"组织"，从集体中获得了勇气和动力，对未来更有信心和希望。这里对改革者的启示就是，要心胸豁达，超越身边的小环境，在广阔的远方寻找知己，摆脱孤独。

对分课堂第三个原则为轻松原则，是强调教师在用对分课堂的时候，不要太累，比传统教学法稍稍累一点是可以的，最好是能比传统教学法更轻松。低门槛、无上限，可以给教师提供一个循序渐进的路径，让他们在实践初期容易切入，体会到好处，提升进一步尝试的动力。传统的想法是改革是痛苦的事情，需要坚韧不拔的毅力，需要巨大的投入和牺牲，但这常常会把愿意改革的人吓跑。如果有可能，尽可能采取渐进的方式，尽可能减轻改革者的负担，最好能让他们有利可图。有些学校给予一定的优惠条件支持教师实践对分课堂，是十分有效的措施。但这个利益要不大不小，太大了，大家都为这个利益来做，很多不是真心改革的人也来浑水摸鱼；太小了，缺乏足够的吸引力。在学校没有明确表示支持的情况下，让教师自己从对分课堂中减轻工作负担，是对分课堂给予教师的内在奖励。除了教师之外，也要注意不给学生太大的压力和过重的负担，要让学生觉得有意思、有意义还不累，这样能最好地得到学生的配合。

教学改革有多种路径，对分只是其中一种。不同的路径自然存在观念和方法上的不同，甚至常常有尖锐的对立。遇到不认可对分的人或不希望改革的人，我们只需要把自己的想法讲清楚，不要争执，要用最终的结果说话。即使自己认为非常有说服力的结果，别人还是不认可，也不要争执。因为改革不是革命，革命常常非敌即友，而改革是大家现在都能生存，有些人想这样变，有些人想那样变，还有些人不想变。既然如此，那就随便，大路朝天，各走一边，井水不犯河水，把自己的领域做好，尽量不要去冲击别人的领域。当然，不争论不等于不辩论，要思考和适度的辩论，但有些人包括我们自己的辩论最后有可能变成争论，情绪化色彩太重，需要注意避免。对分是很开放的教学方法，实践对分的教师也应该豁达，有胸怀，能够容得下别人的误解、讽刺、嘲笑甚至打击。

国内的改革比较注重渐进性，但是对自愿、先锋和轻松的重视则不够，其实是对渐进的理解不够透彻，对群体心理的把握不够深刻。渐进有时间上、程度上的渐进，但更重要的是心理上的渐进，即要让人在心理上有一个接受和习惯新事物的过程。自愿、先锋和轻松三个原则都是渐进原则在心理上的具体化。自愿、先锋让心理上能接受的一部分人先尝试起来，减轻了这些人承担彻底改革带来的心理压力。越伟大的改革越能带来巨大的收益，也必然要面对巨大的困难。因此，要尽可能地强化民众对改革的支持心理，减少其对改革的敌对心理，建立统一战线，不要让改革者成为民众的对立方。改革者不可偏激、激进、急躁，不可过于浪漫和理想化，要保持谦虚，不能认为自己做的一定是对的，更不能自以为是，贬低、嘲笑他人，也不能轻易把别人封为保守派。结合"让"的思想，改革者要争取"予大于夺"，而避免"夺大于予"，不能过分侵占别人的利益。今天存在的事物都有历史的合理性，今天的不合理性，主要也应归因于历史因素，不应该针对个人，要让昨日的合理者体面地退场，而不是将别人扫地出门。

很多看似不可调和的重大矛盾、难以破解的艰难困局，都是在渐进中得以解决的。比如，"先有鸡，还是先有蛋"的问题是一个很难回答的问题，但依照渐进的思路，解答也是可以想象的。比如，一开始，细胞一分为二进行繁殖，母体和子体完全一样。随后，母体和子体开始了某种分化，子体只需具备维持存活的器官和组织，暂时不需要的部分可以在生长过程中逐渐形成。子体成熟后，变成母体的形态，然后再分裂出一个更小的子体。这样，子体与母体变得不同，渐渐地，两者的差异越来越大，最终一个成为鸡，一个成为蛋。也就是说，鸡和蛋是在一个逐步的发展过程中同步形成的，不存在谁先谁后的问题。预设最终的鸡与蛋的形态的存在是黑白思维的体现，没有能够从量化到质变的过程去看问题。

这样来看，渐进是改革的灵魂，渐进能把尖锐激烈的矛盾对抗转化为天长日久的水滴石穿。沧海桑田，明日黄花，世界上有什么力量能与时间抗衡呢？谁是谁非，不妨留给时间判断，时候一到，分晓自现。

第四节 人人要懂的心理科学

对分课堂从心理学的角度看教学，从基于内化和吸收的隔堂讨论出发，意外地引发了很多对中国教育教学的新思考，产生了权责对分的新理念，发现了总分谬误和简明分层这样的新原则，提出了精英科研和生活民主这样的新观点。如果对分课堂和相关的新理念、新原则、新观点能最终得以确立，这将是心理学对中国社会的巨大贡献。

人人都有心灵，但从科学的角度认识自己的心灵是很困难的事情，而要把其中的规律透彻、系统地阐述出来，更不容易。虽然心理学的启蒙思想可以追溯到公元前 300 年，但心理学作为一门独立学科从确立到发展，在世界范围内也才只有 100 多年的历史。

　　可以说，心理学与物理学是同等重要的学科，因为它们分别研究心和物，而心和物是世界的两个基本元素，心物之外，再无其他。物理学在研究物的所有自然科学中是非常基础性的，而心理学在所有研究人的社会科学中也是非常基础性的。现代脑神经科学的研究表明，心和物不可分离，心理活动是以大脑的神经活动为物质基础的。心理学的基础因此要回归到脑神经科学。心理学和物理学一样，都是我们探索和认识这个世界的基础学科。

　　另外，心理学主要关注人的心理活动，凡是有人的地方就有心理学。已经发展起来的心理学分支有社会心理学、教育心理学、发展心理学、临床心理学、工业心理学、组织心理学、健康心理学、交通心理学等，涵盖面非常广泛，涉及人类生活的方方面面。从这个角度来看，心理学在所有学科中极其特殊，因为它横跨了一般意义上的文、理两大领域，是最大的跨领域学科。[1]

　　在国外的高等院校里，心理学总是最受欢迎的科目之一，因为它跟每个人的生活密切相关。学习心理学就是学习如何让自己更好地和这个世界互动相处，无论是以成功和成就为目标，还是以心灵的富足和幸福为目标。哈佛大学、耶鲁大学、普林斯顿大学等世界一流大学，心理学系都非常强，这令不少中国心理学者羡慕。在"文化大革命"中，心理学被视为唯心主义而受到全面打压，只在师范院校的教育学学科中保留了一小部分。直到改革开放以后，心理学才得以复苏，在国家的支持下迅速发展，目前全国已有 300 多所院校开设了心理学专业。但由于历史原因，心理学专业最强的院校几乎都是师范院校，而很多综合实力较强的一流大学，心理学的力量却比较薄弱。这样，心理学作为一门世界级的重要学科，在国内学术界的地位却并不高，这既令人焦急又令人惋惜。

　　随着中国社会经济的迅猛发展，人们的物质需求有所满足之后，精神需求便自然而然地越加旺盛，这催生了对心理学的巨大需求。但我国心理学基础薄弱，力量不足，不能充分满足社会需要。同时，当前学术界过分强调国外发文，心理学界也受到英文论文指挥棒的引导，更多专注于基础研究，对应用方面的关注和贡献不多。比如，教育其实是心理学最大的应用领域，也是对国民素质影响最为深远和广泛的实践领域，但国内并没有多少心理学家关注教育和教学。

　　中国社会自古便缺乏科学精神，注重能取得实效的技术，古代学术也以文史哲为主——缺少社会科学的传统。后来，受到西方文明的冲击，才开始注重科学

---

[1] Richard J. 2016. 心理学与生活(第 19 版). 王垒等译. 北京：人民邮电出版社.

技术，但对社会科学并不重视。有一段时间，甚至包括现在，社会上依然普遍认为没有能力的学生才去学习文科。还有一种说法将科学区分为硬科学和软科学，把理工科学等称为硬科学，而把人文社会科学等称为软科学。由于硬科学具有精确而规律的特征，而软科学总是存在多重复杂性与特例，因此，软科学的地位不高。

社会科学涉及个体和群体的行为，而行为又和心理活动及其所在环境密切相关，远比物质运动的规律要复杂得多，所以几乎不可能总结出永恒不变的规律，但这不意味着不存在倾向、特征和规律。如果仅仅因为不精确、不永恒，就忽视了对人类行为和心理活动的研究应用，会带来巨大的损失。

对分课堂是基于心理学提出的新的教学模式，这种模式不仅切合教师与学生的心理需求和特征，也符合教育与学习的心理规律。当然，教师不用这种模式也能教学。乍看之下，这似乎在表明教育并不那么需要心理学的参与，心理学对教育而言也没有那么大的必要性和价值。但其实社会科学规律的价值体现，更多在于影响人们的做事效率和感受上，而好的感受又能进一步带来更高的效率，这就好比要顺势而为，而不是逆流而上。符合规律的做法总能带来更好的效果，而不符合规律的做法即使有成效，却无形中损耗了不必要的精力和效率。以对分课堂为例，这种模式能使教学的感受、效率和效果有巨大的提升。如果仅仅从没有对分模式也能教学的这个角度去评估，会大大低估心理学与社会科学的价值。

人是世界上最奇妙、最复杂的物种，因为人的精神和心理具有极大的自由性与丰富性。物理学增进的是我们对物性的认识，而心理学则能增进我们对人性的认识。学习心理学能让我们更好地认识自己——不仅作为一个个体，也作为人类这个物种的存在来了解和理解自己。世界在我们眼中，也在我们心里，我们对自己的了解越深刻，对这个世界的理解也会越清晰。心理学还能让我们更客观、更有深度地去认识和理解他人。和谐社会的本质是人和人之间的和谐相处，这就需要人们互相了解、互相理解。当我们懂得心理学，对人有更好的认识时，就会发现"把人当人看"不是最平俗的常识，而是关于人性最深刻的智慧。当所有人都能把自己当人看，也能把每一个他人当人看的时候，就是人类和谐相处的开端。

与外界和谐相处的基础在于和自己内心和谐相处。由于各种原因，人们的内心常常充满矛盾与挣扎，内心的动荡又会带来外在行为的攻击性，造成人与人之间的冲突和伤害。心理学可以让我们更好地接纳自己，对他人更宽容和包容，最大程度地减少不必要的伤害，让我们的生活不再简单、粗暴、生硬、冰冷，而是变得更柔和、更温暖、更体贴，更多散发出人性中关爱、同情与慈悲的光辉。

对人性的把握已经成为在这个世界上和谐生存的必要条件。作为关于人性的科学，期盼心理学可以像语文、数学和物理一样成为必修课，每一个孩子从小学、中学到大学都去学习。通过学习心理学，认识自己、了解他人，丰富自己的精神世界，让自己的内心更有力量，让自己和周围的一切都变得更加美好。

第十一章

对分课堂总结与展望

第一节 对分教学的四十要诀

基于此前的分析和论述，我们尝试总结了对分课堂的10组共40句要诀，把对分的核心内容提炼出来，让一线教师便于了解、认识对分课堂及其背后的理念、原则和方法，能够比较简明、直观地判断自己的教学是否符合对分课堂的规范。这40句要诀是：

> 权责对分、成就激励、学以致用、行为真知
> 先教后学、以学定教、内化外显、双重建构
> 精讲留白、亮考帮问、延时讨论、层层递进
> 意义统摄、目标引领、分项培养、繁复慎用
> 弱化竞争、美美与共、低槛高望、拾阶而上
> 面向多数、兼顾两端、组内异质、组间同质
> 简明分层、过程评估、清晰规则、自我评价
> 有限发散、适度生成、借曲分合、探极求中
> 宽松安全、不炫不演、理性平和、倾听关爱
> 同理反观、现实自信、合理归因、积极体验

下面对每一项做简要的解释。
1）反映对分课堂最根本的理念和目标。
权责对分：教师和学生在教学过程中分享权力，共担责任。
成就激励：在学习中获得成就是学生学习活动最好的激励因素。
学以致用：学习的最终目标是解决真实问题，应用于现实生活。
行为真知：能够用行为去展示学习过的内容才意味着真正知道。

2）反映对分课堂的基本教学原则。

先教后学：教师对新内容做引导性讲授后学生再学习，不预习，不自学。

以学定教：根据学生的基础、动机和能力确定教学内容的多少和难度。

内化外显：吸收知识输入，用输出展示、完善内化成果，输出倒逼输入，以用促学。

双重建构：从个人建构出发，通过交流和互动更正、深化认识，实现社会建构。

3）描述对分课堂教学流程的要点。

精讲留白：讲授框架、重难点，指出价值、意义、方法，留出想象和探索的空间。

亮考帮问：促使学生深刻反思学习的过程与体验，总结收获、学会提问。

延时讨论：在讲授与讨论之间留出时间，让学生进行个性化的内化和吸收。

层层递进：5个环节承上启下，环环相扣，先粗后细、由浅入深，逐层提升。

4）刻画对分课堂对教学内容的组织策略。

意义统摄：通过组织、联结使学习内容结构化，凸显意义，避免孤立事实的学习。

目标引领：用高阶目标带动琐碎内容的学习和低阶活动的操练，缓解单调、枯燥。

分项培养：对学习内容进行目标分解，一个任务针对一个目标。

繁复慎用：在具备分项能力前，避免繁复、高难问题，避免茫然与挫败。

5）反映对分课堂对学生群体个体差异的应对原则。

弱化竞争：强调个人成长与合作性学习，避免不当比较挫伤学生自尊。

美美与共：尊重差异和多样性，评价标准体现对多元化的理解、包容与欣赏。

低槛高望：对后进生放低门槛，引其入门，对好学生开放空间，鼓励优异。

拾阶而上：起点再低，步骤得当，也能逐步提升，期望飞跃反而会欲速不达。

6）反映对分课堂教学活动中组织学生的原则。

面向多数：不能顾及全体时，主体教学要切合大多数学生的水平，使其受益最大。

兼顾两端：安排部分教学活动或时间照顾少数后进学生和优秀学生的需求。

组内异质：一个小组内的成员在性别、能力、成绩、性格等方面尽量多样化。

组间同质：不同小组的特点和水平整体上尽量具有可比性，以利于组间交流。

7）反映对分课堂在评价学习结果方面的原则。

简明分层：学生评估区分优秀、良好、及格、不及格4个级别，不宜过细。

过程评估：重视基于平时作业的过程性评估，准确可靠，促进分散化学习。

清晰规则：用于评价学生作业或测试成绩的标准清楚、明确，并向学生公开。

自我评价：学生自我评价与教师评价的结果能基本一致，促进标准内在化。

8）描述对分课堂对学生学习策略的建议。

有限发散：鼓励独立学习中的发散与拓展，但要与学习内容存在关联。

适度生成：鼓励独立学习与合作学习中的发散与拓展，但不宜过多，需要围绕预设内容进行。

借曲分合：鼓励在学习过程中培养思维方法和技巧，如借用、迂回、分离和整合等。

探极求中：鼓励极限化或理想化思维，探究极端情况，深刻、全面地认识事物的本质。

9）描述对分课堂在教学过程中对师生行为表现的期望。

宽松安全：营造宽松、安全的环境和氛围，消除被批评、威胁或伤害的担心。

不炫不演：讲授或讨论要真实自然，就事论事，专注于问题本身，不炫耀、不表演。

理性平和：讨论过程有理有据，态度温和，避免情绪激动、激昂、过于兴奋。

倾听关爱：鼓励学会倾听同学发言，欣赏其优点，宽容其缺点，关心、爱护同学。

10）刻画对分课堂教学过程中有关情感体验的原则。

同理反观：设身处地、换位思考、理解他人，以人为鉴，调整、完善自己。

现实自信：通过密切的社会交互，准确评价自己，树立与现实情况相协调的自信。

合理归因：对自己或他人的意见或行为的原因做合理判断，不推诿、不苛责。

积极体验：营造支持、鼓励性的环境和氛围，让学习过程伴随更多的积极体验。

第二节　对分引发的范式变革

对分课堂从复旦大学一个本科课程小小的教学改革实践起步，两年间就传遍全国，形成燎原之势，发展之迅猛，出人意料。对对分课堂全面而深入的分析揭示了其中的原因：对分课堂深刻的理论内涵有可能引发对教育理念的深入思考，给中国教育带来实质性的变革。

对分课堂首先是一种全新的教学模式。最先提出教学模式概念的乔伊斯和韦尔，区分了4类教学模式，分别为信息加工类、社会类、个体类和行为控制类。对分课堂注重讲授，反映了信息加工类模式的特点；对分课堂注重独立学习，反映了个体类模式的特点；对分课堂注重合作学习，反映了社会类模式的特点；对分课堂注重作业和学习成果的展示、表达，反映了行为控制类模式的特点。如果根据实现特定教学目标过程中所涉及的教学活动类型和师生的行为特点来定义，可以区分出呈示、独学、对话和讨论4种基本教学模式。对分课堂的讲授部分是纯粹的呈示模式；对分课堂的独立思考、独立做作业部分，是纯粹的独学模式；对分课堂的小组讨论是纯粹的讨论模式；而对分课堂的全班交流，是纯粹的对话模式。对分课堂整合这4种有价值的活动类型表明，呈示是为了独学，独学是为了小组讨论，而小组讨论是为了全班交流，各个阶段环环相扣，形成了一个结构严整的教学程序。所以，对分课堂把传统的基本教学模式融为一体，通过对它们的全面整合，形成了一种全新的教学模式。

呈示和对话更多是教学法，独学与小组讨论更多是学习法，对分课堂教学模式融合呈示、独学、讨论与对话，不仅关注如何教，也关注如何学，实现了教学法与学习法的融合。对分课堂把原有教学活动的要素进行再组合，形成新模式，是一种整合性创新。不仅如此，对分课堂在每个要素上都有创新。对分课堂下的讲授、作业布置与批改、课堂管理、结果评价等方面，无论在理念还是实际操作上，都与以往的教学有很大区别。虽然对分课堂包含了多种教学模式，但结构简明、环节清晰、操作具体，很容易被师生理解和运用。

总结起来，对分课堂是一种基于心理学原理构建的教学模式，其基本操作是把教学划分为讲授、内化和讨论3个过程，包含教师精讲、学生独立学习、独立完成作业、小组讨论和全班交流5个环节，其核心理念是权责对分，通过师生在教学过程中分享权力、共担责任，促进学生的主动学习，培养其核心素养和创新能力，实现全面、健康的个性发展。

基础教育界在落实新课程理念的过程中，提出了大量的"几步几环"的所谓"模式"。这些更多是对教学流程的一种新表述，内涵大同小异，不能算真正的教学模式。称对分课堂为模式，是因为它是一个完整的理论和实践体系，全面落实了现代教育和新课程改革的理念，有严密的科学理论的支撑，有清晰的覆盖教学全过程的操作流程，在实践中富有成效，普适性强。

从更高的层面上看，对分课堂代表了一种新的教学范式。范式的概念来源于美国著名科学哲学家库恩的《科学革命的结构》一书，指科学家群体共同接受的一组理论、假说、准则和方法的总和，是常规科学活动赖以运作的理论基础和实践规范。[1]科学革命的发生，比如，从牛顿力学转换到相对论，就是新范式取代旧范式的过程，而范式是比模式更为深刻、更具普遍意义的理论构造。

现代学校制度起始于1632年的夸美纽斯，由夸美纽斯的学生赫尔巴特总结定型的讲授法成为传统教学的代名词。最近一个世纪的教学改革力图突破传统讲授法，其最主要的成就是产生了基于讨论法的合作学习新思路。将近400年的学校

---

[1] 托马斯·库恩. 2004. 科学革命的结构. 金吾伦, 胡新译. 北京:北京大学出版社.

教育实践，形成了讲授法和讨论法这两种主要的教学范式。讲授法和讨论法都是教学范式，因为它们构成了库恩所说的教师群体公认的模型或模式，是教师日常教学实践的理论基础和实践规范。用讲授法传授知识系统、高效，但其本质是被动学习，存在学生参与度和主动性低的根本缺陷。讨论法能够提升学生的主动性和参与度，但知识学习的系统性不够强、效率不够高、效果不够好。对于讲授法与讨论法而言，一方的优点是另一方的缺点，双方都有价值，不能互相取代，但两者也一直无法有效融合。

对分课堂基于心理学原理，通过强调内化过程，实现了讲授法与讨论法两大范式的有机融合：讲授的目的在于促成学生的内化，而内化的目的在于让学生能在讨论中展示学习成果。这样的融合扬长避短，达到了 1+1＞2 的效果，发挥出比纯粹讲授或纯粹讨论更为巨大的威力。

过去 20 年，在世界范围内的两种主要教学改革模式是翻转课堂和慕课。然而，这两种引发时代潮流的模式并没有带来期望中的教育革命。翻转课堂与慕课的发展历程，让人想起了国际教育技术领域著名的"乔布斯之问"。自 20 世纪 90 年代起，人类社会进入信息时代，以计算机、多媒体和互联网为核心的信息技术对社会生活和发展产生了全方位的革命性影响。然而，信息技术在教育领域的应用却成效不大。这也导致苹果公司创始人乔布斯生前提出："为什么计算机改变了几乎所有领域，却唯独对学校教育的影响小得令人吃惊？"究其根本，教育是人与人之间心灵与心灵的交流。用视频和互联网技术改革讲授法，虽然能够打破教师与学生之间的时空限制，但并没有改变师生之间教学活动的基本形态，也没有从根本上克服讲授法的问题。翻转课堂与此前人们广泛尝试的探究性学习、自主课堂等教学改革探索，都是基于"先学后教"的自主学习的教育理念，而该理念与教育学与心理学的基本规律存在较大冲突。因此，教育理念本身的问题，不是单靠教育技术就能够解决的。

这样看来，"乔布斯之问"的答案不在于信息技术，而在于教育本身。教育需要先实现自己的范式变革，然后才能在新范式下寻找与信息技术的结合点。举例来说，在对分课堂模式下，作业成为所有课程乃至体育课教学过程中不可或缺的成分，形式上也从书面作业扩展到音频、视频作业，作业成为教学的刚性需求，能有效辅助教师收发、批改作业，特别是多媒体形式作业的信息化的教学平台系统必然成为教学的刚需，而不再是可有可无或锦上添花。对分课堂进一步的深入实践，应该会引发更多教育教学与信息技术相结合。

正是因为整合了讲授式与讨论式两种普适性的教学范式，对分课堂也具有高度的普适性，能够从基础教育到高等教育，在各种不同科目的课程中得到有效运用。范式具备一定的规定性和指导性，而同时又具有高度的灵活性。在推广中，对分课堂表现出了十分喜人的可复制性，全国各地大量的优秀教师通过听讲座、看资料,甚至通过他人简短的口头介绍,就能迅速运用对分课堂的基本流程,取得良好甚至优异的教学效果,这就体现了对分范式的科学性。另外,在不同学科和不同学段,对分的运用还有很多细节上的调整和变化,这就体现了对分范式的灵活性。模式或范式都有被滥用、成为僵化教条的可能性,但滥用模式或教条化模式的永远是人,而不是模式本身。因为模式有可能被有些人滥用或成为教条而贬低甚至否定模式,就像因为刀能够伤人就不用刀切菜一样,是不科学的做法。

就教育学与心理学理论而言,对分课堂全面、系统地贯彻了最近一个世纪最有影响力的四大学习理论和三大教学理论所蕴含的主要原则。四大学习理论主要针对教学的某些方面,粗略地说,人本主义针对为何学习的问题,认知主义确定教学内容与教学法,建构主义刻画学习过程,而行为主义关注效果评价。三大教学理论包括发展性教学理论、发现式教学理论和范例教学理论。由于教学理论以学习理论为理论基础,它们倡导的原则最终也都可以归结到学习理论的原则中。对分课堂并没有创造新的学习理论,而是整合了以往的学习理论,为整个教学过程中各个环节的设计提供了坚实的理论支撑。对分课堂的权责对分也可以被视为一种新的教学理论。

作为范式变革,对分课堂给教育教学中旷日持久的一些重大争执提供了新的解决思路,给出了新的理论框架。

1) 以教师为中心与学生为中心的争执。从对分课堂的角度看,强调教学以学生成长为中心目标是正确的(教学的第一目标不可能是为了教师的发展),但以教师为中心开展教学,强调教师的主控权,或以学生为中心开展教学,强调学生的自主权,都过于极端,合理的做法应该在两者之间。对分范式更倾向于"渐进自主"理论,认为学生没有能力也没有必要进行完全、彻底的自主学习,学生应该而且需要在教师的指导下逐步发展,而教师指导的核心目标是提升学生的自主学习能力,包括学会学习和学会自我管理。从这个角度来说,对分体现了中国传统文化中不走极端的中庸思想。人们常常把极其深刻的中庸思想庸俗化。中庸并不是简单、机械的折中或平均,而是在清楚地认识到两极之后的分寸与抉择。不走极端并不意味着极端不重要,事实上,中庸总是基于极端而定义的,看不清两个极端,就无法做到恰当的、真正的中庸。因此,极端具有重要的过程性价值,或者说对极端的探究是达成中庸的前提和必要条件。这个观点在前面四十句要诀中的"探极求中"原则中有所体现。

2) 知识传授与能力培养的争执。传统教学强调知识传授。从心理学的角度看,教育要落实到问题解决的能力,即在问题情景下的良好、稳定的行为表现。根据我们提出的"唯能力理论",知识包括道德、情感、价值观等广义的知识,都应该也可以统合到能力范畴。这个新理论也带来了一个新的教育目标分类理论,舍弃知识领域的划分,从复制、理解、运用和创造4个层面去刻画能力。按照这一四层次分类理论，教育教的从来都是能力，过去所谓的知识也是能力的一个层次，即复制能力。

从知识学习走向能力培养，是教育观念上的重大转变。这个转变突出了"学以致用"的时代特色，把创造作为学习的最高目标。更为重要的是，对分课堂提供了在常规课堂上实现"学以致用"、培养创新能力的有效路径，这对破解"钱学森之问"，使教育有效服务于创新型国家的建设，具有巨大价值和重大意义。

能力是依据行为的整体来衡量的。新课程改革强调的三维目标，即知识和能力、过程与方法、情感、态度和价值，在唯能力理论的框架下，都体现了解决真实问题的能力目标。核心素养强调的批判性思维、创造性思维、沟通与合作能力，也超越了理性知识，更多关注到问题解决中必不可少的自控力、情感认识和管理等社会性能力。对分课堂为把新课程改革和核心素养的最新理念落实到课堂，为实现学习者的全面发展，提供了具有可操作性的具体方法。

3）中西教育孰优孰劣的争执。以对分课堂为参照，西方的自由教育与中国的严管教育，各有成功之处，也各有严重缺陷。自由教育只能在具有充足资源的少数精英学校得以实施，而严管教育让多数学生承受了过重的学习负担，还抑制了高端创新性人才的成长。对分课堂大幅度降低了对教育资源的要求，因此同样适用于精英学校和普通学校。在教学模式上，我们认为，基于"先教后学"的对分课堂原则上已经超越了基于"先学后教"、自主学习的西方自由教育模式。当前，虽然西方在精英教育方面优于中国，但在公立教育方面，中国比西方要成功得多，而这一成功的根本性原因在于中国拥有真正关注社会公平与教育公平、关注大多数人利益的社会主义制度。中国的基础教育之所以如此成功，还跟中国传统文化中重视教育，以及大一统政治模式下的高考制度密不可分。当前，在公立教育领域，中国、西方与全世界都受制于以讲授为核心的传统模式。如果对分课堂能够超越传统模式，结合中国特有的文化和制度优势，中国的教育完全有可能在较短的时间内超越西方，引领世界教育发展的新潮流。

对分不是合作学习，不是自主课堂，不是翻转课堂，也不是慕课。它是融汇数百年教育智慧，蕴含巨大创造的一个新生事物。与小农经济时代对应的是私塾式教育，与大工业生产时代对应的是以班级授课制度为核心的现代学校制度。今天的后工业化时代，呼唤一种新的教育制度，实现更为个性化的学习和人的全面发展。为回应这个越来越强烈的呼唤，过去一个世纪全世界范围内进行了很多轰轰烈烈的教育改革，然而，都没有实现对传统教学的实质性突破。课堂教学是学校教育的核心，对分课堂的出现，重新定义了课堂，也因而重新定义了师生关系等教育过程中的众多维度与范畴，有希望为后工业化时代的教育揭开崭新的一页。

教师是教育水平的决定性因素。如何提升教师群体的专业素养一直是一个世界性的难题。以对分课堂为参考，可以看到，教师素养提升的困难，不在于教师不够努力，也不是教师的理念不够先进，而在于缺乏正确的方法和路径。理念常常仅仅只是一种理想，浪漫美丽，激荡人心。然而，在缺乏台阶的情况下，跳起来追逐理想，只能摔得鼻青脸肿，落得劳而无功。因此，我们要警惕过于美好的理想，除非有明确的通向理想的阶梯。教师提升专业素养，也是在学习，也要遵循教育的基本规律，一个关键就是需要支架。没有支架，3 米高的台子上不去，有了支架，3000 米的山峰也能登顶。对分课堂的实践表明，束缚教师能力发展的真正原因在于传统的教学范式。这个范式不突破，即便是教师名师，也常常会感到挫败。这个范式突破了，即便是普通教师，也能取得令人惊喜的教学效果。

对分范式的流程简明清晰、操作具体明确，很容易上手。教师入门后可以"拾阶而上"，渐进提升，一步一步达到更高的水平。用低门槛的原则，让教师先实践起来，在实践中获得亲身体验，用教师自己的体验推动其观念转变，提升对对分课堂的理论认识，提升后的理论认识又能带来更好的实践，引发新一轮的"实践-理论-再实践"过程，切合辩证唯物主义的原则，也符合心理学中"行为改变往往先于态度和感情改变"的规律。

教育是培育智慧的事业，教师是为知识社会生产智慧的，体现在学生思想里的智慧，所以教师是教育事业的生产力。学生是智慧的主体，学生也是教育事业的生产力。对分课堂带来了教学范式的变革，也带来了生产力的解放。通过引入机器，同一个人能够发挥更大的力量，通过引入新范式，同一名教师能够发挥更大的价值，同一名学生能够获得更好的发展。

计算机、互联网、智能手机、高铁的出现，改变了人们的工作方式和生活方式。对分课堂新范式的出现，也改变了教师和学生的工作方式和生活方式。从传统教学向对分课堂的转变，可以类比为从非智能手机向智能手机的转变，从绿皮火车到动车和高铁的转变。用过智能手机的人，再用非智能手机会觉得难以忍受，体会到对分课堂好处的教师和学生，也会觉得传统课堂再也无法忍受，甚至看到别人的传统课堂也会觉得无法忍受，就是因为这样的转变让人们的生活更轻松、更快乐、更高效，深切地符合人性，也因而不可逆转。

对分课堂是一个技术创新，一个新发明。受传统观念的影响，不少人对技术存在误解，认为技术一定是器物性的东西，如机器、设备等。其实，制度、方法、模式的创新，是不折不扣的技术创新。比如，保险制度、公司模式等公认的技术创新，其意义和价值并不亚于电报、电话这样器物性的发明。邓小平说，科学技术是第一生产力，因此，对技术的本质认识不清楚，过分关注"硬"技术，而忽略"软"技术，对制度创新不重视，是非常短视、浅薄和有害的。

对分课堂吸引了很多非常优秀的教师，他们热爱教学，对当前教学中的不足体会深刻，努力在寻找更好的教学方法。对分课堂的出现，与他们心目中的期望产生了共鸣，由此，好的方法和好的教师结合起来，便迅速产生了优异的教学效果。这些教师，是我们国家发展教育事业真正的脊梁。可惜的是，在当前注重科研的考评体系下，他们为提高教学质量进行的投入巨大，却很难得到欣赏和认可，感到非常压抑，这是十分可悲的现象。

如果这里的分析是正确的，对分课堂的确是融合并超越了讲授法和讨论法的教学新范式，对分课堂将会成为未来教师教学的常规模式，正如讲授法是当前教学的常规模式一样。这就意味着，对分课堂要普及到整个教师群体，上千万中小学和大学教师要从讲授法转向对分课堂。事实上，出于一个偶然的机缘，对分课堂已经成功走出国门，在非洲孔子学院的对外汉语教学中（针对非洲学生）取得了很好的效果。基于这个实践的总结也形成了本丛书的一个分册。对分课堂看来不会局限于国内，在世界范围内也应该会有更为广阔的推广和应用前景。与教学方法变革对应，还会有课程体系、教材、教学评价、考试改革、教育信息化等方面的众多变化，这些都有可能会引发当今教育的巨大变革。

要应对和促进这一变革，认可对分课堂的教师应团结起来，成立一个对分教育研究院，集合大家的智慧和能力，一起推动教育改革与教育创新。研究院可以集合更多教师，继续完善、扩展"对分课堂教学手册丛书"，让这套丛书成为中国教师的日常参考。还可以推动对分课堂的学术研究，推动其与企业界的合作、与信息技术的结合，进行更广泛、更有深度的教师培训。

显然，对分课堂的理念不仅限于课堂教学，在新生入学教育、班会、党员教育、家长会、社会培训等活动中已经有了成功的对分课堂实践。实际上，众多涉及一对多培训、教学、进修、日常工作的场合，都可以尝试运用对分课堂的流程，把群众与领导者或引导者的智慧汇集起来，实现合作、共赢。对分课堂的两次研讨会也都采用对分的模式来组织，其基本做法是让每个报告人做不超过20分钟的概要讲授，然后听众分组，先独立思考，再小组讨论，再与报告人做深度交流。与会者普遍反映，其形式活泼、轻松，收获更大。我们希望未来有越来越多的会议实施"对分会议"模式，让单调、沉闷的讲座式会议成为历史。在一对一的情况下，比如，家庭教育，虽然无法完整地实施对分，但也可以吸收一些对分的理念。其基本做法是家长讲解希望孩子学习、掌握的内容，但是不要讲得太细致，留一些任务，给孩子时间去思考并完成任务，然后再跟孩子就完成任务中的体会、收获和困惑进行讨论和交流。

第三节　个性发展与"让"的智慧

对分课堂通过个性化的教育促进了年轻一代的个性化发展。个性化教育的一个表现是学习内容的个性化。以教师、教材、教室为中心的传统教学，学习内容是统一的。对分课堂精简学习内容，强调学以致用，鼓励学生结合自己的体验、课外阅读和生活实践来理解、审视、丰富和拓展学习内容。教师、教材和课堂教学更多是一个导引和切入点，引领学生探索更为广阔的天地。教材中的内容，过去总是由少数人确定，没有体现充分的民主性，也无法贯彻因材施教的原则，充分适应不同的教师和学生群体。对分课堂以"纲要+素材"的方式，极大地简化了教材的编写，让每一位教师都有可能根据自己班级学生的特点编写教材。由此，学习内容的统一性大大降低，统一学习的都是真正具有基础性和核心性的内容；学习内容的自主性大大提升，自主选择的学习更能充分针对和满足学习者个性化的需求。在内容之外，对分注重学习过程，对学习过程的关注，也是对个性的关注。即便内容相同，每个人的视角、趣味不同，过程也未必相同。

个性化并不意味着绝对的与众不同，更现实的是一种局域性的个性化。比如，全世界总共可能只有几千种不同味道的冰激凌，一个人喜爱的味道也有成千上万的其他人喜欢。从人群整体看，一个人的个性化选择并不独特，但具体到如一个家庭，每一个人可能与其他人的选择都不相同，存在独特性。与绝对的独特性相比，相对的独特性更重要。生活中更大的概率是我们同与自己不同的人接触更多。比如，小公司有了一个会计，就不会再需要另外一个会计。在小的局域性群体，人更多是一个独特的个体，能够促进局域性的个性化，已经很有价值了。

对分课堂是生动、活泼与高度互动的课堂。常态化的小组讨论和全班交流带来了面对面、鲜活的思想碰撞与交锋。这样的课堂是"活"的课堂、"动"的课堂，也是有温度、有色彩、有感情、有生命的课堂。它在充分的人际互动中，培养学生的应对能力、表达能力、言谈举止，同时，有比较、有争执，有评论、有反馈，每个人都需要发挥特色，与众不同。特别是在高校，跨学科、跨领域的交流，会带来不可估量的创新，为中国社会的未来发展提供根本动力。

传统文化强调吃苦、强调牺牲，是一种不得已而为之的悲情文化、凄苦文化。改革开放初期，女排的拼搏精神振奋了整个民族，然而，因为劳累过度，女排在伦敦和北京奥运会都没有发挥出应有的水平。郎平执教后，组织了高水平的医疗保障团队，解决了女排存在的最大问题，时隔12年在巴西奥运会再度称雄，其中科学的贡献功不可没。孟姜女哭倒长城，但莫斯科不相信眼泪，华盛顿更不相信。新时代，大国要崛起，民族要复兴，要靠科学与创造。牺牲解决不了根本问题，还常常会掩盖理性思维、问题解决能力和创造性的不足。限于历史条件，老一辈已经付出太多，是时候让新一代告别牺牲文化、张扬个性、焕发智慧了，如天马行空，有神来之笔，以"仰天大笑出门去"的豪迈，以"扶摇直上九万里"的不羁，创造新生代潇洒、飘逸的灵动文化。

在学生时代，当还没有形成性别偏见、阶层偏见、职业偏见的时候，学生学会打破人与人之间的隔膜，在树立个性的过程中，学会与不同的人沟通、合作，对学生的人生观、价值观的意义是不言而喻的。对中国近现代教育思想影响最大的是杜威的教育哲学，1916年发表的《民主主义与教育》是杜威教育思想的总纲，与柏拉图的《理想国》与卢梭的《爱弥儿》并列为教育经典中的经典。[①]杜威期望通过教育实现的民主社会，就是一个不同阶层的人们有充分的沟通与交流的社会。信息技术和互联网已经大大推进了社会的民主化进程，互联的社会一定是互动的社会。对分课堂让新一代从小就开始进行深刻的互联、互动，契合了网络时代的社会形态，会极大地弘扬民主精神，有效弥合人际分裂和社会分裂，促进多元社会的有机融合与和谐共处。

在传统教育模式下，学生的目标是模仿教师，给出教师期望的标准答案。对分课堂是重视过程的教学，也是告别标准答案的教学。开车42英里（1英里≈1.609千米），还是自己跑一次马拉松，结果一样，过程、体验和收获却完全不同。理想的教育不在意学生的最终答案是不是正确，更在意促进学生的思考，形成鲜活的个性。过去，教师与学生之间是管教者与被管教者的对立关系，学生需要达到教师的标准。如今，教师不再视自己为知识的代言人，而是把知识作为一个客观的建构呈现出来，与学生一起理解、欣赏、批判与改进。挑战权威，不再是挑战作为个人的教师或学者，而是挑战人类知识体系中的错误与未知。通过释放学生的个性，教师也同样可以获得个性化发展。

封建社会的中国，个体一直被权威的阴影所笼罩，个性也受到了严重的压抑。今天的人们，看似个性张扬，其实很多只是物质层面的肤浅的偏好，而真正的个性应该是思想层面的：唯有思想获得独立，才有真正的人格独立和精神自由。爱因斯坦说："学校始终应当把发展独立思考和独立判断的一般能力放在首位，而不应当把取得专门知识放在首位。"中国曾有百家争鸣的辉煌，但很快进入了思想统一的漫长时代。今天，在教师充分的引导下，对分课堂有自主发展的平台，有交流互动的空间，有鼓励独立思考的开放、安全的氛围，以科学的精神、严谨的逻辑，大胆质疑、理性辨析，敢于思考、善于思考，学生的潜力和活力一定能够得到充分发挥，获得全面、健康的个性化发展，形成我们所期望的"自由之思想，独立之人格"。思想是人的灵魂，这样有思想的新一代，一定敢于打破常规，带来无尽的创造，让整个社会充满活力与生机。个性的自由发展将带来中国人人性的全面复苏与精神生活的多姿多彩。缺乏思想的时代一去不复返，中国社会将迎来一场全民思想的大解放与全民智慧的大释放。

民主的本质就是在承认每个人的合理自由、承认人人平等的前提下，如何制衡彼此的权力。在人际交往的过程中，如果能够尊重每个人的思想、表达、选择

---

① 杜威.2001.民主主义与教育.王承绪译.北京：人民教育出版社.

的权利,这个过程就贯彻了民主的精神。自由、尊重、权力等都是抽象的概念,不是仅靠说教就能理解的。对分课堂给予学生充分的人际互动,在互动中,使这些抽象的概念具体化,让学生理解自己与他人的异同,懂得对他人的尊重和宽容,也意识到自己的权利,学会去承担属于自己的责任。耳濡目染,日日浸润,民主的精神就会渗入到学生的行为规范和价值观中。特别是对分用程序化的流程,规范了师生彼此的权力,使教师和学生之间的人际交往也遵循民主与平等的原则。

对分课堂权责对分的理念远远超越了教育领域,利用这个原则来处理权威和个体之间的关系,可以实现更为广泛、深刻的生活民主。如第十章"中国文化的四大支柱"部分所述,作为原本拥有更多权力的一方,主动释放权力,与原本相对弱势的另一方平分权力,体现了儒家思想的"礼让"原则。有权但不滥用,清晰地意识到权力的本意与边界,是高贵的自我约束与伟大的道德自觉,是人性的至善。"礼让"包含"谦让",反映了对对方发自内心的尊重;"礼让"包含"互让",反映了对自身合理权益的护持。"礼让"不是放任、放弃,不是撒手不管与不负责任,是符合规范的有"礼"之"让":有原则、有策略、有方法、有技巧地释放权力。

"礼让"的背后是放手的智慧。放手意味着放权,不去企图控制、支配别人。无论有意还是无意,权力欲和控制欲都是要通过影响别人来刷出自己的存在,强化自我的概念。虽然我们时时都在影响别人,但应该是为帮助别人,而不是炫耀自己,或为了让别人顺从我们的意志,彰显自己的影响力。有些时候,控制是出于善的目的,是爱的体现,但人的成长更需要理性的爱。放手,是对冲动之爱的约束,是更明智和更有效的爱。

放手还意味着即便确信自己是对的,我们也没有权利强迫别人听我们的,因为别人有选择错误的权利。从错误中成长,是学习能力和潜力的体现,不犯错误,就谈不上真正的成长。放手,意味着给别人空间去成长;不放手,就是在剥夺别人成长的机会。

放手也意味着承认自己有可能是错的,不自以为是。我们的构建、我们的理解、我们的选择,未必是最好的,即使对我们自己是最好的,对别人也未必如此。每个人都是他们自己世界的中心,而我们不是。放手,意味着不去试图定义别人的生活。自己只是他人社会关系的一部分,即使是在他人与自己的交集空间里,自己也不能全部霸占,要留出一部分由对方掌控。

"让"是众生平等,是承认与尊重他人的主体性,提出建议,但不替人选择,让人做他们自己的主人,让人做他们自己的选择,放弃自我中心,欣赏别人的精彩。即使对于不成熟的儿童,也要充分尊重他们的意志。得到尊重的他人,才有机会运用权力,才有机会学会承担压力,从而对自己的生活负责。

因为"让",双方成为合作者,而不是对立者。因为不企图干涉他人的生活,反而更能够得到他人的认可,更有吸引力。与老子的传统哲学相呼应,不仅要看到"实"的力量,还要看到"空"的价值。有所为而有所不为,"让"的深处,是"空"的智慧。

《道德经》第17章说:"太上,不知有之。其次,亲而誉之。其次,畏之。其次,侮之。信不足焉,有不信焉。悠兮其贵言,功成事遂,百姓皆谓:我自然。"意思是说,最好的领导者,人民并不知道他的存在;其次的领导者,人民亲近他并且称赞他;再次的领导者,人民畏惧他;更次的领导者,人民轻蔑他。因为领导的诚信不足,人民才不相信他。最好的领导十分悠闲,很少发号施令,一旦事情办成功了,老百姓会说"我们本来就是这样的"。

在师生构成的"学习共同体"中,教师无疑是领导者。按老子的思想,最好的教师应该让学生发挥自己的力量,当其学习获得成功的时候,教师不是站出来炫耀自己教得好,追求学生的崇拜有加与感恩戴德,而是让学生感到自己学得好,从而使其获得成就感和价值感。"让"是"不争",但凡企图与学生争功的教师,已经错失了教育的本意。陶行知先生说:"先生之最大的快乐,是创造出值得自己崇拜的学生。""功遂身退",不做"恩师",要"让"学生成为主角,通过成就学生来成就自己,才是做教师最理想的境界。

第四节 简明分层与安于普通

对分课堂引出了一个新的评价原则,即简明分层原则,值得我们给予特别重视。在企业和事业单位,要进行绩效评估,如果评价标准单一、明确,如销售额等,问题不大,但如果将同样的评价方法用到教育领域,来评价教师、学生群体的时候,那就存在严重的问题。

评价人群两端的时候,比如,优秀者或后进者,实际上是回归到了单一维度。又如,优秀者常常只需要在某个方面出类拔萃,就足以得到大家的公认,后进者在某一重要方面与优秀者差距太大,也容易被大家看到。按照群体分布的一般规律,两端的人数比较少,容易分辨,而大多数人都落在当中,彼此差距并不大,可以称为普通人。

对普通人进行分层存在根本性的困难,原因在于,以学生为例,学生要全面发展,涉及众多的维度,按照单一维度排序,需要把不同维度的分数整合起来计算总分。这个计算总分的理念是错误的,称为总分谬误:不同的维度性质不同,是无法叠加的。同样,培养学生全面发展的教师,需要多方面的才能,涉及很多不同的维度，也不能用总分去评价。进一步而言，培养学生的学校，要满足社会多方面的需求，也会涉及很多不同的维度，不能用总分去评价。也就是说，把优秀者或后进者与普通人群体区分开来是比较容易的，但在普通人的群体内部做区分，是违背教育的根本宗旨的。

根据简明分层原则，只需要把优秀者与后进者鉴别出来，对于剩余的主体人群，不应该再做等级区分。因此，当前对学生、教师乃至学校进行的大量的、常规性的细致考核是不科学的。在不能够也不应该做等级区分的地方做等级区分，费力不讨好，人为地制造了学生之间、教师之间和学校之间的不平等，引发了无益的竞争，破坏了和谐与合作，给学生、教师和学校带来了不必要的巨大压力，产生了十分消极的作用。强调简明分层，是因为考核对人们的学习和工作是极为关键的因素，希望能引发大家的关注，探讨这个原则是否可以确立，如果能够确立，希望能尽快带来对评价系统的改变，以缓解教育教学领域面临的巨大压力。

简明分层原则不仅反对在普通人群内部进行比较，也反对将普通人与优秀者进行比较。

优秀者或有天分，或出于爱好，或付出超凡努力，或有好家庭、好运气，这些都是众人所钦佩、羡慕的，但众人未必有相应的条件和能力，也未必都愿意付出太多去追求这样的优秀。优秀者或是自愿成就的，或是天然成就的，不是逼出来的。中国历来强调刻苦，认为"天道酬勤""勤能补拙"，有农耕时代的遗风，其实有无数例证表明，刻苦和勤奋只是成功的一部分因素。在知识经济的时代，吃苦并不能解决一切问题。我们要保持中国文化中勤奋、刻苦的传统，然而在与全世界最聪明人的竞争中，更需要用心，因为方法和思路常常比努力更重要。

然而，并不是所有的人都有优秀的方法和思路。将优秀者与普通人比较，带给普通人的更多是压抑、自惭形秽和失败感。优秀者能够自我实现，能带给社会益处，应该知足，也没有必要自命不凡，否则会给普通人带来负面情绪。根据定义，优秀者必定是人群的少数，鞭策人群中的大多数普通人向优秀者靠齐，而事实上多数人并不能成为优秀者，这不是理性的态度，也不是负责任的做法。

树起招兵旗，自有吃粮人。创造一个公平、自由、宽松、安全的环境，一定会有人去追求优秀，期盼有更丰硕的收获。可以鼓励追求优秀，但要允许别人选择普通。普通不等于平淡，也可以十分精彩，只是这个精彩由每个人自己定义，不设统一的标准，互不比较，开心就好。

不以优秀者来衡量普通人，也不用普通人去陪衬优秀者，用"阳关道"与"独木桥"的双轨，给每个人自主而舒心的选择，不再重演阶层社会的高低贵贱、三六九等。唯一的高贵是为社会付出巨大牺牲，唯一的伟大是对社会作出巨大贡献。除此之外，每一种选择都同样有意义，每一种生活都同样有价值。

马克思主义哲学基本原理认为，人类历史是一个不断从必然王国向自由王国的发展史。当人们尚未认识和掌握自然和社会的规律和必然性时，人的活动和行为不得不被这些必然性盲目地支配和奴役，人们处于必然王国。当人们认识和掌握了这些规律和必然性时，就从被支配和奴役的状态下解放出来，成为自然和社会的主人，进入自由王国。自由无疑是人类社会发展的最高境界，也是个人追求的理想状态。第二次世界大战期间，美国总统罗斯福提出的"四大自由"，即言论表达自由、宗教信仰自由、免于匮乏的自由和免于恐惧的自由，被公认为是文明社会的基础。我们认为，随着社会文明与富裕程度的提高，人们应该获得更多类型的自由，而"安于普通的自由"应该成为其中新的一种。

当今社会虽然反对因性别、种族、出身等而歧视他人，但仍普遍性地用财富、地位等对人群进行分层，成功者受到追捧，普通人遭到轻视。自发性地追求成功，无可厚非，但很多人追求成功，不是出自本心，而只是为了避免别人的轻视。

西文中的"自由"，含有"解放"的意思，指从外力或外在障碍下解放或解脱出来，能够按照自己的意志行动。按照马克思的观点，只有当一切人类活动都是为了实现主体自身的内在需要时，只有当人类把自我发展作为生活的唯一目的时，人类才进入真正的自由王国。当因为别人的好恶而违背自己的意志、扭曲自己的生活与自我发展时，我们实际上已经被周围的社会关系所束缚与绑架，并不是自由的。

当我们不屈从于外界的看法，而能够顺应自己的内心，选择自己想要的生活时，哪怕整个世界都迷恋炫目的成功，我们仍然可以选择朴素的淡泊而毫无羞愧，仍然可以自豪地宣称"我是一个普通人"。这一刻，自我才得到充分的舒展，我们的心灵才获得愉悦的自由。有理由认为，这样的自由是终极意义上的自由。当我们这样做的时候，如果还可以不受他人的嘲笑，那就意味着社会也进入了终极意义上的自由王国。

拥有四大自由，我们可以畅所欲言、信我所信、衣食无忧、健康安全。然而，"安于普通的自由"让我们远离趋炎附势，让自由升华到更高的境界，因为与这种自由相伴的，是深刻而彻底的平等：当优秀者不再轻视普通人，普通人不再仰望优秀者，也不再轻视自己或其他普通人时，优秀者与普通人，所有人与所有人，在个体的生命价值上便实现了平等。

人类的文明是超越自然的创造，而人类能创造，在动机上是因为人有好奇心，在能力上是因为人有想象力，人可以设想，如果事情不这样会如何？对没有想象力的动物而言，只有当下的快乐、痛苦、欲求有限。能够想象各种可能性的人类，则产生了无尽的欲望。资本主义诱引人们追求欲望的满足，鼓励人们获取更多带来欲望满足的资本，拥有资本的精英也因而成为民众向往的目标。然而，民众追逐资本的努力，实质上只是使资本增值，进一步拉大资本拥有者与民众之间的差距，造成更加严重的两极分化。

任何一个社会，多数人注定不能成就卓越，因为卓越就是依据稀有而定义的，这是不可超越的现实。安于普通，就是要接受合理的现实，理性看待自我，不狂热、不冒进，顺应自然，也就是要道法自然。每个人都有权利去追求卓越，但社会也应该承认每个人都有安于普通的权利，并保障每个人安于普通的自由。安于普通的自由，让社会不再以少数精英为中心，让民众摆脱资本的驱使、抗拒资本的蛊惑，自由选择和主宰自己的生活。这样以普通大众为中心的社会，是令人向往的深刻而彻底的民主，与社会主义致力于消除社会不平等的根本理念高度契合。

从心理学角度看，民众与资本拥有者的矛盾，表面看是阶层间的矛盾，实质上是人自身在物质生活的有限性与精神欲求的无限性之间的矛盾，是追求丰富与安享宁静的矛盾。丰富会带来刺激，但过多的刺激会导致疲惫与倦怠，人会转而追求宁静。宁静过多、过久，人又想要寻求刺激。人生可以看作在刺激和宁静两极之间的运动，不同的运动轨道代表不同类型的生活。在短暂的人生中要走出怎样的轨道，是安于普通，还是追求卓越，要让每个人都能自由地选择与决定。

西方近代发生过三大思想解放运动，包括文艺复兴、宗教改革和启蒙运动，把人从神的权威中解放出来，产生了自由、平等、民主的思想，生发了科学、理性的精神，构成了西方现代文明的根基。中国近代也有三大思想解放运动，包括戊戌变法、辛亥革命、新文化运动，批判了封建旧制度，传播了资产阶级民主革命思想，弘扬了民主与科学的精神。西方的思想解放运动带来了神性压制下的人性的复苏，个人的独立和自主成了现代性的核心特性，但中国的思想解放运动一直到改革开放前，并没有带来中国人个体意识的真正复苏。

改革开放至今，社会经历了巨大转型，就整个中国人群体而言，自我与社会的关系并没有形成清晰、稳定的形态。受西方个人主义的影响，当前社会上功利主义、利己主义大行其道，出现了很多"精致的利己主义者"，社会责任感严重缺失，社会道德出现明显滑坡。马克思说："没有无义务的权利，也没有无权利的义务。"萧伯纳说："自由意味着责任。"人们想要拥有更多的自由和权利，却不愿意承担相应的责任和义务，这反映了一种并不健康的自我意识。

对分课堂提出的"权责对分"有助于规范自由与责任、权利与义务之间的关系，促进中国人良好自我意识的觉醒与形成。权责对分意味着，一方面，教育者是有限权力者，可以影响学生，但不应该替学生做选择，因为学生是自己生活的主人；另一方面，教育者是有限责任者，背负不起也不该背负过多的责任。教师不全是为学生而生活，学生的生活更多要由自己负责。意识到个人权力、责任的边界与范围，意识到自己生命的价值，是教师层面的自我觉醒。

权责对分意味着，一方面，学生有一定的权利和自由做自己的选择，不必全部顺从教师的意愿，学生学习是为了自己的生活，而不是为了让教师（包括家长）满意；另一方面，学生要承担自己选择的后果，为自己的生活负责。意识到个人权利、责任的边界与范围，意识到自己的人生目标和自我责任，是学生层面的自我觉醒。

教师运用权利是为了学生的福祉，而不是为了操控学生。教师不越位、不滥用权力，是尊重学生，是师生平等。教师和学生视自己和对方为独立的个体，为彼此平等、互相尊重的两个个体，依照民主的程序进行互动，必然会发展出良好的自我意识，形成健康的社会关系。权责对分的理念起源于教师，是教师群体的自我启蒙，通过教师思想的自我解放，带来学生群体的思想解放，进而引发整个社会更为广泛而深刻的思想解放。

良好的发展必然带有一定程度的不确定性。完全确定的发展，是可以透视的未来，是结局已知的演出，没有惊喜，也没有趣味。完全确定的发展，不是成长，而是被塑造。所有学生都被导向同一个目标，是个性的泯灭，是选择与自由的缺失。当不确定性不被允许时，人就成为一个实现确定目标的机器，没有选择自己行为的可能。没有选择权的人，遇到困难或挫折，不会指责自己，只会指责、埋怨代替他们做选择的人，不会去努力克服困难，也不能勇敢承担失败的后果。所以，自由是责任的前提，责任是自由的结果，没有真正的自由，就不会懂得真正的责任。

西方现代文明注重自由与权利，中国传统文化注重责任与义务。在注重自由方面，美国有打破镣铐、高举火炬的"自由女神"，在注重责任方面，中国也有女娲这样炼石补天的"责任女神"。然而，自由与责任需要深刻地融合：没有责任的自由是肤浅的放任，没有自由的责任是无奈的付出。

对分课堂通过限定个人的自由和权利，明确个人的责任和义务，实现自由与责任的平衡、权利与义务的协调，让新一代中国人在日常的学习和生活中，以前所未有的方式深刻地理解民主与科学、自由与平等的精神，在思想上融汇中国传统文化与西方现代文明，成为有担当、有能力、温和乐观、从容自信的华夏新人。在这个风云变幻、充满挑战的时代，愿快乐、美丽的华夏新人，秉中正大道，怀济世仁心，破千年压抑，展洪荒伟力，以光明之我心，创灿烂之未来！

附　　录

"对分易"信息化教学平台简介

在教学过程中，教师需要为学生提供课件、教学资料、学习资源等，学生需要提交作业，教师需要签到、发通知、批改作业、记录分数、汇总成绩等，这些烦琐的事务，很多可以借助信息技术来完成，国内外很早就开发了这样的教学平台软件。

然而，在实际教学中，真正使用教学平台的教师并不多。其中一个原因是第一代教学平台的界面设计不够人性化，使用时主要在电脑终端上操作，易用性和用户体验不够好。更为重要的是这样的平台对教学并不是必需的。比如，提供课件、教学资源等，教师可以通过邮箱或网盘进行；发通知，教师可以利用聊天群进行等。

在对分课堂这种新的教学模式下，作业是教学过程中不可或缺的成分，形式上也从书面作业扩展到音频、视频作业。对分课堂的顺利推广，需要一个能帮助教师便捷、高效地处理作业的工具，教学平台成为教学的刚需，不再可有可无。

"对分易"是基于移动互联网开发的第二代教学平台，手机端和电脑端完全同步，其设计汇聚了中国数百位一线教师的集体智慧，操作便捷、简明易用、功能丰富，是对分课堂的官方教学平台软件。"对分易"也是通用的教学系统，适用于传统教学、翻转课堂等。"对分易"个人版供师生免费使用，校园版为学校提供更多的教学管理、评估、存档等服务。

由于中小学不鼓励学生使用手机，"对分易"目前主要面向高校和高职、中职等院校的师生。但已有部分中小学英语、体育教师开始使用"对分易"，由学生课后使用家长手机完成语音、视频等形式的作业。

注册"对分易"：教师或学生进入手机微信，点击右上角"+"，点击"添加朋友"，点击"公众号"，搜索到"对分易"微信公众号后，选择关注，进入"对分易"公众号，点击页面下方"我要注册"，根据自己的教师或学生身份，输入个人信息，完成注册。教师看到"创建学期"字样，即为注册成功。

使用"对分易"：注册后，由手机微信进入"对分易"公众号，点击页面下方"进入对分易"，或由电脑端访问"对分易"官网（http://www.duifene.com），微信扫描页面二维码（或输入账号、密码）登录后，即可使用"对分易"（附图1，附图2）。

附图1　微信扫描后免费注册"对分易"账户的二维码

附图2　"对分易"电脑端主界面

"对分易"的主要功能如下（附图3）：

1）课程资源。教师可以方便地上传课件、视频、图片、文档等各类文件。

2）学生列表。教师创建班级，系统生成二维码，学生用手机微信扫码即可入班，简单、高效。

3）手机签到。教师用平台生成二维码，学生用手机微信扫码签到，教师能实时看到考勤结果。

4）消息发送。教师可以推送作业、分组、成绩册等消息到全体或个别学生的手机微信上。学生通过"对分易"与教师交流，教师无需与学生互加微信，便于保护个人隐私。

5）作业处理：教师发布作业后，用微信通知学生。学生电子文档的作业可以通过电脑上传，手写形式的作业可用手机拍照后直接上传，手机录音、录像的作业通过手机直接上传。教师可以在手机、电脑上随时随地在线查看学生作业，打分、写评语，也可以打包下载学生作业到电脑后进行批改。作业批改后，发送作业得分和评语到学生的微信上。在上、下班途中或其他活动的间隙,教师可以随时随地批改作业。

6)其他功能。对学生进行自动分组或手动分组,将分组信息推送到学生手机微信;成绩记录、计算与管理;教师设置讨论板块,开展主题讨论;教师设计在线问题,随时推送给学生,学生可在手机或电脑上答题并提交,对客观题,系统可自动打分,提供结果汇总。

附图3 "对分易"手机端主界面

温馨提示:请扫码阅读《一次对分课堂公开课的实录》《对分课堂师生反馈》。

索　引

安于普通　254，256，257
案例教学法　78，104，105，109，110
班级授课制　35，39，68，69，100，113，141，182，186，248
辨析性思维　71
策略性学习　69
尝试教学法　92，93，100
成绩考核　27
大众教育　3，225，226
当堂对分　7，14，16，18，19，22，28，35，49，89，90，91，189
导读式讲授　17
地板效应　55
杜郎口模式　92，95
对分教材　13，190，191，192
对分易　15，23，259，260，261
发展性教学理论　128，139，247
翻转课堂　38，68，78，87，113，114，115，116，117，226，246，248，259
范例教学理论　129，139，247
复习　1，8，19，28，35，40，45，65，97，141，211，222
高效课堂　1，45，70，94，96，98
隔堂对分　7，14，16，18，19，89，90
个性化学习　14，66，67，69，103，117，218

共同学习法　83，88
公评审稿　206，207，208
沟通与合作能力　215，248
过程性学习　65，69
海量高考　217，218，219，227，229
行为真知　172，242
行为主义　118，119，120，121，127，138，139，140，142，149，152，247
合作学习　8，34，38，46，47，68，69，75，78，79，80，81，82，83，84，86，87，88，89，90，91，92，98，101，107，108，141，142，143，144，145，147，197，212，215，244，245，248
核心素养　210，213，214，215，218，219，245，248
回声论证　155，156
即时讨论　4，90，112，231
简明分层　195，196，200，201，209，239，242，243，254，255
建构主义　51，101，118，124，125，126，135，139，140，193，247
渐进自主　179，181，182，231，247
讲授式教学　3，41
教材中心原则　119，131
教科书悖论　17
教师评价　23，30，139，143，184，193，243

教无定法 56
教学大纲 11，12，13，16，184，186，221
教学范式 245，246，249
教学模式 3，4，9，10，27，37，38，54，55，73，77，78，87，88，91，92，94，96，97，99，113，114，131，136，140，141，142，143，144，145，173，184，189，191，196，212，225，241，244，245，248，259
结构法 84，88，89
结构主义教学理论 129
精讲留白 15，36，55，143，242，243
精英教育 3，225，226，248
精英科研 201，209，239
均匀负荷原则 13
礼让 229，253
亮考帮 21，23，24，26，42，47，50，57，68，88，91，132，133，134，136，138，213，242，243
六步教学法 92，93
目标导引 189
慕课 38，49，78，113，114，115，116，226，246，248
内化吸收 87，212
内隐学习 176
批判性思维 71，134，167，188，214，215，223，224，225，230，248
钱学森之问 227，248
乔布斯之问 50，51，246
权责对分 73，75，181，182，183，189，230，231，233，239，242，245，247，253，257，258
全班交流 6，7，15，23，24，25，26，28，38，41，43，45，50，56，57，64，65，67，74，89，110，132，133，135，139，144，182，212，245，251
群众路线 234
人本主义 118，127，139，140，141，247
认知心理学 69，137，154，176
认知主义 118，120，121，122，123，124，129，134，139，140，247
三苹果原则 110
生活民主 230，232，233，234，239，253
双权共治 229
外显学习 176
探究式学习法 108
讨论式教学 3，4
通识教育 2，73
同伴辅导法 85，86，88
同伴教学法 35，86，87
微作业 7，19
唯能力论 154
无领导小组讨论 215
问题化学习 67，68，69，70
五步教学法 1，106，107，211
先教后学 4，39，56，62，90，98，104，117，242，243，248
贤本权威 74
小先生制 46
小组讨论 6，7，15，20，22，23，24，26，27，28，35，38，41，43，45，46，47，48，56，57，63，64，65，67，69，72，73，

74，86，87，88，89，90，92，95，96，98，105，106，110，112，132，133，134，135，136，137，138，139，143，144，145，182，212，213，215，245，250，251

小组调查法　79，82，84，88，91，107

协商民主　233

信息化教学平台　259

学生团队学习法　80，82，88

学习动机　2，3，4，14，28，30，31，39，61，70，75，91，124，128，139，144，145，146，193

延时解惑　67

延时讨论　4，90，242，243

研讨式教学法　78，107

洋思模式　92，94

以学定教　34，42，192，242，243

以学生为中心　29，51，57，145，180，182，201，214，216，225，226，247

预习　19，39，40，41，87，90，94，95，96，97，98，99，100，101，104，106，110，243

政治民主　232，233，234

自适应考试　217，218，219

掌握学习　81，93，96，103，104，142

自主课堂　1，78，92，98，99，100，101，102，104，117，180，246，248

自主学习　23，51，69，92，95，96，98，100，101，102，103，106，144，145，180，181，211，212，231，246，247，248

总分谬误　197，200，201，218，239，254

组内异质、组间同质　242

作业批改　23，260

重 印 说 明

2014年春季学期，我在复旦大学社会发展与公共政策学院心理学系的本科课程中首先提出并实践了对分课堂新型教学模式，效果很好。当年9月，我开始向更多教师和学校推广对分课堂。2016年，我联合了一批参与实践探索的先锋教师，编写了"对分课堂教学手册丛书"，包含总论1本，大学分册8本，中学分册5本，共计14本，2017年由科学出版社陆续出版。丛书为对分课堂的传播和发展作出了巨大贡献。本书为丛书的总论，被很多教师认为是学习对分课堂的必读书。

丛书出版后，对分课堂在理论和实践上都有很多新发展，包括获上海市教学成果奖一等奖、中国高等教育学会全国高校教师教学创新大赛典型案例奖，被《中国教师报》列入2023年度十大课改案例，知网上能检索到的与对分课堂相关的论文有4600余篇。在高校，全国高校教师网络培训中心为对分课堂设立专题工作坊，河北高校教师培训中心连续三年在全省优秀青年教师、"卓越教师"培养项目中学习对分课堂，还有众多高校把对分课堂纳入常规培训。在中小学，越来越多的校长和老师认识到对分课堂高度契合新课标、新课程，能够有效培养学生的核心素养，实现迁移性学习，显著提升考试成绩，有助于学生自信表达、心理健康与全面发展。河南漯河实验高级中学发展了对分班建，运用对分理念探索班级自治。对分课堂实验校、示范校、卓越校遍布全国，在上海、江苏、河南、山东、广东、陕西、山西、广西、内蒙、黑龙江、云南等众多地区生根发芽、迅速成长。令人惊喜的是，在广东省监狱管理局的坚定推动下，对分课堂在过去一年间迅速走入10多所监狱，为服刑人员的教育改造贡献力量。

横跨大中小学的对分课堂教育创新共同体，利用"对分课堂"微信公众号平台，推动对分课堂实践传播与发展，形成了对分课堂认证教师—认证导师—高级认证导师三级认证体系，已经认证850位教师、51位导师和64位高级导师。基于对分课堂的学科教学也形成了很多成果，包括语文的双文本、凝扩法、Hebb（赫布）识字法，外语的板块化+双文本、凝扩法、POSA教学法等。对分课堂进入音乐、艺术、体育教育，在教学评价方面形成了两极定性评价新理论，并有望结合

AI技术形成课堂诊断新模式，为教育评价改革提供系统方案。

中国教师有千万规模，在对分课堂的科学性、有效性和通用性得到充分验证之后，如何让大量教师迅速学习和掌握对分课堂，成为新的核心挑战。在疫情期间，利用最新的信息技术，在对分课堂教研团队的支持下，南阳理工学院教师教学发展中心探索形成了8421基层教研模式，为教师培训开辟了全新路径。该模式随后被对分课堂团队广泛用于高校、中小学的各级各类培训，包括地级市层面的全区域性培训，成为对分课堂规模化推广和教师发展的利器。

诞生10年，对分课堂已经成为中国教育创新的一个代表性成果。10年的经验积累和未来走向，需要用一本新书来系统梳理和完整表述。当前，对分课堂最好的系统性参考资料仍然是"对分课堂教学手册丛书"。作为总论，本书对对分课堂的表述和分析都是正确的、可靠的。一个要注意的地方是，原来的"讲授—内化和吸收—讨论"三环节流程被细分为"讲授—独学—讨论—对话"四环节流程，英文简称也由PAD调整为PADD（presentation-assimilation-discussion-dialogue）。这是表述上的微调，内涵没有变化。

感谢科学出版社重印本书！欢迎广大教师和关心教育的各界朋友关注对分课堂！对分课堂的很多新进展都能在"对分课堂"微信公众号里了解到。若有需要，可以通过公众号后台联络我们。

张学新
对分课堂创始人、复旦大学心理学教授
2024年12月12日